Shunji Yagyu

Das synchrone Managementsystem

Shunji Yagyu

Das synchrone Managementsystem

Wegweiser zur Neugestaltung der Produktion auf Grundlage des synchronen Produktionssystems

Übersetzung aus dem Japanischen von Carsten Klages

Bibliografische Information der Deutschen Nationalbibliothek
Die Deutsche Nationalbibliothek verzeichnet diese Publikation in der Deutschen Nationalbibliografie. Detaillierte bibliografische Daten sind im Internet über http://dnb.d-nb.de abrufbar.

ISBN 978-3-636-03067-2

Ein Unternehmen von Süddeutscher Verlag | Mediengruppe.
www.mi-fachverlag.de

Die japanische Originalausgabe erschien 2003 bei The Nikkan Kogyo Shimbun, Ltd. unter dem Titel *1 kara hajimeru doki-seru-seisan-hoshiki.*

Übersetzung und Bearbeitung: Carsten Klages, Berlin
Lektorat: Stephanie Walter, Landsberg am Lech
Umschlaggestaltung: Jarzina Kommunikations-Design, Köln
Satz: abavo GmbH, Buchloe
Druck: Himmer, Augsburg
Printed in Germany

Inhalt

Vorwort

Die vorliegende Veröffentlichung versteht sich als Weiterführung und Ergänzung des Buches »Das synchrone Produktionssystem« von Hitoshi Takeda[1]. Dieses Buch war aus dem unmittelbaren Veränderungsprozess entstanden, der in den siebziger und achtziger Jahren bei Toyota und bei seinen wichtigsten Zulieferern stattgefunden hatte. Die Zeit nach diesem Veränderungsprozess war dann sehr stark von Bemühungen geprägt, wie man den geschaffenen Zustand aufrechterhält.

Den Unternehmen, die ebenfalls den Weg von Toyota gehen wollten, wurde sehr schnell deutlich, dass sich die Systematik, die sich dort entwickelt hatte, nicht ohne Weiteres in bestehende Managementsysteme einfügen lässt.

Andererseits konnte man den Weg, den Toyota beim Aufbau und bei der Strukturierung seines Produktionssystems gegangen war, nicht einfach wiederholen, da jedes Unternehmen andere Voraussetzungen bezüglich Marktsituation, Produktions-Know-how, Integration der verschiedenen Unternehmensfunktionen (Entwicklung, Produktion, Vertrieb), Rolle des Managements, Rolle der Werker et cetera aufweist. Außerdem stand auch nicht mehr die Zeit zur Verfügung, die Toyota zur Verfügung hatte.

Produktionssystem und Managementsystem

In dieser Situation musste man sich Klarheit darüber schaffen, welche Managementsysteme geeignet sind, die Elemente des synchronen Produktionssystems zu einem sinnvollen und funktionierenden Ganzen zu integrieren.

Die nach dem zweiten Weltkrieg so erfolgreichen Ansätze des »Business Managements«, schienen dazu nicht geeignet, da sich das wirtschaftliche Umfeld sehr stark geändert hatte.

Statt der Unternehmen mit Ihrem Produktangebot bestimmen nunmehr die Kunden mit ihren sehr differenzierten und variantenreichen Nachfragen den Markt. Die Globalisierung verhindert zudem, dass selbst in nachfragestarken Regionen große Mengen eines bestimmten Produkts mittel- oder langfristig verkauft werden können, da sich in jedem Markt inzwischen eine Unzahl an Anbietern tummelt.

In diesem Umfeld muss das Management völlig neu ausgerichtet werden. Dazu gibt es einerseits interessante Ansätze – häufig entwickelt bei der Organisation militärischer und medizinischer Einrichtungen –, die sich deutlich von dem relativ stark betriebswirtschaftlich (orientiert an Ford und Taylor) ausgerichteten »Business Management« unterscheiden (dazu siehe Peter F. Drucker[2]). Andererseits konnte man die reichhaltigen Erfahrungen von Toyota und seinen Zulieferern nutzen.

---

1 Hitoshi Takeda: Das synchrone Produktionssystem, Landsberg am Lech 2006.
2 Peter F. Drucker: Management im 21. Jahrhundert, Berlin 2005.

Dieses Buch fasst diese Erkenntnisse so zusammen, wie das in einem Produktionssystem zur Herstellung von industriellen Produkten erforderlich ist. Es erfordert einen totalen Wechsel der Sichtweise auf die Managementprozesse. Im Mittelpunkt steht die Präzision sämtlicher ablaufender Prozesse und die Art und Weise, wie diese stabilisiert werden können.

Standardisierung und Visualisierung der Prozesse

Die Standardisierung sämtlicher wertschöpfender und nicht wertschöpfender Prozesse ist die wichtigste Voraussetzung für eine verschwendungsarme Herstellung hochqualitativer Produkte auch bei kleinsten Stückzahlen. Es geht hier um eine Standardisierung im Sekundenmaßstab, die sehr aufwendig visualisiert wird. Es muss auch für Außenstehende mit einem Minimum an technischem Verständnis innerhalb kurzer Zeit möglich sein, zu beurteilen, ob die Prozesse im Soll-Zustand sind oder wie weit der Ist-Zustand abweicht. Nur dann ist es möglich, das Ausmaß an Verschwendung in seiner Größenordnung zu erfassen und daraus Maßnahmen zu seiner weiteren Eliminierung abzuleiten. Die Standardisierung und Visualisierung der Prozesse gilt nicht nur für die Produktionsbereiche, sondern gleichermaßen für Konstruktion/Entwicklung und Vertrieb und natürlich auch für die allgemeine Verwaltung.

Entwicklung einer Teamstruktur, Paradigmenwechsel im Management

Die Implementierung einer solchen Art von Standards lässt sich selbstverständlich nicht von Stabsstellen erreichen. Diese neue Art der Arbeitsweise lässt sich nur erreichen, wenn selbstständig arbeitende Teams von etwa 10 bis 15 Personen ihr normales Tagesgeschäft ohne Hilfe von außen erledigen können. Dazu gehört nicht nur der eigentliche Arbeitsauftrag (Produktion, Konstruktion, Vertrieb et cetera), sondern auch die bisher in indirekten Bereichen untergebrachten Aufgaben wie zum Beispiel Logistik (inklusive Mikrologistik), Standardisierung, Visualisierung, minutengenaues Soll-Ist-Management, Störungsmanagement innerhalb von 15 bis 30 Sekunden.

Solche Teams benötigen natürlich auch von ihrem Top-Management andere Vorgaben, als dies heute der Fall ist. Auch das Top-Management wird völlig neue Aufgaben wahrnehmen müssen, die Stabsbereiche werden stark verkleinert und auch mit neuen Aufgaben versehen. Es handelt sich um einen wirklichen Paradigmenwechsel. Nur mit dem synchronen Managementsystem kann man die Synchronisierung der Prozesse in einem Unternehmen wirklich erreichen.

Ziele

Das Ziel der Implementierung eines solchen Managementsystems besteht darin, einem Unternehmen die langfristige Chance für ein Überleben unter sich immer wieder wandelnden Bedingungen zu verschaffen. Erst ein solches Unternehmen ist in der Lage, sich für immer neue Situationen das nötige Know-how auf breiter Front, das heißt in der gesamten Mitarbeiterschaft, anzueignen. Unter dieser Voraussetzung kann ein Unternehmen immer schneller und dabei gleichzeitig sehr qualitätsvoll die spezifischen Kundenanforderungen erfüllen. Dann wird es im Wettbewerb und auch bei der Rendite an der Weltspitze in seiner Branche mitspielen können.

Externe Unterstützung

Die Erfahrungen zeigen, dass eine externe Unterstützung durch Experten des synchronen Managementsystems und des synchronen Produktionssystems sehr hilfreich sein kann. Solche Experten sind in der Lage, schwere Fehler bei der Implementierung zu vermeiden, das notwendige Niveau bei der Schulung des Top-Managements zu gewährleisten und unabhängige Audits durchzuführen. Wenn Sie den Kontakt zum Autor diese Buches suchen oder eine andere Form der Unterstützung, so wenden Sie sich bitte an

SPS Management Consultants Deutschland GmbH
Bongardstraße 17, 44787 Bochum
Telefon +49-234-33897-50
Telefax +49-234-33897-59
info@sps-deutschland.com
shunji.yagyu@sps-deutschland.com
www.sps-deutschland.com

SPS Management Consultants Friedhelm Michels
Geschäftsführer
Mai 2007

Einleitung

Der strukturelle Wandel des unternehmerischen Umfelds drängt die Unternehmen der fertigenden Industrie heute dazu, das eigene Management grundlegend zu überdenken und zu reformieren.

Der Wandel des unternehmerischen Umfelds ist eine Folge der Globalisierung der Wirtschaft. Die Globalisierung bringt ein Überangebot und damit eine Intensivierung des Wettbewerbs mit sich, was unter anderem zu einer Diversifizierung der Kundenbedürfnisse und zu einer zunehmenden Wechselhaftigkeit der Märkte führt.

Mit Reform des Managements meine ich die Umstellung auf ein Managementsystem, das nach außen anstatt nach innen orientiert ist. Nur so kann ein Unternehmen schnell auf die diversifizierten Kundenbedürfnisse reagieren. Zu Zeiten des steten Wirtschaftswachstums genügte hingegen ein System, das vorrangig auf betriebsinterne Effizienzsteigerung ausgelegt war.

Eine Managementreform verlangt selbstverständlich auch eine Reform der Produktion als Teil des Gesamtsystems. Dazu muss grundlegend neu definiert werden, auf welche Weise in Zukunft gefertigt werden soll. Kurz: Der Wandel des unternehmerischen Umfelds erzwingt eine Reform, bei der von einer angebotsorientierten Massenfertigung auf eine nachfrageorientierte *Fertigung in kleinen Losen bei hoher Sortenvarianz* umgestellt wird.

Dies ist der Hintergrund für den Gegenstand dieses Buches: Einführung und Ausbau eines *synchronen Managementsystems*.

Das synchrone Managementsystem ist eine systematische Vorgehensweise, um die vom Markt geforderte Managementreform zu bewältigen. Das synchrone Managementsystem basiert auf dem *synchronen Produktionssystem*, das wiederum auf das Toyota-Produktionssystem aufbaut. Aus diesem Grund widme ich der ausführlichen Erläuterung der Ideen und Methoden beider Produktionssysteme einen beträchtlichen Teil dieses Buches.

Im synchronen Managementsystem wird die notwendige Reform der Produktion über den Aufbau einer *synchronen Zellenfertigung* vorangetrieben. Sie ist der entscheidende Faktor für den Erfolg der Reform und verdient die entsprechende Aufmerksamkeit, denn die Produktion verkörpert als wertschöpfende Funktion das Herz eines jeden produzierenden Unternehmens.

In den letzten Jahren hat die Fertigung in »Fertigungszellen« (Zellenfertigung) als Werkzeug zur Produktionsreform Aufmerksamkeit erregt.

Ursprünglich wurde die Zellenfertigung dazu entwickelt, die Probleme der klassischen Massenfertigung zu lösen. Schwächen des vorhandenen Produktionssystems, wie verminderte Produktionseffizienz oder zunehmender Umlaufbestand, sollten dabei ausgebessert werden, ohne sich von der Massenfertigung abzuwenden.

Mitte der neunziger Jahre ist in den Werken großer japanischer Elektrohersteller aber eine auf dem Toyota-Produktionssystem basierte Form der Zellenfertigung aufgetaucht, die als real existierendes Modell für die Fertigung in kleinen Losen bei hoher Sortenvarianz bezeichnet werden kann. Die damit erzielten sprunghaften Verbesserungen hinsichtlich der Bestände, Durchlaufzeiten et cetera haben seither einiges Aufsehen erregt, sodass dieser Form der Zellenfertigung heute großes Interesse zuteilwird.

Das Toyota-Produktionssystem hat sich in der Praxis als Erfolgsmodell bewährt. Es bietet in systematisierter Form zahlreiche Ideen und Methoden dafür, genau das, was der Kunde benötigt, schnell und zeitgerecht zu produzieren.

Die Umstellung von der Massenfertigung auf eine Fertigung in kleinen Losen bei hoher Sortenvarianz ist nicht allein über kontinuierliche Einzelverbesserungen in Form von Effizienzsteigerungen, Verringerung von Beständen oder Verkürzung von Durchlaufzeiten herbeizuführen. Hier sind vielmehr Denkweisen, Werte und Produktionsabläufe gefordert, die den herkömmlichen diametral entgegengesetzt sind. Das Toyota-Produktionssystem lehrt uns in aller Deutlichkeit: Fortschritte erzielt nur, wer das eigene Bewusstsein mit eisernem Willen ändert.

Beim Aufbau eines synchronen Managementsystems gelten einige Grundregeln: Unter anderem ist die gesamte Tätigkeitskette von der Auftragsannahme bis zur Auslieferung als ein einziges System anzusehen – nämlich als Produktionssystem. Damit ist eine Sichtweise gemeint, nach der die verschiedenen Produktionsfaktoren (Mensch, Material, Information, Bearbeitungsmethode et cetera) miteinander in Beziehung stehen und Synergieeffekte hervorbringen, die sich auf die Funktion des Gesamtsystems (Qualität, Kosten und Lieferzeiten) auswirken.

Auch in der Massenfertigung findet der Begriff »Produktionssystem« oft Verwendung. Beleuchtet man seine Bedeutung jedoch näher, stellt man fest, dass der Begriff hier meist auf einzelne Prozesse oder Faktoren (besonders Information oder Maschine) beschränkt wird, anstatt ihn auf die Produktionsabläufe insgesamt zu beziehen. Die Anhänger dieser Begrifflichkeit sind von der Idee der Arbeitsteilung befangen und haben nur ein schwaches Bewusstsein für die Produktion in ihrer Ganzheit.

Begreift man alle Produktionsaktivitäten hingegen als zusammenhängendes System, werden Verschwendungen sowie Verbesserungsmöglichkeiten bei Qualität, Kosten und Lieferzeiten ersichtlich, die bisher unentdeckt geblieben sind.

So stellt man beispielsweise bei Sperrungsraten oder Produktionsdurchlaufzeiten dramatische Unterschiede fest, wenn man ein Werk, das ein Produkt in großen Losen fertigt, mit einem Werk vergleicht, welches das gleiche Produkt in kleinen Losen fertigt: Die Sperrungsraten liegen für das erste Werk bei 1 bis 0,05 Prozent und für das zweite bei 100 bis 5 ppm, die Produktionsdurchlaufzeiten bei 5 bis 10 Tagen gegenüber 5 bis 50 Stunden. Die Grundstruktur des Produktionssystems selbst hat also bereits einen starken Einfluss auf das Niveau der Produktionsfunktion (Qualität, Kosten und Lieferzeiten).

Des Weiteren hat auch der Anpassungsgrad des Produktionssystems an das Marktumfeld einen großen Einfluss auf die Produktionsfunktion. Ist das System schlecht angepasst, entstehen große Verluste: Versucht man beispielsweise die Nachfrage nach kleinen Mengen bei hoher Sortenvarianz und kurzen Lieferzeiten über eine Massenfertigung in großen Losen zu bedienen, sind gewaltige Bestände und Verschwendung auf Mitarbeiterseite die Folge.

Beim Aufbau eines synchronen Managementsystems ist es daher wichtig, anhand von Kennzahlen für Qualität, Kosten und Lieferzeiten aufmerksam zu überwachen, ob sich die grundlegende Struktur des Produktionssystems wirklich verändert.

Die Grundidee des synchronen Managementsystems besteht darin, sich dem veränderten unternehmerischen Umfeld anzupassen. Diese Anpassung sollte aber nicht erst dann erfolgen, wenn sie durch Druck von außen unumgänglich geworden ist. Vielmehr ist es wünschenswert, dem Wandel zuvorzukommen und sich proaktiv anzupassen. Das heißt, dass am Anfang eine Vision stehen sollte, in der das zukünftige Umfeld und die selbst angestrebte Unternehmensverfassung klar beschrieben werden.

Solch eine Vision kann beispielsweise lauten: »Wir wollen bei der Fertigung von XY Weltspitze werden.« Man sollte grundsätzlich immer eine Fertigungsweise anstreben, die der der Mitbewerber überlegen ist. Das bedeutet, dass auch die synchrone Zellenfertigung nach ihrer Einführung immer weiter ausgebaut werden muss. Dazu empfehle ich die Einführung des *Chaku-Chaku-Prinzips*, das als »höhere Schule« der Zellenfertigung bezeichnet werden kann. Durch die Zellenfertigung kommen die Fähigkeiten der Mitarbeiter voll zur Geltung. Mit dem Chaku-Chaku-Prinzip kommt die kostengünstige *Einfachautomatisierung* dazu. So erreicht man das Produktionskosten-Minimum.

Vor dem Hintergrund meiner Erfahrungen als Berater in zahlreichen Unternehmen unterschiedlicher Branchen bin ich der festen Überzeugung, dass das synchrone Managementsystem den reibungslosesten und effizientesten Einstieg in eine Produktionsreform bietet. Ich möchte dieses System im Folgenden vorstellen und würde mich freuen, wenn es sich als hilfreich für diejenigen erwiese, die bereits an einer solchen Reform arbeiten oder vorhaben, dieses zu tun.

SPS Management Consultants *Shunji Yagyu*

1 Produktionsreform und synchrones Managementsystem

1.1 Neue Trends in der Fertigung

Grundlegender Wandel von unternehmerischem Umfeld und Kundenbedürfnissen

Das Umfeld, in dem die Unternehmen arbeiten, wandelt sich ständig. Die Unternehmen sind auch stets bemüht, sich diesen Veränderungen anzupassen. Der Wandel des unternehmerischen Umfelds der letzten Jahre – insbesondere der von Wirtschaft und Markt – unterscheidet sich aber sowohl in Umfang als auch qualitativ von dem bisher Gewesenen. Man muss ihn als strukturellen Wandel verstehen. Wann dieser Wandel genau eingesetzt hat, lässt sich nur schwer bestimmen – global betrachtet könnte das Ende des Kalten Krieges seinen Beginn markieren.

Struktureller Wandel des unternehmerischen Umfelds

Da der Wandel des unternehmerischen Umfelds ein struktureller ist, können die althergebrachten Anpassungsmethoden nicht funktionieren. Es gilt, diesen strukturellen Wandel in seinem Wesen und von seiner Bedeutung her zu verstehen und vollkommen neue Anpassungsmöglichkeiten zu finden. Mit anderen Worten: Die Situation erfordert eine durchgreifende Reform der Art und Weise, in der das Unternehmen geführt wird.

Man kann folgende drei Punkte als Hintergrund für den Wandel nennen:

① **Warenüberfluss und Wandel der Einstellung gegenüber Ware:**
Im 20. Jahrhundert haben die Produktionskapazitäten durch die fortschreitende Industrialisierung sprunghaft zugenommen. Gegen Ende des 20. Jahrhunderts ist weltweit eine Angebotskapazität entstanden, welche die Nachfrage übersteigt. Dieses Überangebot hat zu einem Warenüberfluss geführt.
Weil Ware im Überfluss verfügbar wurde, hat sich auch die Einstellung der Kunden gegenüber Ware verändert: Weiche Faktoren wie Gebrauchswert oder Modetrends finden verstärkt Beachtung.

② **Zeitalter des Individualismus:**
Jeder einzelne Verbraucher verlangt Waren, die genau seinem persönlichen Geschmack und seinen Vorlieben entsprechen. Grundsätzliche Ursache dafür ist der unter ① angeführte Warenüberfluss. Die Diversifizierung beziehungsweise

Struktureller Wandel des unternehmerischen Umfelds

Hintergrund:
① Warenüberfluss und Wandel der Wertvorstellungen gegenüber Waren
② Zeitalter des Individualismus
③ Fortschreitende Globalisierung

Menschen, Güter, Kapital und Information können sich so frei wie noch nie über Ländergrenzen hinweg bewegen. Die Welt ist zu einem einzigen riesigen Markt geworden.

Folgen:
① Durch die Einläutung eines Zeitalters des starken Wettbewerbs wird den Unternehmen Wettbewerbsfähigkeit auf Weltniveau abverlangt.
② Durch das Erscheinen von Schwellenländern auf der Weltbühne – allen voran China – ist ein weltweites Überangebot entstanden.

Unternehmerisches Umfeld und Reaktion		Früher		Heute
Wandel des Umfelds	① Wirtschaftlicher Hintergrund	• starkes, stetiges Wachstum • Warenmangel	⇨ (struktureller Wandel)	• schwaches Wachstum • Warenüberfluss (Angebotskapazität übersteigt die Nachfrage) • Globalisierung der Wirtschaft • Zeitalter des starken Wettbewerbs
	② Besonderheiten des Markts	• ein Markt, in dem alles abgesetzt werden konnte, was produziert wurde • die Nachfrage war einfach und zuverlässig zu prognostizieren • vergleichsweise lange Produktlebenszyklen		• nachfragebestimmter Markt • Diversifizierung / Individualisierung der Kundenbedürfnisse • ein Markt, in dem nur Güter mit tatsächlichem Wert gekauft werden • die Nachfrage ist schwer prognostizierbar • verkürzte Produktlebenszyklen
⬇		⬇		⬇
Reaktion	① Grundsätze der Unternehmensführung	• Ausnutzung von Skaleneffekten • Unternehmensausweitung und Effizienzsteigerung	⇨ (Managementreform)	• Streben nach einer individuellen Reaktionsfähigkeit auf den Kunden • Beschleunigung und Flexibilisierung der Unternehmensabläufe (keine Chancen verpassen)
	② Quellen der Wettbewerbsfähigkeit	• Produktentwicklungskompetenz / -vertriebskompetenz • Sicherung von Produktionsmengen und Marktanteilen • Produktionstechnik (Hochgeschwindigkeitsmaschinen etc.)		• die Kräfte von Entwicklung, Einkauf, Produktion, Vertrieb durch Integration bündeln • flinke und flexible Fertigung

⇩

Der strukturelle Wandel des unternehmerischen Umfelds (der Wandel von Wirtschaft und Markt) zwingt die Unternehmensführung zu einer drastischen **Managementreform**.

Abbildung 1.1: Struktureller Wandel des unternehmerischen Umfelds

Individualisierung der Kundenbedürfnisse nehmen aber Jahr für Jahr beträchtlich zu. Sie sind charakteristisch für unsere Zeit geworden.

③ **Fortschreitende Globalisierung:**
Das Ende des Kalten Krieges und die IT-Revolution haben dafür gesorgt, dass Menschen, Güter, Kapital und Information sich über Ländergrenzen hinweg frei bewegen können. Die Welt ist zu einem einzigen riesigen Markt geworden. Als Folge hat sich der Wettbewerb auf dem globalen Markt verschärft. Wir sind in ein Zeitalter des starken Wettbewerbs eingetreten. Besonders der rasante Aufschwung in China ist beachtlich. China gilt inzwischen als »Fabrik der Welt«.
Abbildung 1.1 zeigt, welche Reaktionen den Unternehmen auf den oben dargestellten Umfeldwandel abverlangt werden.
In der Vergangenheit war es lange so, dass die Marktbedürfnisse leicht zu erfassen waren. Je mehr produziert wurde, desto mehr konnte auch verkauft werden. In diesem Umfeld bestand die optimale Anpassungsstrategie darin, Volumen- und Effizienzsteigerungen zu verfolgen. Gegenwärtig diversifizieren sich die Kundenbedürfnisse hingegen. Der Wandel geht schnell vonstatten und ist nur schwer exakt zu erfassen. Darüber hinaus werden die Produktlebenszyklen kürzer. Es wird immer schwieriger, Nachfrage zu prognostizieren.
Um auf ein solches Umfeld reagieren zu können, ist es unumgänglich, die individuelle Reaktionsfähigkeit auf einzelne Kunden zu stärken. Die Unternehmensabläufe müssen insgesamt beschleunigt und flexibilisiert werden.
Dazu muss das althergebrachte System der Arbeitsteilung aufgegeben werden, bei dem Vertrieb, Entwicklung, Produktion et cetera ihre Effizienzen jeweils für sich getrennt optimiert haben. Stattdessen muss ein System geschaffen werden, bei dem diese Abteilungen in einem einzigen Fluss zusammenarbeiten, der bis zum Markt beziehungsweise zu den Kunden führt. Mit anderen Worten: An Stelle einer funktionalen Arbeitsteilung müssen Vertrieb, Entwicklung, Produktion et cetera so integriert und restrukturiert werden, dass sie ihre Kräfte marktbezogen beziehungsweise produktbezogen bündeln.
Darüber hinaus muss die Arbeitsweise in den einzelnen Funktionen oder Prozessen einer radikalen, kritischen Prüfung unterzogen werden, sodass dort noch nicht da gewesene, eigenständige Ideen entwickelt und schnelle Entscheidungen gefällt werden können.
Der strukturelle Wandel des unternehmerischen Umfelds verlangt also von der Unternehmensführung eine durchgreifende Neuordnung von Organisation und Geschäftsabläufen – kurz: eine Managementreform.

Der Wandel des Umfelds verändert die Fertigung

Die Globalisierung der Wirtschaft, der rasante Aufschwung Chinas und andere Faktoren haben dazu geführt, dass weltweit ein nie da gewesenes Überangebot herrscht. Ware ist im Überfluss vorhanden. Dieser strukturelle Wandel des unternehmerischen Umfelds bringt nicht nur für die fertigende Industrie die Notwendigkeit mit sich, Managementsysteme und Fertigungsphilosophien radikal umzustellen.

Grundsätzlich geht es dabei um die Umstellung von der Massenfertigung auf eine *Fertigung in kleinen Losen bei hoher Sortenvarianz*. Ich möchte anhand von sieben Schlüsselsätzen eingehender erläutern, was das bedeutet:

① Nur so viel produzieren, wie abgesetzt werden kann

Bisher ging man davon aus, eine Erhöhung des Nutzungsgrads senke die Kosten und generiere Profit. Daher versuchte man, so viel zu produzieren wie möglich, um Personal und Maschinen stets auszulasten. Heute führt das zu Überproduktion und Restbeständen an unverkaufter Ware. Das Unternehmen gerät in Bedrängnis.

In Zukunft gilt die Devise, dass Profit erst mit dem Verkauf zu realisieren ist. Bestände müssen durch eine auftragsbezogene, *ziehende Fertigung* minimiert werden.

② Sich nicht von Mengen (Skaleneffekten) abhängig machen

Bisher hat man sich der Verfolgung von Skaleneffekten verschrieben. Dazu wurden leistungsfähige Hochgeschwindigkeitsmaschinen angeschafft. Produktion und Verkauf erfolgten in großen Losen. Profit wurde über wettbewerbsfähige Kosten realisiert. Der heutige Warenüberfluss bewirkt, dass sich Waren nicht mehr wie erwartet absetzen lassen. Das Unternehmen hat mit hohen Fixkosten zu kämpfen.

In Zukunft sollte man von Hochleistungsmaschinen Abstand nehmen, stattdessen die kostengünstige *Einfachautomatisierung* vorantreiben und administrative sowie sonstige indirekte Vorgänge vor Ort in die Produktion integrieren. Durch diese und weitere Maßnahmen können Fixkosten gesenkt oder in variable Kosten umgewandelt werden.

③ Produktionsprozesse so verknüpfen, dass ein Fluss entsteht

Bisher hat man sich bemüht, die Effizienz durch eine funktionale Zusammenfassung der Produktionsprozesse zu steigern (horizontale Integration). Man war der Ansicht, Effizienzsteigerungen an den Einzelprozessen führten zu einer gesteigerten Effizienz des Gesamtsystems. Als Folge haben die Bestände zwischen den Prozessschritten zugenommen. Die Durchlaufzeiten haben sich verlängert. Das Unternehmen hat gegenüber dem Markt an Flexibilität verloren.

In Zukunft sind die Prozesse so zu verknüpfen, dass produktspezifische Flüsse entstehen (vertikale Integration). Auf diese Weise kann dank kurzer Durchlaufzeiten flexibel auf die Bedürfnisse der Kunden reagiert werden.

④ **Produktionsunterstützende Vorgänge direkt in die Produktion einbinden**
Bisher hat man versucht, die Effizienz über eine stärkere fachliche Abgrenzung von Abteilungen zu steigern. Dazu wurden Produktionssteuerung, Logistik, Qualitätssicherung und Instandhaltung unabhängig von der Produktion organisiert. Tatsächlich kann ein beträchtlicher Teil der unterstützenden Vorgänge von den Produktionsmitarbeitern selbst abgewickelt werden. Das wäre zudem effizienter. Mauern in der Organisation beeinträchtigen die Flexibilität der Produktion.
In Zukunft sind mit Ausnahme der hochgradig spezialisierten alle unterstützenden Vorgänge in die Produktion zu übernehmen. So kann der Verbesserungsprozess beschleunigt werden.

⑤ **Die Zusammenarbeit von Entwicklung und Vertrieb stärken**
Bisher haben diese Abteilungen dem Ideal der Arbeitsteilung entsprochen: Sie sind unabhängig voneinander jeweils ihrer eigenen Strategie und Logik gefolgt, um ihre Bestimmung zu erfüllen. Als Folge ist es dem Unternehmen unmöglich geworden, seinen Kunden zeitnah die Produkte anzubieten, die ihren Bedürfnissen wirklich entsprechen. Die Kunden haben sich abgewendet, Profite sind eingebrochen.
In Zukunft müssen Vertrieb, Entwicklung und Produktion in einem einzigen Fluss zusammenarbeiten, der bis zum Kunden führt. Die Art und Weise, wie Aufträge angenommen werden, wie konstruiert wird und wie gefertigt wird, muss ganzheitlich betrachtet und verbessert werden.

⑥ **Die Autonomie der Produktionslinien erhöhen**
Bisher hat man versucht, Effizienz zu erreichen, indem das indirekte Personal die Arbeit plant, welche die Produktionsmitarbeiter ausführen.
In Zukunft sollten vor Ort die Teamstrukturen gestärkt und die Kompetenzen zur autonomen Steuerung erweitert werden. Das Produktions-Tagesgeschäft sollte in den Händen der Produktionslinien liegen. Das indirekte Personal sollte seinen Handlungsschwerpunkt auf Projekte verlagern, welche die Zukunft betreffen.

⑦ **Menschliche Fähigkeiten steigern und nutzen**
Bisher herrschte die Vorstellung vor, es genüge, dass das Linienpersonal seine Arbeit nach Vorschrift erledigt. Verbesserungen seien Sache des indirekten Personals und gingen die Produktionsmitarbeiter nichts an.
In Zukunft sollte die Aufgabe der Linienmitarbeiter nicht mehr allein darin bestehen, Ware herzustellen. Die Mitarbeiter sollten ihre gesamten Fähigkeiten einbringen, am Ausbau ihrer Qualifikationen arbeiten und sich in Verbesserungsmaßnahmen vor Ort engagieren.

Massenfertigung	Fertigung in kleinen Losen bei hoher Sortenvarianz
① So viel produzieren wie möglich • Ein hoher Nutzungsgrad führt zu Profit (Personal und Maschine stets auslasten). • Erst produzieren, dann verkaufen.	① Nur so viel produzieren, wie abgesetzt werden kann • Profit wird erst mit dem Verkauf realisiert. • Sich einer reinen Auftragsfertigung annähern. • Überproduktion und Bestände bringen das Unternehmen in Bedrängnis. • Bestände durch nachfüllende Produktion eindampfen (ziehende Fertigung).
② Profitmaximierung über steigende Skalenerträge • Produktion in »wirtschaftlichen« Losgrößen • Kostensenkung mittels hochgradiger Automatisierung	② Sich nicht von Mengen (Skaleneffekten) abhängig machen • Die Abhängigkeit von Mengen verringern, indem Fixkosten gesenkt bzw. in variable Kosten umgewandelt werden. → Abstand von hochgradiger Automatisierung nehmen und Einfachautomatisierung betreiben. → Steuernde und sonstige indirekte Geschäftsvorgänge in die Produktionslinien integrieren.
③ Effizienz durch Aufteilung der Arbeitsprozesse • Vormaterial – Bearbeitung – Vormontage – Montage werden als getrennte Schritte ausgelegt. • Die Produktionssteuerung erfolgt getrennt durch eine eigenständige Organisation.	③ Produktionsprozesse so verknüpfen, dass ein Fluss entsteht • Vormaterial – Bearbeitung – Vormontage – Montage nach Produkten jeweils als Fluss zusammenfassen. • Minimale Bestände durch eine nachfüllende Prozessverknüpfung (ziehende Fertigung)
④ Effizienz durch Aufteilung von Geschäftsabläufen • Zwecks Effizienzsteigerung werden Produktionssteuerung, Logistik, Qualitätssicherung, Instandhaltung unabhängig von der Produktion organisiert und fachlich immer stärker abgegrenzt.	④ Produktionsunterstützende Vorgänge direkt in die Produktion einbinden • Unterstützende Vorgänge in die Produktion übernehmen, um Produktionsgeschäft und Verbesserungsaktivitäten zu beschleunigen.
⑤ Rationalisierung durch funktionale Arbeitsteilung: Entwicklung,Vertrieb, Produktion verfolgen unabhängige Maßnahmen; jeder Bereich versucht für sich, seine Bestimmung zu erfüllen.	⑤ Die Zusammenarbeit von Entwicklung und Vertrieb stärken • Entwicklung – Vertrieb – Produktion zu einem einzigen Fluss zusammenfassen, der bis zum Kunden führt. • Konstruktiv bedingte bzw. durch die Auftragsannahme bedingte Probleme ausmerzen (verbessern).
⑥ Effizienz durch Trennung von Planung (indirekte Mitarbeiter) und Ausführung (Linienmitarbeiter) • Die Arbeit ist in einer Hierarchie-Pyramide organisiert, in der die Anweisungen von oben nach unten laufen.	⑥ Die Autonomie der Produktionslinien erhöhen • Führungskräfte beschäftigen sich vorwiegend mit Projekten, die die Zukunft betreffen, oder wirklich großen Problemen; das tägliche Produktionsgeschäft liegt in den Händen der Produktionslinien. • Die Produktionslinien steuern sich eigenständig in Teamarbeit.
⑦ Die Produktionsmitarbeiter sollen nur nach Vorschrift arbeiten • Die Maschine produziert, der Mensch füllt nach. • Verbessern ist Sache der Führungskräfte.	⑦ Menschliche Fähigkeiten steigern und nutzen • Das Produzieren ist nicht die einzige Aufgabe der Produktionsmitarbeiter; zu ihren Aufgaben gehören auch der Ausbau der eigenen Qualifikation, das Identifizieren von Problemen und das Verbessern. • Der Mensch nutzt die Maschine, um zu produzieren (die Hauptrolle spielt der Mensch).

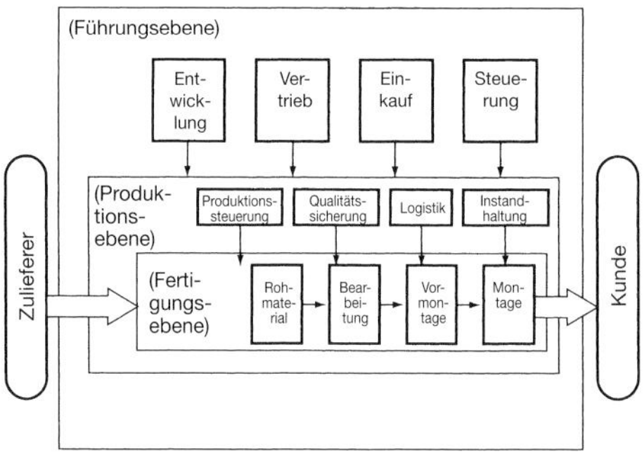

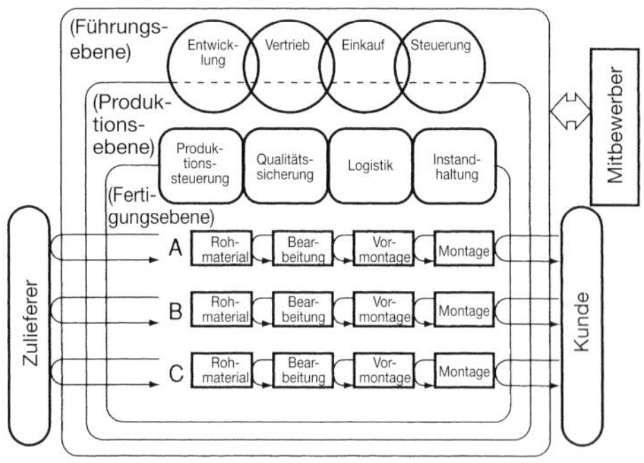

Abbildung 1.2: Philosophie und System der Fertigung wandeln sich

Produktionsreform heißt Umstellung des Produktionssystems

Die fertigende Industrie ist zu einer grundlegenden Umstellung ihrer Fertigungsphilosophie und -systeme – kurz: einer Produktionsreform – gezwungen. Grundsätzlich geht es dabei um die Umstellung von einer Massenfertigung auf die *Fertigung in kleinen Losen bei hoher Sortenvarianz*. Das synchrone Produktionssystem wurde zu diesem Zweck entwickelt. Ich werde im Folgenden die wesentlichen Elemente und den Aufbau der klassischen Massenfertigung und des synchronen Produktionssystems erläutern und dann beleuchten, welche Elemente bei einer Systemumstellung in welcher Weise verändert werden müssen.

Abbildung 1.3 stellt beide Produktionssysteme in einer vergleichbaren Form gegenüber. Sie zeigt ihre Grundkonzepte, Ziele, Besonderheiten hinsichtlich der Produktionsinstrumente et cetera.

Vergleicht man den Aufbau beider Produktionssysteme, erkennt man sofort, dass sie auf diametral entgegengesetzten Philosophien und Wertvorstellungen beruhen. Das bedeutet: Ein kontinuierliches Überschwenken von der Massenfertigung auf eine Fertigung in kleinen Losen bei hoher Sortenvarianz durch »Nachbesserung« des alten Systems, Effizienzsteigerung oder Bestandsreduzierung ist unmöglich.

Die Massenfertigung ist ein System, das im Zeitalter des Warenmangels entstanden ist. Damals überstieg die Nachfrage das Angebot. In einem Umfeld, in dem Standardware in wenigen Varianten und großen Mengen produziert wurde, war dieses System äußerst rationell und hat gut funktioniert. Im heutigen Umfeld des Warenüberflusses aber, in dem sich die nachgefragten Mengen und Varianten rasch ändern, funktioniert es nicht mehr. Man muss erkennen, dass dieses System ausgedient hat.

Beide Produktionssysteme im Vergleich

Ich möchte die in Abbildung 1.3 dargestellten beiden Produktionssysteme von unten nach oben in ihrem Aufbau vergleichen.

① Bei der Massenfertigung wird die Produktion zentral gesteuert: Die Mitarbeiter der Produktionssteuerung steuern die Linien, indem sie per Computer allen Prozessen auf einen Schlag Produktionsanweisungen erteilen. Im synchronen Produktionssystem werden die Kundenaufträge von der Produktionssteuerung *geglättet*. Die Fertigungslinien steuern ihre Produktion autonom nach dem Prinzip der *ziehenden Fertigung*.

② Bei der Massenfertigung werden die Prozessschritte üblicherweise nach Funktionen zusammengefasst angeordnet. Im synchronen Produktionssystem geht man von dem Ideal der durchgängigen Verknüpfung der Prozesse aus und ordnet die Prozessschritte nach Produkten zusammengefasst an. So können Bestände minimiert und die Durchlaufzeiten verkürzt werden.

③ Für die Massenfertigung ist charakteristisch, Personal, Maschinen und Linien stets auszulasten, um einen hohen Nutzungsgrad zu erreichen. Im synchronen Produktionssystem hält man eine Linie an, sobald die erforderliche Menge produziert wurde. Tritt ein Problem auf, entscheidet der Mitarbeiter in der Linie, ob er die Linie anhält. Das geschieht, damit die Ursachen für das Problem geklärt und Maßnahmen gegen ein erneutes Auftreten ergriffen werden können.

④ In der Massenfertigung werden die Maschinen tendenziell leistungsfähiger und schneller ausgelegt, als für die tatsächlich absetzbare Menge erforderlich ist. Das erhöht die Kosten. Im synchronen Produktionssystem bemüht man sich, dem Prinzip der *Einfachautomatisierung* folgend, um eine unaufwendige und kostengünstige *Autonomatisierung.*

⑤ In der Massenfertigung erfolgen Personalplanung und Arbeitseinteilung anhand von Arbeitsstandards und Vorgabezeiten, die von indirekten Mitarbeitern festgelegt wurden. Beim tatsächlichen Personaleinsatz kommt es so leicht zu Verschwendung. Im synchronen Produktionssystem definiert die untere Führungsebene der Produktion unter Beachtung der *Kundentaktzeit* für jeden einzelnen Linienmitarbeiter *standardisierte Arbeitsabläufe.* So entsteht kaum Verschwendung.

⑥ In der Massenfertigung liegt das Verbessern in der Verantwortlichkeit der indirekten Abteilungen und konzentriert sich auf Anlageninvestitionen zur Rationalisierung. Die Investitionen bringen nur selten den gewünschten Effekt. Im synchronen Produktionssystem gehört es zum Tagesgeschäft, dass die untere Führungsebene der Produktion Verbesserungen vornimmt. Möglich wird das durch *visuelles Management.*

⑦ In der Massenfertigung ist das Ziel, durch Kostensenkung Profit zu erzielen. Im synchronen Produktionssystem geht man davon aus, dass sich der tatsächliche Erfolg eines Unternehmens nicht allein am bilanzierten Profit ablesen lässt. Daher ist hier die Vergrößerung des Free Cashflow ein weiteres Ziel.

Die neue Rolle der Produktion

Vom Toyota-System lernen

Das *synchrone Managementsystem* orientiert sich am Toyota-System. Toyota ist in der Automobilindustrie als das Unternehmen mit der besten Ertrags-, Wachstums- und Wettbewerbsstärke bekannt. Die Gesamtheit von Toyotas Management bezeichnet man als »Toyota-System«. Es dient vielen Unternehmen als Anschauungsmodell und Studienobjekt. Ein hervorstechendes Merkmal des Toyota-Systems im Vergleich zu Managementsystemen anderer produzierender Unternehmen ist die außerordentlich starke Rolle der Produktion sowie die sehr enge Verzahnung von Entwicklung, Vertrieb und Produktion. Wahrzeichen dieser Stärke der Produktionsabteilung ist das Toyota-Produktionssystem (TPS). Seine Denkweisen und Methoden haben die Grenzen der Produktionsabteilung heute überwunden und sind inzwischen auf alle Abteilungen von Toyota übertragen worden. Sie gelten als tragende Säule des Managements.

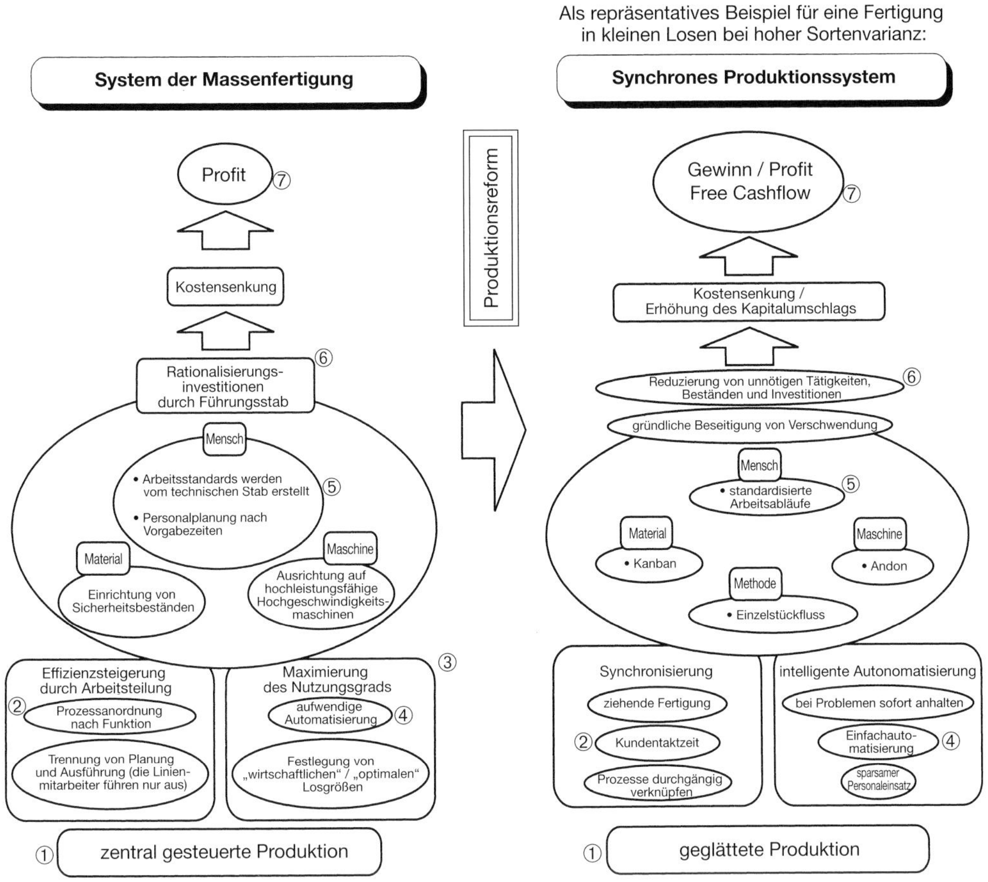

Beispiele für diametrale Gegensätze	• Prozessanordnung	horizontale Integration	⟷	vertikale Integration
	• Produktionssteuerung	zentrale Steuerung	⟷	verteilte autonome Steuerung
	• Fertigungsprinzip	schiebende Fertigung (Push-System)	⟷	ziehende Fertigung (Pull-System)

> Selbst durch beharrliches Verbessern und anhaltende Effizienzsteigerung ist es unmöglich, kontinuierlich von der Massenfertigung auf eine Fertigung in kleinen Losen bei hoher Sortenvarianz überzuschwenken. Da beide Systeme auf diametral entgegengesetzten Philosophien und Wertvorstellungen aufgebaut sind, ist ein wirklicher Systemwechsel erforderlich.

Abbildung 1.3: Die Systeme im Vergleich

In Abbildung 1.4 wird gezeigt, wie die Produktion in das Toyota-System eingeordnet wurde. In der Abbildung sind die Unternehmensfunktionen grob in Entwicklung, Vertrieb, Produktion und Management unterteilt. Als Ergebnis der Unternehmensaktivitäten werden Profit und Cashflow genannt. Die Produktion ist das Fundament für Entwicklung und Vertrieb, der größte Teil davon liegt unter der Erde und ist von außen nicht erkennbar.

Das heißt, aus Markt- oder Kundensicht sind die Entwicklungs- und Vertriebsaktivitäten sichtbar, nicht aber die Produktion. Üblicherweise stehen in produzierenden Unternehmen die Funktionen, die von außen sichtbar sind und einen direkten Zusammenhang mit den Unternehmensergebnissen haben – also Vertrieb und Entwicklung – , im Zentrum des Interesses der Unternehmensleitung. Diese werden als strategische Abteilung angesehen.

Das Interesse an der Produktion fällt hingegen relativ gering aus – sie wird im Vergleich zu Entwicklung und Vertrieb nur schwach und passiv aufgestellt. Produktion wird als »Cost-Center« angesehen, dessen Hauptaufgabe darin besteht, Kosten zu senken. Das führt in der Folge zu einer weiteren Schwächung der Produktion.

Im Toyota-System wird die Auffassung vertreten, dass die Produktion eine ausreichende Größe und Stärke haben muss, um den Vertrieb und die Entwicklung zu stützen. Wenn in der Geschäftsprozesskette Entwicklung → Produktion → Vertrieb ein Glied schwach ist – was bei der Produktion häufig der Fall ist, schmälert das letztlich die Gesamtleistung des Unternehmens. Eine gute Balance zwischen den drei Funktionen und ein enges Zusammenwirken sind also erforderlich. Auf der Grundlage dieser Überlegungen ist bei Toyota auch die Produktion von strategischer Bedeutung. Tatsächlich ist die Produktion bei Toyota nicht einfach nur Empfänger von Anweisungen und Informationen aus der Entwicklung und dem Vertrieb, sondern sie bietet der Entwicklung sehr frühzeitig Know-how für größere Fertigungsfreundlichkeit an[1] und stärkt die Position des Vertriebs am Markt durch Realisierung von kurzen Produktionsdurchlaufzeiten[2].

Stärkung der Produktion

Das synchrone Managementsystem strebt unter Orientierung am Toyota-System eine Stärkung der Produktionsfunktion an. Dies erfordert ein Umdenken beim Top-Management hinsichtlich seiner Einschätzung der Produktion: Das Top-Management muss erkennen, dass die Stärkung der Produktion sowie eine intensivere Verzahnung von Produktion, Entwicklung und Vertrieb für die Stärkung der Wettbewerbsfähigkeit des Unternehmens von großer Bedeutung ist.

Zur Stärkung der Produktion ist es erforderlich, die notwendigen Arbeitskräfte zur Verfügung zu stellen, die notwendigen Investitionen zu tätigen und von unfruchtbaren und einseitigen Ansätzen zur Kostensenkung Abstand zu nehmen. In produzierenden Unternehmen sind im Allgemeinen die meisten Personen in der Produktion tätig. Dennoch werden diese personellen Ressourcen nicht effektiv

---

1 Siehe Abschnitt »Vertikale Anlaufkurven bei neuen Produkten«, S. 141ff.
2 Siehe Abschnitt »Produktionsanweisungswesen (Kanban-System)«, S. 124ff.

genutzt.[3] Dies hat aus unternehmerischer Sicht große Nachteile in Form hoher Verluste zur Folge. Daher ist es dringend notwendig, mit der Wiederbelebung der Produktion zu beginnen. Man muss sich allerdings darüber im Klaren sein, dass es mehrere Jahre dauert, bis bei den Mitarbeitern herausragende Fähigkeiten, besonderes Know-how und spezielle Kompetenzen aufgebaut sind.

Parallel zur Stärkung der Produktion gilt es, das Zusammenwirken mit den anderen Funktionen (Entwicklung und Vertrieb) zu verbessern. Zusammenwirken heißt, dass nicht irgendwelche Dinge oder Informationen einfach weitergeschoben werden und eine Funktion sich passiv verhält. Es muss ein gleichberechtigtes und gut ausbalanciertes Verhältnis geschaffen werden, um gemeinsam zu erarbeiten, welche Lösungen für den Kunden und den Unternehmensprofit die besten sind.

Auf dem Wege der Stärkung der Kooperation zwischen Produktion, Entwicklung, Vertrieb lässt sich, wie in Abbildung 1.5 dargestellt, eine organisationale Fähigkeit erreichen, die den Anforderungen der heutigen Zeit gerecht wird.

1.2 Die Idee des synchronen Managementsystems

Was bedeutet Wettbewerbsfähigkeit?

Der Aufbau und die Stärkung der Wettbewerbsfähigkeit eines produzierenden Unternehmens ist das grundlegende Motiv des *synchronen Managementsystems.*

In den letzten Jahren war häufig zu beobachten, dass produzierende Unternehmen ihre Fertigungsstätten in Niedriglohnländer verlagern, um so ihre Kostenwettbewerbsfähigkeit zu stärken. Doch führt das tatsächlich zu einer besseren Kostenwettbewerbsfähigkeit?

Das synchrone Managementsystem steht der leichtfertigen Verlagerung der Produktion in Niedriglohnländer auf der Grundlage der traditionellen Kostenrechnung aus den unten genannten Gründen ablehnend gegenüber. Kostenwettbewerbsfähigkeit ist nicht alles. Diese Haltung zeigt auf, was für die Stärkung der Wettbewerbsfähigkeit des gesamten Unternehmens, seiner einzelnen Geschäftsbereiche und seiner Produkte wirklich effektiv ist und wie diese Stärkung angegangen werden muss.

Zunächst möchte ich erläutern, was »Wettbewerbsfähigkeit« an dieser Stelle heißen soll. Im Allgemeinen wird mit diesem Begriff die Fähigkeit eines Unternehmens bezeichnet, auf dem Markt mit seinen Produkten zu überleben und zu wachsen. Die Größe der Wettbewerbsfähigkeit bestimmt sich daran, wie gut das Unternehmen auf dem Markt »bewertet« wird. Schneidet ein Unternehmen im Vergleich zu seinen Wettbewerbern besser ab (bezogen auf Umsatz, Marktanteil et cetera), gilt es allgemein als wettbewerbsfähig. Bewertung durch den Markt hat aber viele Seiten. Man sollte Wettbewerbsfähigkeit nicht allein aus dem Marktanteil

[3] Siehe Abschnitt »Menschliche Fähigkeiten maximal nutzen«, S. 56ff.

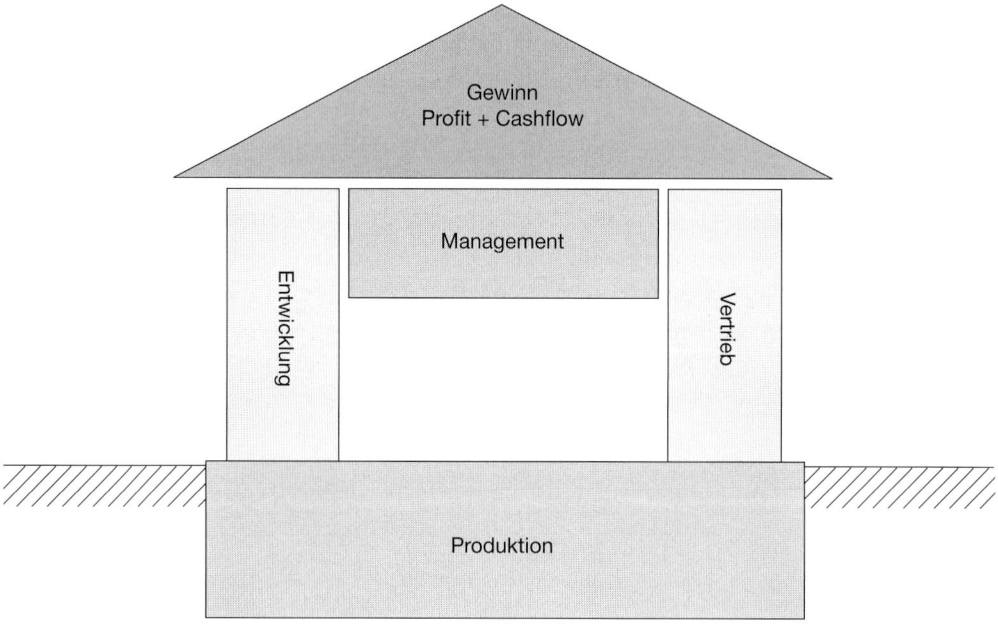

Abbildung 1.4: Das Toyota-System

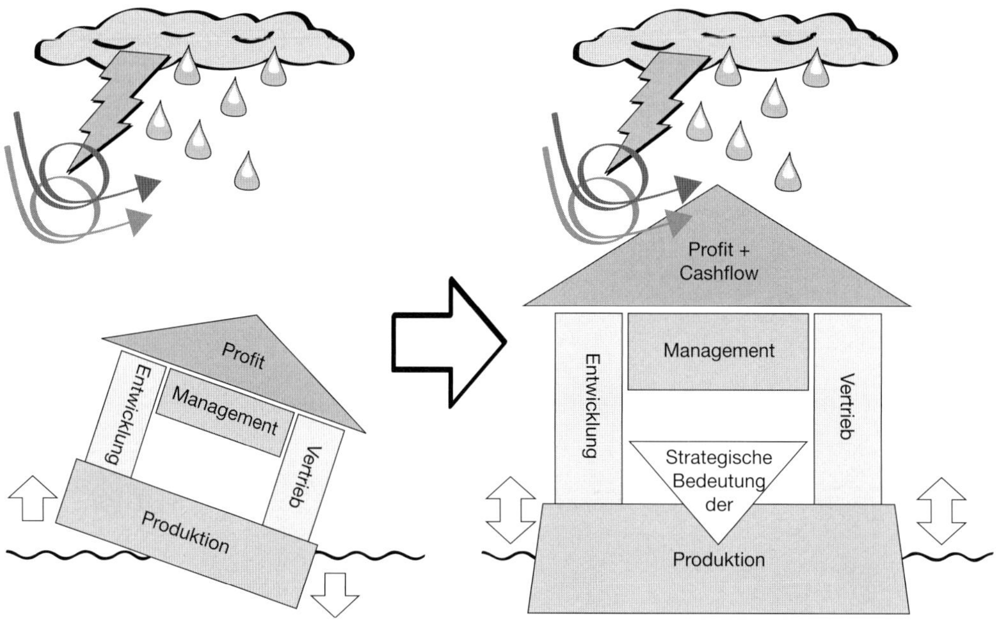

Abbildung 1.5: Strategische Bedeutung der Produktion

ableiten, sondern auch danach bewerten, ob mit dem Geschäft tatsächlich Profit erzielt wird, ob der Kundenkreis auch in Zukunft wachsen wird, ob eine hohe Kundenzufriedenheit aufrechterhalten wird et cetera.

Darüber hinaus schlägt sich in der Bewertung durch den Markt nur das vom Unternehmen in der Vergangenheit erreichte Ergebnis nieder. Betrachtet man die Konstitution des Unternehmens oder die Prozesse, in denen seine Produkte erzeugt wurden, als die eigentlichen Bewertungskriterien für Wettbewerbsfähigkeit, erweitert sich die Bedeutung des Begriffs zusätzlich. Der nachhaltige Unternehmenserfolg ist nur über eine derartige Betrachtung zu garantieren.

Will man »Wettbewerbsfähigkeit« also richtig verstehen, muss die Vielschichtigkeit dieses Begriffs angemessen berücksichtigt werden. Abbildung 1.6 dient der grafischen Veranschaulichung.

Die Vier-Schichten-Struktur der Wettbewerbsfähigkeit

Wettbewerbsfähigkeit kann mithilfe eines Vier-Schichten-Modells dargestellt werden. Dieses lässt sich noch einmal in zwei Hälften unterteilen. Die beiden oberen Schichten zeigen die Bewertung durch den Markt, die beiden unteren die firmeninterne Situation.

Schicht 1 zeigt das Ergebnis des Wettbewerbs: Wie viel verdient das Unternehmen im Vergleich zu seinen Wettbewerbern? Die Wettbewerbsfähigkeit wird anhand von finanziellen Ergebnissen, wie Gewinn, Free Cashflow et cetera dargestellt.

Schicht 2 zeigt die direkte Bewertung der Wettbewerbsfähigkeit auf dem Markt anhand der verkauften Stückzahlen, der Umsatzhöhe, des Marktanteils und der Kundenzufriedenheit. Dies ist der Vertriebserfolg des Unternehmens, das mit rivalisierenden Unternehmen im Wettbewerb steht. Wenn allgemein über Wettbewerbsfähigkeit gesprochen wird, ist damit in der Regel diese zweite Schicht gemeint.

In Schicht 3 wird die Produktionsleistung (»Output«) der Prozesse oder des Produktionssystems anhand der repräsentativen Größen Qualität, Kosten, und Lieferzeit (QKL)[4] bewertet. Zu Q zählen insbesondere die Fehlerquote im Prozess und die Direktläuferquote, zu K die Arbeitsproduktivität sowie die Produktivität in der Entwicklung, zu L die Produktionsdurchlaufzeit und die Durchlaufzeit in der Entwicklung.

In Schicht 4 geht es um geistiges Kapital innerhalb der Unternehmensorganisation, das es ermöglicht, die in Schicht 3 ausgewiesene Produktionsleistung in Q+K+L zu erbringen. Gemeint sind damit: unternehmenseigene Fachkompetenz, Know-how, Qualifikationen sowie die Wertmaßstäbe, Handlungsnormen und Gewohnheiten, die es ermöglichen, solches Kapital auf- und auszubauen oder weiterzugeben. All dies bezeichnet man auch als »*organisationale Fähigkeit* in der Produktion«.

[4] Die englische Abkürzung lautet »QCD« und steht entsprechend für »Quality«, »Cost« und »Delivery«. In der deutschsprachigen Fachliteratur werden sowohl die deutschen als auch die englischen Begriffe verwendet.

Die organisationale Fähigkeit ist die Basis der Wettbewerbskraft

Wie oben dargestellt ist die organisationale Fähigkeit die Quelle der Wettbewerbsfähigkeit. Eine hohe organisationale Fähigkeit führt zu einer starken Präsenz des Unternehmens auf dem Markt und damit zu einer starken Wettbewerbsfähigkeit. Organisationale Fähigkeit in der Produktion lässt sich anhand von vier Elementen charakterisieren:

① Technologien und Wissen, welche die Existenz des Unternehmens begründen
② Fähigkeit zur Verarbeitung von äußeren Einflüssen mit hoher Sensibilität in Bezug auf Markt- und Kundenbedürfnisse, Position des Unternehmens im Wettbewerb
③ hohe Effizienz bei der Abwicklung der Geschäftsprozesse
④ Werte, Sichtweisen und andere Aspekte der Unternehmenskultur

Neue Art der Kostenbetrachtung

Im Allgemeinen sind Kosten Zahlenwerte, die auf der Grundlage der geltenden Regeln der Kostenrechnung im Unternehmensrechnungswesen ermittelt wurden. Die Hauptkostenfaktoren hierbei sind: Personalkosten, Materialkosten (inklusive Zukaufteile), Maschinen- und Anlagenkosten sowie Gemeinkosten. Jedes Unternehmen muss sich unablässig mit dem Thema Kostensenkung auseinandersetzen. Bisher besteht die allgemein übliche Herangehensweise in der direkten Senkung von Personal- und Materialkosten, da die Effekte solcher Maßnahmen in der Kostenrechnung leicht abzulesen sind.

Um die Personalkosten zu senken, versucht man beispielsweise durch Einführung von automatisierten Anlagen Personal abzubauen. Um die Materialkosten zu senken, wechselt man zu Lieferanten mit niedrigeren Preisen. Solch ein Vorgehen erscheint ganz selbstverständlich, allerdings fallen die Effekte dieser Kostensenkungsansätze in der jüngeren Zeit immer geringer aus oder sie bleiben sogar völlig aus: So führt die Einführung von hoch automatisierten Maschinen oft nicht zu der geplanten Personaleinsparung, sondern im Gegenteil zu höheren Instandhaltungskosten. Der Wechsel zu billigeren Lieferanten hat nicht selten ein vermehrtes Auftreten von Qualitätsproblemen zur Folge, wodurch die Kosten für Nacharbeit und Prüfen steigen. Die Ursache hierfür ist darin zu suchen, dass der Rahmen der traditionellen Kostenrechnung nicht mehr zu der Situation passt, in der sich die fertigende Industrie heute tatsächlich befindet. Dieser Rahmen wurde im Wesentlichen im ersten Drittel des 20. Jahrhunderts geschaffen. Die damalige Situation war dadurch gekennzeichnet, dass im Zentrum der Produktionsaktivitäten manuelle Arbeit stand, die Anforderungen an die Qualität nicht sehr hoch waren und zudem nur eine geringe Variantenvielfalt bewältigt werden musste. Unter diesen Umständen war es möglich, durch das Erfassen der Hauptkostenfaktoren wie Personal- und Materialkosten hinreichend genaue Ergebnisse zu erzielen.

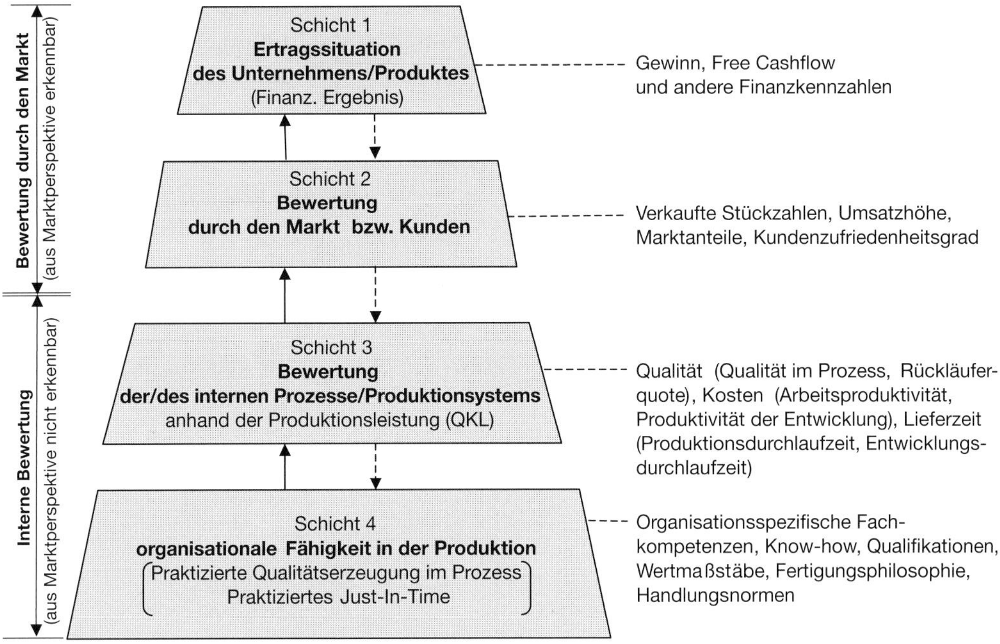

Abbildung 1.6: Vier-Schichten-Struktur der Wettbewerbsfähigkeit

Heutzutage sind allerdings viele hoch entwickelte Automaten im Einsatz, die Variantenvielfalt hat explosionsartig zugenommen, die Produktlebenszyklen haben sich in gleichem Maße dramatisch verkürzt und die Häufigkeit, mit der neue Produkte vorgestellt werden, ist stark gestiegen. Darüber hinaus liegt das vom Kunden erwartete Qualitätsniveau heute um vieles höher. Diese Entwicklung hat dazu geführt, dass die verschiedenen Arbeitsinhalte in der Organisation und deren Aufteilung sowie die Arbeitsabläufe auf eine sehr komplexe Art miteinander verquickt sind. Faktisch ist es heute zunehmend schwierig geworden, die Kosten wirklichkeitsgetreu in simplen Kostenfaktoren zu erfassen, wie es früher möglich war.

Wie sieht nun eine den heutigen Bedingungen der fertigenden Industrie angepasste Kostenbetrachtung aus?

Im *synchronen Managementsystem* (SMS) werden die althergebrachten Ansätze zur Kostensenkung äußerst kritisch gesehen. Bei der neuen Kostenbetrachtung werden daher Aspekte wie Qualitätskosten, Bestandskosten, indirekte Produktionskosten, Kosten für den Anlauf von Neuprodukten eingebracht. Diese neu genannten Kostenarten sind zwar auch in den traditionellen Kostenfaktoren (Personal-, Material-, Anlagen-, Gemeinkosten) enthalten, dort aber großflächig über verschiedene Abteilungen verteilt. Mit dem traditionellen Kostenstrukturverständnis sind sie daher nur sehr schwer auszumachen. Im heutigen wirtschaftlichen Umfeld bieten diese Kostenarten ein immenses und wenig erschlossenes Feld zur Kostensenkung.

Man kann das anhand der Qualitätskosten verdeutlichen: Im *synchronen Managementsystem* geht man davon aus, dass eine prozessinterne Fehlerrate von 1 Prozent Qualitätskosten in Höhe von 10 Prozent des Umsatzes nach sich zieht. Ein solch hoher Wert wird bei der traditionellen Kostenbetrachtung niemals auftauchen. Stellt man jedoch einmal ganz objektiv sämtliche Kosten zusammen, die entstehen, wenn auf Kundenreklamationen reagiert werden muss, dürfte man ein Ergebnis erhalten, das nicht weit weg von dem oben genannten Wert liegt. Folglich gilt: Erreicht man eine Verbesserung des Qualitätsniveaus, indem man für eine zuverlässige Qualitätserzeugung im Prozess sorgt, sinken die Qualitätskosten. So kann ein Beitrag zur Senkung der Gesamtkosten geleistet werden.

Bei den Bestandskosten werden im Rahmen des synchronen Managementsystems 30 Prozent des Bestandswertes als jährlich anfallende Gemeinkosten angesehen. Bei der herkömmlichen Kostenrechnung spielt die Bestandshöhe für die Kosten praktisch keine Rolle. Tatsächlich aber verursachen die Bestände enorme Kosten – durch Lager, Transportmittel, Steuerungs- und Verwaltungssysteme, verspätete Fehlerrückmeldung et cetera.

Die indirekten Produktionskosten lassen sich durch mehr Eigenständigkeit der Produktion und eine Integration von Steuerungsfunktionen in die Produktion senken.[5] Die Kosten für den Anlauf von Neuprodukten können durch Nutzung von *Fertigungskompetenz* (»Genba-Engineering«) im Rahmen des Concurrent Engineering (CE) bei der Konstruktion und der Prozessplanung erheblich gesenkt werden.[6]

Neue Art der Kostenbetrachtung – Ansätze zur Kostensenkung

Klassische Ansätze	SMS-Ansätze
• Personalkosten • Materialkosten • Anlagen & Maschinen • Verwaltungsaufwand	• Senkung aller Kosten, die mit Beständen zusammenhängen • Kostensenkung durch deutliche Verbesserung des Qualitätsniveaus aus dem %- in den ppm-Bereich • Senkung des Managementaufwands durch eigenständige Teams • Erhöhung der Fertigungstiefe • Realisierung steiler Anlaufkurven bei Neuprodukten durch systematische Integration der Fertigungskompetenz in den Entwicklungsprozess

Das Fünf-Stufen-Modell für die Bewertung von Produktionssystemen

Als quantitativer Maßstab dafür, wie gut oder schlecht ein Produktionssystem ist, kann das ganzheitliche Niveau von Qualität, Kosten und Lieferzeiten (QKL) [7] der Produkte herangezogen werden. Dieses Niveau beschreibt die Produktionsleistung des Systems (Output). Ganzheitlich bedeutet, dass Q, K und L nicht separat betrachtet werden, sondern erst der Gesamtwert von Q+K+L als Maßstab für die

---

[5] Eine stärkere Autonomie der Produktion ist ein wesentliches Merkmal des synchronen Managementsystems. Siehe in diesem Zusammenhang beispielsweise Abschnitt »Produktionsanweisungswesen (Kanban-System), S. 124ff.

[6] Siehe Abschnitt »Vertikale Anlaufkurven bei neuen Produkten«, S. 141ff.

[7] Die englische Abkürzung lautet »QCD« und steht entsprechend für »Quality«, »Cost« und »Delivery«. In der deutschsprachigen Fachliteratur werden sowohl die deutschen als auch die englischen Begriffe verwendet.

Güte eines Produktionssystems angesehen wird. Zwischen Q, K und L bestehen Zielkonflikte, sodass ihr Gesamtwert nicht leicht zu verbessern ist, solange die Strukturelemente und der innere Aufbau des bestehenden Systems sowie die Philosophie, auf der es beruht, unverändert bleiben.

Zusätzlich muss eine weitere dynamische Eigenschaft bewertet werden: nämlich inwieweit der Wert von Q+K+L bei einer starken Veränderung des wirtschaftlichen Umfelds, in dem das Produktionssystem arbeitet, beeinflusst wird oder sich verschlechtert. Ein gutes Produktionssystem sollte »elastisch« auf einen Umfeldwandel reagieren, sodass die Verschlechterung von Q+K+L gering ausfällt und ein bestimmtes Niveau gehalten wird. Dazu benötigt das System Flexibilität (F). F ist also ein weiterer Bewertungsmaßstab.

Das Fünf-Stufen-Modell ist eine grafische Darstellung der Güte von Produktionssystemen (Abbildung 1.7). Gezeigt wird der Zusammenhang zwischen innerem Aufbau des Systems und dem Niveau von QKL/F. Das Modell bietet eine Orientierung beim Aufbau eines Produktionssystems von hervorragender Leistungsfähigkeit.

Stufe I stellt ein Produktionssystem dar, in dem die Produkte zwar zeichnungsgerecht gefertigt werden können, der QKL-Wert aber instabil ist und auch nicht überwacht wird. Auf diesem Niveau kann man den Wettbewerb in seiner Branche auf Dauer nicht bestehen. Es können zwar irgendwie Produkte gefertigt werden, aber Qualität und Kosten sind auf einem schlechteren Niveau als in der Branche üblich. Das Fortbestehen des Unternehmens ist somit gefährdet.

Stufe II ist ein System, dessen QKL-Niveau es ermöglicht, den Wettbewerb in der Branche zu bestehen. Der QKL-Wert wird überwacht. Allerdings ist das Managementsystem hier nicht in das Produktionssystem integriert. Die Überwachung erfolgt vielmehr durch Mitarbeiter indirekter Abteilungen an der Peripherie des Produktionssystems. Ein Großteil der Steuerungsaufgaben für die Produktion vor Ort, wie Qualitätsmanagement, Controlling oder Produktionssteuerung, wird von Fachabteilungen erledigt. Die meisten Werke von produzierenden Unternehmen sind dieser Niveaustufe zuzuordnen.

Stufe III bedeutet, dass die Managementsysteme für Q, K und L in das Produktionssystem selbst integriert sind und die Produktionsteams vor Ort eigenständig und mit rascher Rückmeldung ein das QKL-Niveau *aufrechterhaltendes Management* betreiben. Hierdurch wird im Vergleich zum Branchendurchschnitt ein recht hohes QKL/F-Niveau erreicht.

Stufe IV bedeutet, dass über das aufrechterhaltende Management hinaus Vorkehrungen im Produktionssystem getroffen wurden, die es gestatten, dass Verbesserungsmaßnahmen (*Kaizen*) zur Steigerung des QKL-Wertes als Teil des Tagesgeschäfts vorgenommen werden. Dadurch wird innerhalb der Branche ein Spitzenwert bei QKL/F erreicht.

Stufe V stellt den Soll-Zustand eines Produktionssystems dar: Große Verbesserungen und Reformen in Vorbereitung auf ein sich wandelndes Umfeld werden ohne Unterlass unternommen. Hier wird ein herausragendes QKL/F-Niveau erreicht, das weit oberhalb dessen liegt, was in der Branche als überhaupt erreichbar angesehen wird.

Auf den ersten Blick erscheint es so, als ob die Übergänge von der Stufe I bis zur Stufe V kontinuierlich und reibungslos erfolgen könnten. Tatsächlich besteht zwischen Stufe II und III eine große Kluft, die nur schwer zu überwinden ist. Denn ab Stufe III ist ein Produktionssystem mit großer Eigenständigkeit erforderlich, wie es zum Beispiel beim Toyota-Produktionssystem der Fall ist.

Fertigungskompetenz entdecken

Eines der wichtigsten Konzepte für das Verständnis des *synchronen Managementsystems* ist die *Fertigungskompetenz* (»Genba-Engineering«).

Was ist Fertigungskompetenz?

Im Allgemeinen bezeichnet man die Technologie zur Fertigung von Gütern als »Produktionstechnik«. Produktionstechnik wird dazu eingesetzt, Systeme bereitzustellen, mit deren Hilfe die Informationen auf den Produkt-Konstruktionszeichnungen in Serie in reale Güter umgesetzt werden können. Produktionstechnik ist Aufgabe fachausgebildeter Produktionstechniker. Bisher ging man davon aus, die Linienmitarbeiter vor Ort müssten nur gemäß den Anweisungen der Produktionstechniker arbeiten und bräuchten daher keine eigene technische Kompetenz. Diese weitverbreitete Ansicht ist eine typische Voraussetzung, von der in einem traditionellen Massenfertigungssystem ausgegangen wird.

Heute haben sich die Zeiten gewandelt: Aus dem einst angebotsbestimmten Markt ist ein nachfragebestimmter geworden, was zu einer Verschärfung des Wettbewerbs zwischen den Unternehmen geführt hat. Die Nachfrage tendiert zunehmend zu kleinen Losen bei hoher Sortenvarianz und die Qualitätsansprüche sind stark gestiegen. So sind neue Produktionssysteme wie zum Beispiel das *synchrone Produktionssystem* entstanden, die an die Stelle der Massenfertigung treten. Das wesentliche Merkmal dieser neuen Produktionssysteme liegt darin, dass auf die Autonomie der Produktionsabteilung sowie das selbstständige Arbeiten der Teams großer Wert gelegt wird. Denn um schnell und gleichzeitig angemessen auf die Diversifizierung der Marktbedürfnisse und die schwindelerregenden Marktschwankungen reagieren zu können, müssen die Mitarbeiter an vorderster Front der Abteilung, in der die Güter tatsächlich gefertigt werden, mit Entscheidungs- und Handlungsbefugnissen ausgestattet werden.

Um *Just-in-Time* liefern zu können, braucht man eine Fertigung in kleinen Losen. Um diese zu ermöglichen, ist Know-how zur Rüstzeitverkürzung und für Transporte von Kleinstmengen bei hoher Frequenz erforderlich. Um eine Ausschussrate im ppm-Bereich zu realisieren ist Know-how zu *Pokayoke* und zum *Management der Prozessbedingungen* im IO-Bereich unverzichtbar. Diese Kompetenz ist anderer Natur als die, mit der Produktionstechniker operieren, und kann nur von Menschen aufgebaut werden, die mit den wahren Gegebenheiten der Produktion vor Ort vertraut sind. Ich nenne dies »Fertigungskompetenz« (»Genba-Engineering«).

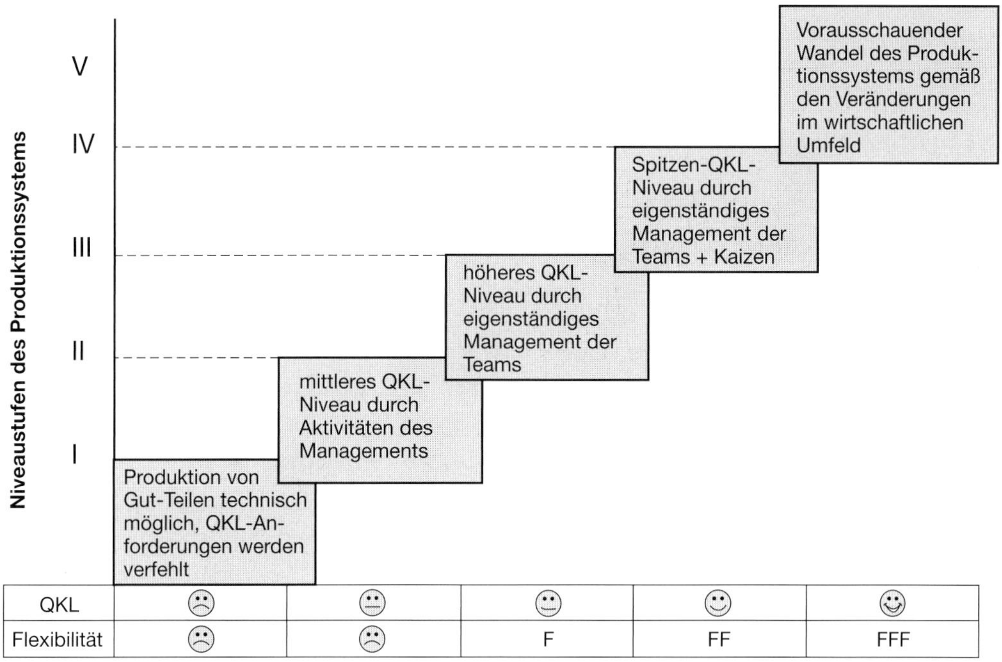

Abbildung 1.7: Fünf-Stufen-Modell zur Bewertung des Produktionssystems

Ein wichtiges Kriterium, durch das sich ein synchrones Produktionssystem von einem Massenfertigungssystem unterscheidet, ist das Vorhandensein von Fertigungskompetenz.

Produktionstechnik und Fertigungskompetenz

Produktionstechnik und Fertigungskompetenz ergänzen sich gegenseitig. Mit klassischer Produktionstechnik allein lässt sich auf nachfragebestimmten Märkten kein ausreichend wettbewerbsstarkes QKL-Niveau[8] erreichen. Und Fertigungskompetenz ist für sich allein nicht denkbar – dient sie doch dazu, die konstituierenden Faktoren des mit den Mitteln der Produktionstechnik bereitgestellten Systems (Mensch, Material und Maschine et cetera) geschickt zu managen und ihr gesamtes Potenzial zu nutzen. Ergänzt man also Produktionstechnik mit Fertigungskompetenz, kann man ein wettbewerbsfähiges QKL-Niveau erreichen.

Die Aufgabe der Produktionstechnik besteht im Wesentlichen darin, im Rahmen der Produktionsvorbereitung für neue Produkte oder im Rahmen von Anbauten zwecks Kapazitätsausweitung das zu verwendende Produktionssystem grundlegend zu entwerfen und aufzubauen. Dabei werden die Bearbeitungsmethoden definiert

[8] Die englische Abkürzung lautet »QCD« und steht entsprechend für »Quality«, »Cost« und »Delivery«. In der deutschsprachigen Fachliteratur werden sowohl die deutschen als auch die englischen Begriffe verwendet.

und eine Prozess- und Anlagenplanung vorgenommen. Ziel ist, ein wettbewerbsfähiges QKL-Niveau zu erreichen. Dabei strebt man Rationalität an und bewegt sich in einer Welt aus Logik und Mathematik. Folglich kann die resultierende Technologie leicht kommuniziert beziehungsweise transferiert werden, sodass sie von Wettbewerbern leicht nachgeahmt werden kann. Solch eine Technologie wird nur schwerlich zum Motor für Wettbewerbsfähigkeit des eigenen Unternehmens. Und egal wie detailliert auch geplant wird – die Möglichkeiten eines Produktionstechnikers, der arm an praktischer Erfahrung aus der Fertigung ist, sind begrenzt, sodass tatsächlich lediglich 90 bis 97 Prozent des geplanten QKL-Niveaus erreicht werden.

Fertigungskompetenz dient dazu, die fehlenden 3 bis 10 Prozent nachzuliefern, die mit den Mitteln der Produktionstechnik nicht erreicht werden konnten. Die Ergänzung dieser wenigen Prozentpunkte mag geringfügig erscheinen, gerade sie aber ist der gesuchte Motor für Wettbewerbsfähigkeit. Da die Stärken der Fertigungskompetenz in praktischen Faktoren mit festem Bezug zu den vorhandenen Betriebsmitteln sowie in weichen Faktoren liegen, ist es für Wettbewerber schwer, sie zu übertragen oder sie nachzuahmen.

Die größte Wirkung zeigt die Fertigungskompetenz bei der Entwicklung neuer Produkte, wenn das vor Ort gesammelte Know-how zur Fertigungsfreundlichkeit in die Abteilungen Konstruktion und Produktionstechnik zurückgemeldet wird.[9] Wie in Abbildung 1.8 gezeigt, arbeitet die Abteilung Produktionstechnik bei der althergebrachten Entwicklungsweise für sich allein. Daher bleibt das geplante QKL-Niveau auch nach Beginn für eine längere Zeit der Serienfertigung unerreicht. Wenn hingegen bei der Entwicklung mittels Concurrent Engineering (CE) schon zu einem sehr frühen Zeitpunkt Fertigungskompetenz einfließt, ermöglicht das eine sehr steile (vertikale) Anlaufkurve bei Serienstart (Abbildung 1.9).

Aufbau einer Produktionsorganisation

Was heißt Produktionsorganisation?

Soll die Wettbewerbsfähigkeit der Produktionsabteilung nach den Gesichtspunkten des *synchronen Managementsystems* gestärkt werden, gilt es zunächst, eine Produktionsorganisation aufzubauen. Die meisten Menschen werden vom eigenen Unternehmen behaupten, die Produktionsabteilung sei bereits ordentlich organisiert und die zahlreichen Mitarbeiter dort erledigten ihre Arbeit systematisch. Tatsächlich sieht es aber in zahlreichen Unternehmen so aus, dass mit der dort vorhandenen Produktionsorganisation nicht rasch genug auf den scharfen Wettbewerb im Markt und den krassen Umfeldwandel reagiert werden kann. Stattdessen dominieren Organisationsstrukturen, die man bereits seit der Hochzeit der Massenfertigung unterhält.

---

9 Siehe Abschnitt »Wie realisiert man vertikale Anlaufkurven?«, S. 143ff.

Fertigungskompetenz in den Produktentstehungsprozess einbringen

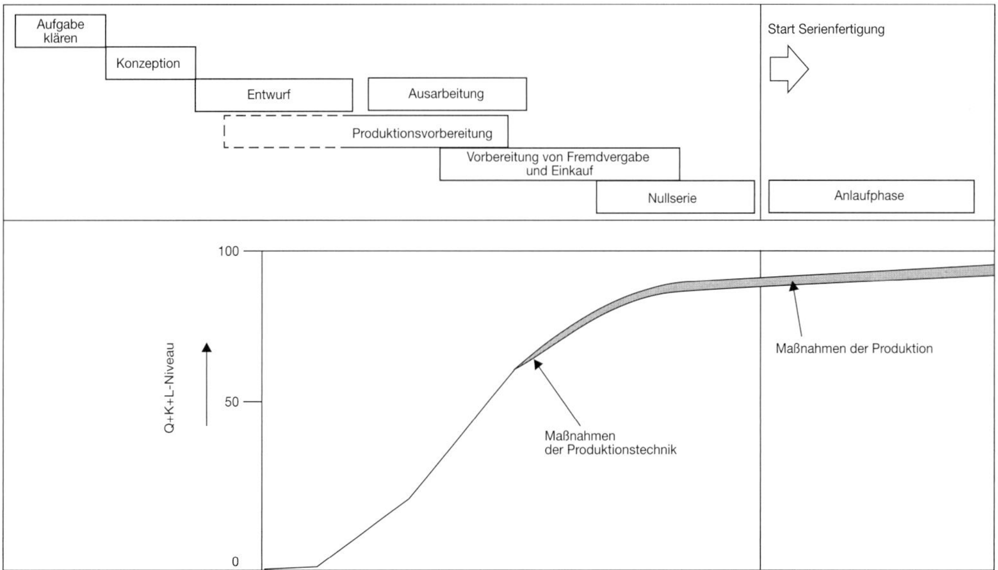

- Geringe Beteiligung der Produktion
- Bei Serienstart ist das Q+K+L-Niveau unzureichend.

Abbildung 1.8: Althergebrachte Vorgehensweise

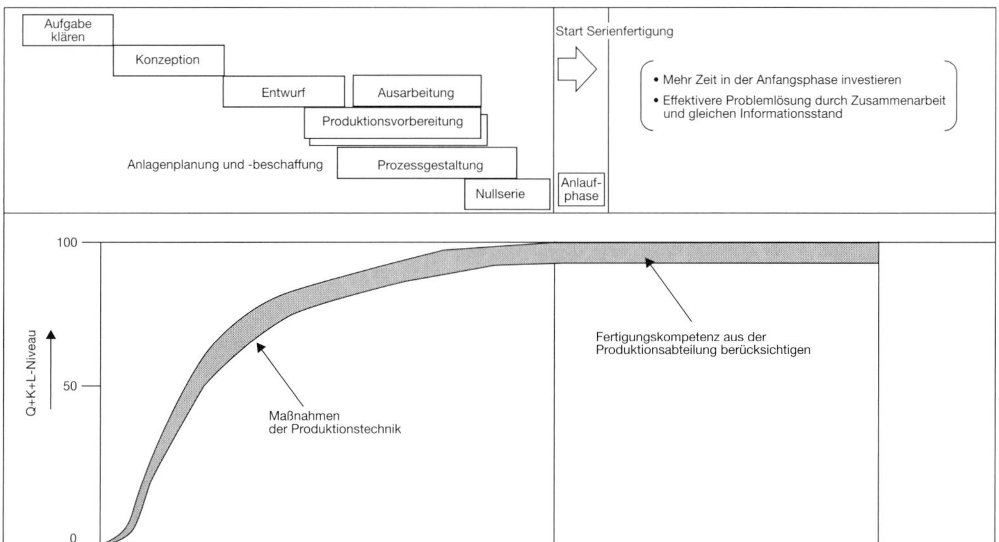

- In der Anfangsphase der Produktentwicklung fließt bereits Fertigungskompetenz ein.
- Vertikale Anlaufkurven werden realisiert.

Abbildung 1.9: Concurrent Engineering im synchronen Managementsystem

In Abbildung 1.10 erläutere ich, in welcher Weise die Produktionsorganisation aufzubauen ist, um den Erfordernissen des gewandelten unternehmerischen Umfelds gerecht zu werden. Zur Veranschaulichung stelle ich die Organisation althergebrachter Art gegenüber.

Klassischerweise war die Produktionsorganisation in der Massenfertigung so aufgebaut, dass die kleinste Organisationseinheit aus Gruppen von 30 bis 50 Werkern bestand. Jeder Gruppe wurde ein Leiter (Meister) zugeordnet, der die Arbeit dirigierte, sich um Störungen kümmerte und Verwaltungsaufgaben wahrnahm. Die Werker arbeiteten unabhängig voneinander und waren gleichgestellt. Eine Weisungsbefugnis hatte nur der Leiter (Meister), die Werker untereinander hatten keine. Zwecks bequemerer Informationsübermittlung et cetera wurden die Werker dann in Teams von jeweils etwa 10 Personen eingeteilt. Es wurden auch jeweils Teamleiter eingesetzt, die aber keine besonderen Befugnisse hatten.

Unter solchen Bedingungen konnten die Leiter (Meister) die einzelnen Werker nur schwer im Detail unterweisen und wahrnehmen, was in der Folge dazu geführt hat, dass jeder Werker nach seiner persönlichen Fasson arbeitete. Dennoch – in der Hochzeit der Massenfertigung waren die Arbeitsinhalte simpel und die Qualitätsanforderungen noch nicht sehr streng, sodass diese Form der Organisation völlig ausreichte.

Einführung von Teamstrukturen

Produktionsorganisationen wie oben beschriebene bestehen heutzutage nur noch in wenigen Unternehmen unverändert fort. Sehr viele Unternehmen führen aber immer noch das alte Rahmenwerk und die alten Denkweisen fort.

Um im Umfeld des aktuellen Wettbewerbs überleben zu können, ist eine Stärkung der *organisationalen Fähigkeit* der Produktion unerlässlich. Dazu müssen die Gruppen kleiner werden und selbstständig agieren. Konkret muss die gegenwärtige Organisation durch die Einführung einer Organisation mit Teamstruktur reformiert werden.

Die Teamstruktur im Sinne des *synchronen Managementsystems* sollte auf Teams mit jeweils etwa 10 bis 15 Personen beruhen. Unter Führung eines Teamleiters, der mit entsprechenden Befugnissen und entsprechender Verantwortung ausgestattet ist, erfüllt jedes Team seine Pflichten an dem Prozess, für den es zuständig ist.

Die zentralen Aufgaben des Teamleiters bestehen darin, *standardisierte Arbeitsabläufe* einzurichten, für deren Einhaltung zu sorgen, darauf aufbauend täglich das QKL-Niveau zu überwachen (*aufrechterhaltendes Management*) und Verbesserungen (*Kaizen*) vorzunehmen. In der althergebrachten Produktionsorganisation wurden die Arbeitsstandards von indirekten Mitarbeitern einer technischen Abteilung erstellt und mussten dann von der Produktion in dieser Form umgesetzt werden. Die Produktion spielte hierbei eine passive Rolle. Die Teamleiter unter anderem mit der Befugnis auszustatten, standardisierte Arbeitsabläufe selbst zu erstellen, ermöglicht, dass sich die Produktion in teambasierter Organisation autonom vor Ort steuert.

Durch kontinuierliche Verbesserungstätigkeit vor Ort im Team verbessern sich die Fähigkeiten, Probleme zu erkennen und zu lösen: Es wird Verbesserungs-Know-how aufgebaut und die organisationale Fähigkeit der Produktion gestärkt.

Organisation innerhalb des Teams

Damit eine Teamstruktur ordentlich funktionieren kann – also damit im Team gute Ergebnisse erzielt werden können –, reicht es nicht aus, einen Teamleiter zu bestimmen. Es muss vielmehr eine gewisse Anzahl klar definierter Rollen unter den Teammitgliedern verteilt werden. Bei der Arbeit an Fertigungslinien sind zu unterscheiden: Tätigkeiten mit Wiederholungscharakter, die leicht standardisierbar sind (zum Beispiel Montagetätigkeiten), und unregelmäßige Tätigkeiten, die nur schwer zu standardisieren sind (zum Beispiel Materialbereitstellung, Umrüsten et cetera). »Aufbau einer Produktionsorganisation« bedeutet auch, alle anfallenden Tätigkeiten auf diese Weise zu klassifizieren und eine Aufgabenverteilung im Team festzulegen.[10]

So ist beispielsweise jemand dafür abzustellen, der den Mitarbeitern einer Montagelinie das verbrauchte Material am *optimalen Greifpunkt* nachliefert (man spricht von einem »*Linienversorger*[11]«). Nur so können diese ihre standardisierten Arbeitsabläufe aufrechterhalten. Außerdem sind »*Rüstspezialisten*« abzustellen, deren Arbeitsgebiet das Umrüsten selbst und die Verbesserung der Umrüstvorgänge ist. Abbildung 1.11 zeigt ein Beispiel dafür, wie ein Team strukturiert werden kann.

---

[10] Siehe Abschnitt »Das Arbeitswesen in der Zellenfertigung«, S. 113ff.

[11] Die japanische Bezeichnung lautet »Mizusumashi«. Zum Teil findet dieser Begriff unübersetzt in der Fachliteratur Verwendung, zum Teil werden Übersetzungen wie »Taumelkäfer«, »Water-Spider«, »Wasserläufer«, »Bandlogistiker« et cetera verwendet.

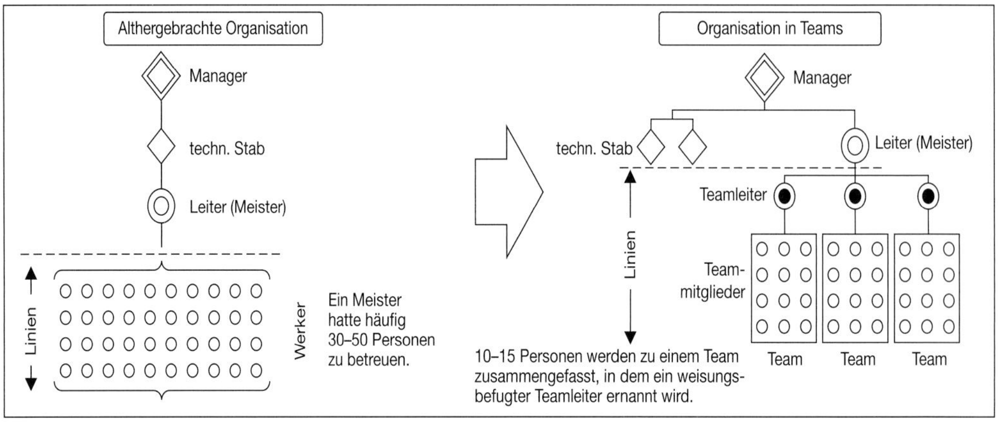

Abbildung 1.10: Aufbau einer Produktionsorganisation – Einführung von Teamstrukturen

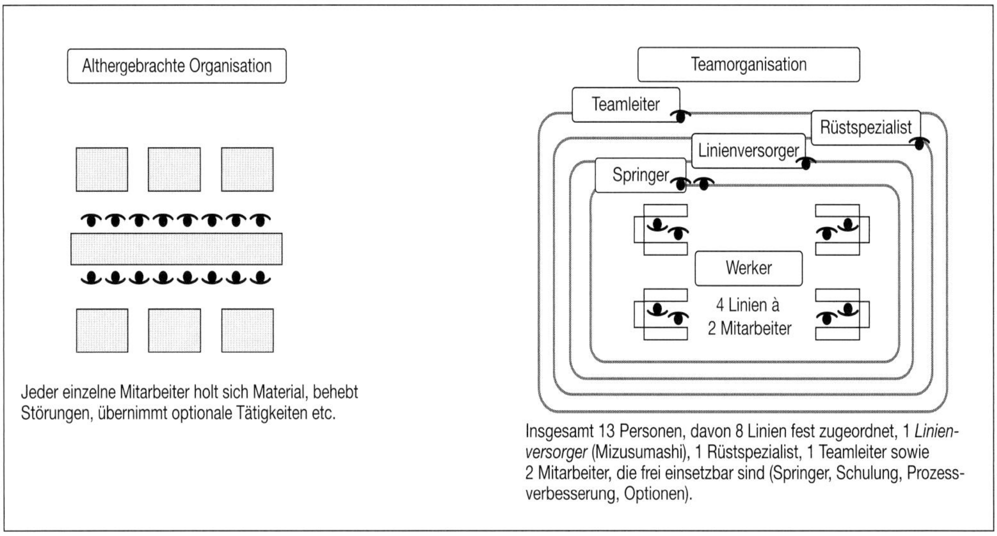

Abbildung 1.11: Aufbau einer Produktionsorganisation – Teamorganisation (Beispiel)

2 Was ist das synchrone Managementsystem?

2.1 Philosophie und Methoden des synchronen Produktionssystems als Grundlage

Ideologisch-methodisches Gerüst

Das *synchrone Managementsystem* ist eine Ausbauform des *synchronen Produktionssystems* (SPS) und beruht daher auf dessen Fertigungsideologie und -methoden. Das synchrone Produktionssystem geht seinerseits auf das Toyota-Produktionssystem zurück und hat einige spezielle Begriffe und Ausdrucksweisen von dessen Ideologie und Methoden übernommen.

Eine der Besonderheiten des Toyota-Produktionssystems liegt in der bewussten Betonung einer Fertigungsideologie. Damit soll zum Ausdruck gebracht werden, dass sich dieses System vom althergebrachten Procedere von Grund auf unterscheidet. Viele seiner Prinzipien und Ideen sind mühsam durch Versuch und Irrtum erarbeitet worden. Daher hat das Toyota-Produktionssystem unbestreitbar auch Aspekte einer Wissenssammlung.

Das synchrone Produktionssystem ist zu komplex, als dass man es durch eine stichpunktartige Auflistung seiner Ideologie erschöpfend beschreiben könnte. Um das Verständnis zu erleichtern, unternehme ich dennoch den Versuch, es anhand folgender sieben Punkte zu charakterisieren, deren Bedeutung und Inhalt ich im Folgenden der Reihe nach erläutern werde:

Die sieben Punkte der synchronen Produktion

① Reine Wertschöpfung durch gründliche Beseitigung von Verschwendung
② Im Fluss jeweils nur so viel fertigen, wie abgesetzt werden kann
③ Geglättet fertigen
④ Starke Prozesse schaffen
⑤ Unabhängig von Skalenerträgen fertigen
⑥ Den Ort des Geschehens, die realen Gegenstände ernstnehmen
⑦ Menschliche Fähigkeiten maximal nutzen

Ich habe in diesen sieben Punkten die zahlreichen Konzepte, Methoden et cetera des ideologisch-methodischen Gerüsts aus Abbildung 2.1 knapp zusammengefasst. Das Gerüst ist wie folgt zu interpretieren:

Das synchrone Produktionssystem setzt eine *geglättete Produktion* voraus. Darauf bauen die beiden Säulen *Just in Time* und *Autonomatisierung* auf. Ziel ist, jegliche *Verschwendung* im Unternehmen gründlich zu beseitigen, um so zu einer nachhaltig profitablen Unternehmenskonstitution beizutragen.

Just in Time bedeutet, »nur das, was benötigt wird, zum benötigten Zeitpunkt in der benötigten Menge« zu produzieren. Dabei ist derjenige, der benötigt, der Kunde. Mit anderen Worten: Es gilt, sofort auf einen Kundenwunsch zu reagieren und dabei nur so viel zu fertigen, wie jeweils abgesetzt werden kann. Die Säule gliedert sich in folgende Teilkonzepte:

① Prozesse *durchgängig verknüpfen*
② die *Kundentaktzeit* anhand der benötigten Stückzahl bestimmen
③ *ziehend fertigen*

Autonomatisierung[12] bedeutet in seiner grundsätzlichen Definition, Maschinen mit »menschlicher Vernunft« auszustatten, sodass die Maschine im Fall einer Abweichung autonom anhält. Genauer ausgedrückt geht es darum, dass Mensch und Maschine an jedem einzelnen Prozessschritt ihre wertschöpfende Funktion exakt erfüllen und dabei auch noch eine hohe Flexibilität aufweisen sollen. Auch diese Säule gliedert sich in drei Teilkonzepte:

① Qualität bereits im Prozess sicherstellen (hohe Zuverlässigkeit anstreben)
② Trennung von menschlicher und maschineller Arbeit (hohe Effizienz anstreben)
③ *sparsamer Personaleinsatz* (Flexibilität bei der Personaleinteilung in Bezug auf Mengenschwankungen)

Auf Grundlage der bisher genannten Konzepte sind für den Umgang mit den verschiedenen Produktionsfaktoren (Mensch, Material, Maschine et cetera) geeignete Methoden entwickelt worden. Diese Methoden wurden mit Bezeichnungen versehen, die auf Anhieb nicht unbedingt einleuchtend sind: zum Beispiel *standardisierte Arbeitsabläufe* für den Menschen, *Kanban* für das Material oder *Andon* für die Maschinen. Alle diese Methoden dienen als Werkzeuge des *visuellen Managements.* Visuelles Management soll das Aufdecken von Abweichungen beziehungsweise Verschwendung ermöglichen.

Ununterbrochene Verbesserungsaktivitäten sind ebenso Teil des Produktionssystems: Durch sie werden aufgedeckte Abweichungen und Verschwendung gründlich beseitigt, sodass eine Kostenminimierung, eine Verkürzung der Durchlaufzeit et cetera erreicht werden.

Das trägt letztendlich zur Vergrößerung von Gewinn und »Free Cashflow« des Gesamtunternehmens bei. Mittel- und langfristig hilft das beim Aufbau einer nachhaltig profitablen Unternehmenskonstitution.

[12] Der japanische Fachbegriff für »Autonomatisierung« lautet (Ninben-no-tsuita-)Jidoka. Teilweise findet dieser Begriff verkürzt als »Jidoka« in der Fachliteratur Verwendung.

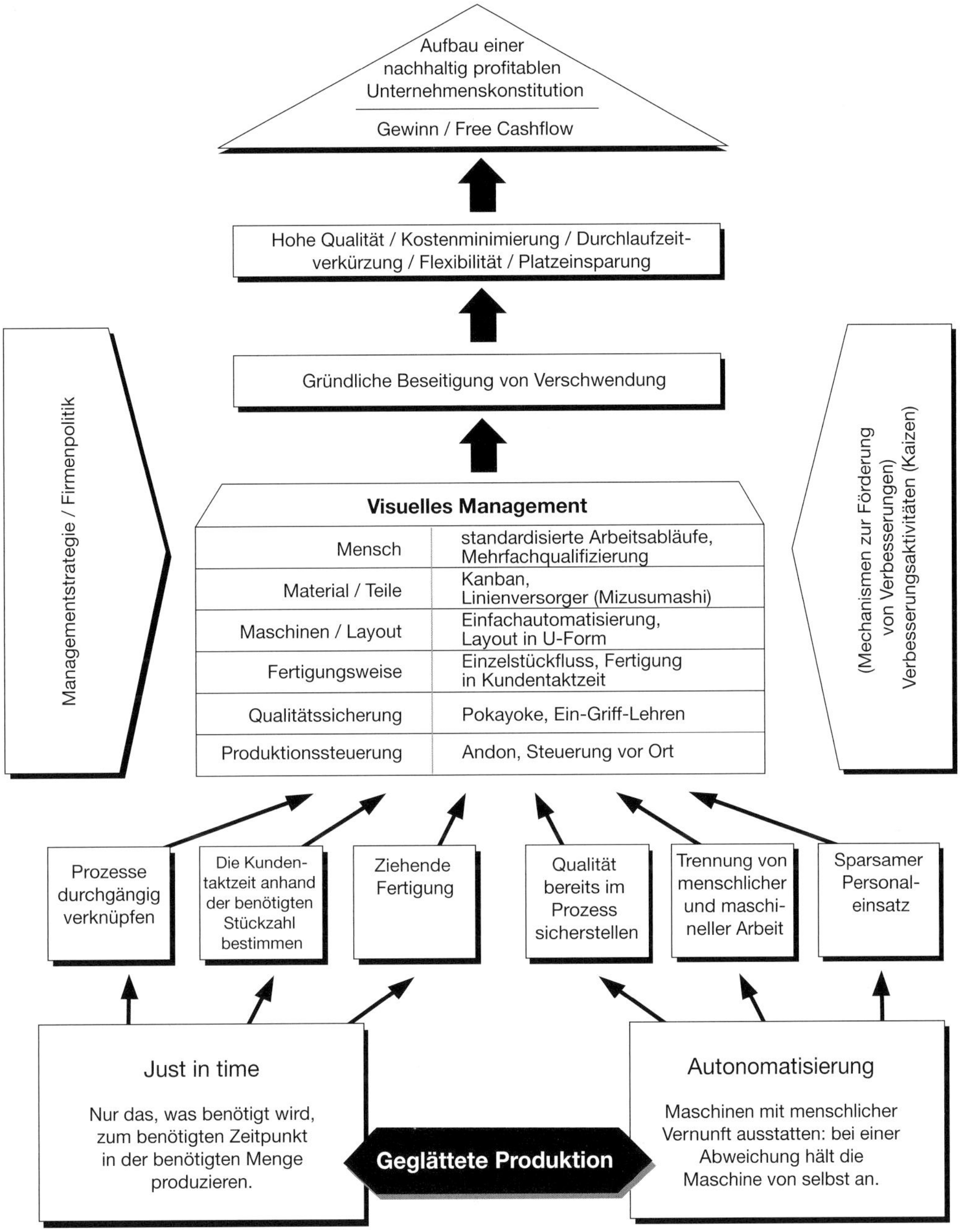

Abbildung 2.1: Ideologisch-methodisches Gerüst des synchronen Produktionssystems

Reine Wertschöpfung durch gründliche Beseitigung von Verschwendung

Die gründliche Beseitigung von *Verschwendung* ist Grundphilosophie des *synchronen Produktionssystems*. Zu diesem Zweck wird das synchrone Produktionssystem überhaupt eingeführt.

In der Umgangssprache steht der Begriff »Verschwendung« für einen leichtfertigen Verbrauch in überreichlichem Maße und ohne den entsprechenden Nutzen. Im synchronen Produktionssystem ist »Verschwendung« wie folgt definiert:

Was ist Verschwendung?

Verschwendung[13] ist alles, was bei der Fertigung nicht zur Wertschöpfung beiträgt. Etwas genauer erklärt bedeutet das: Alle bei der Fertigung eingesetzten Betriebsressourcen (Mensch, Material, Maschinen, Fläche, Information, Kapital et cetera), die nicht dazu beitragen, dem Kunden einen Mehrwert anzubieten, gelten als Verschwendung.

Folglich bezieht sich Verschwendung nicht nur auf Mitarbeiter, Maschinen oder Bestände in der Produktion – auch die Mitarbeiter oder Geschäftsabläufe in den administrativen/indirekten Abteilungen sind einbezogen.

Ein Großteil der in der Produktion eingesetzten Betriebsressourcen wird in den Fertigungskosten erfasst. Den nicht wertschöpfenden Einsatz von Ressourcen zu beseitigen – oder: Verschwendung zu eliminieren – ist also nichts anderes als Kostensenkung.

Wie beseitigt man Verschwendung?

Der wichtigste Schritt zur Beseitigung von Verschwendung ist die gewissenhafte Implementierung des synchronen Produktionssystems. Seine Grundkonzepte *geglättete Produktion, Just in Time und Autonomatisierung* und zielen auf die Beseitigung von Verschwendung innerhalb des Produktionssystems. Durch den Einsatz der Methoden *standardisierte Arbeitsabläufe*, *Kanban*, *Andon* et cetera beseitigt man nach und nach die Verschwendung bei Mensch, Maschine und Beständen in den produzierenden Linien.

Es muss ein breites Verständnis für die Idee geschaffen werden, Verschwendung zu beseitigen. Ein gutes Werkzeug dafür ist die Einteilung in die »sieben Arten der Verschwendung«. Dabei werden sieben typische Verschwendungsarten genannt und mit einer Erläuterung versehen. So bekommen alle Mitarbeiter den gleichen Blick für Verschwendung.

Abbildung 2.4 zeigt die sieben Verschwendungsarten. ① *Verschwendung durch Überproduktion* und ② *Verschwendung durch Lagerhaltung* entstehen, wenn nicht just in time produziert wird. Es wird also früher als zum benötigten Zeitpunkt beziehungsweise mehr als die benötigte Menge produziert. Diesen beiden Verschwendungsarten wird im synchronen Produktionssystem besondere Aufmerksamkeit gewidmet – in der althergebrachten Massenfertigung gilt beides gar nicht als Problem.

---

[13] Der japanische Fachbegriff für »Verschwendung« lautet »*Muda*«. Teilweise findet dieser Begriff unübersetzt in der Fachliteratur Verwendung.

Gründliche Beseitigung von Verschwendung

Die gründliche Beseitigung von Verschwendung ist Grundphilosophie des synchronen Produktionssystems (SPS). Zu diesem Zweck wird das synchrone Produktionssystem überhaupt eingeführt.

Abbildung 2.2: Definition von Verschwendung

Fertigung dient dazu, dem Kunden einen Mehrwert anzubieten.

Alle bei der Fertigung eingesetzten Betriebsressourcen (Mensch, Material, Maschinen, Fläche, Information, Kapital etc.), die nicht zur Wertschöpfung bzw. -steigerung beitragen, gelten als Verschwendung.

Verschwendung bezieht sich nicht nur auf Mitarbeiter, Maschinen oder Bestände in den Produktionslinien – auch die Mitarbeiter bzw. Geschäftsabläufe in den administrativen/indirekten Abteilungen sind einbezogen.

Abbildung 2.3: Vorgehensweise bei der Beseitigung von Verschwendung

Bereits die beiden Hauptsäulen des synchronen Produktionssystems *Just in Time* und *Autonomatisierung* sowie seine Basis der *geglätteten Produktion* zielen auf die Beseitigung von produktionssystemimmanenter Verschwendung.

Die Methoden *standardisierte Arbeitsabläufe, Kanban, Andon* etc. werden auch dafür eingesetzt, Verschwendung aufzudecken und zu eliminieren.

Die sieben Arten der Verschwendung:
- Durch die Zusammenstellung von sieben typischen Verschwendungsarten soll erreicht werden, dass alle Beteiligten den gleichen Blick für Verschwendung entwickeln.

Abbildung 2.4: Die sieben Arten der Verschwendung

① Verschwendung durch Überproduktion
② Verschwendung durch Lagerhaltung
→ verfrühte Nutzung oder Vergeudung von Betriebsressourcen (Mensch, Material, Maschine); höchste Priorität in der synchronen Produktion

③ Verschwendung durch Wartezeiten
④ Verschwendung durch Transport
⑤ Verschwendung durch Bewegung
→ »Bewegungen in Arbeit umwandeln« (hauptsächlich mitarbeiterbezogen)

⑥ Verschwendung durch Produktion von Schlecht-Teilen

⑦ Verschwendung bei der Bearbeitung selbst → Ursache liegt in konstruktiv bzw. produktionstechnisch bedingten Unzulänglichkeiten.

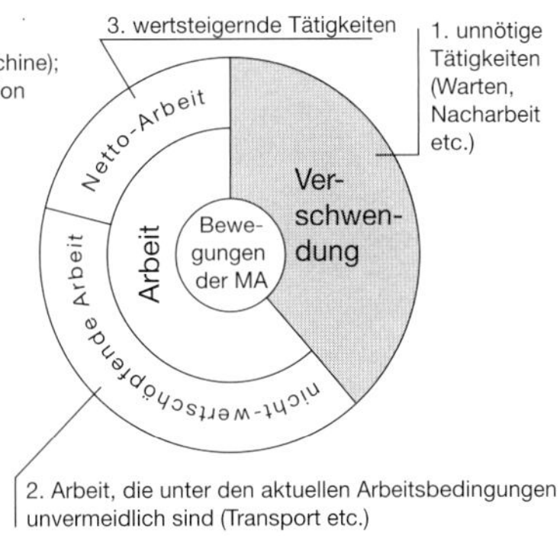

Abbildung 2.5: Verschwendung und Wertschöpfung

»Verschwendung« und »Wertschöpfung« sind Gegenbegriffe. Verschwendung zu suchen bedeutet, Wertschöpfendes und Nicht-Wertschöpfendes klar zu unterscheiden. Man muss die eigene Sensibilität für Verschwendung steigern und sich dieses Wissen u.a. bei der Neuentwicklung von Produkten zunutze machen.

③ bis ⑥ sind Verschwendungsarten, die hauptsächlich auf menschliche Bewegung zurückgehen. Damit ist nicht gemeint, dass viele Mitarbeiter in der Fabrik Verschwendung bedeuten. Es geht darum, das Augenmerk auf die Körperbewegungen der Mitarbeiter zu lenken, die bisher nie genau betrachtet wurden. Dazu wird die Frage aufgeworfen, ob wirklich jede dieser Bewegungen aus Sicht des Kunden wertschöpfend ist. Die Bewegungen werden eingeteilt in

1. Tätigkeiten, die ganz und gar unnötig sind,
2. Arbeit, die unter den aktuellen Arbeitsbedingungen unvermeidlich ist, und
3. Arbeit, die wertschöpfend ist. Als Nächstes bemüht man sich, den Anteil der wertschöpfenden Arbeit zu erhöhen.

⑦ *Verschwendung bei der Bearbeitung selbst* bezieht sich auf Fälle, in denen nur auf den ersten Blick eine Wertschöpfung stattzufinden scheint: Es findet zwar eine Bearbeitung statt, diese Bearbeitung bringt aber aus Kundensicht keinen Mehrwert. So etwas wird hauptsächlich durch konstruktiv beziehungsweise produktionstechnisch bedingte Unzulänglichkeiten verursacht.

»Verschwendung« ist also ein Gegenbegriff zu »Wertschöpfung«. Verschwendung zu suchen bedeutet gleichzeitig: untersuchen, was eigentlich wertschöpfend ist. Alle Beteiligten müssen dafür sensibilisiert werden, Verschwendung und Wertschöpfung klar zu unterscheiden. Eine der Gelegenheiten, wo das Wissen um diese Unterscheidung unbedingt genutzt werden sollte, ist die Neuentwicklung von Produkten.

Im Fluss jeweils nur so viel fertigen, wie abgesetzt werden kann

Im Fluss jeweils nur so viel zu fertigen, wie abgesetzt werden kann, bedeutet, *just in time* zu fertigen. Just in Time steht für die Philosophie, »nur das, was benötigt wird, zum benötigten Zeitpunkt in der benötigten Menge« zu produzieren. Diese Philosophie ist heute weltweit bekannt und zählt inzwischen in der fertigenden Industrie zum Allgemeinwissen. Trotz ihres hohen Bekanntheitsgrads sind aber nur wenige in der Lage, den Inhalt beziehungsweise die Möglichkeiten zur praktischen Umsetzung dieser Philosophie systematisch zu erklären.

In der obigen Definition taucht der Begriff »benötigt« auf. Damit ist gemeint »vom Kunden benötigt«. In der »benötigten Menge« zu produzieren bedeutet also, nur so viel zu produzieren, wie der Kunde bestellt hat – mit anderen Worten: nur so viel, wie abgesetzt werden kann.

Um Just in Time zu praktizieren, müssen folgende drei Prinzipien verwirklicht werden:

① Prozesse *durchgängig verknüpfen*
② Produktion in *Kundentaktzeit*
③ *ziehende Fertigung*

Prozesse durchgängig verknüpfen

Prozesse durchgängig zu verknüpfen bedeutet, im *Einzelstückfluss* zu fertigen, ohne zuzulassen, dass sich das Material zwischen oder in den Prozessschritten staut. Dazu müssen die Prozesse so angeordnet werden, dass produktspezifische Prozessketten entstehen: Die Prozesse müssen *vertikal integriert* werden.

Man bezeichnet Prozesse hingegen als horizontal integriert, wenn sie nach Funktion angeordnet sind und alle Produktvarianten zusammengefasst gefertigt werden. Bei horizontaler Integration laufen zwischen den Prozessen hohe Bestände auf.

Es gibt ferner Fälle, in denen zwar im Einzelstückfluss gefertigt wird, aber die Anzahl der Maschinen nicht ausreicht, sodass sich mehrere Flüsse vermischen. Man nennt das Verwirbelung von Flüssen. Verwirbelungen sind hinderlich dabei, Qualität im Prozess einzubauen. Daher sollte man so schnell wie möglich durchgängige Flüsse schaffen, indem man die fehlenden Maschinen ohne großen finanziellen Aufwand ergänzt. Man spricht von der *Begradigung der Flüsse*. Zur Schaffung eines durchgängigen Flusses muss konkret Folgendes getan werden:

1. *Mehrfachqualifizierung* der Mitarbeiter für die *Mehrprozessbedienung*
2. Schaffung eines *Einzelstückflusses* für das Material
3. Anordnung der Maschinen in Reihenfolge der Prozessschritte

Produktion in Kundentaktzeit

Die Kundentaktzeit ist ein Zeitwert, der angibt, alle wie viel Minuten und Sekunden ein Produkt fertiggestellt werden muss. Man berechnet sie, indem man die Arbeitszeit pro Tag durch die benötigte Stückzahl pro Tag teilt. Sie ist ein Wert, der sich aus der vom Kunden bestellten Stückzahl ergibt, und drückt die Geschwindigkeit aus, mit der das Produkt abgesetzt werden kann. In Kundentaktzeit zu produzieren bedeutet also, in der Geschwindigkeit zu produzieren, mit der abgesetzt werden kann.

In Linien mit Einzelstückfluss, wie zum Beispiel Montagelinien, wird anhand der Kundentaktzeit festgelegt, wie groß der Arbeitsumfang pro Mitarbeiter ausfällt. Die Kundentaktzeit ist eines der drei Elemente des *standardisierten Arbeitsablaufs*. Dieser stellt auch das Mittel zur konkreten Umsetzung dar.

Ziehende Fertigung

Bei der althergebrachten Massenfertigung bekommen alle Prozesse zentral gesteuert Produktionspläne. Die Prozesse werden dabei so gesteuert, dass der vorgelagerte Prozess das Material in den nachgelagerten weiterschiebt. Daher wird dieses Verfahren als *schiebende Fertigung* bezeichnet. Dabei passiert es leicht, dass zwischen den Prozessen sehr viel Umlaufbestand aufläuft.

Ziehende Fertigung bedeutet demgegenüber, dass nur dem letzten Prozess die Produktionsreihenfolge vorgegeben wird. Dieser letzte Prozess zieht von seinem vorgelagerten Prozess genau so viel Material ab, wie er bei der Produktion verbraucht hat. Der vorgelagerte Prozess fertigt nur so viel nach, wie abgezogen wurde, und zieht seinerseits das verbrauchte Material von seinem Vorprozess ab.

Nachgelagerte und vorgelagerte Prozesse sind also über Abziehen und Nachfüllen miteinander verkettet.

Bei der ziehenden Fertigung beobachtet jeder Prozess das Ziehverhalten seines nachgelagerten Prozesses. Die Überwachung der Produktion erfolgt autonom vor Ort. Da mit kurzen Produktions- und Transportzyklen in Kleinstmengen gearbeitet wird, können Umlaufbestände und Durchlaufzeiten stark gesenkt werden. Zur konkreten Umsetzung ist ein *Kanban*-System einzuführen.

Geglättet fertigen

Das *Glätten*[14] ist die Fertigungsideologie des synchronen Produktionssystems. Es ist die Voraussetzung für seine beiden Säulen *Just in Time* und *Autonomatisierung*. Die Idee des Glättens ist, Nachfrageschwankungen nicht direkt ins Unternehmen durchschlagen zu lassen. Dieser Managementansatz besitzt nicht nur für die Fertigung, sondern für jede Art von Gewerbe Gültigkeit.

Der Begriff »Glätten« bedeutet grundsätzlich, dass Stückzahlen und Varianten zur Produktion gemittelt werden. Das Beispiel in Abbildung 2.7 zeigt, wie sich die Produktionssequenz verändert, wenn man von der losweisen Fertigung dreier Produktvarianten in jeweils unterschiedlichen Stückzahlen auf eine geglättete Fertigung umstellt.

In der Praxis ist es nicht einfach, die Produktion exakt im Sinne dieser grundsätzlichen Definition zu glätten. Das kommt daher, dass bei jedem Umrüstvorgang Verluste entstehen. Aus diesem Grund bemüht man sich, durch die gleichmäßige Verteilung der Produktion über den Tag eine Glättung zu erreichen. Dazu unterteilt man einen Tag in mehrere gleich lange Abschnitte und fertigt die einzelnen Varianten in so kleinen Losen wie möglich (Abbildung 2.8).

Wie ich bereits angerissen habe, besteht die Funktion des Glättens darin, dafür zu sorgen, dass sich die Wellen der in Mengen und Varianten veränderlichen Kundenaufträge nicht unmittelbar in die Fabrik fortpflanzen. Grafisch ausgedrückt, werden die Wellen der Außenwelt durch das Glätten abgefangen (Abbildung 2.9).

Effekte des Glättens

Die geglättete Produktion bringt folgende Effekte mit sich:

① Die zur Produktion eingesetzten Betriebsressourcen (Personal, Material, Maschinen, Fläche et cetera) können minimiert werden. Das bedeutet: Die Kosten können minimiert werden. Wenn Mengen-/Variantenschwankungen vorhanden sind, müssen die Ressourcen an den Pegelspitzen ausgerichtet werden, wie in Abbildung 2.10 gezeigt. Je größer die Schwankungen, desto mehr Ressourcen werden benötigt. Durch das Glätten nähern sich die benötigten Ressourcen dem Nachfragedurchschnitt an.

[14] Der japanische Fachbegriff für »Glätten« lautet »*Heijunka*«. Teilweise findet dieser Begriff unübersetzt in der Fachliteratur Verwendung.

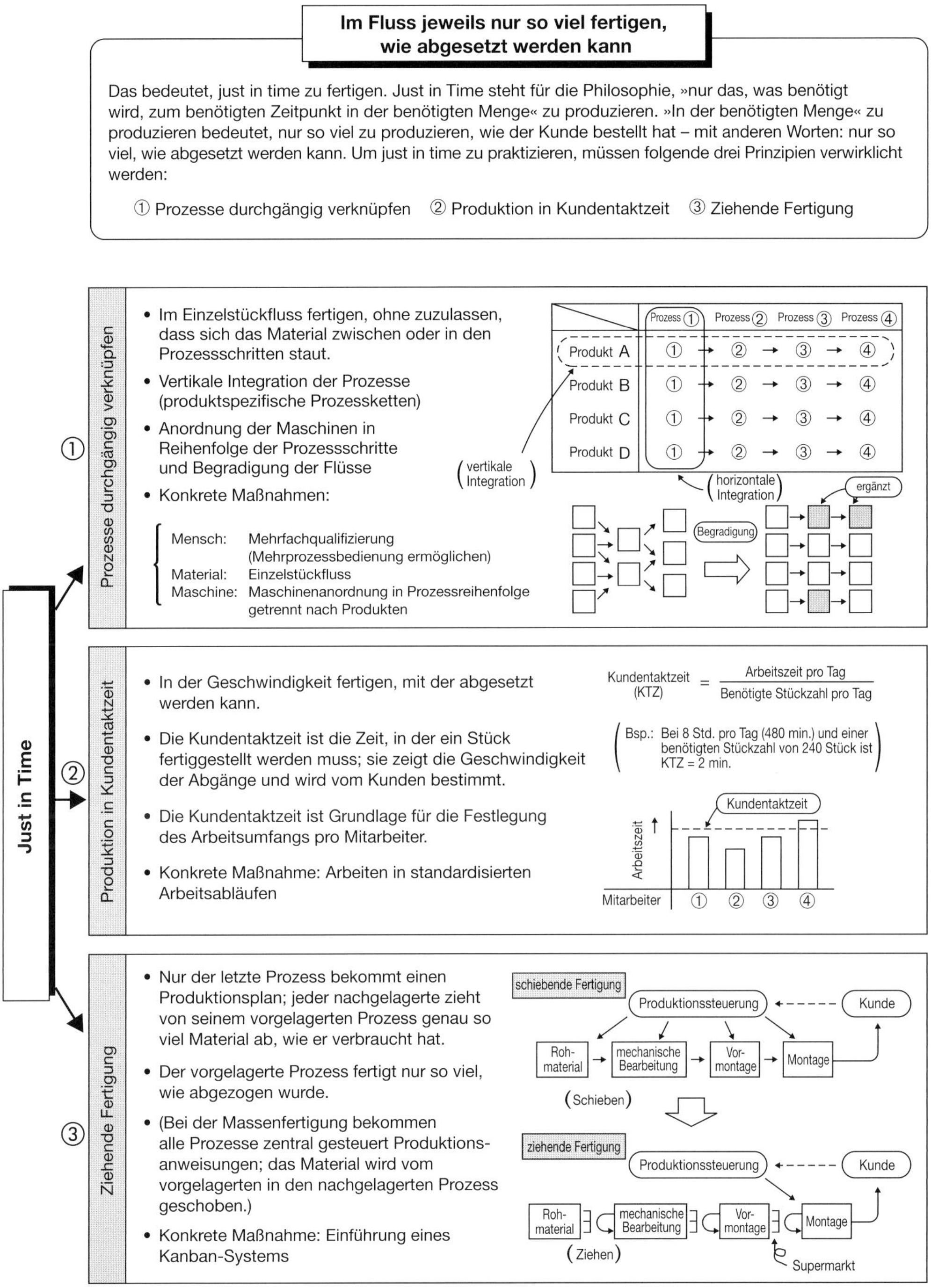

Abbildung 2.6: Just-in-Time-Fertigung

② Die Mengen-/Variantenschwankungen können zwar nicht auf null reduziert werden, sie können aber verringert und in einen festen *Produktionszyklus* gebracht werden. Dadurch können die Arbeitsbedingungen stabilisiert werden. Die Standardisierung der Arbeitsabläufe kommt voran und es kann schnell auf Abweichungen reagiert werden. Darüber hinaus werden so die Voraussetzungen für *Mehrfachqualifizierung* und Verbesserungsaktivitäten geschaffen.

③ Das Glätten ist nicht nur ein Instrument zur Stabilisierung der Produktion im eigenen Hause. Im *synchronen Produktionssystem* hat gerade das Glätten gegenüber den Zulieferern einen hohen Stellenwert. Die Prozessketten der Zulieferer münden in die hauseigenen Prozesse. Die Schaffung der Voraussetzungen für eine stabile Produktion und für Kostensenkungen ist im eigenen Hause genauso wichtig wie bei den Zulieferern.

④ Durch das Glätten kommen die Voraussetzungen für die Einführung von *Kanban*-Systemen zustande. Wo das Glätten nicht beherrscht wird, kann auch kein echtes Kanban-System existieren.
Ein Kanban-System dient der autonomen Steuerung der Produktion. Mittels Kanban erfolgt die Steuerung am Ort des Geschehens anhand der realen Teile. Die Arbeit der indirekten Mitarbeiter in der Produktionssteuerung wird vereinfacht. Bewerkstelligt man zusätzlich Bestandsreduzierungen beziehungsweise Fertigung und Transport in Kleinstmengen, werden drastische Durchlaufzeitverkürzungen möglich, die bei computergestützter Produktionssteuerung nicht zu realisieren sind.

⑤ Geglättet zu fertigen heißt, wiederholt umzurüsten. Das führt in der Folge zu einer Präzisierung der Bedingungen für die Fertigung von Gut-Teilen, was wiederum zu einer Verbesserung des Qualitätsniveaus beiträgt.
Glätten regt Maßnahmen zur Qualitätsverbesserung an. Wer glättet, erkennt, dass große Lose nicht zu Qualität führen.

Starke Prozesse schaffen

Im *synchronen Produktionssystem* steht »starke Prozesse schaffen« für *Autonomatisierung.*

Autonomatisierung bedeutet im ursprünglichen Sinn, eine Maschine mit »menschlicher Vernunft« auszustatten, sodass sie das Auftreten einer Abweichung autonom erkennt und in diesem Fall anhält. Dabei steht traditionell die Qualitätssicherung im Vordergrund.

Wenn man Autonomatisierung jedoch als zweite Säule neben *Just in Time* auffasst, müssen außer der Sicherung von Qualität weitere Funktionen berücksichtigt werden:

Neben der Forderung nach ① einer hohen Zuverlässigkeit muss ein Prozess auch ② eine hohe Effizienz sowie ③ eine hohe Flexibilität aufweisen. Dazu müssen die Produktionsfaktoren Mensch, Maschine, Material und Bearbeitungsmethode an jedem einzelnen Prozess geschickt kombiniert werden. Ein Prozess, der allen drei Anforderungen gerecht wird, ist ein »starker Prozess«.

Im Folgenden möchte ich erläutern, was in der Praxis dafür getan werden muss.

Das »Glätten« ist die Fertigungsideologie des synchronen Produktionssystems. Es ist die Voraussetzung für seine beiden Säulen Just in Time und Autonomatisierung. Dieser Managementansatz besitzt nicht nur für die Fertigung, sondern für jede Art von Gewerbe Gültigkeit.

Was bedeutet Glätten?

(1) Definition: Stückzahlen und Varianten werden zur Produktion gemittelt.

Abb. 2.7

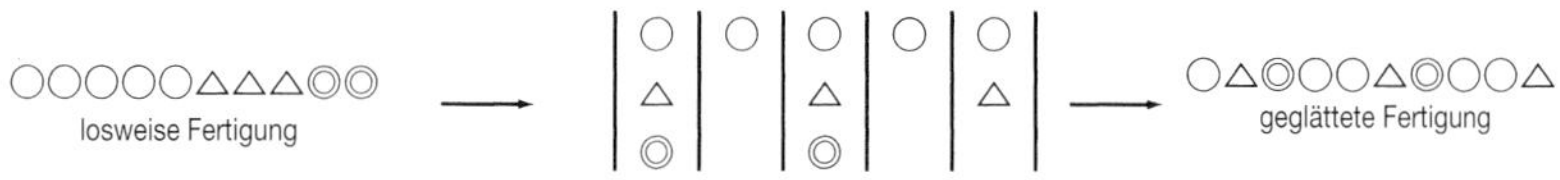

(2) Die Varianten werden in so kleinen Losen wie möglich gefertigt, um eine gleichmäßige Verteilung zu erreichen

Abb. 2.8

(3) Die Mengen-/Variantenschwankungen der Kundenaufträge werden nicht ins Werk getragen. Sie werden an den Schnittstellen abgefangen. Man lässt nicht zu, dass sie sich über die Prozesskette fortpflanzen.

Abb. 2.9

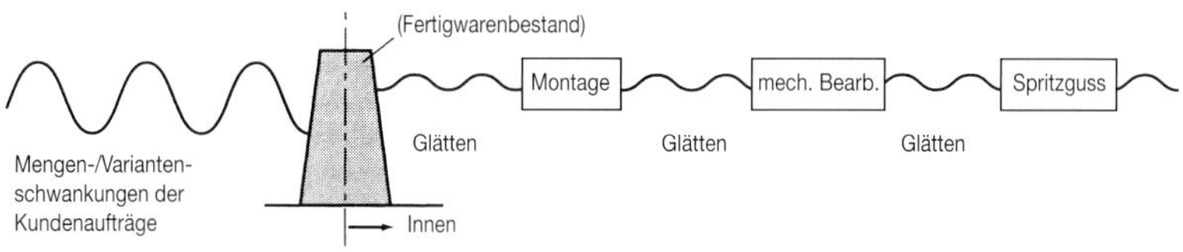

Effekte des Glättens

① Die zur Produktion eingesetzten Betriebsressourcen (Personal, Material, Maschinen, Fläche etc.) – d.h. die Kosten – werden minimiert.

Abb. 2.10

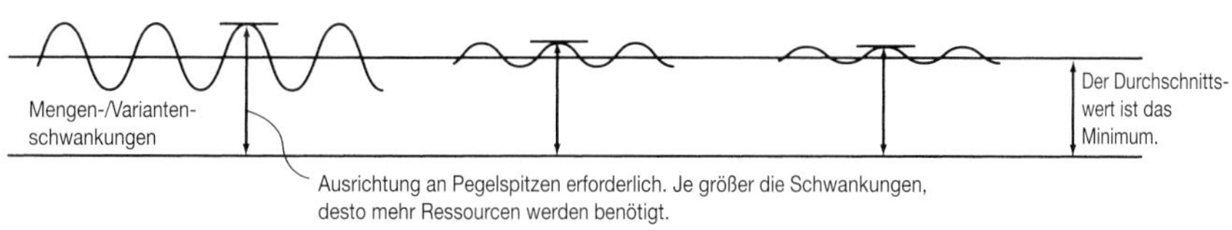

② Indem die Schwankungen verringert und in einen festen *Produktionszyklus* gebracht werden, werden die Arbeitsbedingungen stabilisiert:
- Die Standardisierung der Arbeitsabläufe wird leicht; das Niveau des autonomen Managements steigt.
- Mehrfachqualifizierung und Verbesserungsaktivitäten werden einfacher.

③ Es werden auch bei den Zulieferern die Bedingungen für die Stabilisierung der Produktion und für Kostensenkungen geschaffen.

④ Die Bedingungen zum Aufbau einer ziehenden Fertigung (Kanban-System) werden geschaffen:
- Mittels Kanban erfolgt eine autonome Fertigungssteuerung am Ort des Geschehens anhand der realen Teile.
- Durch die schrittweise Verkleinerung des Kanban-Umlaufbestands werden drastische Durchlaufzeitverkürzungen möglich.

⑤ Durch die Verkleinerung der Produktionslose steigt das Niveau, mit dem Qualität im Prozess eingebaut wird. (Große Lose führen nicht zu Qualität.)

Hohe Zuverlässigkeit

Die Zuverlässigkeit eines Prozesses drückt sich im Großen und Ganzen darin aus, dass er keine Schlecht-Teile produziert und es zu keinen Störungen kommt. Der wichtigste Grundsatz dafür, keine Schlecht-Teile zu produzieren, lautet »Qualität bereits im Prozess sicherstellen«. Folgende Methoden helfen, das zu realisieren:

① Den Aufbau von Maschinen, Vorrichtungen und Werkzeugen so verändern, dass eine bestimmte Ausschussart physikalisch ausgeschlossen wird (zum Beispiel *Pokayoke*).
② *Standardisierte Arbeitsabläufe* sowie Prozessparameter strikt einhalten, damit weder Mensch noch Maschine Ausschuss produzieren.
③ Hundert-Prozent-Kontrollen durchführen, damit keine Schlecht-Teile an den folgenden Prozess weitergegeben werden.
④ Beim Auftreten von Schlecht-Teilen die Maschine beziehungsweise Linie anhalten, die Beteiligten informieren und auf der Stelle die *wahren Ursachen* dafür ermitteln. Diese Methoden sind Ausgangspunkt der Autonomatisierung. Ihnen ist der höchste Stellenwert einzuräumen.

Störungen vermeidet man im Wesentlichen mit der gleichen Methodik wie Ausschuss: Im Falle einer Störung ist deren wahre Ursache gründlich zu untersuchen. Außerdem gilt es, die richtigen Prozessparameter für einen störungsfreien Betrieb zu finden *(Management der Prozessbedingungen)*.

Hohe Effizienz

Ein Prozess ist effizient, wenn menschliche und maschinelle Arbeit frei von *Verschwendung* und die Gesamtkosten gering sind.

Dazu ist zum einen menschliche von maschineller Arbeit zu trennen. Das bedeutet: Der Mensch soll nicht die Maschine dabei beobachten, wie sie ein Werkstück bearbeitet, sondern währenddessen wirkliche Arbeit verrichten.

Der zweite Ansatz besteht in der *Einfachautomatisierung*. Dabei werden aus dem manuellen Tätigkeitsablauf diejenigen Elementartätigkeiten der Reihe nach automatisiert, bei denen das ohne finanziellen Aufwand mit einfachen Mechanismen möglich ist. So strebt man die Minimierung der Gesamtkosten von Mensch und Maschine an.

Hohe Flexibilität

Ein Prozess ist flexibel, wenn er auf veränderliche Stückzahlen und Varianten ohne Produktivitätseinbußen oder Kostensteigerungen reagiert. Bei der Massenfertigung steigt die Produktivität zwar bei Mengensteigerungen, sie neigt aber zur drastischen Verschlechterung bei Mengenrückgängen.

Im *synchronen Produktionssystem* legt man die Linien so aus, dass mit einer freien Anzahl von Mitarbeitern darin gearbeitet werden kann. So führen Stückzahlschwankungen zu keinen Produktivitätseinbußen. Man nennt das *sparsamer Perso-*

naleinsatz[15]. Für den sparsamen Personaleinsatz benötigt man ein Layout, das die *Mehrprozessbedienung* gestattet. Eine weitere notwendige Voraussetzung ist ein Trainingssystem für die *Mehrfachqualifizierung*.

Darüber hinaus ist eine Minimierung der Rüstzeiten unabdingbar. Nur so können zahlreiche Varianten flexibel produziert werden, ohne dass man sich Gedanken um Rüstverluste machen muss. Es existieren zahlreiche Verfahren und Methoden zur Reduzierung von Rüstzeiten in standardisierter Form[16]. Diese sollte man sich zunutze machen. Wichtig für den Erfolg sind Ernsthaftigkeit und ein langer Atem.

Unabhängig von Skalenerträgen fertigen

Das *synchrone Produktionssystem* ist ein Fertigungssystem für Zeiten, in denen nicht mehr selbstverständlich ist, dass sich auf Verdacht produzierte Produkte auch absetzen lassen. Ziel ist, eine Fertigungsweise zu erreichen, mit der auch bei rückläufigen Produktionsmengen und auch mit kleinvolumigen Aufträgen Profite erwirtschaftet werden können.

Dieser Ansatz steht in krassem Widerspruch zur Massenfertigung. Deren Ansatz lautet: Produziertes kann auch abgesetzt werden – je mehr produziert wird, desto geringer die Kosten und umso mehr kann abgesetzt werden. In Zeiten des Warenmangels beziehungsweise des stetigen Wachstums war die Verfolgung von steigenden Skalenerträgen die wichtigste Grundregel in der Fertigung.

Das Prinzip der steigenden Skalenerträge besteht darin, den Fixkostenanteil der Gesamtkosten auf eine große Stückzahl zu verteilen, um so die Stückkosten zu senken. Dabei werden die Fixkosten (zum Beispiel in Form von Abschreibungen von Anlageinvestitionen) als gegeben akzeptiert.

In der heutigen Zeit des Warenüberflusses tendiert die Nachfrage zu kleinen Losen bei hoher Sortenvarianz. Steigende Skalenerträge lassen sich schlechter realisieren. Prognostiziert man zum Beispiel bei der Neuentwicklung von Produkten deren Absatzvolumen in der Hoffnung auf steigende Skalenerträge optimistisch und investiert daraufhin große Summen in Anlagen, wird man immer häufiger damit konfrontiert, dass sich diese Investitionen als unrentabel erweisen, weil die Prognose nicht eintrifft.

Von Stückzahlen unabhängig fertigen

Der Ansatz, der an die Stelle des Gesetzes der steigenden Skalenerträge tritt, lautet »stückzahlunabhängiges Fertigen«. Es ist von alters her bekannt, wie man auch mit geringen Stückzahlen Profit erwirtschaftet. Betrachten wir dazu ein Gewinnschwellendiagramm (Abbildung 2.12): Zunächst sollten die Gesamtkosten durch eine Verringerung der Fixkosten gesenkt werden. Ist keine Senkung der Gesamtkosten möglich, sollte der Anteil der Fixkosten durch Umwandlung in variable Kosten

---

[15] Der japanische Fachbegriff für »sparsamer Personaleinsatz« lautet »*Shojinka*«. Teilweise findet der japanische Begriff in der Fachliteratur Verwendung. Eine andere Übersetzung für *Shojinka* lautet »flexibler Personaleinsatz«.

[16] Siehe Abschnitt »Verbesserungspaket zur Rüstzeitverkürzung«, S. 138.

verkleinert werden. Das ist einleuchtend, lässt sich aber nur schwer in die Praxis umsetzen.

Starke Prozesse schaffen

(1) »Starke Prozesse schaffen« steht für Autonomatisierung. Autonomatisierung bedeutet im ursprünglichen Sinn, eine Maschine mit »menschlicher Vernunft« auszustatten, sodass sie das Auftreten einer Abweichung von selbst erkennt und in diesem Fall autonom anhält. Dabei steht besonders das Sicherstellen von Qualität im Vordergrund.

(2) Wenn man Autonomatisierung als zweite Säule neben Just in Time auffasst, müssen neben dem Erzeugen von Qualität weitere Funktionen berücksichtigt werden.

(3) An jedem einzelnen Prozess sind die Produktionsfaktoren Personal, Bauteile, Maschinen, Bearbeitungsmethode beteiligt. Die Funktion eines jeden Prozesses liegt in der Werkstückbearbeitung. Wenn diese mit ① einer hohen Zuverlässigkeit, ② einer hohen Effizienz sowie ③ einer hohen Flexibilität erfüllt wird, ist der Prozess ein »starker Prozess«.

Autonomatisierung (starke Prozesse schaffen)

hohe Zuverlässigkeit	Qualität im Prozess sicherstellen	1. Ausschuss kann nicht produziert werden ... gründliche Vorkehrungen (z.B. mittels Pokayoke). 2. Ausschuss wird nicht produziert ... standardisierte Arbeitsabläufe und Management der Prozessbedingungen. 3. Ausschuss wird nicht an den Folgeprozess weitergegeben ... autonome hundertprozentige Kontrolle etc. 4. Das Auftreten von Ausschuss wird sichtbar gemacht ... die Linie anhalten und die wahre Ursache ermitteln.
	Verfügbarkeit 100%	1. Die Maschine steht zu 100 % an den Zeitpunkten zur Verfügung, an denen sie betrieben werden soll – d.h., Ausfälle, Kurzstillstände etc. liegen bei null. 2. Aufbau eines Systems zur vorbeugenden Instandhaltung mit regelmäßigen Anlageninspektionen etc. 3. Genau wie bei Auftreten von Ausschuss auch im Falle von Ausfällen oder Kurzstillständen die wahre Ursache ermitteln (5x-Warum-Analysen o. Ä.).
hohe Effizienz	Menschliche von maschineller Arbeit trennen	1. Kein Beobachten der Maschine, während diese bearbeitet 2. Den Mitarbeiter zeitgerecht per Andon zur Qualitätskontrolle, zum Werkzeugwechsel etc. herbeirufen
	Einfachautomatisierung (LCIA)	1. Autonomatisierungen durchführen, die einfach und praktisch für den Mitarbeiter sind 2. Aus einem Tätigkeitsablauf diejenigen Tätigkeiten der Reihe nach autonomatisieren, bei denen das ohne finanziellen Aufwand mit einfachen Mechanismen möglich ist
hohe Flexibilität	Sparsamer Personaleinsatz	1. Es soll mit einer freien Anzahl Mitarbeiter produziert werden können, ohne dass die Produktivität bei schwankenden Stückzahlen leidet. 2. Die Mehrprozessbedienung vorantreiben, damit jeder einzelne Mitarbeiter auch bei schwankenden Stückzahlen stets voll ausgelastet werden kann.
	Minimierung der Rüstzeiten	1. Durch Rüstzeitverkürzungen wird es möglich, häufiger zu rüsten; zahlreiche Varianten können so flexibel produziert werden. 2. Das »Verbesserungspaket zur Rüstzeitverkürzung« nutzen

Abbildung 2.11: Starke Prozesse schaffen

Die zwei wichtigsten Fixkostenfaktoren sind Abschreibungen von Anlageinvestitionen und Personalaufwendungen. Mensch und Maschine müssen also geschickt zur

Kostensenkung oder zur Umwandlung von fixen in variable Kosten eingesetzt werden. Stückzahl-unabhängiges Fertigen ist gelebte *Fertigungskompetenz* (»Genba-Engineering«).

Maßnahmen in Bezug auf Maschinen

Die Anlagenabschreibungen können gesenkt werden, indem man bei der Produktionsvorbereitung für neue Produkte oder Kapazitätsausweitungen neue Anlageninvestitionen mit allen Kräften eindämmt. Dazu werden die Anfangsinvestitionen auf das notwendige Funktionsminimum beschränkt. Dann werden entsprechend der Entwicklung der Absatzmenge nach und nach Funktionen ergänzt. Ein Maschine, die so konzipiert wurde, dass Funktionen im Nachhinein ergänzt werden können, bezeichnet man als *addierfähige Maschine.*

Darüber hinaus kann man die Anfangsinvestitionen beträchtlich drücken, indem man vom Maschinenbauer nur Standard- oder Universalmaschinen kauft und diese für den spezifischen Einsatz ausrüstet. Man bezeichnet dies als *Kaufen »nackter« Maschinen.*

Anlageabschreibungen können in variable Kosten umgewandelt werden, indem man den Bearbeitungsumfang pro Maschine beziehungsweise ihren Aufstellort variiert – ganz so wie man beim Personal Arbeitsumfänge und Einsatzorte variiert. Zu diesem Zweck müssen die Maschinen mit Rollfüßen ausgestattet werden, sodass sie leicht bewegt werden können. Numerische Steuerungen und Roboter müssen so ausgelegt werden, dass sie nach Bedarf leicht umprogrammierbar sind.

Maßnahmen in Bezug auf Mitarbeiter

Die Personalaufwendungen können hauptsächlich durch Verbesserungen der Geschäftsabläufe in den semidirekten und indirekten Bereichen gesenkt werden. Durch die Schaffung von *standardisierten Arbeitsabläufen* können Verschwendungen aus wiederkehrenden administrativen Vorgängen eliminiert werden. Dabei kann mit den gleichen Methoden wie bei den Verbesserungen im direkten Bereich gearbeitet werden.

Bei nicht wiederkehrenden Vorgängen sind unter Berücksichtigung von Funktion beziehungsweise Zweck des jeweiligen Vorgangs Möglichkeiten zur Produktivitätssteigerung auszuloten. In beiden Fällen muss erreicht werden, dass ein Vorgang mit weniger Personal als aktuell bewältigt werden kann.

Zur Umwandlung von Personalaufwendungen in variable Kosten kann ein Teil der Vorgänge zur Produktionssteuerung, zur Qualitätsüberwachung und zur Logistiksteuerung vom indirekten Bereich auf den direkten übertragen werden. Diese Vorgänge werden ohnehin als Dienstleistung durchgeführt – also als Unterstützung für die Produktion. Wenn ein autonomes Steuerungssystem in der Produktion eingerichtet wird, werden diese indirekten Vorgänge unnötig oder sie können vereinfacht werden. Insgesamt muss der *sparsame Personaleinsatz* auch in den indirekten Bereichen gründlich realisiert werden, sodass auch diese Bereiche befähigt werden, mit der Personalstärke zu »produzieren«, die dem schwankenden Produktionsaufkommen jeweils entspricht.

Was bedeutet Stückzahl-unabhängiges Fertigen?

(1) Sich vom Gesetz der steigenden Skalenerträge (Economies of Scale) befreien.
(2) Eine Fertigungsweise anstreben, mit der auch bei rückläufigen Stückzahlen und mit kleinen Volumina gut verdient werden kann.

⇩

(Anlageinvestitionskonzepte aus Zeiten des stetigen Wachstums begraben, die fixen Kosten senken.)

Abbildung 2.12: Gewinnschwellendiagramm

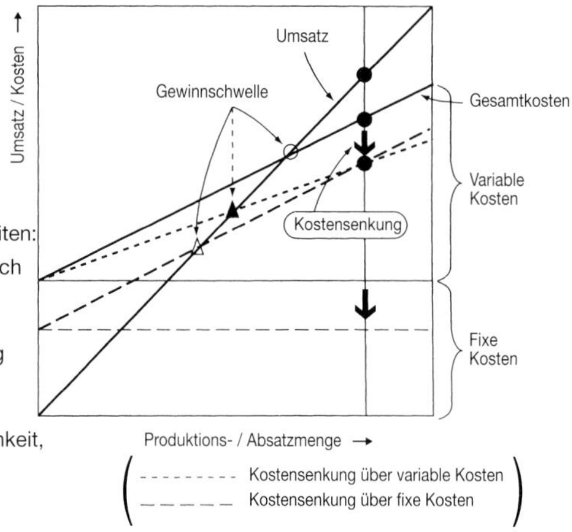

Strategien für die Stückzahl-Unabhängigkeit

(1) Aus dem Gewinnschwellendiagramm lässt sich Folgendes ableiten:
① Um auch bei kleinen Volumina profitabel zu sein, muss durch eine Verringerung der Kosten die Gewinnschwelle gesenkt werden.
② Die Senkung der fixen Kosten ist gegenüber einer Senkung der variablen Kosten zu bevorzugen.
③ Die Umwandlung von fixen in variable Kosten (Verringerung des Fixkostenanteils) ist eine weitere Möglichkeit, auch bei rückläufigen Stückzahlen profitabel zu bleiben.

(2) Der Schlüssel liegt in den fixen Kosten.
Diese sind insgesamt zu senken oder im Anteil zu verringern.

Die zwei wichtigsten Fixkosten-Faktoren:
- Anlagenabschreibungen ---→ Maschinen
- Aufwendungen für das fest angestellte Personal ---→ Mitarbeiter

(3) Konkret ist ein geschickter Einsatz von Mitarbeitern und Maschinen erforderlich (Fertigungskompetenz).

Abbildung 2.13: Maßnahmen in Bezug auf Mitarbeiter und Maschinen

	Maschinen (Anlagenabschreibungen)	Mitarbeiter (Personalaufwendungen)
Senkung fixer Kosten	① Addierfähige Maschinen: zunächst nur Maschinen mit dem notwendigen Funktionsminimum kaufen und Funktionen später nach Notwendigkeit ergänzen (Maschinen müssen keine Schlachtschiffe sein). ② Kaufen «nackter» Maschinen: Universalmaschinen zu Spezialmaschinen umbauen. ③ Maschinen müssen zweckentfremdet werden können (für neue Produkte). ④ Einfachautomatisierung (Während-Schalter etc.)	① Bei wiederkehrenden administrativen Vorgängen in semi-direkten und indirekten Bereichen: • Verschwendung durch Wartezeit • Verschwendung durch Bewegung • Verschwendung durch Nacharbeit • Verschwendung durch Transport } gründlich beseitigen (Verwendung der gleichen Methoden wie bei der Verbesserung von Arbeitsabläufen in der Produktion) ② Ermittlung von Funktion sowie Produktivität der Abläufe in indirekten Bereichen und anschließende Verbesserungsmaßnahmen
Umwandlung fixer in variable Kosten	① Maschinen »frei bewegbar« machen und je nach Produktionsmengen verlagern. ② Mehrprozessbedienung durch Roboter (Umprogrammierung) ③ Bereits abgeschriebene Maschinen effektiv nutzen. ④ Maschinen leasen.	① Einen Teil der Aufgaben aus den indirekten in die direkten Bereiche verlagern. ② Einen Teil der Steuerungsvorgänge auf die Produktionslinien übertragen. ③ Nicht länger mit festen Personalständen arbeiten (sparsamer Personaleinsatz). ④ Befristete Mitarbeiter einsetzen.

Den Ort des Geschehens, die realen Gegenstände ernstnehmen

Im *synchronen Produktionssystem* wird viel Wert auf eine starke Produktion gelegt. Man nimmt den Ort des Geschehens, die realen Gegenstände ernst. Der Grund dafür liegt in der Überzeugung, dass in einem produzierenden Unternehmen die Quelle für Profit und Wettbewerbsfähigkeit in erster Linie in seinen Produktionslinien zu suchen ist.

Warum den Ort des Geschehens ernstnehmen?

① Die Wertschöpfung im Unternehmen findet in den Produktionslinien statt. Die Produktion zu stärken führt zu einer effizienteren Wertschöpfung und damit zu steigenden Gewinnen.

② Bei der Zuteilung der Betriebsressourcen entfällt ein beträchtlicher Teil auf die Produktionslinien (in Gestalt von Personal, Material, Anlagen et cetera). Der geschickte Einsatz dieser Ressourcen entscheidet über die Profitabilität des Unternehmens. Man kann so weit gehen zu behaupten, dass sich die wirtschaftliche Lage eines Unternehmens vor Ort an seinen Produktionslinien ablesen lässt.

③ Bestimmte Kompetenzen in der Fertigung kann man sich nur mit Erfindergeist am Ort des Geschehens anhand der realen Gegenstände praktisch erarbeiten. Dazu gehört der unter ② erwähnte geschickte Einsatz von Personal, Material und Anlagen. Man bezeichnet das als *Fertigungskompetenz* (»Genba-Engineering«). Wird durch tägliche Verbesserungsarbeit eine unverwechselbare Fertigungskompetenz aufgebaut, führt das zu einer gesteigerten Wettbewerbsfähigkeit.

④ Beim Produzieren ist man immer wieder mit den unterschiedlichsten Aufgaben und Problemen konfrontiert. Die effizienteste und dazu effektivste Vorgehensweise, diese zu lösen, besteht darin, Analysen und Maßnahmen am Ort des Geschehens mit den realen Gegenständen vor Augen durchzuführen. Den Großteil der Antworten und Hinweise findet man vor Ort.

⑤ Bei der Entwicklung neuer Produkte oder Technologien ist es effektiv, sich an den Ort des späteren Geschehens zu begeben, um dort die realen Gegebenheiten zu studieren und im wörtlichen Sinn zu »begreifen«. Das bringt neue Ideen.

Was es bedeutet, den Ort des Geschehens ernstzunehmen

① Vor Ort ist eine *ziehende Fertigung* zu etablieren. Die Steuerung des täglichen Produktionsgeschäfts muss innerhalb eines definierten Rahmens in Händen der Produktion erfolgen können. Die dazu notwendigen Befugnisse müssen erteilt und Ressourcen zur Verfügung gestellt werden.

② Es sind Mechanismen zu schaffen, mit deren Hilfe jeder beliebige Mitarbeiter am Ort des Geschehens anhand der realen Gegenstände bezogen auf alle Produktionsfaktoren *Normalzustand* und *Abweichung* einfach unterscheiden kann. Mit anderen Worten: Durch gründliche Standardisierung und *visuelles Management* ist dafür zu sorgen, dass sich die Produktion jederzeit auf effiziente Weise selbst überwachen kann (aufrechterhaltendes Management).

③ In der Produktion aufgetretene Probleme sind vor Ort zu lösen. Die *wahre Ursache* des Problems ist am Ort des Geschehens anhand der realen Gegenstände zu ermitteln, dann sind umgehend gründliche Maßnahmen zu ergreifen. Die Ursachenanalyse an einem anderen Ort sollte auf Fälle beschränkt werden, in denen dies wirklich unvermeidlich ist.
④ Es sind Mechanismen zur Förderung der Fähigkeiten der Produktionsmitarbeiter und zur Nutzung dieser Fähigkeiten zu schaffen. Dazu ist eine langfristige Planung zu erstellen, nach der sich die Mitarbeiter nicht nur in der Mehrprozessbedienung, sondern auch in Instandhaltungstätigkeiten und Verbesserungsaktivitäten qualifizieren (Qualifikationstabelle).
⑤ Es sind unterstützende Strukturen zu etablieren, die dazu dienen, die Autonomie der Produktion aufrechtzuerhalten. Treten bei den Verbesserungsaktivitäten technische Fragen auf, muss es der Produktion möglich sein, Unterstützung von den technischen Abteilungen zu erhalten.

Abbildung 2.14 zeigt, welche Unterschiede sich daraus ergeben, ob man die Produktion als Ort des Geschehens ernstnimmt oder nicht.

Wird die Produktion ernstgenommen, nimmt ihre Eigenständigkeit zu. Probleme werden schneller gelöst, Verbesserungen schneller umgesetzt. Als Folge sind bei Qualität, Produktivität, Durchlaufzeiten et cetera beträchtliche Verbesserungen zu verzeichnen. Darüber hinaus kann *Fertigungskompetenz* aufgebaut und die Qualifikation der Mitarbeiter gefördert werden. Auf diese Weise steigert das Unternehmen seine Fähigkeit, in kleinen Losen bei hoher Sortenvarianz mit kurzen Durchlaufzeiten zu fertigen. Und damit stärkt es seine Wettbewerbsfähigkeit.

Menschliche Fähigkeiten maximal nutzen

Mit dem *synchronen Produktionssystem* kann schnell auf die Kundenbedürfnisse nach kleinen Mengen bei hoher Sortenvarianz reagiert werden. Dazu setzt es auf die maximale Nutzung menschlicher Fähigkeiten.

Was bedeutet es, menschliche Fähigkeiten zu nutzen?

Mit dem Begriff »menschliche Fähigkeiten« werden hier folgende spezielle Vorstellungen verbunden:

① Die menschlichen Fähigkeiten sind unermesslich: Wenn die Randbedingungen dafür zusammenkommen, dass menschliche Fähigkeiten entwickelt oder entfaltet werden können, wachsen diese in erstaunlichem Maß; es ist unvorhersehbar, wie weit. Man darf die menschliche Kapazität nicht wie Anlagenkapazität als feste Größe auffassen.
② Menschliche Fähigkeiten nicht zu nutzen ist betriebswirtschaftliche Verschwendung: Das eigentliche Potenzial der Betriebsressource Mensch nicht vollständig zu nutzen stellt eine erhebliche Verschwendung seitens des Managements dar.

In einem produzierenden Unternehmen liegt die Quelle für Profit und Wettbewerbsfähigkeit in seinen Produktionslinien. Deswegen ist der Ort des Geschehens, sind die realen Gegenstände ernstzunehmen.

Warum den Ort des Geschehens ernstnehmen?

① Die Wertschöpfung im Unternehmen findet in den Produktionslinien statt.

② In Gestalt von Personal, Material und Anlagen werden beträchtliche Betriebsressourcen in den Linien eingesetzt. Die Profitabilität des Unternehmens hängt davon ab, wie geschickt diese Ressourcen genutzt werden. Die Produktionslinien spiegeln die wirtschaftliche Lage des Unternehmens wider.

③ Es gibt Kompetenzen, die nur am Ort des Geschehens anhand der realen Gegenstände aufgebaut werden können. Erst eine unverwechselbare Fertigungskompetenz führt zu Wettbewerbsfähigkeit.

④ Antworten bzw. Hinweise zur Lösung von Produktionsproblemen/-aufgaben findet man am Ort des Geschehens.

⑤ Vom Ort des Geschehens, von den realen Gegenständen bekommt man effektive Informationen und Anregungen, welche die Vorstellungskraft erweitern.

Was bedeutet es, den Ort des Geschehens ernstzunehmen?

① Die Produktionslinien selbstständig ihr tägliches Produktionsgeschäft steuern lassen.

② Mechanismen schaffen, mit deren Hilfe jeder beliebige Mitarbeiter am Ort des Geschehens anhand der realen Gegenstände *Normalzustand* und *Abweichung* unterscheiden kann.

③ Aufgaben und Probleme des Werks am Ort des Geschehens anhand der realen Gegenstände lösen.

④ Mechanismen zur Förderung der Fähigkeiten der Produktionsmitarbeiter und zur Nutzung dieser Fähigkeiten schaffen.

⑤ Unterstützende Strukturen etablieren, um die Autonomie der Produktion aufrechtzuerhalten. Bestimmen, welche Rolle die indirekten Abteilungen dabei spielen.

Abbildung 2.14: Welche Unterschiede ergeben sich daraus?

	Den Ort des Geschehens ernstnehmen	Den Ort des Geschehens gering schätzen (Massenfertigung)
① Tägliches Produktionsgeschäft	• Außer bei großen Schwankungen bzw. Schwierigkeiten wird die Produktion vor Ort eigenständig gesteuert (das erfordert eine ziehende Fertigung).	• Die Produktion ist nur ausführende Kraft; sie folgt der Planung und den Anweisungen der Produktionssteuerung. • Es kommt wiederholt zu Änderungen des Produktionsplans.
② Identifizierung von Problemen (Ausschuss etc.)	• Jeder beliebige Mitarbeiter kann Normalzustand und Abweichung unterscheiden. • Auch kleine Abweichungen oder Anzeichen einer Abweichung werden erkannt.	• Es ist unklar, was überhaupt das Problem ist. • Erst wenn sich große Schwierigkeiten entwickelt haben, kommt die Einsicht.
③ Problemlösung	• Im Falle einer Abweichung wird die Ursache am Ort des Geschehens anhand der realen Gegenstände ermittelt, dann werden rasch Gegenmaßnahmen ergriffen.	• Fachpersonal sammelt Daten und analysiert. • Maßnahmen nehmen Zeit in Anspruch.
④ Verbesserungsaktivitäten	• Das Verbessern ist Teil des Tagesgeschäfts der Produktion; die Produktivität verbessert sich Monat für Monat stetig.	• Die Produktion übernimmt einen Teil der von indirekten Abteilungen geplanten Rationalisierungsmaßnahmen; für eigene Verbesserungsmaßnahmen ist keine Zeit.
⑤ Aufbau von Fertigungskompetenz	• Durch Verbesserungsaktivitäten und dank der Unterstützung durch technische Fachleute kann eine unverwechselbare Kompetenz aufgebaut werden.	• Das Konzept der Fertigungskompetenz existiert nicht.
⑥ Fortbildung der Mitarbeiter	• Die Mitarbeiter werden nach einer langfristigen Planung nicht nur in der Mehrprozessbedienung, sondern auch in Instandhaltung, Verbesserungsmaßnahmen etc. qualifiziert.	• Es kann keine Zeit für Schulung und Training erübrigt werden. • Die Mehrfachqualifizierung kommt nicht so wie gewünscht voran.
⑦ Vorgänge in den indirekten Abteilungen	• Durch Verlagerung administrativer Vorgänge in die Produktion wird das Unternehmen schlanker.	• Während in der Produktion einerseits die Kosten immer weiter gekürzt werden, wuchern die indirekten Geschäftsbereiche. → Indirekte Kosten steigen.

⇩ Es wird ein hohes Niveau bei Qualität, Kosten und Lieferfähigkeit (QKL) erreicht; die Fertigung trägt zur Wettbewerbsfähigkeit des Unternehmens bei.

⇩ Qualität, Kosten und Lieferfähigkeit (QKL) bleiben auf dem aktuellen Niveau; die Produktionsabteilung wird zum Klotz am Bein der Unternehmensführung.

③ Von den menschlichen Fähigkeiten sind das Denken und die Kreativität am höchsten zu schätzen: Der Mensch zeigt seinen wahren Eifer nicht, wenn er dafür finanziell belohnt oder besonders belobigt wird, sondern dann, wenn ihm Raum und Gelegenheit gegeben werden, kreative Ideen einzubringen: Denken und Kreativität bilden die Grundlage dessen, was Menschlichkeit ausmacht.

Die Rolle des Menschen im synchronen Produktionssystem

Ziel des synchronen Produktionssystems ist, der Nachfrage nach kleinen Mengen bei hoher Sortenvarianz gerecht zu werden. Dazu ist es zwingend erforderlich, die vielseitigen und äußerst flexiblen menschlichen Fähigkeiten zu nutzen. Darüber hinaus ist der Mensch der einzige Produktionsfaktor, der sich unaufhörlich selbst verändert, je nachdem, wie sich das Marktumfeld und die Verbraucherbedürfnisse wandeln. Daher wird dem Menschen im synchronen Produktionssystem eine deutlich größere Bedeutung zugemessen als den anderen Produktionsfaktoren. Bei diesem System steht der Mensch im Mittelpunkt.

Welche Fähigkeiten sind zu nutzen?

Betrachten wir anhand eines Produktionsmitarbeiters exemplarisch, welche Fähigkeiten der Mensch im synchronen Produktionssystem einbringen kann. Wie in Abbildung 2.15 dargestellt, verwende ich zur Erläuterung sechs Stufen, die sich im Hinblick auf Einbringungsgrad von Fähigkeiten und Ausdehnung der Arbeit unterscheiden:

① Die grundlegende Fähigkeit besteht darin, *standardisierte Arbeitsabläufe* strikt einzuhalten.
② Die Fähigkeit, Werkzeuge des *visuellen Managements* (wie *Kanban* oder *Andon*) zu nutzen, im Falle einer Abweichung rasch zu urteilen und die festgelegten Maßnahmen zu treffen.
③ Die Fähigkeit, gemäß einem *Mehrfachqualifizierung*splan diverse Tätigkeiten zu erlernen, an einer Vielzahl von Prozessen zu arbeiten und darüber hinaus neue Mitarbeiter anzulernen.
④ Die Fähigkeit, sich Kompetenz in Maschinenwartung und -verbesserung anzueignen, souverän mit seinen Maschinen umzugehen und diese voll auszunutzen.
⑤ Die Fähigkeit, täglich vor Ort einzelfallbezogene Verbesserungsmaßnahmen zur Steigerung von Qualität, Produktivität et cetera gewissenhaft voranzutreiben.
⑥ Die Fähigkeit, groß angelegte Verbesserungen vorzunehmen, um den Idealzustand des Produktionssystems zu erreichen. Dabei werden althergebrachte Arbeitsweisen radikal verändert und bahnbrechende neue *Fertigungskompetenz* wird aufgebaut (»Genba-Engineering«).

Die Fähigkeiten von Produktionsmitarbeitern sind also zahlreich und jeweils unterschiedlich ausgeprägt. Die menschlichen Fähigkeiten maximal zu nutzen bedeutet, solche Fähigkeiten als Teil des Produktionsmechanismus bewusst zu fördern und einzusetzen.

Mit dem synchronen Produktionssystem kann schnell auf die Kundenbedürfnisse nach kleinen Mengen bei hoher Sortenvarianz reagiert werden. Dazu setzt es auf die maximale Nutzung menschlicher Fähigkeiten.

Verständnis menschlicher Fähigkeit

① Voraussetzung: Menschliche Fähigkeiten sind unermesslich.

② Die menschlichen Fähigkeiten vollständig einzubeziehen ist eine wichtige Aufgabe der Unternehmensführung – die Ressource Mensch nicht vollständig zu nutzen bedeutet große betriebswirtschaftliche Verschwendung.

③ Von den menschlichen Fähigkeiten sind das Denken und die Kreativität am höchsten zu schätzen.

Die Rolle des Menschen im synchronen Produktionssystem

① Um der Nachfrage nach kleinen Mengen bei hoher Sortenvarianz gerecht zu werden, ist es unumgänglich, die vielseitigen und flexiblen Fähigkeiten des Menschen zu nutzen.

② Unter den Produktionsfaktoren ist der Mensch der Einzige, der aus sich heraus neue Werte erschafft, Reformen vornimmt und sich dem Umfeld anpasst.

⇨ Im synchronen Produktionssystem steht der Mensch im Mittelpunkt.

Welche Fähigkeiten sind zu nutzen?

◇ Beispiel für einen Produktionsmitarbeiter:
  ① Standardisierte Arbeitsabläufe strikt einhalten.
  ② Abweichungen erkennen, beurteilen und Maßnahmen treffen.
  ③ Durch Mehrfachqualifizierung an einer Vielzahl von Prozessen arbeiten können.
  ④ Sich das nötige Fachwissen aneignen, um seine Maschinen zu beherrschen (geplante Instandhaltung).
  ⑤ Sich das nötige Fachwissen zur Durchführung einzelfallbezogener Verbesserungen aneignen.
  ⑥ Bahnbrechende Verbesserungen vornehmen, um einen angestrebten Zustand zu erreichen.

◇ Förderung und Nutzung der Fähigkeiten der Mitarbeiter sind Teil des Produktionssystems.

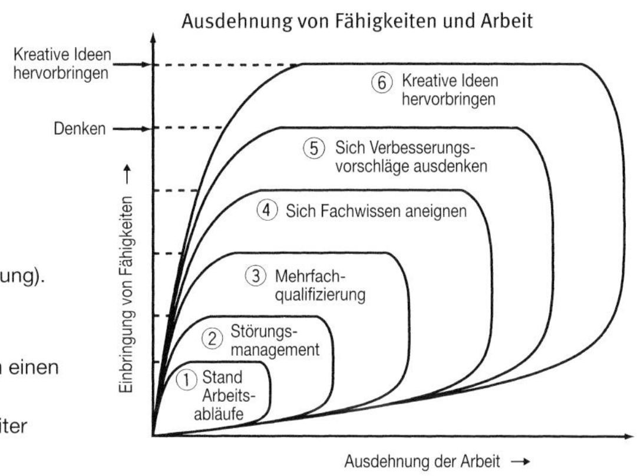

Abbildung 2.15: Beispiel für einen Produktionsmitarbeiter

Produktionssystembedingte Unterschiede in der Nutzung menschlicher Fähigkeiten

	Synchrones Produktionssystem	Massenfertigung
① Standardisierte Arbeit	• Standardisierte Arbeitsabläufe werden vor Ort erstellt. • Die Hinweise der Mitarbeiter fließen ein; die Standards werden unaufhörlich überarbeitet.	• Von den indirekten Abteilungen werden „Arbeitsstandards“ erstellt; diese verdienen aber eher die Bezeichnung „Bearbeitungsanweisungen“.
② Reagieren auf Abweichungen	• Vor Ort sind überall Mechanismen zur Unterscheidung von Normalzustand und Abweichung vorhanden; auch die Werker selbst tragen Verantwortung.	• Es liegen Abweichungen vor (z. B. wenn nicht nach Arbeitsstandard gearbeitet werden kann); die Fähigkeit, Abweichungen zu erkennen, ist aber nur schwach ausgeprägt.
③ Mehrfach-qualifizierung	• Um Mehrfachqualifizierung effizienter zu machen, wird diese planmäßig ausgebaut (ohne Mehrfachqualifizierung ist keine Fertigung im Fluss möglich).	• Mehrfachqualifizierung wird als notwendig empfunden, kommt aber nicht wunschgemäß voran (lückenhafte Arbeitsstandards).
④ Umgang mit den Maschinen	• Die Mitarbeiter nutzen Maschinen, um Produkte zu fertigen. • Die Mitarbeiter sind bestrebt, sich das notwendige Wissen anzueignen, um ihre Maschinen zu beherrschen.	• Die Maschinen fertigen die Produkte; die Mitarbeiter sind Gehilfen. • Wartung ist Aufgabe der Instandhaltungsabteilung.
⑤ Verbesserungs-aktivitäten	• Verbesserungsaktivitäten mit einzelfallbezogenen Themen sind Teil der Tagesroutine (Qualitäts-/Produktivitätssteigerung etc.).	• Eine Beteiligung an der Planung von Rationalisierungsmaßnahmen geschieht auf Anweisung durch den Vorgesetzten.
⑥ Verbesserung der Arbeitsweise	• Man stellt sich in Zusammenarbeit mit den technischen Abteilungen auch herausfordernden Aufgaben, um den angestrebten Zustand zu erreichen.	• (Das ist nicht Sache der Produktionsmitarbeiter.)

In einem Produktionssystem hängt die Arbeitsweise der Mitarbeiter stark davon ab, wie ernst man es mit der Nutzung ihrer Fähigkeiten meint. In Abbildung 2.15 werden die unterschiedlichen Arbeitsweisen der Produktionsmitarbeiter im synchronen Produktionssystem und in der Massenfertigung miteinander verglichen.

In jüngster Zeit geht auch in der Massenfertigung der eindimensionale Einsatz der Mitarbeiter als simple Arbeitskräfte zurück. Dennoch: Wenn es um die volle Nutzung menschlichen Potenzials geht, hat sich ein Großteil der Unternehmen noch nicht von dem alten Verständnis lösen können.

2.2 Hauptmerkmale des synchronen Managementsystems

Das Layout in U-Form als Grundlage

Eines der Hauptmerkmale des *synchronen Managementsystems* ist, dass in der Fertigung Layouts grundsätzlich U-förmig aufgebaut werden: Es werden synchrone *Fertigungszellen* geschaffen. Das Beispiel in Abbildung 2.16 zeigt den Umbau einer herkömmlichen Linie in eine Fertigungszelle: Alle Stationen, die vorher weit auseinander standen und zusätzlich durch einen Fahrweg getrennt waren, wurden auf einer zusammenhängenden Fläche konzentriert und in Reihenfolge der Bearbeitungsschritte U-förmig angeordnet.

Die Motivation für das Beharren auf einem *Layout in U-Form* liegt darin, dass diese Form die logische Konsequenz eines Grundgedankens des *synchronen Produktionssystems* ist: der Schaffung eines Produktionsflusses. Die äußere Form ist also kein Selbstzweck – sie ergibt sich vielmehr als Konsequenz aus der Fertigungsweise.

Ein Vorteil der *U-Linie* liegt darin, dass am Eingang und Ausgang der Linie ein und derselbe Mitarbeiter arbeitet. Das ermöglicht eine zyklische Fertigungsweise, bei der ein neues Werkstück erst dann in die Linie gegeben wird, wenn ein fertiges die Linie verlässt. Alle Mitarbeiter werden innerhalb des U postiert. So können die Arbeitsumfänge entsprechend den Mengen- oder Variantenschwankungen in alle Richtungen flexibel eingeteilt werden und es kommt kaum zu Verschwendung (*sparsamer Personaleinsatz*). Grundsätzlich läuft der Materialfluss in einer U-Line gegen den Uhrzeigersinn. So werden Rechtshänder bevorzugt und können leichter arbeiten, wenn sie von einer Station zur nächsten wechseln.

Abbildung 2.17 zeigt, was getan werden muss, um in einer Fertigungszelle für Fluss zu sorgen. Darin liegt der eigentliche Kern des synchronen Managementsystems. Die Anordnung in U-Form bietet nur den Einstieg dazu.

1. »Das Material ins Fließen bringen« bedeutet, wie in Abbildung 2.17 gezeigt, die Bestände zwischen den Prozessschritten beziehungsweise an jeder Maschine zu

beseitigen und die Anordnung der Prozessschritte so zu verändern, dass immer nur ein Werkstück von einem Schritt zum nächsten fließt. Durch diese *durchgängige Verknüpfung* der Prozesse können Mitarbeiter, Maschinen und Material auf einer kleinen Fläche verdichtet werden. Die Umsetzung dieses Punkts muss an den folgenden Punkt gekoppelt werden.
2. »Die Arbeit ins Fließen bringen« bedeutet, dass an den einzelnen Prozessschritten nicht mehr vorgearbeitet werden soll. Ein Mitarbeiter bedient vielmehr mehrere Prozessschritte und fertigt dort jeweils nur ein Stück. Mit diesem Punkt soll eine Minimierung der Geh- und Greifwege erreicht werden, indem die Abstände zwischen den Prozessschritten verringert und Bauteile sowie Werkzeug am *optimalen Greifpunkt* bereitgestellt werden. So werden fließende, verschwendungsfreie Bewegungen angestrebt.
3. »Den Fluss so schnell fließen lassen, wie abgesetzt werden kann« bedeutet, dass die Material- und Arbeitsflüsse, die in den ersten beiden Schritten geschaffen wurden, in ihrer Geschwindigkeit der tatsächlichen Absatzgeschwindigkeit angepasst werden. Die tatsächliche Absatzgeschwindigkeit drückt sich in der *Kundentaktzeit* aus. Diese gibt an, wie viele Minuten und Sekunden zur Verfügung stehen, um ein Stück zu fertigen. Anhand dieser Zeit wird festgelegt, welcher Arbeitsumfang einer Vollbeschäftigungseinheit entspricht, das heißt wie viele Prozessschritte ein Mitarbeiter bedient.
4. »Vorkehrungen für einen beständigen Fluss treffen« bedeutet, durch geeignete Vorkehrungen dafür zu sorgen, dass der Fluss aufrechterhalten wird. Ausschuss, Störungen und zahlreiche andere *Abweichungen* beeinträchtigen den Fluss. Diese Störfaktoren sind zu beseitigen. Im synchronen Produktionssystem nennt man das *Störungsmanagement.* Dabei setzen die Mitarbeiter der unteren Führungsebene Werkzeuge des *visuellen Managements* – wie zum Beispiel *Andon* – ein, um Abweichungen zu begegnen und daraus Verbesserungen abzuleiten.

Von der Hardware zu Regelwerken

Üblicherweise arbeitet man beim Aufbau von *Fertigungszellen* die Punkte 1 bis 4 der Reihe nach ab.

Dabei beziehen sich die Punkte 1 und 2 hauptsächlich auf »harte« Faktoren, also zum Beispiel auf die veränderte Anordnung von Anlagen und Bauteilen. Diese Maßnahmen sind äußerlich leicht nachvollziehbar und können auch rasch umgesetzt werden. Bei den Punkten 3 und 4 stehen hingegen »weiche« Faktoren und Regelwerke im Mittelpunkt.

Hier nimmt die Umsetzung mehr Zeit in Anspruch, da diese Dinge mit bloßem Auge nicht direkt erkennbar sind und menschliche Arbeitsabläufe hineinspielen.

Der gewünschte Effekt stellt sich erst durch das Zusammenwirken von harten Faktoren, weichen Faktoren und Regelwerken ein. Daher ist es wichtig, dass von Anfang an nicht ausschließlich an der Hardware gearbeitet wird. In diesem Zusammenhang verdienen *standardisierte Arbeitsabläufe* und *Störungsmanagement* besondere Erwähnung.

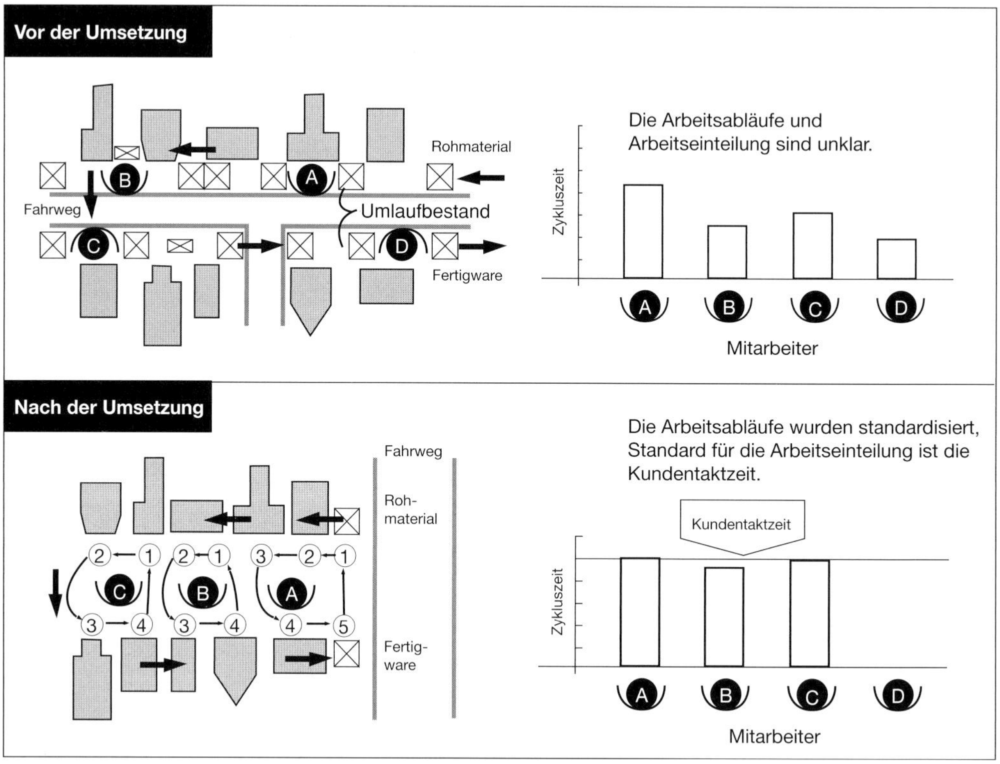

Abbildung 2.16: Das Layout in U-Form als Grundlage

Aspekte des Flusses	SPS-Konzept		Typische Maßnahmen
(1) Das Material ins Fließen bringen	Prozesse durchgängig verknüpfen	①	Verstreute Prozesse verdichten und verknüpfen
		②	Maschinen in Reihenfolge der Prozessschritte anordnen (grundsätzlich in U-Form)
		③	Standardisierte Puffer einrichten (Reduktion des Umlaufbestands in der Linie)
(2) Die Arbeit ins Fließen bringen	Verschwendung durch Bewegung beseitigen	④	Zusammenrücken: Distanzen zwischen den Prozessschritten verringern
		⑤	Bereitstellung am optimalen Greifpunkt: Teile und Werkzeug so anordnen, dass die Handbewegungen minimiert werden
		⑥	Standardisierte Arbeitsabläufe einrichten
(3) Den Fluss so schnell fließen lassen, wie abgesetzt werden kann	Produktion im Kundentakt	⑦	Einzelstückfluss in Kundentaktzeit
		⑧	Festlegung des Arbeitsumfangs pro Mitarbeiter anhand der Kundentaktzeit
		⑨	Zu schnelles oder zu langsames Arbeiten mittels Schrittmacher erkennen
(4) Vorkehrungen für einen beständigen Fluss treffen	Visuelles Management	⑩	Abweichungen über definierte Stellflächen, Andon, Stückzahlenmanagement erkennen
		⑪	Abweichungen, die den Fluss beeinträchtigen (Ausschuss, Störungen etc.), durch gezielte Maßnahmen ausschalten
		⑫	Die untere Führungsebene führt Störungsmanagement und Verbesserungen durch

Abbildung 2.17: Für Fluss sorgen

Nutzung menschlicher Fähigkeiten durch standardisierte Arbeitsabläufe

Standardisierte Arbeitsabläufe sind ein Werkzeug dafür, das benötigte Produkt zum benötigten Zeitpunkt in der benötigten Menge zuverlässig und effizient zu fertigen. Bei diesem Werkzeug steht der Mitarbeiter im Mittelpunkt. Mit »zuverlässig und effizient« ist eine Arbeitsweise gemeint, mit der Produkte von guter Qualität kostengünstig und sicher gefertigt werden können. Standardisierte Arbeitsabläufe sind ein Grundkonzept des *synchronen Produktionssystems* – gleichzeitig sind sie Mittel, dieses System zu verwirklichen. Ähnlich wie bei »*Kanban*« oder »*Andon*« handelt es sich beim »standardisierten Arbeitsablauf[17]« um einen Fachbegriff mit spezieller Bedeutung. Dieser Begriff darf nicht einfach im Sinne von »Arbeitsstandard« interpretiert werden. Bei standardisierten Arbeitsabläufen wird grundsätzlich im *Einzelstückfluss* in der Geschwindigkeit gefertigt, mit der abgesetzt werden kann. Die dafür effizienteste Kombination von Mitarbeitern, Maschinen, und Material wird zum Standard der Arbeit gemacht.

Im Folgenden möchte ich die Voraussetzungen, Elemente und Ziele von standardisierten Arbeitsabläufen erläutern.

Voraussetzungen für standardisierte Arbeitsabläufe

Es gibt drei Voraussetzungen für standardisierte Arbeitsabläufe:

① Menschliche Bewegungen müssen im Mittelpunkt stehen:
Einer Erhöhung des Maschinennutzungsgrads darf nicht der Vorzug gegeben werden.

② Der Arbeitsablauf wiederholt sich zyklisch:
Falls sich die Abläufe nicht zyklisch wiederholen, muss dafür gesorgt werden.

③ Standardisierte Arbeitsabläufe werden von der unteren Führungsebene vor Ort erstellt:
Dabei müssen die Verantwortlichen die Linien gut beobachten und eigene Ideen in die Standards einbringen.

Die drei Elemente standardisierter Arbeitsabläufe

Standardisierte Arbeitsabläufe beruhen auf folgenden drei Elementen:

① *Kundentaktzeit* (KTZ):
Das ist die Zeit in Minuten und Sekunden, die zur Fertigung von einem Stück aufgewendet werden soll. In dieser Zeit wird über den gesamten Tag in einem festen Rhythmus ein Stück nach dem anderen gefertigt.

$$\text{KTZ} = \frac{\text{reguläre Arbeitszeit}}{\text{benötigte Stückzahl}}$$

---

[17] Der japanische Fachbegriff für »standardisierter Arbeitsablauf« lautet »*Hyojun Sagyo*«. Teilweise wird in der deutschsprachigen Literatur auch der Begriff »standardisierte Arbeit« verwendet.

② Arbeitsabfolge:
Das ist die zeitliche Abfolge, in welcher der Mitarbeiter das Produkt Schritt für Schritt bearbeitet.

③ *Standardisierte Puffer:*
Das ist der unbedingt notwendige Minimal-Umlaufbestand in der Linie, der notwendig ist, um den Ablauf kontinuierlich zyklisch wiederholen zu können.

An diesen drei Elementen ist klar zu erkennen, dass standardisierte Arbeitsabläufe ein spezifisches Werkzeug des synchronen Produktionssystems sind: In der althergebrachten Massenfertigung sowie der traditionellen Arbeitsgestaltung (Industrial Engineering) beschränkt sich die Erstellung von Arbeitsstandards auf die Definition der Arbeitsabfolge. Erst durch die Definition aller drei Elemente erreicht man die Synchronisierung des betreffenden Produktionssystems mit seinen vor- und nachgelagerten Prozessen und realisiert einen reibungslosen Fluss.

Die Ziele standardisierter Arbeitsabläufe

Mit standardisierten Arbeitsabläufen werden zwei Ziele verfolgt.

① Präzisierung der Regeln, nach denen zu fertigen ist, und Gewährleistung von Qualität, Ausbringung, Lieferzeit, Kosten und Sicherheit:
Standardisierte Arbeitsabläufe sind die Grundlage für das Management der Arbeit vor Ort. Sie einzuhalten garantiert Qualität und ermöglicht es, Ausbringungs- und Kostenziele zuverlässig einzuhalten. Darüber hinaus sind sie unverzichtbares Werkzeug für die Einarbeitung neuer Mitarbeiter und für die *Mehrfachqualifizierung.*

② Nutzung als Verbesserungswerkzeug:
Standardisierte Arbeitsabläufe beschreiben die zum gegenwärtigen Zeitpunkt bekannte optimale Arbeitsweise (»best practice«). Sie sind immer Ausgangspunkt. Bei der Arbeit in standardisierten Arbeitsabläufen stößt man mit Sicherheit auf Verschwendung und Probleme. In diesem Fall sind umgehend Verbesserungen vorzunehmen und der standardisierte Arbeitsablauf ist entsprechend zu überarbeiten. So ergibt sich ein ständiger Kreislauf: Verschwendung entdecken – verbessern – Standards überarbeiten.
Das Wort »standardisiert« mag den Eindruck vermitteln, was einmal festgelegt ist, ließe sich nur schwer wieder ändern. Bei standardisierten Arbeitsabläufen handelt sich aber immer nur um Standards für den Moment. Findet sich eine bessere Arbeitsweise, wird der Standard unverzüglich geändert. Standardisierte Arbeitsabläufe sind dazu da, überarbeitet zu werden. Sie sind stets unvollendet, da sie immer nur den aktuellen Stand des Könnens widerspiegeln.

Was sind *standardisierte Arbeitsabläufe*?

Jegliche Verschwendung soll beseitigt, das Material ins Fließen gebracht und das benötigte Material in der benötigten Menge zum benötigten Zeitpunkt produziert bzw. transportiert werden. Dazu werden Mensch, Maschine und Material auf die effizienteste* Weise kombiniert. Diese Kombination wird zum Standard gemacht, nach dem produziert wird.

Im synchronen Produktionssystem bilden standardisierte Arbeitsabläufe das Fundament für die Art und Weise, wie gefertigt, wie verbessert und wie gemanagt wird.

*»Effizient« steht für eine Arbeitsweise, mit der gute Qualität sicher und darüber hinaus kostengünstig produziert werden kann.

Die drei Voraussetzungen für standardisierte Arbeitsabläufe

① Menschliche Bewegungen stehen im Mittelpunkt .... Kein Diktat der Maschinen
Nicht-wertschöpfende, unergonomische sowie nicht-zyklische Bewegungen eliminieren (Muda, Muri, Mura)

② Der Arbeitsablauf muss sich unter allen Umständen zyklisch wiederholen .... Wenn das nicht der Fall ist, muss dafür gesorgt werden.

③ Die Erstellung erfolgt vor Ort .... Die untere Führungsebene schult durch Vormachen und sorgt für die Einhaltung; die Verantwortlichen bringen eigene Ideen ein.

Die drei Elemente standardisierter Arbeitsabläufe

① Kundentaktzeit .... Zeitvorgabe, alle wie viel Minuten und Sekunden 1 Produkt (1 Teil) gefertigt werden soll:

$$\text{Kundentaktzeit} = \frac{\text{reguläre Arbeitszeit}}{\text{benötigte Stückzahl}}$$

Zeitabschnitt zur Fertigung von jeweils 1 Stück, damit den ganzen Arbeitstag über gewissenhaft gearbeitet werden kann.

② Arbeitsabfolge .... Die zeitliche Reihenfolge, in welcher der Mitarbeiter ein Produkt/ein Teil Schritt für Schritt montiert/bearbeitet

③ Standardisierte Puffer .... Der unbedingt notwendige Minimal-Umlaufbestand in der Linie, der notwendig ist, um den Ablauf kontinuierlich zyklisch wiederholen zu können

Die Ziele standardisierter Arbeitsabläufe

① Präzisierung der Regeln, nach denen zu fertigen ist:
Standardisierte Arbeitsabläufe bilden die Grundlage für Fertigung und ihr Management. Unter Berücksichtigung von Qualität, Volumen, Kosten und Sicherheit wird festgelegt, wie zu arbeiten ist.

② Werkzeug für Verbesserungen:
(a) Wo keine Standards vorhanden sind, sind Normalzustand und Abweichung nicht zu unterscheiden. So ergibt sich auch kein Verbesserungsbedarf.
(b) Nicht-wertschöpfende, unergonomische sowie nicht-zyklische Tätigkeiten erkennen (Muda, Muri, Mura).

Standardisierte Arbeitsabläufe einzuhalten sichert Qualität und ist entscheidend für Ausbringung und Kosten.

Abbildung 2.18: Grundkonzept standardisierter Arbeitsabläufe

Einfachautomatisierung vorantreiben

Im Zusammenhang mit der Einführung eines *synchronen Managementsystems* werden viele kleine *synchrone Fertigungszellen* geschaffen. Zum Teil müssen dabei neue Anlagen hinzugefügt werden. Die dadurch entstehende Kostenbelastung wird schnell zu einem Hindernis. Die *Einfachautomatisierung* ist eine effektive Strategie, dieses Hindernis zu umgehen.

Bei der Einfachautomatisierung (»Low Cost Intelligent Automation«) handelt es sich um eine Form der *Autonomatisierung*. Autonomatisierung ist eine der beiden Säulen des *synchronen Produktionssystems*. Dabei wird das Ziel verfolgt, »starke Prozesse« zu schaffen – also eine hohe Zuverlässigkeit, Effizienz und Flexibilität eines jeden einzelnen Bearbeitungsprozesses zu erreichen. Im Gegensatz zur einfachen Automatisierung geht es bei der Autonomatisierung darum, Maschinen zu schaffen, die *Abweichungen* autonom erkennen und in diesem Fall anhalten.

Die Einfachautomatisierung ist der Versuch, dieses Konzept in einer Weise umzusetzen, die für den Werker einfach und praktisch zugleich ist: Um die Produktivität der Mitarbeiter kontinuierlich zu steigern und damit die Kosten zu senken, muss *Verschwendung durch Bewegung* beseitigt werden. Dazu müssen die menschlichen Arbeitsabläufe verbessert werden. Ist ein gewisser Verbesserungsgrad erreicht, werden menschliche Einzeltätigkeiten ohne großen finanziellen Aufwand mit den Mitteln der Einfachautomatisierung durch mechanische ersetzt.

Generell gibt es verschiedene Philosophien zur Automatisierung in der Fertigung. In Abbildung 2.19 zeige ich, wie die Einfachautomatisierung im Vergleich zu einigen anderen typischen Automatisierungskonzepten einzuordnen ist: Bei der Einfachautomatisierung als Werkzeug des synchronen Produktionssystems steht die »Nutzung des menschlichen Potenzials« im Vordergrund.

Ein Ansatz, welcher der Einfachautomatisierung stark ähnelt, ist die *Low Cost Automation*. Der Unterschied zur Einfachautomatisierung besteht darin, dass hierbei keine Umstellung des Produktionssystems selbst verfolgt wird – der Rahmen der Massenfertigung soll also nicht verlassen werden.

Die vier Schritte der Einfachautomatisierung

In Fertigungszellen sollte man die Einfachautomatisierung in den folgenden vier Schritten vorantreiben. *Standardisierte Arbeitsabläufe* zur Gewährleistung von *Einzelstückstückfluss* und *Produktion im Kundentakt* sind die Voraussetzungen dafür (Abbildung 2.20).

Schritt 1: Erst wenn alle Mittel bei der Verbesserung des Arbeitsablaufs ausgeschöpft sind, geht man zur Verbesserung mittels Maschinen über, damit *Verschwendung durch Bewegung* nicht mit automatisiert wird. Durch die Steigerung von Beherrschungsgrad der Arbeit sowie der Qualität der Arbeitsabläufe wird das menschliche Arbeitspotenzial maximal genutzt.

Schritt 2: Die Elementartätigkeiten des Mitarbeiters im Detail beobachten. Man sollte nach und nach diejenigen Tätigkeiten mechanisieren, bei denen das ohne finanziellen Aufwand einfach möglich ist: Die Automatisierung soll dabei helfen, das menschliche Potenzial noch besser zu nutzen.

Schritt 3: Die vereinzelten Mechanisierungen von Elementartätigkeiten aus Schritt 2 miteinander verknüpfen, um Teilautomatisierungen zu erreichen. Die Fertigkeiten und das Know-how aus der manuellen Fertigung werden in Tüftlermanier in einen Automaten eingearbeitet.

Schritt 4: Durch den Aufbau von Automatisierungs-Know-how erhöht man den Anteil der intern gebauten Anlagen. Das schließt die Automatisierung der Werkstückbearbeitung mit ein. Man sollte anstreben, die Maschinen zu einem $^1/_3$ bis $^1/_{10}$ der Kosten zu bauen, die bei Fremdvergabe anfallen würden.

Grundvoraussetzungen für Einfachautomaten

Einfachautomaten sollen folgende sechs Grundvoraussetzungen erfüllen (Abbildung 2.21):

① Falls eine Abweichung auftritt, erkennt der Automat diese autonom und hält an (Konzept der *Autonomatisierung*).
② Der Automat ist in sehr kurzer Zeit zu realisieren.
③ Der Aufbau ist simpel und kostengünstig.
④ Der Automat kann auch ohne Fachwissen durch Zukauf von Schlüsselkomponenten realisiert werden.
⑤ Der Automat ist an die spezifischen Eigenschaften des zu bearbeitenden/montierenden Produkts angepasst.
⑥ Der Automat besitzt die Flexibilität, mit hauseigenen Mitteln leicht in seiner Funktionsweise verändert, bewegt oder anderweitig eingesetzt werden zu können.

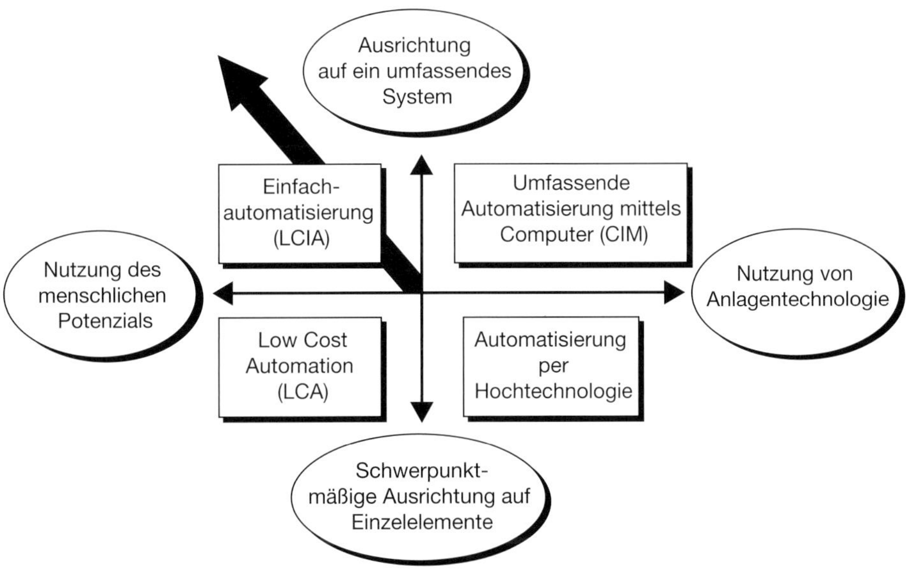

Abbildung 2.19: Einordnung der Einfachautomatisierung

Schritt	Kernpunkt	Vorgehensweise
Schritt 1	• Verbesserung mittels Maschinen erst, wenn alle Mittel bei der Verbesserung der Arbeitsabläufe ausgeschöpft sind. (Aller Anfang ist der Mensch.)	• Das menschliche Arbeitspotenzial durch die Steigerung von Beherrschungsgrad der Arbeit sowie der Qualität der Arbeitsabläufe maximal nutzen (Werkzeug meisterhaft einsetzen, Verschwendung nicht mit automatisieren)
Schritt 2	• Schrittweise Mechanisierung von Elementartätigkeiten des Arbeitsablaufs	• Zügig mit einfachen Dingen beginnen, die nicht kostenaufwendig sind; die Maschine ist das Konzentrat der Ideen der Produktionsmitarbeiter.
Schritt 3	• Die einzelnen Mechanisierungen miteinander verknüpfen, um Teilautomatisierungen zu erreichen	• Das Know-how der Produktfertigung in Tüftlermanier in einen Automaten einarbeiten
Schritt 4	• Den Umfang der Automatisierung erweitern, Automatisierung im Eigenbau vorantreiben	• Know-how für kostengünstiges Automatisieren vor Ort aufbauen; die optimale Mischung von Mensch und Maschine anstreben

Abbildung 2.20: Einfachautomatisierung in synchronen Fertigungszellen

① Der Automat erkennt Abweichungen sofort und hält an.
② Der Automat ist in sehr kurzer Zeit zu realisieren.
③ Der Aufbau ist simpel und kostengünstig.
④ Der Automat kann auch ohne Fachwissen durch Zukauf von Schlüsselkomponenten realisiert werden.
⑤ Der Automat ist an die spezifischen Eigenschaften des zu bearbeitenden/montierenden Produkts angepasst.
⑥ Der Automat besitzt die Flexibilität, mit hauseigenen Mitteln leicht in seiner Funktionsweise verändert, bewegt bzw. anderweitig eingesetzt werden zu können.

Abbildung 2.21: Voraussetzungen für Einfachautomaten

Maschinenkonzept für Fertigungszellen

Wenn *synchrone Fertigungszellen* gebildet werden, soll das auch dazu beitragen, menschliche Arbeit leichter automatisierbar zu machen. Ich möchte im Folgenden verdeutlichen, wie Maschinen in Fertigungszellen idealerweise aussehen sollten und welche Konzepte ihnen zugrunde liegen.

Maschinenkonzept

Die Bearbeitung von Material erfolgt entweder durch den Menschen oder die Maschine. Es gibt viele unterschiedliche Ansichten dazu, wie beide in Verbindung gebracht werden sollten. Im *synchronen Produktionssystem* – wie auch im darauf aufbauenden synchronen Managementsystem – gilt folgendes Konzept: Aller Anfang ist der Mensch – die Nutzung der menschlichen Fähigkeiten ist ernstzunehmen. Der Mensch muss Maschinen so selbstverständlich wie Werkzeug verwenden können. Er muss sie nach Belieben steuern und vollkommen beherrschen können. Maschinen, die schwer handhabbar sind oder an denen der Mensch seine Fähigkeiten nicht wirksam einbringen kann, sind schlechte Maschinen.

Gute Maschinen sind hingegen Maschinen, die grundsätzlich firmenintern entwickelt und gebaut wurden. Dadurch kann das vor Ort in der Fertigung vorhandene Wissen und Können auf die Maschine übertragen werden. Darüber hinaus ist eine Maschine nie als separate Einheit zu behandeln, sondern immer in Verbindung mit dem Menschen zu sehen. Es sollte eine optimale Kombination von Mensch und Maschine angestrebt werden: Zum Beispiel sollte bei der Untersuchung von Automatisierungspotenzial nicht von Anfang eine Automatisierungsrate von 100 Prozent angestrebt werden. Stattdessen sollte über eine teil- und stufenweise Automatisierung nachgedacht werden, um so die von Mensch und Maschine verursachten Gesamtkosten zu minimieren. Dies ist das Konzept der *Einfachautomatisierung*.

So sollen Maschinen aussehen

Auf Grundlage des oben genannten Konzepts lässt sich das ideale Maschinenbild in fünf Punkten zusammenfassen. Ich orientiere mich dabei an den Zielen, die mit der Bildung von Fertigungszellen verfolgt werden (siehe Abbildung 2.22):

① Produktspezifische, in sich abgeschlossene Linien: spezialisierte Maschinen aus dem Eigenbau mit beschränktem Funktionsumfang, die kompakt sind und langsam arbeiten.
② *Autonomatisierung* zu geringen Kosten: Maschinen aus dem Eigenbau, die das Know-how aus der Fertigung enthalten. Dazu können günstige Universalmaschinen umgebaut oder handelsübliche Automatikmodule eingebaut werden.
③ *Verschwendung* durch Gehen oder Transport bestmöglich eliminieren: Maschinen mit geringer Frontbreite, einheitlichten Arbeitshöhen und geringen Abständen zueinander.
④ Umgehendes Reagieren auf Veränderungen in der Produktion: Maschinen mit kurzen Rüstzeiten; Maschinen auf Rädern, die leicht bewegt und anderweitig eingesetzt werden können.
⑤ Umgehendes Reagieren auf *Abweichungen*: Maschinen mit eingebauter Funktion zur Erkennung von Abweichungen. Die Maschinen sollten sich durch einen simplen mechanischen Aufbau auszeichnen, damit die Ursachen für Abweichungen leicht gefunden werden können.

Wer soll solche Maschinen bauen – und wo? Wie bereits erwähnt, gilt der Grundsatz des Eigenbaus: Die Maschinen sollten von jemandem gebaut werden, der die Inhalte der menschlichen Tätigkeiten bei der Produktfertigung genau kennt. Wie in Abbildung 2.22 gezeigt, lassen sich grundsätzlich die Abteilungen »Produktionstechnik« und »Fertigung« als Träger des Eigenbaus unterscheiden. Man entscheidet je nach Umfang der betreffenden Automatisierung, welche Abteilung dabei die Hauptrolle spielen soll. In Fällen, in denen die Bearbeitungsmethode oder Struktur einer Maschine umfassende Änderungen erfährt, sollte die Produktionstechnik die Hauptrolle übernehmen – in Fällen, in denen vorhandene Maschinen nur leicht umzubauen oder *Einfachautomaten* zu schaffen sind, die Fertigung.

Unterschiede zwischen mechanischer Bearbeitung und Montage

Bei der Schaffung von Maschinen für Fertigungszellen geht man in der mechanischen Bearbeitung und in der Montage recht unterschiedlich vor. Abbildung 2.23 ist eine Gegenüberstellung anhand von Beispielen aus beiden Bereichen.

In der mechanischen Fertigung besteht bereits ein hoher Automatisierungsgrad. Das erleichtert einerseits die Bildung von Fertigungszellen, da nur noch *Auswerfer*, *Während-Schalter* et cetera ergänzt werden müssen. Andererseits sind die Maschinen hier groß, hoch leistungsfähig und teuer. Bei der Schaffung von produktspezifischen Linien können Maschinen dieser Art nicht einfach zusätzlich angeschafft werden. Stattdessen ist es erforderlich, zusätzliche – in ihrem Funktionsumfang beschränkte – Universalmaschinen im Eigenbau zu Spezialmaschinen umzubauen (»nackte« Maschinen kaufen).

In der Montage liegen zahlreiche unterschiedliche Bearbeitungsmethoden vor. Für jede einzelne Bearbeitungsmethode müssen andere Einfachautomaten gebaut werden. Einige Bearbeitungstätigkeiten können nur schwer automatisiert werden. Sie bleiben meist als manuelle Tätigkeiten erhalten. Darüber hinaus sind auf Maschinenseite auch Lösungen zu finden, wie zahlreiche Bauteile möglichst platzsparend zugeführt werden können.

Ziele der Zellenbildung	Maschinenkonzept	Idealbild der Maschinen	Träger
① Kurze, produktspezifische, in sich abgeschlossene Linien schaffen	● In jeder Linie werden alle benötigten Maschinen, Vorrichtungen und Werkzeuge installiert; dazu werden firmenintern kostengünstige, kompakte Maschinen entwickelt.	● Kompakte Maschinen mit beschränktem Funktionsumfang aus dem Eigenbau, passend zu den Besonderheiten der Linie ● Langsam arbeitende Maschinen, passend zum Kundentakt	• Produktionstechniker • Maschinenbauingenieur • Instandhalter
② Menschliche Tätigkeiten kostengünstig autonomatisieren	● Kostenminimierung durch optimale Kombination von Mensch und Maschine ● Förderung von Einfachautomatisierung	● Universalmaschine, an der benötigte Funktionen firmenintern ergänzt wurden (»nackt« gekaufte Maschine) ● Maschine aus dem Eigenbau mit Know-how aus den Fertigungslinien	
③ Verschwendung durch Bewegung eliminieren und Werkerfreundlichkeit anstreben	● Minimierte Transporte und Gehwege ● Vereinheitlichte Arbeitshöhen, Einlege- und Entnahmepunkte	● Minimale Breite auf der dem Werker zugewandten Seite (schmale Front, große Tiefe) ● Vollautomaten vom Arbeitsbereich getrennt aufstellen	
④ Flexibles Reagieren auf veränderte Stückzahlen bzw. Varianten	● Minimale Rüstzeiten ● Leichte Bewegbarkeit ● Leichte anderweitige Einsetzbarkeit	● Maschinen, die ein schrittweises Umrüsten gestatten ● Maschinen auf Rädern ohne Verankerung ● Spezialisierte Maschinen auf Basis von Universalmaschinen	• Fertigungstechniker • Verbesserungs-Team • Vorarbeiter
⑤ Umgehendes Reagieren auf Abweichungen (Störungsmanagement)	● Abweichungen können auf einen Blick erkannt werden; die Maschinen werden von den Linienmitarbeitern gesteuert und vollständig beherrscht.	● Maschinen mit schlichtem mechanischem Aufbau ● Maschinen mit eingebauter Funktion zur Erkennung von Abweichungen	

Abbildung 2.22: Konzepte und Idealbild für Maschinen in synchronen Fertigungsstellen

Qualitätssicherung in Fertigungszellen (Pokayoke)

Das Qualitätssicherungskonzept im *synchronen Managementsystem* lässt sich in folgenden vier Punkten zusammenfassen:

① Qualität bereits im Prozess sicherstellen
② Prüfen verbessert die Qualität nicht
③ Hundertprozentige Kontrollen
④ Gründliche Suche nach den *wahren Ursachen* und eine Fertigungsweise, die dieses erleichtert

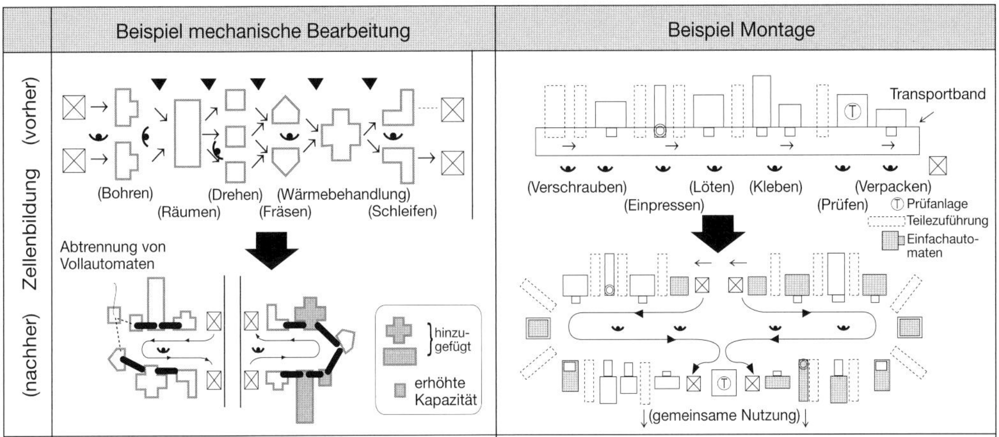

	Beispiel mechanische Bearbeitung	Beispiel Montage
Merkmale	① Hoher Automatisierungsgrad. Mit großen Maschinen mittels Auswerfern, Während-Schaltern und Rutschen können Chaku-Chaku-Linien geschaffen werden. ② Zur Schaffung produktspezifischer Linien müssen Maschinen hinzugefügt bzw. Kapazitäten erhöht werden – dazu sind aus Universalmaschinen mit beschränktem Funktionsumfang Spezialmaschinen zu machen (Maschinen »nackt« kaufen). ③ Was vollständig automatisiert werden kann, ist aus dem Arbeitsbereich der Mitarbeiter zu entfernen und über Transportbänder etc. anzubinden. ④ Lösungen zur Verkürzung von Rüstzeiten sind wichtig.	① Mannigfaltige Bearbeitungstätigkeiten erfordern die Installation zahlreicher Einfachautomaten. ② Ein Teil der Bearbeitungstätigkeiten ist nur schwer zu automatisieren und bleibt als manuelle Tätigkeit erhalten. ③ Zum Teil vorhandene kostenaufwendige Maschinen (Prüfautomaten etc.) können auch von benachbarten Linien gemeinsam genutzt werden. ④ Es werden neue Techniken zur Teilezuführung erforderlich (z. B. Teileförderer aus dem Eigenbau zur vereinzelten Bauteilzuführung).

Abbildung 2.23: Merkmale von Fertigungszellen in der mechanischen Bearbeitung und in der Montage

Punkt ① hat Allgemeingültigkeit. Er wird in jedwedem Produktionssystem als Kern der Maßnahmen zur Qualitätssicherung angesehen. Bei der konkreten Umsetzung dieses Punktes unterscheidet sich das synchrone Managementsystem jedoch von anderen Systemen.

Qualität bereits im Prozess sicherstellen

Mit dem Ansatz, ① Qualität bereits im Prozess sicherzustellen, möchte man im Allgemeinen zwei Dinge erreichen: 1. die Entstehung und 2. die Weitergabe von Ausschuss sollen verhindert werden. Im synchronen Managementsystem legt man außerdem besonderen Wert darauf, 3. die Entstehung von Ausschuss sichtbar zu machen.

Konkret wird zu diesem Zweck eine Maschine oder Linie sofort angehalten, sobald Ausschuss auftritt. Außerdem sorgt man dafür, dass die Entstehung von Ausschuss für jeden beliebigen Betrachter offensichtlich wird und dass die Beteiligten gemeinschaftlich die Ursache dafür klären und Gegenmaßnahmen ergreifen.

Eine Maschine oder Linie anzuhalten bedeutet einen großen Verlust. Dieser Verlust wird aber als Investition verstanden. So soll einem noch größeren Verlust vorgebeugt werden, der sich ohne Gegenmaßnahmen über die Zeit aufbauen würde. Dieses Verständnis würde in der Massenfertigung, wo der Auslastungsgrad über allem steht, wohl nur schwerlich Akzeptanz finden.

Eine weitere Motivation dafür, die Linie anzuhalten, besteht darin, die Klärung der Ursache für das Auftreten des Ausschusses zu erleichtern: Wenn man die Linie anhält, kann man am Ort des Geschehens anhand der realen Teile überprüfen, welche Bedingungen sich unter welchen Umständen zum Zeitpunkt des Auftretens des Ausschusses verändert haben.

Die Maßnahmen zur Verhinderung von Ausschuss werden im Grunde vom Bewusstsein und den Anstrengungen der Mitarbeiter getragen. Die Hauptvoraussetzungen dafür sind insbesondere die strikte Einhaltung von *standardisierten Arbeitsabläufen* sowie die gewissenhafte Erfüllung anderer Pflichten, wie regelmäßige *Anlageninspektionen*, *Management der Prozessbedingungen* et cetera.

Die Entstehung von Ausschuss kann zum einen durch den Ausbau der standardisierten Arbeitsabläufe immer effektiver verhindert werden. Darüber hinaus kommt auch dem Aspekt Bedeutung zu, physisch dafür zu sorgen, dass Ausschuss nicht produziert werden kann (*Pokayoke*).

Hunderprozentige Kontrollen

Zur Verhinderung der Weitergabe von Ausschuss bedient man sich des Ansatzes ③ Hundertprozentige Kontrollen: Damit sind autonome Kontrollen durch die Linienmitarbeiter gemeint, bei denen jedes gefertigte Produkt einzeln überprüft wird, bevor es an den nächsten Prozess weitergegeben wird. Diese Methode ist bei manuellen Montagetätigkeiten äußerst effektiv. Konkret wird dazu eine Kontrolltätigkeit samt der dazu erforderlichen Zeit als letzter Punkt in den standardisierten Arbeitsablauf aufgenommen.

Suche nach den wahren Ursachen mittels Fünfmal-Warum-Analysen

Die grundlegende Ursache für eine Abweichung (Ausschuss) wird *wahre Ursache* genannt. Die ④ gründliche Suche nach den wahren Ursachen ist ein weiterer Ansatz in der Qualitätssicherung, mit dem sich das synchrone Managementsystem von anderen Systemen unterscheidet. Dahinter steht die Vorstellung, dass Ausschuss nicht zu beseitigen ist, solange nicht die wahren Ursachen dafür ausgeschaltet wurden.

Eine Möglichkeit zur Suche ist die *Fünfmal-Warum-Analyse.* Dabei wird die wahre Ursache für ein Ausschussphänomen durch wiederholtes Stellen der Frage »Warum?« ermittelt.

Ich möchte ferner bemerken, dass die synchrone Fertigungsweise dank *durchgängig verknüpfter* Prozesse, *Einzelstückfluss*, Fertigung in kleinen Losen et cetera die Suche nach den wahren Ursachen erheblich erleichtert.

Pokayoke

Abbildung 2.25 stellt die Methoden zur Qualitätssicherung und deren Wirksamkeit in einer Matrix dar. Man erkennt, dass *Pokayoke* ein vielfältig wirksames Werkzeug dafür ist, Qualität im Prozess einzubauen. Pokayoke ist eine Unterstützung des Mitarbeiters mit physischen Mitteln: Durch eine veränderte Produktkonstruktion oder Maßnahmen an den Anlagen werden die Ursachen für das Entstehen von Ausschuss an der Wurzel ausgemerzt. Das setzt allerdings voraus, dass durch standardisierte Arbeitsabläufe klar definiert ist, was der Mitarbeiter genau tun muss, damit Qualität im Prozess sichergestellt werden kann.

Abbildung 2.26 zeigt Beispiele für verschiedene Pokayoke-Methoden. Das Finden von Pokayoke-Lösungen ist ein wichtiges Thema zum Aufbau von *Fertigungskompetenz*.

Aufbau einer ziehenden Fertigung

Die *ziehende Fertigung* ist eines der Konzepte zur Realisierung von *Just in Time* – einer der beiden Säulen des *synchronen Produktionssystems*.

Was bedeutet »ziehende Fertigung«?

Bei der ziehenden Fertigung zieht der nachgelagerte von seinem vorgelagerten Prozess das benötigte Material in der benötigten Menge heran. So wird sichergestellt, dass insgesamt nur das benötigte Material zum benötigten Zeitpunkt in der benötigten Menge gefertigt wird. Damit der nachgelagerte Prozess jederzeit heranziehen kann, was er will, muss der vorgelagerte Prozess sein gesamtes Warensortiment bereitstellen. Den Ort der Bereitstellung nennt man *Supermarkt*. Dieser wird in der Nähe des Ausgangs des vorgelagerten Prozesses eingerichtet.

Der vorgelagerte Prozess füllt das, was der nachgelagerte abgezogen hat, rasch wieder nach, um für den nächsten Materialabzug bereit zu sein. Damit nichts Unnötiges produziert wird, hält man den Bestand im Supermarkt so klein wie möglich.

Dies ist eine grobe Beschreibung der ziehenden Fertigung. Welche Vorteile diese Fertigungsweise hat, wird durch den Vergleich mit der *schiebenden Fertigung* althergebrachten Typs (Produktion nach Produktionsplan) deutlich. Abbildung 2.27 zeigt die unterschiedlichen Abläufe beider Fertigungsweisen.

Die althergebrachte schiebende Fertigung (Push-System)

Bei der *schiebenden Fertigung* erstellt die Produktionssteuerungsabteilung detaillierte Produktionspläne und Fertigungsaufträge für alle Prozesse im Werk. Die Steuerung der Produktion erfolgt mittels Computer. Das bedeutet, dass indirektes Personal vom Büro aus die Produktionslinien zentral steuert, ohne diese wirklich gut zu kennen. Im Zusammenspiel der Prozesse hat stets die Erfüllung des jeweils eigenen Produktionsplans Vorrang. Die Situation in den anderen Prozessen wird weniger berücksichtigt. Als Folge laufen zwischen den Prozessen hohe Bestände auf.

Bei der computergestützten Produktionsplanung wird die Durchlaufzeit aller Prozesse in der Regel auf einen Tag festgelegt. Selbst wenn die reale Bearbeitungszeit zuzüglich der zugehörigen Rüstzeit an einem Prozess weniger als eine Stunde beträgt, rechnet das System mit einem ganzen Tag. Die Gesamtdurchlaufzeit der Fertigung beträgt so mindestens: Anzahl der Prozesse × ein Tag. Sind Prozesse

Abbildung 2.24: Ansätze in der Qualitätssicherung

① Qualität bereits im Prozess sicherstellen:

Ⓐ Ausschuss kann nicht produziert werden .... Durch grundlegende Maßnahmen dafür sorgen, dass eine potenzielle Ausschussursache nicht mehr vom Menschen überwacht werden muss

Ⓑ Keinen Ausschuss produzieren .... Standardisierte Arbeitsabläufe für die Mitarbeiter, Management der Prozessbedingungen

Ⓒ Die Entstehung von Ausschuss sichtbar machen.... → **ANHALTEN DER LINIE**

Ⓓ Weitergabe verhindern .... Keinen Ausschuss an den nachgelagerten Prozess weitergeben

② Prüfen verbessert die Qualität nicht (Qualität kann nur im Prozess enstehen).

③ Hundertprozentige Kontrollen

④ Gründliche Suche nach den wahren Ursachen und eine Fertigungsweise, die dieses erleichtert:
1. Einzelstückfluss, 2. Begradigung der Flüsse, 3. zyklisches Arbeiten durch standardisierte Arbeitsabläufe,
4. First In – First Out (FIFO) – Waren werden in der Reihenfolge des Eingangs bearbeitet

Abbildung 2.25: Methoden zur Qualitätssicherung

◎ stark wirksam ○ wirksam

Methode / Qualität im Prozess sicherstellen	Ⓐ Ausschuss kann nicht produziert werden	Ⓑ Keinen Ausschuss produzieren	Ⓒ Die Entstehung von Ausschuss sichtbar machen	Ⓓ Weitergabe verhindern
① Die Linie hält bei Ausschuss an/ wird angehalten			◎	◎
② Gründlich standardisierte Arbeitsabläufe		◎	○	○
③ Anlageninspektionen, Management der Prozessbedingungen	○	◎		
④ Autonome hundertprozentige Kontrollen			○	○
⑤ Pokayoke	◎	◎	◎	◎

Abbildung 2.26: Pokayoke

① Definition
Flüchtigkeitsfehler des Mitarbeiters (Versehen/Unaufmerksamkeit) können zur Entstehung und Weitergabe von Ausschuss oder Beschädigung und Ausfall von Anlagen führen. Der Begriff Pokayoke bezeichnet physische Vorkehrungen zur Verhinderung solcher Fehler.

② Verschiedene Pokayoke-Methoden

1. **Gewichts-Pokayoke:**
Das Gewicht der IO-Ware als Standard festlegen. Ausschuss über Gewichtsunterschiede und Gewichtsverteilung erkennen.
2. **Maßhaltigkeits-Pokayoke:**
Breite, Höhe, Tiefe, Dicke, Durchmesser etc. als Standard festlegen. Ausschuss über Maßunterschiede erkennen.
3. **Geometrie-Pokayoke:**
Spezifische Loch-, Kanten-, Überstands-, Mulden-, Biegegeometrie von Werkstück, Bauteilen bzw. Werkzeug ausnutzen. Ausschuss über Geometrie-Unterschiede erkennen.
4. **Koordinations-Pokayoke:**
Falls die Tätigkeiten des Mitarbeiters oder sein Zusammenspiel mit den Anlagen von der im standardisierten Arbeitsablauf vorgeschriebenen Reihenfolge abweichen, kann nicht weitergearbeitet werden.
5. **Auslassungs-Pokayoke:**
Falls bei der Arbeit in einer Prozesskette abweichend vom standardisierten Arbeitsablauf eine Station ausgelassen wird, kann nicht weitergearbeitet werden.
6. **Anzahl-Pokayoke:**
Die Häufigkeit einer Tätigkeit oder die Anzahl an Bauteilen als Standard festlegen. Bei falscher Anzahl wird der Mitarbeiter über die Abweichung informiert.
7. **Kombinations-Pokayoke:**
Eine bestimmte Gruppe von Bauteilen zusammengefasst als Bausatz mit der passenden Anzahl an Teilen für ein Gerät bereitstellen. Abweichungen können daran erkannt werden, dass Bauteile übrig bleiben oder zu früh zur Neige gehen.
8. **Parameter-Pokayoke:**
Wenn Druck, Stromstärke, Temperatur, Zeit etc. einen bestimmten Vorgabebereich nicht erreichen bzw. überschreiten, erfolgt eine Warnung und es kann nicht weitergearbeitet werden.

vorhanden, in denen losweise produziert wird, verlängert sich die Durchlaufzeit in Abhängigkeit von der Losreichweite in Tagen.

Bei langen Durchlaufzeiten muss anhand ungewisser Absatzprognosen produziert werden. Man gerät so in die Situation, dass sich vieles von dem, was produziert wurde, im Nachhinein als unbenötigtes Material herausstellt und stehen bleibt. Das ist die Wirklichkeit in der schiebenden Fertigung. Kurz: Eine Anpassung an eine Marktsituation, in der kleine Lose bei hoher Sortenvarianz und kurze Lieferzeiten gefordert sind, ist so unmöglich.

Die Abläufe in der ziehenden Fertigung (Pull-System)

Bei der ziehenden Fertigung erstellt die Produktionssteuerungsabteilung nur für die Endmontagelinie einen Produktionsplan (Sequenzplanung) sowie Fertigungsanweisungen (*Abarbeitungstabelle*). Die Prozesse am Anfang der Prozesskette erhalten die zur rechtzeitigen Vorbereitung erforderlichen Informationen. Diese Prozesse bekommen aber nichts, was einem Produktionsplan bei der schiebenden Fertigung gleichkäme. Die Fertigungsanweisungen werden stattdessen aus den vom nachgelagerten Prozess abgezogenen Varianten und Mengen abgeleitet.

Die Bestellungen der Kunden laufen über die Produktionssteuerungsabteilung in die Endmontagelinie und werden in einer Kette von Materialabzügen jeweils vom nachgelagerten an den vorgelagerten Prozess übermittelt. Das bedeutet: Die Steuerung der Produktion erfolgt autonom vor Ort.

Zur Übermittlung der Information, welche Variante in welcher Stückzahl zu fertigen beziehungsweise heranzuziehen ist, und zur Beschränkung der Bestandsmengen an allen Prozessen setzt man das Werkzeug *Kanban* ein. Beim Heranziehen dienen *Heranzieh-Kanban* dem Logistiker als Transportanweisungen. Bei der *nachfüllenden Produktion* des abgezogenen Materials in den *Fertigungszellen* dienen *Auslöse-Kanban* als Fertigungsanweisungen.

Darüber hinaus ist auch das System für die Transporte zwischen den Prozessen ein wichtiger Faktor für die ziehende Fertigung. Die Transporte müssen in kurzen Intervallen und absolut regelkonform erfolgen. Um diese Transporte von Kleinstmengen effizient zu bewerkstelligen, werden Spezialwagen und spezielle Logistiker mit der Bezeichnung *Linienversorger*[18] eingesetzt.

Bei der ziehenden Fertigung ist es möglich, durch eine Erhöhung der Anzahl der Produktions- und Transportzyklen (Verkürzung der entsprechenden Intervalle) die Durchlaufzeit der Fertigung dramatisch zu senken und die Bestände in den Supermärkten zu reduzieren. Hierin liegt der Vorteil der Umstellung von der schiebenden auf die ziehende Fertigung.

[18] Die japanische Bezeichnung für Linienversorger lautet »Mizusumashi«. Zum Teil findet dieser Begriff unübersetzt in der Fachliteratur Verwendung, zum Teil werden Übersetzungen wie »Taumelkäfer«, »Water-Spider«, »Wasserläufer«, »Bandlogistiker« et cetera verwendet.

Die Produktionsplanung gibt nur Fertigungsanweisungen an den letzten Prozess in der Kette aus. Der jeweils nachgelagerte Prozess zieht immer nur so viel Material von seinem vorgelagerten Prozess ab, wie er verbraucht hat. Der jeweils vorgelagerte Prozess produziert nach den Bedürfnissen seines nachgelagerten Prozesses.

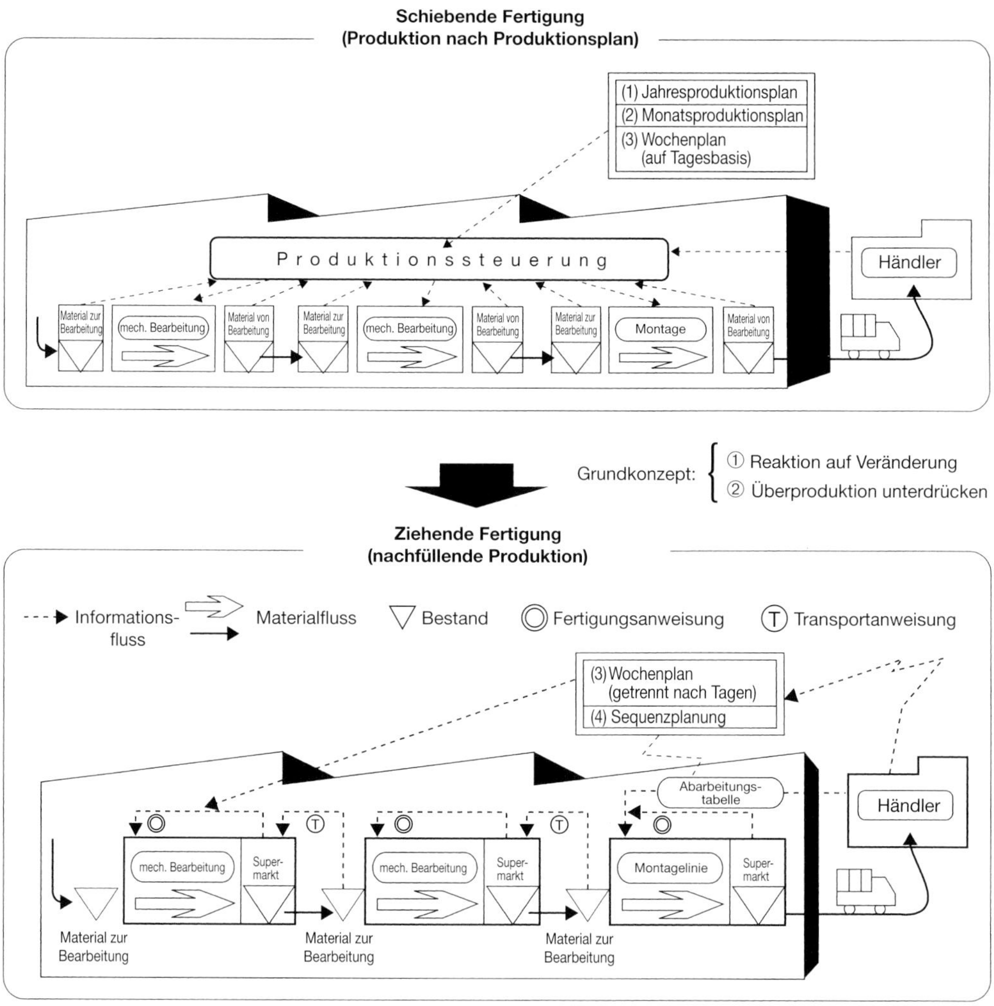

1. Das Material wird anhand der Informationen vom jeweils nachgelagerten Prozess transportiert und bearbeitet.
2. Es werden Kleinstmengen gemischt und satzweise transportiert. Zur Erhöhung des Produktionsvolumens wird die Umschlagsgeschwindigkeit erhöht.
3. Zur firmeninternen Bearbeitung werden feste Mengen zu nicht festgelegten Zeiten transportiert.
4. Supermärkte spielen eine Schlüsselrolle (Direktzugriff auf alle Artikel). Sie dürfen nicht zu Stellplätzen verkommen, in die Material hineingeschoben wird.
5. Die minütliche Entwicklung der Stückzahlen kann am schnellsten in den Supermärkten erfasst werden. Die Steuerung über Supermärkte, bei der vor Ort das tatsächliche Material mit eigenen Augen überprüft wird, ist zuverlässiger als alles andere.

Abbildung 2.27: Die Abläufe in der ziehenden Fertigung

3 Einführung des synchronen Managementsystems über Fertigungszellen

3.1 Vorgehensweise bei der Einführung

Fließbandlose Fertigungszellen schaffen

Die Einführung des *synchronen Managementsystems* erfordert die Umstellung auf eine synchrone Fertigungsweise. Dazu müssen zunächst vor Ort die strukturellen sowie die organisatorischen Voraussetzungen geschaffen werden. In diesem Kapitel schlage ich eine Vorgehensweise vor, die dies auf systematische Weise ermöglicht. Der Schlüssel liegt darin, die vorhandenen Linien schrittweise zu *synchronen Fertigungszellen* umzubauen. Dabei gelten folgende vier Grundrichtlinien:

① Man beginnt die Einführung damit, eine aktuell produzierende Linie zu einer Fertigungszelle umzubauen.
② Anstatt am grünen Tisch über dieses und jenes zu diskutieren, sollte man vor Ort anhand der realen Teile zügig ein praktisches Beispiel dafür schaffen, wie eine Fertigungszelle konkret aussieht.
③ An diesem Modell sind sprunghafte Erfolge bei Produktivität, Qualität, Flächen et cetera zu erzielen, um alle Beteiligten von der Dringlichkeit des synchronen Managementsystems überzeugen zu können.
④ Der Umbau zur Fertigungszelle sollte in acht Schritten standardisiert werden. Diese Standard-Vorgehensweise dient auch als Werkzeug zur Übertragung in die Fläche.

Abbildung 3.2 bietet eine Übersicht über die Vorgehensweise in acht Schritten[19]. Man kann dabei drei Phasen unterscheiden. In der ersten Phase (Verbesserung des Ist-Zustands) wird die Linie, die zur Fertigungszelle umgebaut werden soll, in ihrer jetzigen Form (zum Beispiel mit Transportbändern) anhand der Philosophie und Methoden des *synchronen Produktionssystems* verbessert. In der zweiten Phase erfolgen die Planung der Prozesse und die rechtzeitige Vorbereitung des Umbaus. In der dritten Phase erfolgen der Umbau zur Fertigungszelle und deren anschließender Ausbau.

---

19 Siehe Abschnitt »Acht Schritte zur Schaffung von Fertigungszellen«, S. 81ff.

Inhalt der acht Schritte

Schritt 1: Produkt oder Linie auswählen
Produkte und Prozesse sollten von ihren Eigenschaften für die Zellenfertigung geeignet sein. Man wähle ein Hauptprodukt mit Durchschlagskraft für die Erneuerung des Werks. Aus Absatzprognosen, PQ-Analysen et cetera soll absehbar sein, dass Produkt und Linie Zukunft haben.

Schritt 2: Ist-Analyse und sofortige Verbesserung
Bei der Ist-Analyse sind zum einen Daten aus der Vergangenheit über die produzierten Varianten und Mengen, die Produktivität, die Qualität, die Durchlaufzeiten et cetera zu erheben. Zum anderen ist die Situation zu erfassen, die zu diesen Ergebnissen geführt hat, das heißt Arbeitsstandards, Anlageninspektionspläne et cetera.
Was aus Sicht der synchronen Produktion an der vorhandenen Linie sofort verbessert werden kann, ist zu verbessern. Dazu zählen: Bereitstellung von Bauteilen und Werkzeug am *optimalen Greifpunkt*, Austaktung der Linie nach *Kundentakt* et cetera.

Schritt 3: Prozessdesign
Das Prozessdesign zur Schaffung einer Fertigungszelle wird entwickelt. Man plant, wie der Materialfluss ausgelegt werden soll. Dabei kann wie im Beispiel in Abbildung 3.2 eine Fließbandlinie in zwei *U-Linien* aufgeteilt werden.

Schritt 4: *Standardisierte Arbeitsabläufe* einrichten
Anhand der beobachteten Zeiten aus der Ist-Analyse (Schritt 1) und der Layout-Zeichnung aus dem Prozessdesign (Schritt 3) werden standardisierte Arbeitsabläufe mittels der zugehörigen Formblätter festgelegt.

Schritt 5: Training zur *Mehrfachqualifizierung* durchführen
Damit die standardisierten Arbeitsabläufe aus Schritt 4 eingehalten werden können, werden ungewohnte Tätigkeiten bereits in der vorhandenen Linie trainiert.

Schritt 6: Umbau zur Fertigungszelle
Hier erfolgt der tatsächliche Umbau der Fließbandlinie zur Fertigungszelle. Bauteile, Anlagen, Vorrichtungen und Werkzeuge werden auf einen Schlag bewegt und in U-Form angeordnet (Beseitigung des Fließbands).

Schritt 7: Verbesserung mittels *Einfachautomatisierung*
Nachdem sich die Produktion in der Fertigungszelle eingespielt hat, werden Verbesserungen zur Steigerung von Produktivität und Qualität vorgenommen. Dabei steht die Einfachautomatisierung im Mittelpunkt.

Schritt 8: Stabilisierung und Ausbau der Fertigungszelle
Durch *geglättete Produktion*, Steigerung der Linieneffizienz, gründliche Beseitigung von *Verschwendung* et cetera wird die Zelle im Sinne des synchronen Managementsystems weiter ausgebaut.

① Damit beginnen, die vorhandenen Linien zu verändern
② Vor Ort anhand der realen Gegenstände ein Modell aufbauen
③ Sprunghafte Erfolge bei Produktivität, Qualität und Flächen erzielen
④ Standardisierte Schaffung von Fertigungszellen in acht Schritten

Abbildung 3.1: Richtlinien für die Einführung

Phase	Schritt	Inhalt	Beispiel
Verbesserung des Ist-Zustands	1	Produkt / Linie auswählen (anhand der Produkteigenschaften etc. prüfen, ob es sich für die Zellenfertigung eignet, PQ-Analyse)	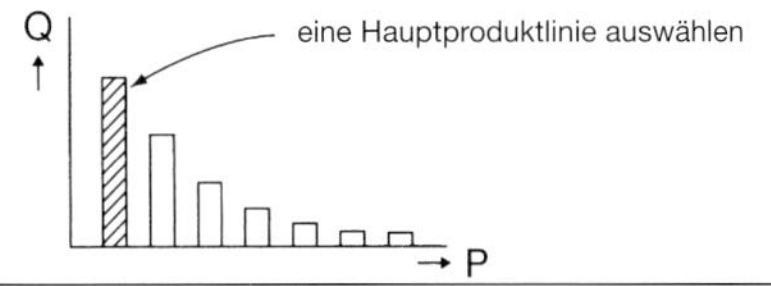
	2	Ist-Analyse und sofortige Verbesserung (Bereitstellung am optimalen Greifpunkt, neue Austaktung etc.)	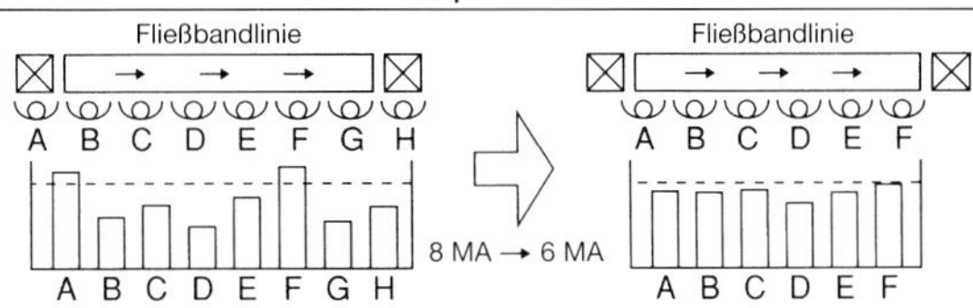
Planung und Vorbereitung	3	Prozessdesign (Layout in U-Form prüfen)	3 MA × 2 Linien 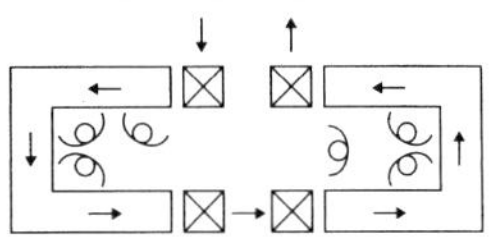
	4	Standardisierte Arbeitsabläufe einrichten (Arbeitsverteilungsblätter etc. erstellen)	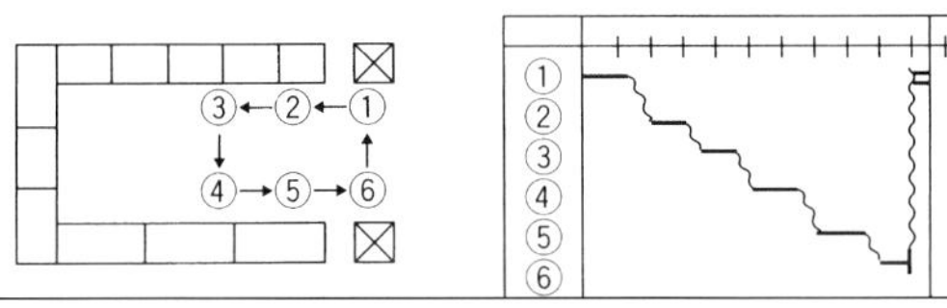
	5	Training zur Mehrfach-qualifizierung (MA-Qualifikationstabelle)	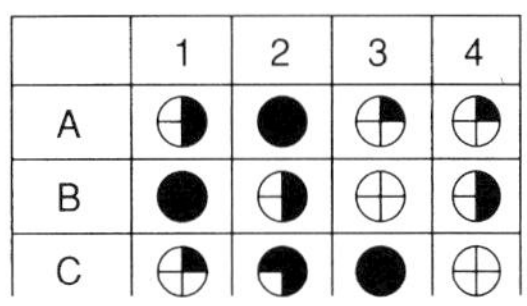
Um- und Ausbau	6	Umbau zur Fertigungszelle (Fließbänder abbauen, Anordnung in U-Form)	3 MA × 2 Linien 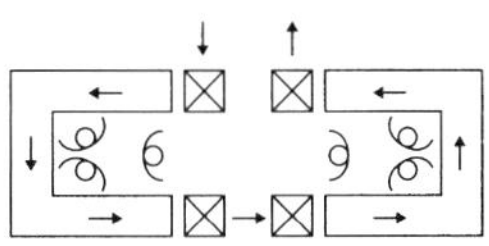
	7	Verbesserung mittels Einfachautomatisierung	6 MA → 4 MA 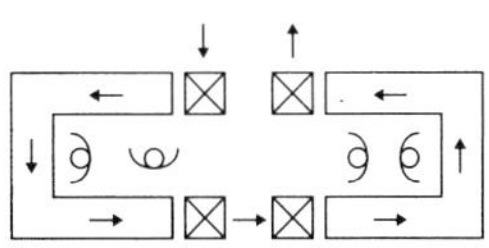
	8	Stabilisierung und Ausbau der Fertigungszelle	4 MA → 3 MA 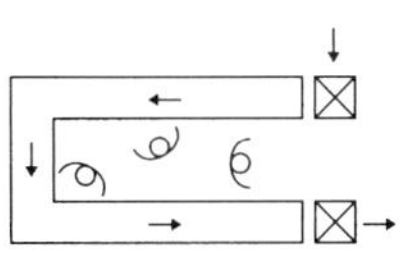

Abbildung 3.2: Acht Schritte zur Schaffung von synchronen Fertigungszellen

Weiterentwicklung zur Ein-Personen-Fertigung oder Chaku-Chaku-Linie

In den Fließbandlinien der Massenfertigung stellen sich folgende Probleme: Personaleinsatzbedingte und andere Verluste führen zu einer verringerten Produktionseffizienz. Die losweise Fertigung führt außerdem zu einer eingeschränkten Reaktionsfähigkeit auf Kundenbedürfnisse.

Im *synchronen Managementsystem* versucht man, diesen Problemen unter anderem durch die Schaffung von *synchronen Fertigungszellen* zu begegnen: Diese weisen eine geringe Anzahl von Mitarbeitern auf, um die Auswirkung von personaleinsatzbedingten Verlusten oder Linien-Stopps möglichst gering zu halten. Ferner sind sie *durchgängig verknüpft* und produktspezifisch, um von der losweisen Fertigung wegzukommen.

Neben der Grundform der *U-Linie* gibt es auch die Ausbauformen *Ein-Personen-Fertigung* und *Chaku-Chaku-Linie.* Diese Ausbauformen dienen dazu, den oben angeführten Problemen noch gründlicher zu begegnen.

Bei der Ein-Personen-Fertigung wurde die Anzahl der Mitarbeiter auf das erreichbare Minimum reduziert: Ein Mitarbeiter fertigt das Produkt durchgängig vom Anfang bis zur Fertigstellung.

In Chaku-Chaku-Linien wird eine kostengünstige und einfache Automatisierung betrieben, bei der ein Teil der Tätigkeiten der Mitarbeiter mechanisiert wird.

Ein-Personen-Fertigung

Ein Ziel der Ein-Personen-Fertigung besteht darin, durch eine Arbeitsweise mit hohem Autonomie- und Abgeschlossenheitsgrad das menschliche Potenzial maximal zu nutzen. Selbstverständlich zählt die Beseitigung personaleinsatz- und arbeitsteilungsbedingter Verluste ebenfalls zu den Zielen – das Hauptaugenmerk liegt aber auf der Nutzung des menschlichen Potenzials.

Zur Umsetzung müssen die Anlagen, Vorrichtungen, Werkzeuge und Bauteile aller Prozessschritte auf einen Ort konzentriert werden. Der Schlüssel zum Erfolg liegt darin, dabei eine gründliche Verkleinerung und Verdichtung zu erreichen, damit es zu keiner *Verschwendung* in den Bewegungsabläufen des Mitarbeiters kommt. Dazu müssen die Bauteilbehälter und -stellflächen verkleinert werden. Darüber hinaus besteht die Notwendigkeit, ein passendes Bereitstellungssystem aufzubauen. Die Gesamtproduktionseffizienz hängt davon ab, wie gut die Transporte von Kleinstmengen bewerkstelligt werden, ohne dass es dabei zu Verschwendung kommt.

Produkte, zu deren Fertigung teure und große Anlagen verwendet werden, sind für die Ein-Personen-Fertigung nicht geeignet. Das kommt daher, dass jedem einzelnen Mitarbeiter die Anlagen, Vorrichtungen und Werkzeuge aller erforderlichen Prozessschritte bereitgestellt werden müssen. Darüber hinaus ist es hilfreich, sich bei Produktgröße und -gewicht auf Artikel zu beschränken, die einfach handhabbar sind.

Die Ein-Personen-Fertigung hängt vom Können, Wollen und Verantwortungsbewusstsein des Mitarbeiters ab. Daher sind ein klares Konzept zur Nutzung des menschlichen Potenzials und ein festes Regelwerk wichtig. Mit überkommenen Managementvorstellungen, in denen der Mensch als einfache Arbeitskraft angesehen wird und mit Zuckerbrot und Peitsche dazu gebracht werden soll, etwas Bestimmtes zu tun, ist dieses System nicht zu realisieren.[20]

Chaku-Chaku-Linien

Da ich das *Chaku-Chaku-Prinzip* in Kapitel 5 eingehend erläutern werde, möchte ich es an dieser Stelle bei einem kurzen Überblick belassen:

Will man in produktspezifischen Fertigungszellen die Produktionseffizienz gemeinsam mit der Reaktionsfähigkeit auf den Kunden steigern, müssen zum einen die Fähigkeiten der Mitarbeiter gesteigert werden. Zusätzlich wird eine mechanische Unterstützung der Mitarbeiter erforderlich: Zur Produktivitätssteigerung muss ein Teil der menschlichen Tätigkeit ohne finanziellen Aufwand durch mechanische Lösungen ersetzt werden. Dabei ergibt sich die Frage, was für Tätigkeiten man auf welche Weise mechanisieren soll, um die Kosten des Gesamtsystems aus Mensch und Maschine zu minimieren. Das Chaku-Chaku-Prinzip ist die Antwort auf diese Frage.

Man geht daher so vor, dass diejenigen Tätigkeiten, die leicht auf eine Maschine übertragbar sind, von einer einfachen Maschine und diejenigen, die nicht leicht übertragbar sind, vom Mitarbeiter übernommen werden. Zum Beispiel erfordern Tätigkeiten wie die Werkstückentnahme aus einer Vorrichtung oder das Auslösen eines Start-Schalters keine besondere Geschicklichkeit. Sie können daher mittels *Auswerfer* oder *Während-Schalter* kostengünstig mechanisiert werden.

3.2 Acht Schritte zur Schaffung von Fertigungszellen

Schritt 1: Produkt oder Linie auswählen

Der erste Schritt zur Schaffung von *synchronen Fertigungszellen* besteht darin, das Produkt und die Linie zu wählen, die zum Gegenstand der Maßnahmen werden sollen. Es wurde ein eigener Schritt zur sorgfältigen Auswahl der Linie eingerichtet, weil es um mehr als den bloßen Umbau einer Linie zu einer Fertigungszelle geht: Dies ist der erste Schritt zur Einführung des *synchronen Managementsystems*, einer grundlegenden Reform des gesamten Unternehmens.

Erfolge bei der ersten Fertigungszelle leisten dieser Reform starken Vorschub. Wenn hingegen eine Linie ohne hinreichende Untersuchung nach Belieben ausgewählt wird und ihr Umbau zu unangenehmen Ergebnissen führt, wird die gesamte Reform dadurch heftigen Gegenwind hervorrufen.

---

[20] Siehe Abschnitt »Ein-Personen-Fertigung«, S. 139f.

Aus der Grundform der U-Linie haben sich die Anwendungsformen Ein-Personen-Fertigung und Chaku-Chaku-Linie entwickelt.

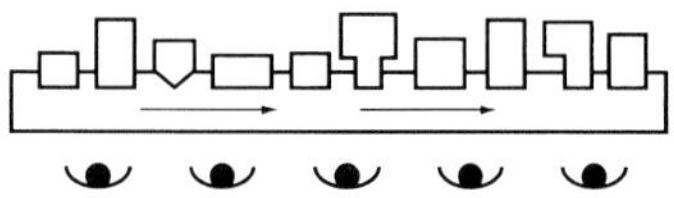

In Fließbandlinien zur Massenfertigung verschlechtern sich Produktionseffizienz und Reaktionsfähigkeit auf den Kunden aufgrund der Entwicklung zu kleinen Losen bei hoher Sortenvarianz.

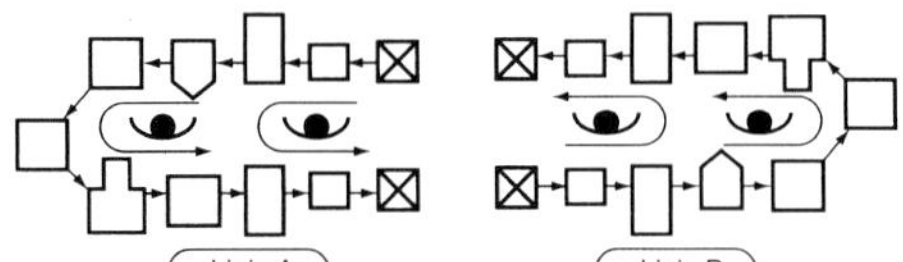

In Fertigungszellen zur Fertigung in kleinen Losen bei hoher Sortenvarianz

① verbessert sich die Reaktionsfähigkeit auf den Kunden dank produktspezifischer Linien;

② verbessert sich die Produktionseffizienz dank Teams mit einer geringen Anzahl an Mitarbeitern.

Zwei Anwendungsformen

	Ein-Personen-Fertigung	Chaku-Chaku-Linie
Ziel	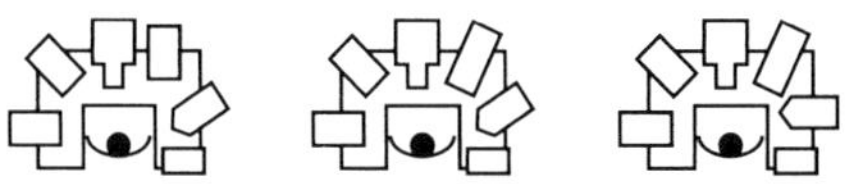 • Dadurch dass ein Mitarbeiter das Produkt von Anfang bis zur Fertigstellung eigenständig und durchgängig fertigt, sollen arbeitsteilungsbedingte Verluste eliminiert und die menschlichen Fähigkeiten maximal genutzt werden.	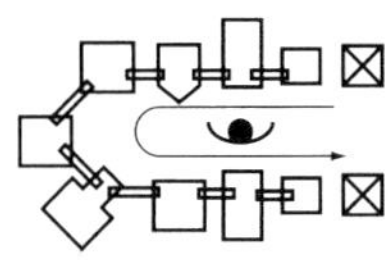 • Minimierung der Gesamtkosten durch die Kombination von menschlicher Geschicklichkeit mit kostengünstiger und einfacher Autonomatisierung
Vorgehensweise	① Alle Prozessschritte vom Anfang bis zur Fertigstellung auf einen Arbeitstisch konzentrieren ② Methoden und Regeln zur Bauteilbereitstellung etablieren ③ Mehrfachqualifizierung des Mitarbeiters, sodass er alle Prozessschritte beherrscht ④ Arbeitsverteilung und -fortschritt visuell managen	① Abstände zwischen den Prozessschritten verringern und die Qualität der Bewegungsabläufe erhöhen ② Einfachautomatisierung vorantreiben (Auswerfer, Während-Schalter, Rutschen etc.) ③ In Kundentaktzeit und im Einzelstückfluss fertigen ④ Ein ausgewogenes Verhältnis von manueller und mechanisierter Tätigkeit finden
Zu beachten	① Das ausgewählte Produkt sollte keine teuren und großen Anlagen erfordern und leicht handhabbar sein. ② Man sollte sich um die Aufrechterhaltung von Teamwork bemühen, damit die Aneignung und Weitergabe von Fähigkeiten sowie Verbesserungsmaßnahmen weiterhin reibungslos vonstatten gehen. ③ Man sollte Vorkehrungen zur Aufrechterhaltung der Arbeitsmoral treffen, z. B. in Form von Zielvorgaben, Unterstützung, Vergütung etc.	① Die Maßnahmen erfordern den Aufbau von Know-how zur Einfachautomatisierung. ② Es müssen Methoden zum effektiven Umgang mit angebrochenen Vollbeschäftigungseinheiten etabliert werden (Springer und die dazugehörige Rufmethode).

Abbildung 3.3: Anwendungsformen der U-Linie

Ziele der Linienauswahl

Bei der Auswahl werden drei Ziele verfolgt: ① Die Fertigungszelle soll nicht scheitern. Bedingungen für ein Scheitern werden im Vorfeld ausgeschlossen. ② Die Fertigungszelle soll nach kurzer Zeit Erfolge bringen. Dazu werden Linien ausgesucht, die erfolgversprechend sind und sich leicht zu Fertigungszellen umbauen lassen. ③ Erfolge an der ersten Fertigungszelle sollen gegenüber der Unternehmensreform insgesamt Erwartungen wecken und Perspektiven eröffnen. Dazu trifft man die Auswahl unter Berücksichtigung der zukünftigen Übertragbarkeit in die Fläche und der zu erwartenden Anstoßwirkung.

Abbildung 3.4 gibt einen Überblick über die Auswahlkriterien, die man aus diesen Zielen ableiten kann. Die Kriterien dienen nicht dazu, festzustellen, ob eine Linie für den Umbau zur Fertigungszelle geeignet ist oder nicht. Sie dienen allein dazu, herauszufinden, mit welcher Linie man bei der Einführung der Zellenfertigung beginnen sollte, um Erfolg zu haben. Ferner dienen sie dazu, eine Linie zu finden, die später als Modell für die Übertragung in die Fläche dienen kann.

Um ein Scheitern zu vermeiden, wird von vornherein unter anderem Folgendes ausgeklammert: ① Produkte oder Linien mit großen Problemen, ② stark schwankende Stückzahlen, ③ Produkte oder Linien, bei denen der zuständige Bereich nicht kooperativ ist.

Die wichtigsten Auswahlkriterien sind solche, die Erfolge nach kurzer Zeit versprechen: Es sind Produkte zu bevorzugen, deren Geometrie und Gewicht eine einfache Handhabung erlauben. Bei vergleichsweise stabilen Stückzahlen und einer angemessenen Anzahl von Varianten lassen sich die Vorteile der Zellenfertigung leichter demonstrieren.

Die Linie sollte eine Personalstärke von drei bis zehn Mitarbeitern haben und nicht auf mehrere Flächen verteilt sein. Es ist hilfreich, wenn keine großen Anlagen vorhanden sind und nicht losweise gefertigt wird. Es sind Linien zu bevorzugen, an denen *5 S* und das tägliche Management gewissenhaft durchgeführt werden.

Ein entscheidender Faktor für den Erfolg der Fertigungszelle ist die Einstellung der Mitarbeiter des zuständigen Bereichs und der Linie. Es sollte eine Linie ausgewählt werden, die in der mittleren und unteren Führungsebene sowie bei den Werkern selbst Motivation und Tatkraft weckt.

Eine weitere wichtige Voraussetzung ist, dass der Umbau zur Fertigungszelle mit den gegenwärtig vorhandenen begrenzten Verbesserungskräften bewerkstelligt werden kann und keine hohen Investitionen erforderlich macht.

Beim Betrachter der neuen Fertigungszelle sollen Erwartungen in Bezug auf die neue Fertigungsweise geweckt werden und eine Perspektive für die Übertragung in die Fläche geboten werden. Daher sollte eine für das Werk typische, normale Linie gewählt werden. Außerdem sollte man eine Linie aussuchen, die ins Auge springt, damit die Verbesserungen eine ansteckende Wirkung erzielen.

Insgesamt sollte die Auswahl nach folgendem Schema verlaufen:

① Auflistung der Linien, die als Kandidaten infrage kommen, in einer vorbereitenden Untersuchung
② Untersuchung dieser Linien vor Ort und Befragung der Beteiligten
③ Vergleich der Untersuchungsergebnisse und Eingrenzung der Kandidaten
④ Feste Zusage seitens des zuständigen Bereichs, die Zellenfertigung voranzutreiben
⑤ Entscheidung und Verkündung durch die Werksleitung

Schritt 2: Ist-Analyse und sofortige Verbesserung

Im zweiten Schritt führt man eine Ist-Analyse an der in Schritt 1 ausgewählten Linie durch. Zusätzlich werden vorbereitende kleinere Verbesserungen vorgenommen.

Ziel der Ist-Analyse ist, die notwendigen Informationen für die folgenden zwei Schritte »Prozessdesign« und »*standardisierte Arbeitsabläufe* einrichten« zu sammeln. Bei der Analyse werden insbesondere die Zeiten aller Mitarbeiter gemessen und die Maschinenzeiten ermittelt. Die Zeiten werden in einen *Arbeitsverteilungshauptplan* (siehe Schritt 4, S. 90) eingetragen und dienen bei der Liniengestaltung als wichtige Datengrundlage.

Ist-Daten vor Ort erfassen

Wie aus Abbildung 3.5 ersichtlich, wird die Produktion in der Linie anhand von zehn Kriterien untersucht. Diese Kriterien beschreiben im Wesentlichen die Ergebnisfaktoren Produktionsmenge P, Qualität Q, Kosten K, Lieferzeit L sowie die Produktionsfaktoren Mensch, Material, Maschine, Methode (Rüsthäufigkeit) und Fläche. Es handelt sich dabei um weitgehend alle Informationen, die zur vollständigen Verbesserung einer Linie erforderlich sind.

Im *synchronen Produktionssystem* könnte ein Linienverantwortlicher diese Informationen auf der Stelle liefern. Das kommt daher, dass es sich dabei um Daten handelt, die für das tägliche Management einer Produktionslinie verwendet werden.

In der althergebrachten Massenfertigung hat ein Linienverantwortlicher diese Informationen hingegen nicht sofort parat. Nicht etwa, weil diese Daten nicht vorhanden wären – sie sind nur auf zahlreiche unterschiedliche Dokumente verteilt. Häufig werden Daten zu Qualität und Produktivität getrennt abgelegt oder sind Zeitmessungen veraltet und passen nicht mehr zur gegenwärtigen Situation – mit diesen Daten wird nicht gearbeitet. Das stellt aber weder ein Hindernis für das tägliche Produktionsgeschäft in der Massenfertigung dar noch käme hier jemand auf die Idee, sich durch Zusammenführung der Daten ein Gesamtbild von der Linie zu machen.

In der Konsequenz muss man die meisten Daten durch akribische Messung vor Ort einzeln ermitteln. Anhand der ermittelten Daten kann man sich ein Gesamtbild von der betrachteten Linie machen. Für den späteren Umbau zur Fertigungszelle sind detaillierte Informationen über Arbeitszeiten und Pflegestand der Arbeitsstandards besonders wichtig: Die Zeitdaten spielen eine entscheidende Rolle beim

Ziele der Auswahl

① Ein Scheitern vermeiden
② Erfolg nach kurzer Zeit
③ Mit kleinen Erfolgen große Perspektiven eröffnen

⇨ Erfolgreiche Einführung des synchronen Managementsystems (eine Bresche schlagen)

Auswahlkriterien (Es geht nicht um eine generelle Eignung für die Zellenfertigung.)

[Ansatz]
- Wo muss begonnen werden, damit das synchrone Managementsystem erfolgreich entwickelt werden kann?
- Welche Linie kann als Modell für die zukünftigen Aktivitäten dienen?

Ziel	Kriterien (Checkpunkte)	
Ein Scheitern vermeiden	[Ausschlusskriterien]	① Produkte/Linien mit großen Problemen ② Stark schwankende Stückzahlen ③ Kein Verständnis / keine Kooperation seitens des zuständigen Bereichs
Erfolg nach kurzer Zeit	① Produkt	(1) Größe und Gewicht gestatten leichte Handhabung und einfachen Transport (2) Stabile Stückzahlen (3) Angemessen zahlreiche Varianten in kleinen Stückzahlen
	② Linie	(1) Angemessene Anzahl an Prozessen und Fläche, Personalstärke zwischen 3 bis 10 MA (2) Keine besonderen, großen Maschinen; keine losweise Fertigung (3) 5 S und Management vor Ort werden beherrscht
	③ Der zuständige Bereich ist motiviert und tatkräftig. ④ Die Verbesserungen können von den vorhandenen Arbeitskräften bewerkstelligt werden. ⑤ Es sind kaum Investitionen erforderlich.	
Mit kleinen Erfolgen große Perspektiven eröffnen		① Es handelt sich um eine typische Linie im Werk; die Übertragung in die Fläche ist möglich. ② Durch eine Ausweitung auf vor- bzw. nachgelagerte Linien kann ein großflächiger Fluss geschaffen werden. ③ Die Inhalte der Verbesserungen sind leicht verständlich und haben Anstoßwirkung.

Auswahlschema

① Auflistung der Linien, die als Kandidaten infrage kommen, in einer vorbereitenden Untersuchung
⇨ ② Untersuchung dieser Linien vor Ort und Befragung der Beteiligten
⇨ ③ Vergleich der Untersuchungsergebnisse und Eingrenzung der Kandidaten
⇨ ④ Feste Zusage seitens des zuständigen Bereichs, die Zellenfertigung voranzutreiben
⇨ ⑤ Entscheidung und Verkündung durch die Werksleitung

Abbildung 3.4: Produkt oder Linie auswählen

»Prozessdesign« (Schritt 3) und bei der Einrichtung standardisierter Arbeitsabläufe (Schritt 4). Damit diese Zeitdaten präzise gemessen werden können, müssen die Arbeitsstandards gut gepflegt sein. Sollte das nicht der Fall sein, ist zur Zeitmessung ein vorläufiger Arbeitsstandard zu erstellen.

Verbessern, was verbessert werden kann

Nach Abschluss der Ist-Analyse werden als Vorbereitung für den Umbau zur Fertigungszelle diejenigen Verbesserungen durchgeführt, die auch im aktuellen Zustand der Linie umsetzbar sind. Damit werden hauptsächlich zwei Ziele verfolgt: Erstens soll so ein Fundament für die spätere Einführung der eigentlichen *standardisierten Arbeitsabläufe* (Schritt 4) gelegt werden. Zweitens sollen Personalreserven für das Training zur *Mehrfachqualifizierung* (Schritt 5) geschaffen werden.

Abbildung 3.6 zeigt einige Beispiele für kostengünstige Verbesserungen, die in diesem Schritt umgesetzt werden können.

Damit sich die Mitarbeiter an das Konzept des standardisierten Arbeitsablaufs gewöhnen, lässt man sie zunächst so weit wie möglich mit einem festen Ablauf und in einem festen Zyklus im *Einzelstückfluss* fertigen. Dazu werden vorläufige standardisierte Arbeitsabläufe eingerichtet. So werden Mängel bei der aktuellen Arbeitsaufteilung ersichtlich und die Linie kann besser ausgetaktet werden.

Darüber hinaus beseitigt man *Verschwendung durch Bewegung* aufgrund von schlechter Positionierung von Bauteilen und Werkzeug sowie Verschwendung durch Gehen aufgrund zu großer Anlagenabstände. So kann mit weniger Personal/Mannstunden als bisher produziert werden. Die auf diese Art gewonnenen Personalreserven nutzt man für das Training zur Mehrfachqualifizierung in Vorbereitung auf die neue Fertigungszelle.

Wenn die vorhandene Linie in einem festen Zyklus im Einzelstückfluss produziert, darf ein reibungsloser und schneller Umbau zur Fertigungszelle erwartet werden.

Schritt 3: Prozessdesign (Layout in U-Form)

Im dritten Schritt plant man das Prozessdesign, das heißt, wie die Prozessschritte in der Zelle angeordnet werden.

In einem Produktionsprozess wird Rohmaterial in zahlreichen unterschiedlichen Bearbeitungsschritten in Fertigware verwandelt. Daher rührt die Bezeichnung »Prozessschritt«. Im Produktionsprozess findet aber nicht ausschließlich Bearbeitung statt. Das Material muss auch von einem Prozessschritt zum nächsten transportiert werden und kann sich unterwegs stauen. Der Idealzustand wäre, dass sich die Prozessschritte auf dem Weg zur Fertigware nahtlos aneinander fügen. In der Praxis ist das aber nicht ohne Weiteres umzusetzen. Prozessdesign bedeutet, sich mittels einer *durchgängigen Verknüpfung* der Prozessschritte diesem Idealzustand anzunähern.

Dazu beschäftigt man sich im Prozessdesign schwerpunktmäßig mit der Frage, wie Transporte und Materialstaus verringert werden können, und weniger mit den

Ziele

- Die notwendigen Informationen für die Schritte »3: Prozessdesign« und »4: standardisierte Arbeitsabläufe einrichten« sammeln
- Auf Grundlage der Zeitmessungen auch einen Arbeitsverteilungshauptplan und vorläufige standardisierte Arbeitsabläufe erstellen

Untersuchungskriterien

① Produzierte Varianten in ihren Stückzahlen → jeweilige Kundentaktzeiten ausrechnen
② Personal/Stand der Mehrfachqualifizierung/Pflegestand der Arbeitsstandards
③ Entwicklung der Produktivität (erforderliche Mannstunden zur Fertigung von 1 Produkt)/Messung der Arbeitszeiten
④ Sperrungsrate/Anzahl der Kundenreklamationen/Fehlerarten
⑤ Liefertreue/Durchlaufzeit
⑥ Anlagenkapazität/Linienproduktionskapazität
⑦ Anlagenausfallrate/Rüstzeiten
⑧ Menge und Lagerorte des Umlaufbestands
⑨ Rüsthäufigkeit pro Tag
⑩ Genutzte Fläche

(② ③ ⑥ →)
- Arbeitsverteilungshauptplan,
- Vorläufige Arbeitsverteilungsblätter erstellen

Abbildung 3.5: Ist-Analyse

Ziele

- Ein Fundament für die Einführung von standardisierten Arbeitsabläufen legen
- Reserven für das Training zur Mehrfachqualifizierung gewinnen

Beispiel Montage

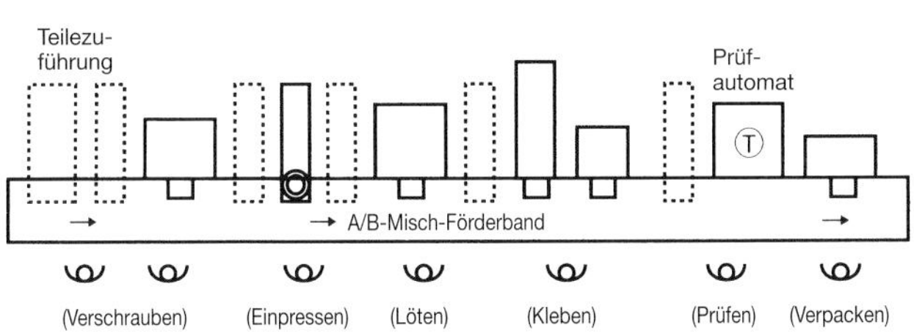

① Die Linie neu austakten (Umverteilung von Arbeit)
② Bereitstellung von Bauteilen und Werkzeug am optimalen Greifpunkt
③ Distanzen zwischen Anlagen verringern, um Wege zu verkürzen
④ Vorläufige standardisierte Arbeitsabläufe einrichten

Beispiel mechanische Bearbeitung

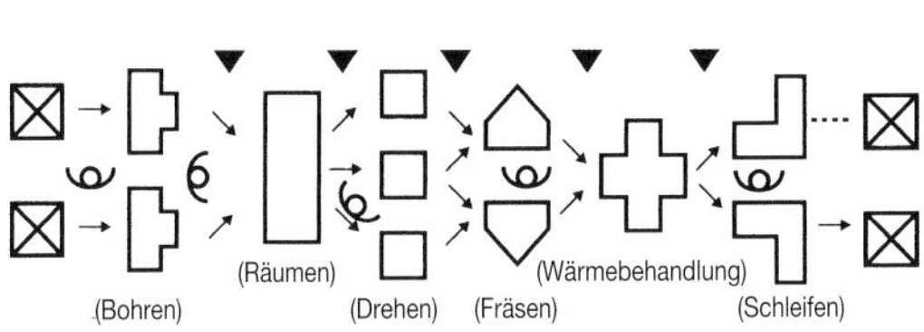

① Einlegen, Entnehmen und Transport der Werkstücke verbessern
② Qualitätskontrollen erleichtern
③ Rüstzeitverkürzungen
④ Vorläufige standardisierte Arbeitsabläufe einrichten

Abbildung 3.6: Sofortige Verbesserungen vornehmen

Prozessschritten selbst. Dabei geht es um die Schaffung eines Layouts, das eine produktspezifische *durchgängige Verknüpfung*, *Einzelstückfluss* und die *Produktion im Kundentakt* erlaubt. Konkret kann das durch die Wahl eines *Layouts in U-Form* erreicht werden.

Konkrete Beispiele für Prozessdesign

Die Maßnahmen, die im Rahmen des Prozessdesigns zu ergreifen sind, fallen je nach Gestalt der vorhandenen Linie und je nachdem, ob es sich dabei um eine Montage- oder eine mechanische Bearbeitungslinie handelt, stark unterschiedlich aus. Ich möchte das anhand zweier konkreter Beispiele erläutern:

Abbildung 3.7 zeigt eine Linie, an der Elektronikbauteile montiert werden. Vor dem Umbau wurden zwei Produkte (A und B) auf einem langen Förderband gemischt produziert. Auf dem Förderband befand sich viel Umlaufbestand, es war nicht zu erkennen, ob zu schnell oder zu langsam gearbeitet wurde, und es gab beachtliche Verschwendung durch Mehrfach-Handling. Im Rahmen des Prozessdesigns wurden die Prozessschritte nach folgenden Gesichtspunkten neu angeordnet:

① Die Produkte A und B werden jetzt in zwei unabhängigen Zellen gefertigt.
② Die Fertigung in den Zellen erfolgt im Einzelstückfluss.
③ In den Zellen gibt es keine Transportbänder. Die Abstände zwischen den Prozessschritten wurden so gut wie möglich verkleinert. Der Transport erfolgt von Hand.
④ Layouts in U-Form ermöglichen die flexible Aufteilung der Arbeit – angepasst an die Stückzahlschwankungen.
⑤ Aus Kostengründen konnte kein zweiter Prüfautomat hinzugefügt werden. Daher nutzen beide Linien das vorhandene Gerät gemeinsam.

Abbildung 3.8 zeigt eine Linie zur mechanischen Bearbeitung von Fahrzeugteilen. Auch diese Linie wurde in zwei Fertigungszellen umgewandelt. Vorher waren die Anlagen funktional getrennt angeordnet. Zwischen den Prozessschritten befanden sich große Mengen Umlaufbestand. Es gab keine feste Zuordnung von Produkten und Maschinen, was zu Qualitätsproblemen führte. Die Mitarbeiter wurden durch die Anlagen voneinander abgeschnitten, sodass eine effiziente Mehrmaschinenbedienung unmöglich war. Zur Lösung dieser Probleme wurde im Rahmen des Prozessdesigns Folgendes unternommen:

① Die Untersuchung der Produktfamilien ergab, dass diese sich aufgrund ihrer Bearbeitungsinhalte in zwei Gruppen unterteilen lassen. Daher wurden zwei Fertigungszellen geschaffen.
② Durch Einzelstückfluss wurden Umlaufbestände beseitigt.
③ Layouts in U-Form ermöglichen eine effiziente Mehrmaschinenbedienung.
④ Zur Schaffung der zweiten Fertigungszelle wurden Anlagen ergänzt und die Kapazitäten einiger Anlagen erhöht.
⑤ Dem Prinzip der U-Linie folgend wurden vollautomatische Anlagen aus dem Arbeitsbereich der Mitarbeiter entfernt, um die Wege zu minimieren.

Beim Prozessdesign für synchrone Fertigungszellen geht es um die Schaffung eines Layouts, das die produktspezifische durchgängige Verknüpfung, Einzelstückfluss und die Produktion im Kundentakt erlaubt. Eine der grundlegenden Formen dazu ist das Layout in U-Form.

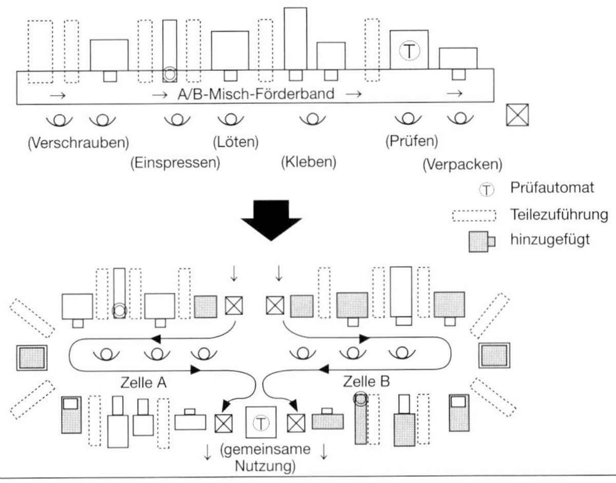

Aspekte des Prozessdesigns

① Abschaffung des gemischten Förderbands zugunsten zwei separater Fertigungszellen

② Einführung von Einzelstückfluss zur Beseitigung des Umlaufbestands

③ Verringerte Abstände zwischen den Prozessschritten; Transport von Hand

④ Produktion im Kundentakt; Layout in U-Form zur Erleichterung der Umverteilung von Arbeit

⑤ Gemeinsame Nutzung des Prüfautomaten aus Kostengründen

Abbildung 3.7: Beispiel Montage

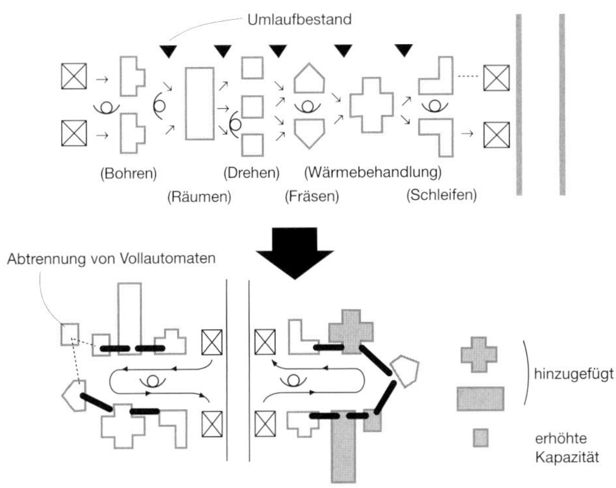

Aspekte des Prozessdesigns

① Abschaffung der funktional getrennten Anordnung zugunsten zwei separater Fertigungszellen; Aufteilung der Produkte in zwei Gruppen

② Einführung von Einzelstückfluss zur Beseitigung des Umlaufbestands

③ Layout in U-Form zur Erleichterung der Mehrmaschinenbedienung

④ Ergänzung von Anlagen bzw. Kapazitätserhöhung zur Schaffung der zweiten Fertigungszelle

⑤ Aufstellung vollautomatischer Anlagen außerhalb des Arbeitsbereichs der Mitarbeiter

Abbildung 3.8: Beispiel mechanische Bearbeitung

Schritt 4: Standardisierte Arbeitsabläufe einrichten

Im vorhergehenden Schritt »Prozessdesign« wurden die Verknüpfung der Prozessschritte sowie das Layout für Mitarbeiter, Maschinen und Material festgelegt. In diesem Schritt richtet man *standardisierte Arbeitsabläufe* ein, um zu gewährleisten, dass die Fertigungszelle die tatsächlich benötigte Stückzahl liefert. Dazu werden folgende Dokumente eingesetzt:

① *Arbeitsverteilungshauptplan*
② *Arbeitsverteilungsblätter*
③ *Standardarbeitsblätter*

Der Arbeitsverteilungshauptplan ist eine Übersicht, der die Produktionskapazitäten aller an der Bearbeitung eines Produkts beteiligten Prozessschritte in der Prozessreihenfolge verzeichnet. In diesen Plan werden manuelle Arbeitszeiten, Maschinenzeiten, Werkzeugwechsel- und Rüstzeiten et cetera eingetragen. Da diese Daten nicht in Abhängigkeit von den Stückzahlen variieren, kann der Hauptplan so lange unverändert verwendet werden, wie die Prozessschritte unverändert bleiben. Er gibt die Bearbeitungszeit wieder, die benötigt wird, um ein Produkt durchgängig vom Anfang bis zur Fertigstellung zu bearbeiten.

Der Arbeitsverteilungshauptplan bildet die Grundlage für die Arbeitsverteilungsblätter.

Arbeitsverteilungsblätter erstellen

Neben zahlreichen anderen Verbesserungswerkzeugen hat das Toyota-Produktionssystem mit dem *Arbeitsverteilungsblatt*[21] ein bedeutendes Werkzeug hervorgebracht, das sich auch durch seine Kreativität auszeichnet. Es gibt an anderer Stelle nichts Vergleichbares.

Grundsätzlich handelt es sich um ein Zeitdiagramm, mit dessen Hilfe hauptsächlich zwei Arten von Kombinationen untersucht werden:

Erstens wird untersucht, wie manuelle Tätigkeiten und Wege kombiniert werden müssen, um die *Kundentaktzeit* geschickt auszufüllen. So ermittelt man, wie viele Prozessschritte jeweils ein Mitarbeiter bedienen kann. Daraus ergibt sich, in welcher Reihenfolge jeder Mitarbeiter arbeiten muss und auf wie viele Mitarbeiter die insgesamt vorhandene Arbeit zu verteilen ist.

Zweitens wird die Kombination von Mensch und Maschine untersucht, das heißt, ob die Maschinenzeiten in die Kundentaktzeit passen und wie viel Wartezeit für die Mitarbeiter anfällt.

Bei der Erstellung eines Arbeitsverteilungsblatts wird als Erstes die Kundentaktzeit als rote Linie eingetragen. Sie dient als Richtwert für die Arbeitsverteilung. Als Nächstes wird aus dem Arbeitsverteilungshauptplan ein Tätigkeitsumfang ausgewählt, bei dem die Summe der manuellen Tätigkeits- und Wegezeiten ungefähr der

[21] In der Fachliteratur finden auch andere Bezeichnung wie »Kombinationsblatt für standardisierte Arbeit« oder »Standard Operation Combination Sheet (SOCS)« Verwendung.

Kundentaktzeit entspricht. Die betreffenden Arbeitsinhalte und -zeiten werden als Arbeitszyklus in das Arbeitsverteilungsblatt eingetragen. Zusätzlich werden die einzelnen Zeiten in einem Zeitdiagramm visualisiert. Manuelle Tätigkeiten werden dabei mit durchgezogenen Linien, Maschinenzeiten mit gestrichelten Linien und Wegezeiten mit gewellten Linien dargestellt. Die Güte der gewählten Kombination wird danach beurteilt, wie sich der gezeichnete Zyklus zur roten Kundentaktzeit-Linie verhält.

Ein Arbeitsverteilungsblatt stellt den Arbeitsumfang für einen Mitarbeiter auf Grundlage der Kundentaktzeit dar. Das heißt: Bei veränderten Stückzahlen muss für jeden Mitarbeiter ein neues Arbeitsverteilungsblatt erstellt werden. Hat man sich einmal daran gewöhnt, werden die Arbeitsverteilungsblätter ein unverzichtbares Verbesserungswerkzeug. Sie helfen dabei, die jeweils aktuellen Probleme sichtbar zu machen.

Standardarbeitsblätter erstellen

Mit dem Arbeitsverteilungsblatt wird der Tätigkeitsumfang für einen Mitarbeiter ermittelt. Das *Standardarbeitsblatt* ist ein Bewegungsdiagramm für diesen Tätigkeitsumfang. So wird auf einen Blick erkennbar, welche Bewegungen der Mitarbeiter in der Fertigungszelle verrichten muss.

In das Standardarbeitsblatt werden die drei Elemente standardisierter Arbeitsabläufe eingetragen (Kundenkontaktzeit, Arbeitsabfolge, standadisierte Puffer). Zusätzlich werden Orte markiert, an denen besonders auf Arbeitssicherheit oder Qualität zu achten ist. Standardarbeitsblätter sind Managementwerkzeuge für die mittlere und die untere Führungsebene. Darüber hinaus werden sie zum Anlernen von Mitarbeitern und zur Identifizierung von Verbesserungsmöglichkeiten herangezogen.

Das Arbeitsverteilungsblatt beschreibt die Arbeit eines Linienmitarbeiters in zeitlicher, das Standardarbeitsblatt in räumlicher Hinsicht. Betrachtet man beide gemeinsam, kann man leichter nachvollziehen, welche Ideen oder Verbesserungen die erstellende Führungskraft ein einer Zelle eingebracht hat.

Arbeitsverteilungsblätter und Standardarbeitsblätter werden für alle Mitarbeiter an einem Ort der Zelle zentral ausgehängt. So kommt man auf Verbesserungsideen, die bei getrennter Betrachtung der Blätter übersehen würden.

Schritt 5: Training zur Mehrfachqualifizierung durchführen

In Schritt 5 werden die Mitarbeiter zwecks *Mehrfachqualifizierung* trainiert. Wie die bisherigen Beispiele gezeigt haben, führt der Umbau zur Fertigungszelle dazu, dass die Anzahl der Prozessschritte pro Mitarbeiter zunimmt. Wenn beispielsweise eine Fließbandlinie in zwei Fertigungszellen umgewandelt wird, muss jeder Mitarbeiter mindestens doppelt so viele Prozessschritte bedienen wie vorher. Deswegen ist die Mehrfachqualifizierung eine wichtige Voraussetzung für die Schaffung von Fertigungszellen.

Arbeitsverteilungshauptplan	Art.-Nr.	3524-6072	Typ	HT	Zeichen	revidiert	Datum
	Art.-Bez.	Kardangelenk	Stückzahl				
	Basiszeiten		Schneidewerkzeug				

Nr.	Prozessschritt	Anlagen-Nr.	Handarbeitszeit min.	Handarbeitszeit sek.	Maschinenzeit min.	Maschinenzeit sek.	Fertigstellungszeit min.	Fertigstellungszeit sek.	Wechsel nach n Stück	Zeit für den Wechsel	Kapazität	Anmerkungen
1	(Rohteil aufnehmen)	-		4		0						
2	Zentrierung einbringen	LA271		8		31			-			
3	Lauffläche drehen	LA460		12		50			150	1:20 min.		
4	Magnetpulver-Rissprüfung	T45		16					150	0:40 min.		(!)
5	Glattwalzen	P377		15					150	2:30 min.		(!)
6	M16-Gewinde schneiden	LA1436		5		45			150	2:00 min.		} synchroner Start
7	Öffnung und Gewinde für Klemmschraube bohren	DR780		13	1	2						
8	auf 70mm schruppen (2 Stück)	M698		15/2	2	30/2						
24	Buchse einpressen	P921										
25	Räumen	P922										
26	(in Fertigteil-Supermarkt legen)	-										

Abbildung 3.9: Arbeitsverteilungshauptplan

Mehrfachqualifizierung bedeutet, dafür zu sorgen, dass ein Mitarbeiter die Arbeit an zahlreichen verschiedenen Prozessschritten beherrscht. Abbildung 3.11 zeigt, in welchen Schritten man dabei vorgeht:

Zunächst müssen ① die derzeit vorhandenen Qualifikationen an der Linie erfasst werden. Diese werden in eine *Qualifikationstabelle* eingetragen, wie sie in Abbildung 3.12 dargestellt ist.

Als Nächstes wird ermittelt, welche Mitarbeiter an welchen Prozessschritten trainiert werden müssen. Dazu sieht man ② in den in Schritt 4 eingerichteten *standardisierten Arbeitsabläufen* nach, für welche Prozessschritte ein Mitarbeiter zukünftig verantwortlich sein soll, und vergleicht das mit seinen vorhandenen Qualifikationen.

Wenn für jeden Mitarbeiter feststeht, an welchen Prozessschritten er trainiert werden muss, wird ③ eine Trainingsplanung in die Qualifikationstabelle eingetragen. Dabei werden die Schwierigkeitsgrade der Prozesse sowie die zeitliche Verfügbarkeit des Trainers berücksichtigt.

Voraussetzungen für das Training schaffen

Als Nächstes müsste man dazu übergehen, den Trainingsplan umzusetzen. Das kann aber nur in den glücklichsten Fällen direkt geschehen. Meist ist es zunächst erforderlich, ④ die Voraussetzungen für das Training zu schaffen. Damit ist Folgendes gemeint:

1. Sicherstellen, dass Zeit für das Training zur Verfügung steht
2. Einen Mini-Trainingsbereich einrichten
3. Offizielle Trainer benennen
4. Trainingsmethoden (Schulungsweise et cetera) festlegen

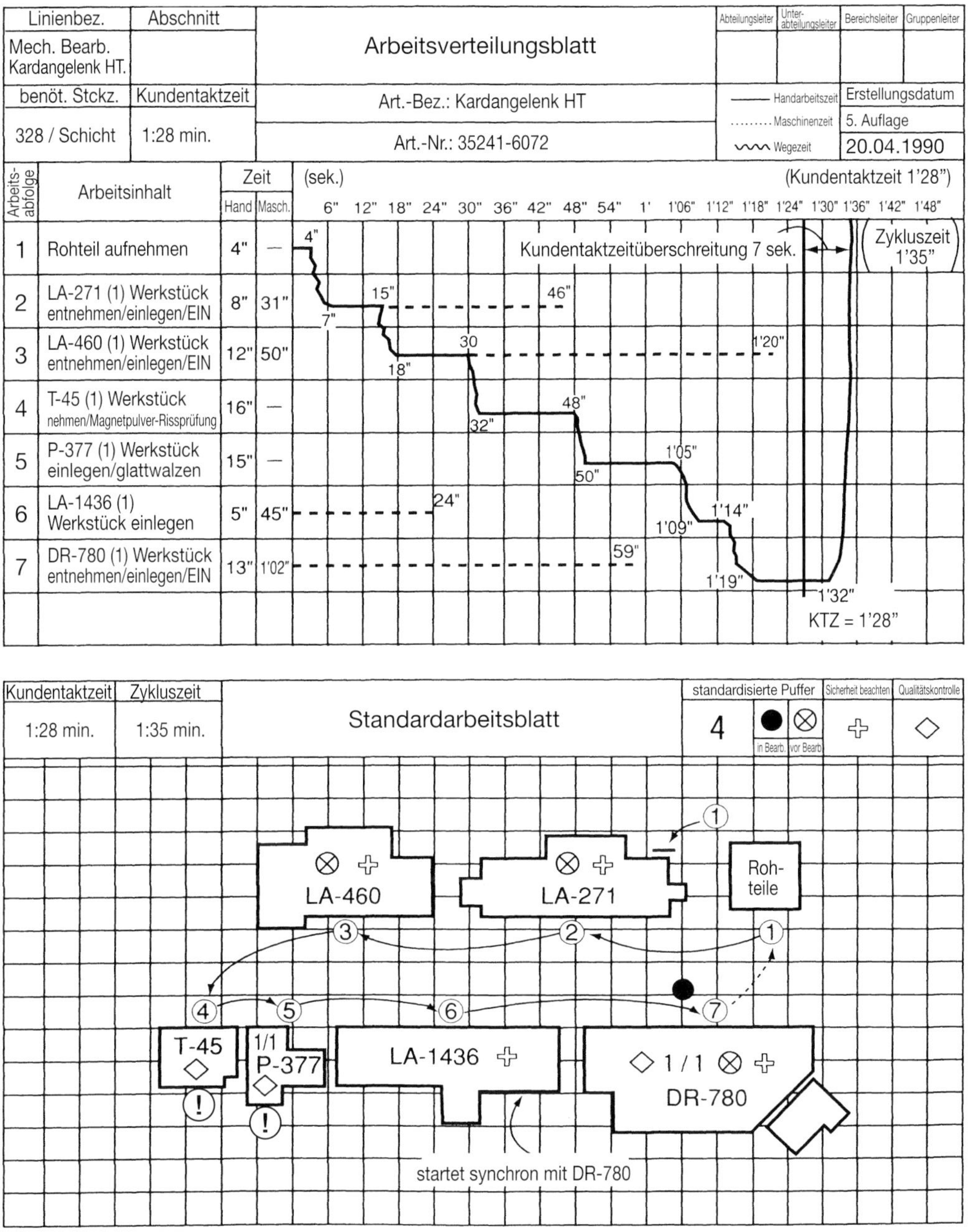

Abbildung 3.10: Arbeitsverteilungsblatt und Standardarbeitsblatt

In den meisten Unternehmen wird eine Qualifikationstabelle erstellt und die Mehrfachqualifizierung dann mit hoher Priorität angegangen. Aber nur wenige Unternehmen kommen dabei wie geplant voran. Das liegt zum Großteil an mangelnden Voraussetzungen – zum Beispiel weil die nach Planung erforderlichen Trainingsstunden real nicht zu Verfügung stehen, kein geeigneter Trainingsbereich vorhanden ist, die Trainingsmethoden unausgereift sind et cetera.

Tatsächliches Training

Bei der ⑤ Durchführung der Trainings ist es wichtig, dass die Trainingsmethode dem Schwierigkeitsgrad der jeweiligen Tätigkeit angepasst wird. Aus dem Beispiel in Abbildung 3.11 wird ersichtlich, dass man bei mittelschweren bis schweren Tätigkeiten die Grundfertigkeiten im Trainingsbereich wiederholt üben und das notwendige Fachwissen schulen sollte, bevor Trainer und Schüler gemeinsam in die tatsächliche Arbeit in der Linie einsteigen. Leichte Tätigkeiten werden nur durch tatsächliches Arbeiten in der Linie geübt. Dabei helfen auch erfahrene Linienmitarbeiter mit und entlasten den Trainer. Auf diese Weise kann man die Trainings effizienter gestalten.

Hat man über einen bestimmten Zeitraum trainiert, werden ⑥ die Fortschritte ausgewertet. Falls die erreichten Qualifikationen weit hinter der Planung zurückliegen, müssen Trainingsmethoden oder -voraussetzungen korrigiert werden, bevor erneute Trainings durchgeführt werden.

Qualifikationstabelle

Die *Qualifikationstabelle* ist ein wichtiges Werkzeug für das gesamte Training zur Mehrfachqualifizierung. Grundsätzlich handelt es sich dabei um eine Matrix, die alle Linienmitarbeiter sowie alle Prozessschritte enthält.

Für jeden Prozessschritt muss der Schwierigkeitsgrad ausgewiesen werden. Der Trainingsaufwand für einen Prozessschritt wird an seinem jeweiligen Schwierigkeitsgrad ausgerichtet.

Um den Beherrschungsgrad der jeweiligen Prozessschritte auszudrücken, können die verschiedensten Symbole verwendet werden. Abbildung 3.12 zeigt eine mögliche Form. Die Besonderheit ist hier, dass die Beherrschungsgrade in vier Stufen unterteilt werden. Wenn außerdem die angestrebten Beherrschungsgrade eingezeichnet werden und zusätzlich vermerkt wird, für wann das Erreichen dieses Beherrschungsgrads geplant ist, wird die Qualifikationstabelle zu einem Managementwerkzeug.

Zur Erfassung des Fortschritts bei der Mehrfachqualifizierung für jede Linie verwendet man die *Mehrfachqualifizierungsrate* als Kennzahl.

Vorgehensweise bei der Mehrfachqualifizierung

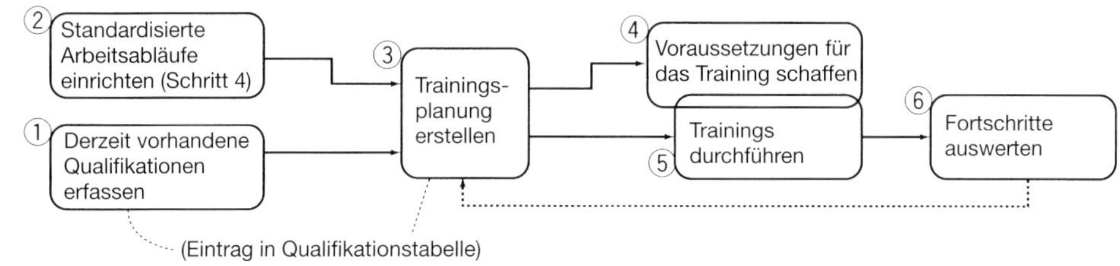

Voraussetzungen für das Training schaffen

(1) Trainingszeiten/Trainingsmannstunden sicherstellen.....................Reservekräfte/Überstunden nutzen
(2) Einen Mini-Trainingsbereich einrichten
a) Dokumente zu den standardisierten Arbeitsabläufen; b) Produktmuster; c) Arbeitstisch, Vorrichtungen und Werkzeug für das Training; d) Anlagen für das Training (zum Erlernen der Grundbewegungen)
(3) Trainer benennen
(4) Trainingssystem festlegen (Schulungsweise standardisieren, Ausbildung am Arbeitsplatz – Arbeitsanweisung, »gewusst warum«)

Training durchführen (Beispiel)

Trainingsmethode / Schwierigkeitsgrad	Grundfertigkeiten im Trainingsbereich trainieren	Anhand von Produktmustern im Trainingsbereich das „gewusst warum" vermitteln	Erklärung der tatsächlichen Arbeit in der Linie durch den Trainer und anschließendes Üben	Gemeinsam mit dem Trainer in der Linie tatsächlich arbeiten	Unterstützung von erfahrenen Kollegen
schwer	① ➡	② ➡	③ ➡	④	
mittel		① ➡	② ➡	③ ➡	④
leicht			① ➡	② ➡	③

Abbildung 3.11: Mehrfachqualifizierung für die Arbeit in Fertigungszellen

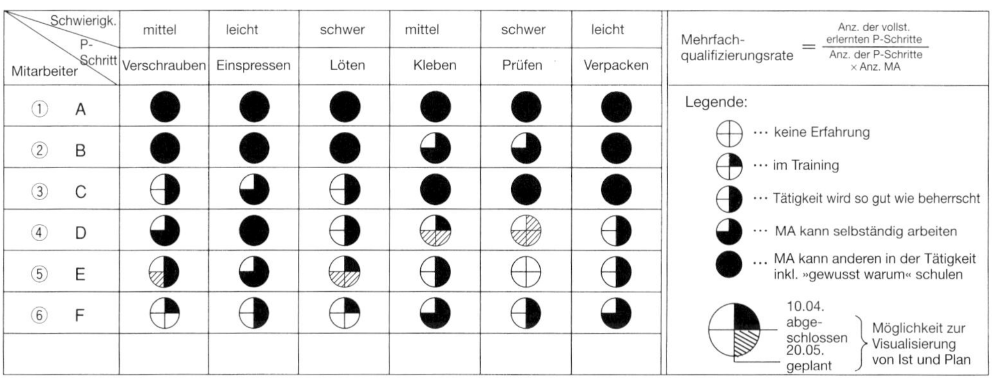

Abbildung 3.12: Qualifikationstabelle

Schritt 6: Umbau zur Fertigungszelle (Layout-Veränderung)

Mit Schritt 6 kommt endlich der Zeitpunkt, an dem vor Ort die eigentliche *synchrone Fertigungszelle* geschaffen wird. Jetzt zahlen sich die Vorbereitungen der Schritte 3 bis 5 aus. Entscheidend beim Umbau zur Fertigungszelle ist, dass die *standardisierten Arbeitsabläufe* in dem neuen Layout in kurzer Zeit beherrscht werden: Die Linienmitarbeiter sollen schnell in der Lage sein, in *Kundentaktzeit* mit sich wiederholenden Bewegungen zuverlässig im *Einzelstückfluss* zu produzieren, wobei sie einen größeren Prozessabschnitt bedienen als vorher.

Der Umbau kann in drei Phasen eingeteilt werden: Vorbereitungsphase, Durchführung des Umbaus und Anlaufphase.

Vorbereitungsphase

In der Vorbereitungsphase wird zunächst das gesamte Material beschafft, das zum Aufbau der Fertigungszelle zusätzlich benötigt wird, also zum Beispiel neu hinzuzufügende Anlagen, Vorrichtungen und Werkzeug, platzsparende Arbeitstische, Teileregale et cetera. Das neue Material muss noch in der Vorbereitungsphase auf seine Funktionsfähigkeit und Präzision überprüft werden. Des Weiteren muss für die Energieversorgung der Zelle gesorgt werden. Außerdem bedürfen die Bauarbeiten zum Versetzen der vorhandenen Anlagen der Vorbereitung.

Bei diesen Dingen handelt es sich um ganz normale Vorgänge, die immer notwendig werden, wenn eine neue Linie aufgebaut werden soll. Dennoch sei an dieser Stelle betont: Durch sorgfältige Vorbereitung kann das Durcheinander beim Anlauf der Fertigungszelle auf ein Minimum reduziert werden, sodass die Effekte des *synchronen Managementsystems* von Anfang an korrekt bewertet werden können.

In der Vorbereitungsphase ist es darüber hinaus wichtig, probehalber das neue Layout in Originalgröße an dem geplanten Ort zu skizzieren, zum Beispiel indem die Anordnung der wichtigsten Anlagen mit Klebeband auf dem Boden markiert wird. So können die in Schritt 4 erstellten *standardisierten Arbeitsabläufe* in Simulationen im Originalmaßstab überprüft werden.

Darüber hinaus werden alle Anlagen im skizzierten Layout aufgestellt, bei denen das im Voraus möglich ist. Vor dem eigentlichen Umbau können die Mitarbeiter hier Erfahrungen mit den neuen standardisierten Arbeitsabläufen sammeln und sich ein Bild von der Mehrprozessbedienung machen.

Durchführung des Umbaus

Bei dem eigentlichen Umbau sollte man darauf achten, die Arbeitspunkte an den zu versetzenden Anlagen oder Arbeitstischen zu einem frühen Zeitpunkt zu überprüfen (Abbildung 3.15). Arbeitspunkte sind die Orte, an denen ein Mitarbeiter Bauteile oder Werkzeug greift oder Maschinen bedient. Man achte bei der Überprüfung vorrangig auf eine einheitliche Arbeitshöhe sowie eine gute Verkettung der Arbeitspunkte. Falls ungünstige Arbeitspunkte gefunden werden, sind diese so schnell wie möglich zu verbessern, ohne dabei den Fortschritt der

Umbauarbeiten zu beeinträchtigen. Auf diese Weise sorgt man von Anfang an für gute Bedingungen in der neuen Fertigungszelle (Qualität der Bewegungsabläufe). Arbeitet man an dieser Stelle nachlässig, ergibt sich später in der Anlaufphase ein großer Nachbesserungsbedarf. Das kostet viel Mühe und Zeit. Außerdem verdeckt es die Effekte des synchronen Managementsystems.

Nach abgeschlossenem Umbau führt man einen Produktionsversuch durch, bei dem man überprüft, ob die *standardisierten Arbeitsabläufe* zu reibungslosen Bewegungen führen. Insbesondere bei den standardisierten Puffern kann erst nach mehreren praktischen Arbeitszyklen beurteilt werden, ob diese wirklich gut angeordnet sind.

Gerade in der Montage führt der Umbau zu einer starken Veränderung von Teileanordnung und Gebindeformen. Daher müssen die Stellflächen in leicht verständlicher Weise beschriftet werden. Außerdem muss der mit der Materialversorgung betraute Mitarbeiter trainiert werden.

Anlaufphase

In der Anlaufphase ist die Sicherung der Qualität das wichtigste Thema, da sich das veränderte Arbeitsumfeld sowie die hinzugefügten Anlagen, Vorrichtungen und Werkzeuge negativ auf die Qualität auswirken können.

Bei der manuellen Arbeit müssen diejenigen Tätigkeiten in den standardisierten Arbeitsabläufen, die nur schwer durchführbar sind, gemeinsam mit den Mitarbeitern identifiziert und verbessert werden.

Die für eine gute Qualität erforderlichen Prozessbedingungen an Anlagen, Vorrichtungen und Werkzeug müssen visualisiert und zur Fixierung in den Katalog der regelmäßigen Anlageninspektionen aufgenommen werden.

Die Effekte des synchronen Managementsystems sind über ein *Stückzahlenmanagement* zu erfassen. Produktivitätssteigerungseffekte können aus der stündlichen Entwicklung der Stückzahlen abgelesen werden. Da hier auch der individuelle Einarbeitungsgrad der Mitarbeiter hineinspielt, müssen Lösungen für eine quantitative Bewertung desselben – wie auch der Schulungen – gefunden werden.

Schritt 7: Verbesserung mittels Einfachautomatisierung

In Schritt 6 erfolgte der Umbau zur *synchronen Fertigungszelle*. Nachdem sich die Produktion eingespielt hat, werden nun in Schritt 7 die notwendigen Verbesserungen vorgenommen, um die eigentlichen Vorteile des *synchronen Managementsystems* zur Geltung zu bringen. Schritt 7 besteht in der Verbesserung mittels *Einfachautomatisierung*.

Die bis zu Schritt 6 vorhandene funktionale Trennung – beziehungsweise die durch Transportbänder bedingte *Verschwendung durch Bewegung* in Form von extensivem Gehen, aufwendiger Bauteilsuche et cetera – wird durch den Umbau zur Fertigungszelle beseitigt. Allein das führt bereits zu einer deutlichen Produktivitätssteigerung. Je besser die tatsächliche Arbeit in der Fertigungszelle beherrscht wird, desto deutlicher wird auch, an welchen Stellen die in Schritt 4 eingerichteten

Phase	Inhalt und zu beachtende Punkte
Vorbereitungsphase	① Hinzuzufügende Anlagen, Vorrichtungen und Werkzeuge etc. beschaffen und auf Funktionsfähigkeit überprüfen ② Den Beteiligten alle anfallenden Bauarbeiten erläutern ③ Am geplanten Ort das Layout im Originalmaßstab skizzieren → Überprüfung der standardisierten Arbeitsabläufe ④ Anlagen, bei denen das möglich ist, im Voraus aufstellen → Mitarbeiter bekommen eine Vorstellung von den neuen Abläufen
Durchführung des Umbaus	① Vorhandene Anlagen versetzen; Bauteilbereitstellung, Vorrichtungen und Werkzeuge installieren; Stellflächen neu markieren ② Höhen und Verkettung der Arbeitspunkte an allen Prozessschritten überprüfen; ungünstige Punkte sofort verbessern ③ Überprüfen, ob nach den standardisierten Arbeitsabläufen gearbeitet werden kann; Stellflächen für standardisierte Puffer festlegen ④ Produktionsversuch durchführen (Arbeitssicherheit, Qualität, Werkerfreundlichkeit überprüfen)
Anlaufphase	① Überprüfen, ob bei Serienfertigung die Qualität gesichert ist; schwer durchführbare Tätigkeiten in den standardisierten Arbeitsabläufen verbessern ② Standard anpassen ③ Stückzahlenmanagement auf Stundenbasis und mitarbeiterbezogene Auswertung des Einarbeitungsgrads ④ Nach dem Umbau aufgetretene Mängel beseitigen; Transportbänder abbauen

Entscheidend ist, dass die Arbeit in standardisierten Arbeitsabläufen in kurzer Zeit etabliert wird.

Abbildung 3.13: Phasen des Umbaus zur synchronen Fertigungszelle

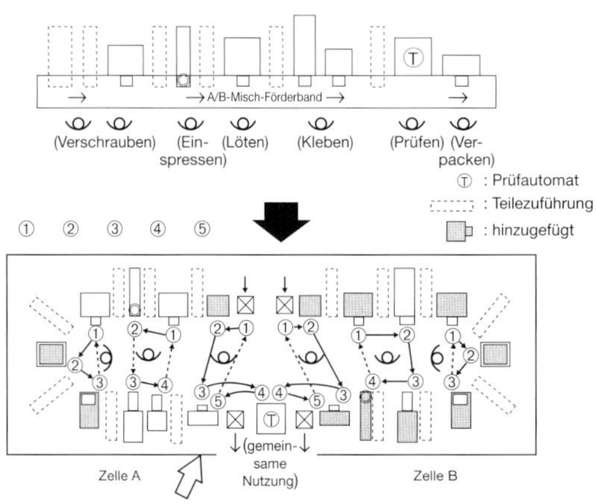

Layout am geplanten Ort in Originalgröße auf dem Boden skizzieren und die Mitarbeiterbewegungen simulieren

Abbildung 3.14: Beispiel Montage

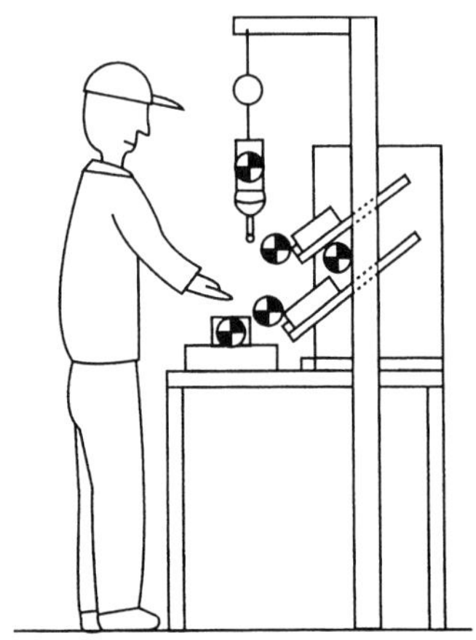

Höhe und Verkettung der Arbeitspunkte überprüfen (Qualität der Bewegungsabläufe)

Abbildung 3.15: Arbeitspunkte überprüfen

standardisierten Arbeitsabläufe verbessert werden müssen. Wie in dem Beispiel in Abbildung 3.16 ① kann es, bezogen auf die *Kundentaktzeit*, zu *Verschwendung durch Wartezeiten* kommen oder die Bereitstellung von Bauteilen, Vorrichtungen und Werkzeugen am *optimalen Greifpunkt* kann unzureichend sein.

Mit einfach durchführbaren, kleinen Verbesserungen beginnen

Als Einstieg sollten zunächst einfach durchführbare, kleine Verbesserungen realisiert werden. Danach wird die Arbeit auf Grundlage der *Kundentaktzeit* neu verteilt und man richtet neue *standardisierte Arbeitsabläufe* ein (Abbildung 3.16 ②). Dadurch werden *Einzelstückfluss* und *Produktion im Kundentakt* in der Fertigungszelle gefestigt und Abweichungen sowie Verschwendung können visuell immer leichter nachvollzogen werden. Damit wird die Grundlage für weitere Verbesserungen geschaffen.

Einfachautomatisierung

Bei den folgenden Verbesserungsmaßnahmen (Abbildung 3.16 ③) sollte man sich der *LCIA-Konzepte* bedienen. Diese helfen dabei, Verbesserungspunkte zu finden und Ideen zu entwickeln. Die Abkürzung LCIA steht für »Low Cost Intelligent Automation« – die englische Bezeichnung für *Einfachautomatisierung*. In den LCIA-Konzepten ist schlagwortartig zusammengefasst, wie ohne finanziellen Aufwand (»Low Cost«) kreative Ideen (»Intelligent«) zur Automatisierung geboren werden können[22].

Abbildung 3.17 zeigt die LCIA-Konzepte. Insgesamt gibt es 36 Konzepte, die sich gleichmäßig auf die drei Bereiche Montage, mechanische Bearbeitung und Transport verteilen. Die Konzepte tragen Bezeichnungen, die zum Teil auf Anhieb schwer verständlich sind. Diese Bezeichnungen wurden aber absichtlich so gewählt, um deutlich zu machen, dass es sich um Konzepte handelt, die sich von allen bisherigen unterscheiden. Die Konzepte sollen zum Handeln anregen. Alle Konzepte haben gemeinsam, dass sie mechanische Veränderungen an den Anlagen mit sich bringen, die den Mitarbeiter bei seinen Bewegungen unterstützen sollen.

Wenn die LCIA-Konzepte von möglichst vielen Beteiligten einschließlich der Linienmitarbeiter verstanden werden, werden sie zu einer gemeinsamen Sprache und tragen zu einer reibungslosen Kommunikation bei den Verbesserungsaktivitäten bei.

In dem Beispiel in Abbildung 3.16 wurden die LCIA-Konzepte für das Montieren angewendet. Zum Beispiel wurden Abstände zwischen Prozessschritten und Anlagen verkleinert, sodass die Zelle verglichen mit dem in Schritt 6 geschaffenen Zustand nur noch die Hälfte der Fläche in Anspruch nimmt. Dabei ist besonders das Konzept 8 »Vom Ausgang zum Eingang« zum Tragen gekommen. Bei diesem Konzept geht es darum, das am vorgelagerten Prozessschritt ausgeworfene Werkstück so nah wie möglich an den Einlegeort am nachgelagerten Prozessschritt zu bringen.

---

[22] Hitoshi Takeda: LCIA – Low Cost Intelligent Automation. Produktivitätsvorteile durch Einfachautomatisierung, Landsberg am Lech 2006.

Das Zusammenrückten der Prozessschritte beschränkt gleichzeitig den Platz, der für die Bauteilebereitstellung zur Verfügung steht. Das Konzept 10 »Teilezuführung in Magazinen« bietet Lösungen für dieses Problem: Die Bauteile werden im vorgelagerten Prozess geordnet in Magazinbehälter eingelegt, sodass sie zum Zeitpunkt der Bereitstellung an der Montagelinie weniger Fläche beanspruchen und eine Bereitstellung am *optimalen Greifpunkt* möglich wird.

Darüber hinaus wurden in dem Beispiel durch Umsetzung der Konzepte 5 »Von Vorrichtung zu Vorrichtung«, 7 »Automaten mit *Auswerfern* ausstatten« et cetera zahlreiche kleine Zeiteinsparungen realisiert, die in der Summe die Einsparung eines Mitarbeiters ermöglichten.

Damit sind die Verbesserungen durch Einfachautomatisierung aber noch nicht am Ende. Durch den Einsatz weiterer LCIA-Konzepte sollte die Einsparung eines weiteren Mitarbeiters angestrebt werden.

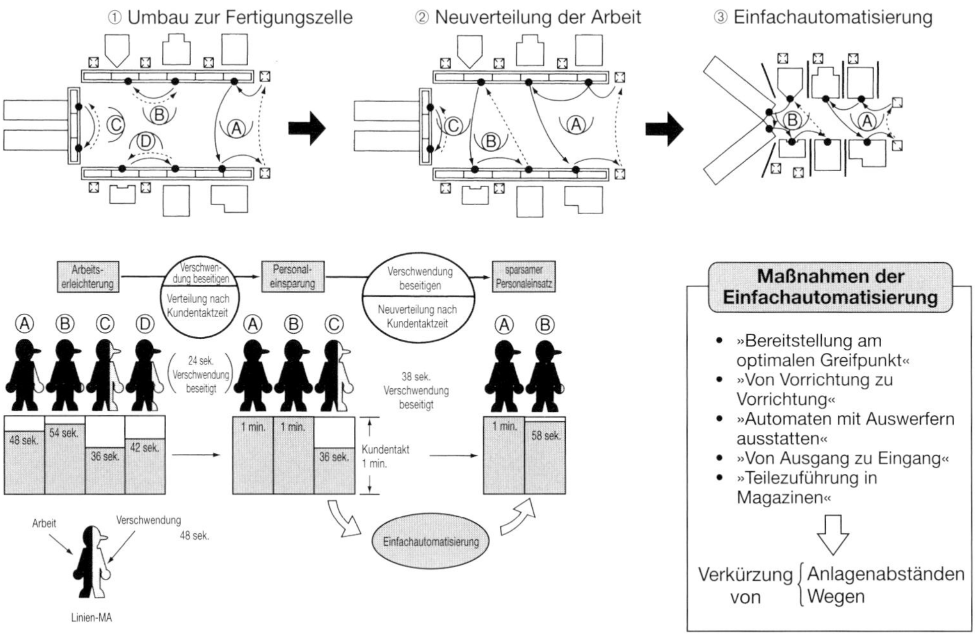

Abbildung 3.16: Verbesserung der Fertigungszelle mittels Einfachautomatisierung

Die LCIA-Konzepte sind das grundlegende Werkzeug, wenn vor Ort über Verbesserungen nachgedacht wird. Sie dienen dazu, Kreativität und Erfindungsgeist der Produktion zu kanalisieren.

	Konzepte für das Montieren
1	Bereitstellung am optimalen Greifpunkt
2	Werkzeug zu Spezialwerkzeug machen
3	Auswählen autonomatisieren
4	Werkzeug autonomatisieren
5	Von Vorrichtung zu Vorrichtung
6	1 Arbeitsplatz = 2 Stationen
7	Automaten mit Auswerfern ausstatten
8	Von Ausgang zu Eingang
9	Bausätze bilden
10	Teilezuführung in Magazinen
11	Ein-Griff-Umrüsten
12	Mit den Händen eines Chirurgen bei der Operation

	Konzepte für die mechanische Bearbeitung
1	Vorrichtungen zum Einwerfen
2	Handarbeit simpel autonomatisieren
3	Autonomatisches Festspannen
4	Vorschub, Anhalten und Zurückfahren sind Sache der Maschine
5	Arbeiten mit reiner Einlegetätigkeit (Chaku-Chaku-Prinzip)
6	Der Ausgang des einen Prozesses ist der Eingang des nächsten
7	Sofortige Qualitätskontrolle mit Ein-Griff-Lehren
8	Einschalten über Während-Schalter
9	Umrüsten in ≤ 81 sek.
10	Rugby statt Fußball
11	Maschinenbreite = Werkstück + 100 mm
12	Maschinen modular aufbauen

	Konzepte für das Transportieren
1	Schmale Behälter
2	Gebinde standardisieren
3	Transportwagen mit gemischter, satzweiser Beladung
4	Be- und Entladen auf einheitlicher Höhe
5	Der nachgelagerte Prozess löst aus
6	Klare, einfache Routen
7	Transportiere eifrig!
8	Bewegung autonomatisieren
9	Auch das Zurückholen der Leerbehälter in den Fluss integrieren
10	Transport festgelegter Mengen zu nicht festgelegten Zeiten
11	Keine Hebezüge, Kräne oder Gabelstapler
12	Das Material ins Laufen bringen

Abbildung 3.17: Die LCIA-Konzepte

Schritt 8: Stabilisierung und Ausbau der Fertigungszelle

Der letzte Schritt dient der Stabilisierung und dem Ausbau der *synchronen Fertigungszelle*. Mit Stabilisierung ist gemeint, dass die anfänglichen Schwankungen bei Stückzahlen, Qualität, Produktivität et cetera abnehmen und die Fertigungszelle ihre Zielvorgaben erreicht. Dazu müssen Mitarbeiter, Material und Anlagen in der Fertigungszelle gemäß den festgelegten Standards und Regeln gemanagt werden. Darunter verstehe ich: Es wird dafür gesorgt, dass zum einen Abweichungen von Standards oder Regeln auf der Stelle von jedem beliebigen Betrachter visuell nachvollzogen werden können und dass zum anderen im Falle einer solchen Abweichung rasch korrigierende Maßnahmen ergriffen werden. Man bezeichnet dies im synchronen Produktionssystem als *visuelles Management*[23].

Der rege Gebrauch der Konzepte und Werkzeuge des visuellen Managements ist für die Stabilisierung der Fertigungszelle unabdingbar. In diesem Zusammenhang sind die Werkzeuge *Andon* und *Stückzahlenmanagementtabelle* besonders hervorzuheben (Abbildung 3.18).

Es gibt zahlreiche Typen von Andon. Typischerweise wird es dazu benutzt, im Falle von Verzögerungen in der Produktion, bei Anlagenausfällen oder Schwierigkeiten an einem Prozessschritt ein Rufsignal auszugeben, um die für die Linie verantwortliche Führungskraft zu raschen Gegenmaßnahmen zu drängen.

[23] Siehe Abschnitt »Visuelles Management in Fertigungszellen«, S. 132ff.

Produktionsfördernde Maßnahmen auf Aktivitätentafeln festhalten

Wenn die Stabilisierung erreicht ist, folgt als Nächstes der weitere Ausbau der Fertigungszelle. Dazu müssen Mechanismen zur Förderung von Verbesserungen in der Zelle implementiert werden. Diese sind ein wesentliches Element des synchronen Produktionssystems[24] und entstehen daher selbstverständlich nicht unabhängig voneinander in jeder einzelnen Fertigungszelle neu. Konkret werden in den einzelnen Fertigungszellen vielmehr Werkzeuge installiert, die es diesen Mechanismen ermöglichen zu greifen.

Die in Abbildung 3.19 dargestellte *Aktivitätentafel* ist ein typisches Werkzeug dafür. Auf ihr werden die Ausrichtung der Verbesserungsaktivitäten, ihre Ziele, die Vorgehensweise, die konkreten Erfolge et cetera an einem allgemein einsehbaren Ort ausgehängt. Die Aktivitätentafel ist sozusagen ein Werkzeug des visuellen Managements für Verbesserungsaktivitäten. Sie dient dem Informationsaustausch zwischen Linienmitarbeitern, der zuständigen Führungskraft (untere Führungsebene) und den Managern der mittleren Führungsebene. Im Wesentlichen enthält sie folgende Informationen:

① Ausrichtung der Verbesserungsaktivitäten und die dazugehörigen Kennzahlen
② Konkrete Aktivitätenplanung
③ Maßnahmenschwerpunkte
④ Verbesserungsbeispiele

In den ① Kennzahlen müssen wenigstens die drei Produktionsfaktoren Q (Qualität), K (Kosten) und L (Lieferzeit) in Form von Qualitätsniveau, Produktivität und Bestandsniveau dargestellt werden. Je nach Ausrichtung der Maßnahmen werden noch zwei bis drei Kennzahlen ergänzt, zum Beispiel Durchlaufzeit, beanspruchte Fläche, Anlagenausfallsrate et cetera.

In dem Beispiel in Abbildung 3.19 werden das Qualitätsniveau anhand der internen Sperrungsrate, die Produktivität anhand der benötigten Mannstunden pro Produkt und das Bestandsniveau anhand der Bestandsreichweite in Tagen angegeben. Es muss einheitlich für das gesamte Werk standardisiert werden, wie die verwendeten Daten zu erheben sind. Da die Differenz zwischen Ausgangs- und Zielwert den Anfang jeglicher Verbesserungsaktivität bildet, muss darüber hinaus geregelt werden, auf welche Weise diese Werte bestimmt werden sollen.

In der ② Aktivitätenplanung wird konkret aufgezeigt, wer was bis zu welchem Zeitpunkt tun muss, damit die erwähnten Zielwerte erreicht werden. Neben der reinen Planung sollte man auch dafür sorgen, dass Fortschrittsgrad und Angemessenheit der ergriffenen Maßnahmen sowie ihre Ergebnisse mitgeteilt werden.

In den ③ Maßnahmenschwerpunkten werden diejenigen Maßnahmen herausgestellt und eingehender beleuchtet, die essenziell für die Zielerreichung sind. In dem Beispiel in Abbildung 3.19 wird in diesem Zusammenhang der *Mehrfachqualifizierungsplan* aufgeführt.

[24] Siehe Abschnitt »Ideologisch-methodisches Gerüst «, S. 39.

In den ④ Verbesserungsbeispielen werden exemplarisch Maßnahmen vorgestellt, die stark zur Verbesserung der Kennzahlen beigetragen haben. Dabei wird die Situation vor der Verbesserung der Situation nach der Verbesserung gegenübergestellt. Die Beispiele sollen als Anregung dienen, neue Ideen und Methoden auch auf andere Bereiche zu übertragen.

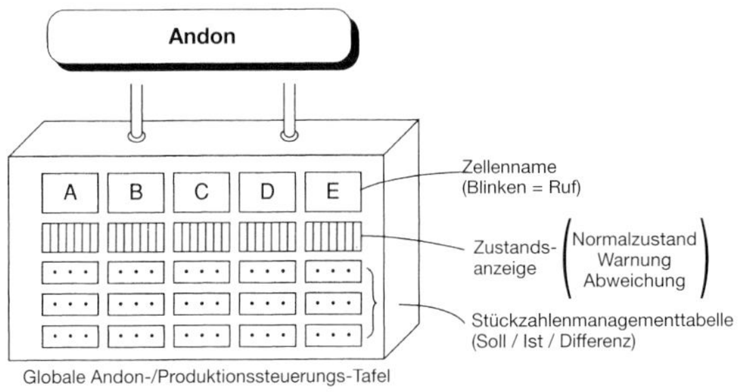

Stückzahlenmanagement-tabelle

Zeitfenster	Soll	Ist	Grund der Abweichung
8:00~ 9:00	100	80	Anlagenausfall
9:00~10:00	100/200	90/170	Ausschuss
10:00~11:00	100/300	100/270	
11:00~12:00	100/400	105/375	

Abbildung 3.18: Werkzeuge zur Stabilisierung der Fertigungszelle

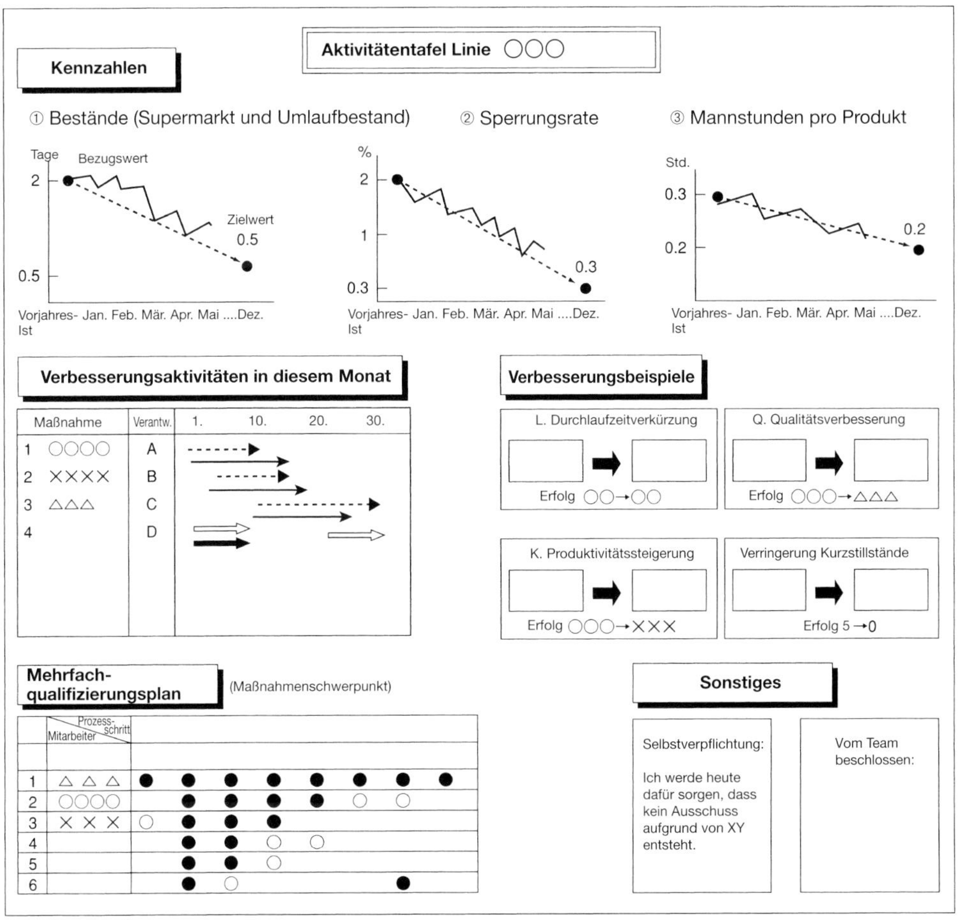

Abbildung 3.19: Aktivitätentafel der Linie

3.3 Integration von Fertigungszellen

Vorprozesse an die Zelle anbinden

Nur bei wenigen Produkten können alle Prozessschritte in einer einzigen Linie untergebracht werden. Aufgrund von Bauteilstruktur, Bearbeitungsreihenfolge oder Einschränkungen auf Anlagenseite bleiben in der Regel einige Prozessschritte von der eigentlichen Hauptlinie getrennt. In diesen separaten »Vorprozessen« wird parallel zur Hauptlinie gefertigt. Die Einrichtung von Vorprozessen bringt den Vorteil einer kürzeren Durchlaufzeit mit sich, weil die Hauptlinie auf ihre wesentliche Funktion beschränkt bleibt. Daher bemüht man sich im *synchronen Produktionssystem* aktiv um die Ausgliederung von Vorprozessen.

Allerdings bringt das auch Nachteile mit sich, wie in Abbildung 3.20 beschrieben. Die Lösung dafür, diese Nachteile zu umgehen und gleichzeitig die Vorteile der Vorprozesse zu erhalten, lautet *Anbindung*.

Was bedeutet Anbindung?

Anbindung bedeutet, dass die Vorprozesse direkt mit der Hauptlinie verbunden werden, sodass der Nebenfluss (Vorprozess) reibungslos in den Hauptfluss (Hauptlinie) mündet. Dabei geht es nicht bloß darum, Vorprozesse und Hauptlinie in unmittelbare Nachbarschaft zu bringen oder die Vorprozesse in die Hauptlinie aufzunehmen – es geht vielmehr um die Synchronisierung zweier Flüsse.

Ein Großteil der Nachteile von Vorprozessen ist layout- oder steuerungsbedingt: Wird der Vorprozess an einem von der Hauptlinie entfernten Ort eingerichtet oder von einer anderen Abteilung gesteuert, sind viel Verschwendung und zahlreiche Probleme die Folge. Vordergründig passiert das unter dem Zwang einschränkender Faktoren auf Flächen- oder Anlagenseite, im Grunde aber, weil man nur ungenügend auf den Materialfluss bedacht war.

Der Umbau zur Fertigungszelle, darf sich nicht nur auf die betrachtete Linie beschränken. Es muss der Gesamtfluss aller Prozessschritte einschließlich der Vorprozesse berücksichtigt werden.

Vorgehensweise bei der Anbindung

Bei der Anbindung helfen folgende fünf Fixpunkte (Abbildung 3.20):

① Bevor der Vorprozess an die Zelle verlagert wird, sollte seine Fläche minimiert werden. Aufgrund der begrenzten Platzverhältnisse in einer Fertigungszelle muss hier besonders gründlich vorgegangen werden.

② Der Vorprozess wird am Einmündungspunkt direkt mit der Zelle verbunden. Hierbei dürfen keine unnötigen Abstände geschaffen werden. Es soll kein Platz für unnötigen Umlaufbestand entstehen.

③ Zwischen Vorprozess und Linie muss eine Mehrprozessbedienung möglich sein. Mit anderen Worten: Die Mitarbeiter sollten sich frei zwischen Vorprozess und Linie hin- und herbewegen können.
④ An der Einmündungsstelle ist ein *standardisierter Puffer* einzurichten, damit im *Einzelstückfluss* gefertigt wird.
⑤ Vorprozess und Linie müssen in derselben Taktzeit produzieren. Auch von der Steuerungsseite sollte der Vorprozess als Teil der Hauptlinie behandelt werden.

Nachteile von Vorprozessen
① Mehr benötigte Fläche
② Mehr Transportaufwand
③ Mehr leere Arbeitszeit (Wartezeiten)
④ Mehr Umlaufbestand in den Vorprozessen
⑤ Mehr Steuerungsaufwand

Lösung durch Anbindung

Fixpunkte zur Anbindung von Vorprozessen
① Kompakte Prozesse schaffen, welche die Mehrprozessbedienung erlauben
② Den Vorprozess direkt mit der Zelle verbinden
③ Eine Anordnung wählen, die den Mitarbeitern Bewegungsfreiheit zur Mehrprozessbedienung bietet
④ An der Einmündungsstelle einen Standardpuffer einrichten, um Einzelstückfluss zu erzwingen
⑤ Synchronisierte Fertigung in gleicher Taktzeit

Achtung: ① → ⑤ sind in Reihenfolge abzuarbeiten.

Abbildung 3.20: Fixpunkte zur Anbindung von Vorprozessen an Fertigungszellen

	Form der Vorprozesse		Layout-Beispiel	Hauptpunkte
A	Die Vorprozesse sind kurz und nur in geringer Zahl vorhanden.	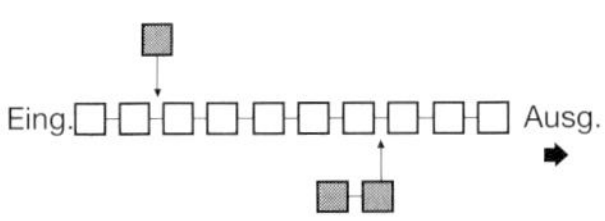	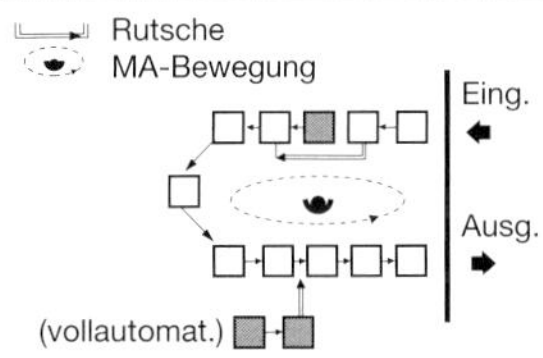	● Die Vorprozesse in die Fertigungszelle aufnehmen. Der Fluss der Zelle (Hauptlinie) umgeht den Vorprozess. ● Den Vorprozess vollautomatisieren und direkt an die Zelle anbinden.
B	Die Vorprozesse sind lang und münden in der Mitte der Hauptlinie ein.	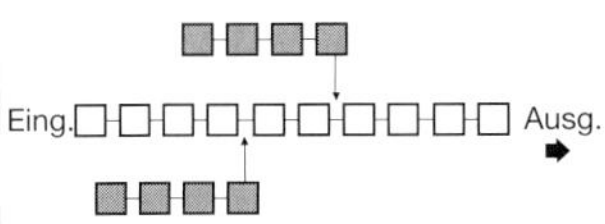	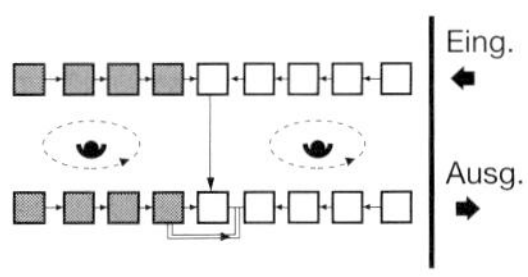	● Eine Fertigungszelle in offener U-Form schaffen und die Vorprozesse in direkter Verlängerung der Zellenschenkel anordnen. Die Teile aus den Vorprozessen werden bis an den Einmündungspunkt transportiert.
C	Die Vorprozesse sind komplex aufgebaut und münden in der Nähe des Ein- bzw. Ausgangs der Hauptlinie ein.	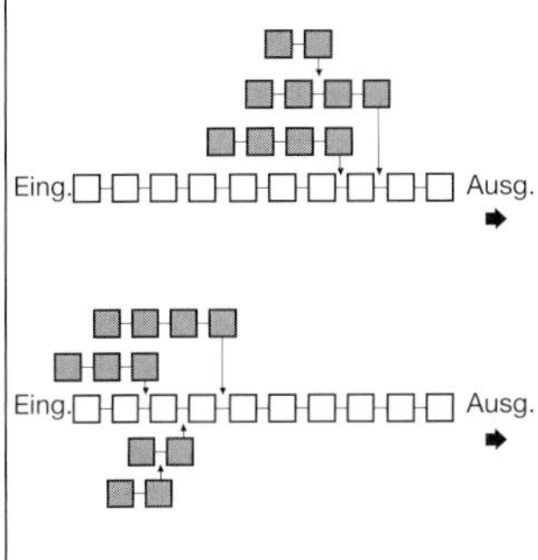	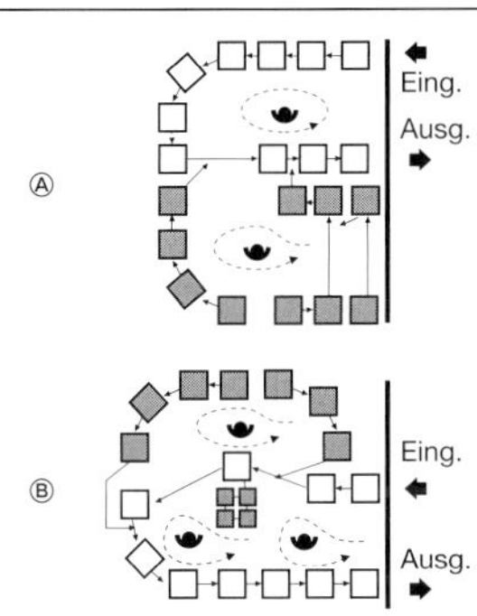	● Unter den gegebenen Beschränkungen sind bei Berücksichtigung der Fixpunkte aus Abb. 1 mehrere Anordnungen denkbar. ● Ⓐ ist ein Beispiel, in dem Vorprozess und Hauptlinie in zwei parallelen U angeordnet sind. ● Ⓑ ist ein Beispiel, in dem einer der Vorprozesse in das Innere der Fertigungszelle verlegt wurde.

Abbildung 3.21: Layout-Beispiele für die Anbindung

Das Wichtigste zum Layout für die Anbindung

Es gibt viele Formen von Vorprozessen, sodass es keine festgelegte Anbindungsweise gibt. In jedem Fall gelten die fünf Fixpunkte als Grundregeln. Die Layout-Lösung muss von den Eigenschaften der Vorprozesse abgeleitet werden. Abbildung 3.21 zeigt einige typische Beispiele:

Wenn die Vorprozesse kurz und nur in geringer Zahl vorhanden sind, können sie in die Fertigungszelle aufgenommen werden oder automatisiert und neben der Linie platziert werden (A).

Sind die Vorprozesse lang, kann die Fertigungszelle als »offenes U« angelegt werden. So können die Vorprozesse in Verlängerung der Schenkel der Zelle angeordnet werden (B). Diese Vorgehensweise ist äußerst universell und in zahlreichen Fällen anwendbar.

Wenn die Vorprozesse komplex aufgebaut sind und in der Nähe des Ein- oder Ausgangs der Fertigungszelle einmünden, ist die Schaffung eines offenen U problematisch. In solchen Fällen arbeitet man mit zwei parallelen U oder einem kleinen U im Inneren der Fertigungszelle (C).

Losweise fertigende Prozesse anbinden

Bei der losweisen Fertigung wird eine große Stückzahl derselben Variante auf einmal produziert. Diese Fertigungsweise steht im krassen Widerspruch zur *synchronen Produktion*, bei der das Gebot des *Einzelstückflusses* gilt.

In diesem Abschnitt werden Prozesse mit losweiser Fertigung behandelt, die mehrere Hauptlinien versorgen und aufgrund von technologisch oder anlagenseitig bedingten Beschränkungen außerhalb der Hauptlinien installiert werden mussten. An solchen Prozessen fließt Material aus mehreren Hauptlinien zusammen, um nach der Bearbeitung wieder dorthin zurückzufließen (Abbildung 3.22).

Trotz bisheriger Bemühungen zur Umstellung von der funktional getrennten Anordnung (horizontale Integration) auf eine Anordnung in Reihenfolge der Prozessschritte (vertikale Integration) konnte an diesen Prozessen bisher noch keine *Begradigung der Flüsse*[25] erreicht werden. Natürlich entsteht hier viel Verschwendung, unter anderem durch Umlaufbestand (vor und nach dem losweise fertigenden Prozess selbst sowie an den Schnittstellen der Hauptlinien), Transport und Managementaufwand.

Um diese Verschwendung zu beseitigen und eine vollständige Begradigung der Flüsse zu erreichen, müssen die Anlagen des losweise fertigenden Prozesses durch kostengünstige und kompakte Maschinen in jeder beteiligten Hauptlinie ersetzt werden. Auf diese Weise erreicht man die *Anbindung* eines losweise fertigenden Prozesses.

Dazu muss vor Ort die nötige Kompetenz dafür aufgebaut werden, kostengünstige und kompakte Maschinen anzufertigen und diese in eine Fertigungszelle aufzunehmen.

---

[25] Siehe Abschnitt »Prozesse durchgängig verknüpfen«, S. 45.

Anforderungen an anbindbare Maschinen

Die kompakten Maschinen für die Anbindung müssen die folgenden Anforderungen erfüllen. Diese Anforderungen stehen grundsätzlich mit dem Konzept der *Einfachautomatisierung* in Einklang.

① Die Maschine muss in einer Geschwindigkeit fertigen, die der *Kundentaktzeit* der Zelle entspricht. Pro Zyklus wird ein Stück gefertigt.
② Die Maschine muss wirklich kompakt ausgelegt werden, um eine reibungslose Materialbewegung zwischen vorgelagertem Prozessschritt, der Maschine und nachgelagertem Prozessschritt zu ermöglichen.
③ Es muss gründlich untersucht werden, welche Funktionen für die Bearbeitung tatsächlich benötigt werden. Über die Verwendung eines simplen Mechanismus/Aufbaus sind die Kosten für den Bau der Maschine auf das Minimum zu reduzieren.
④ Die Maschine soll das flexible Reagieren auf Mengen- oder Variantenänderungen gestatten und außerdem leicht umzubauen und zu verbessern sein.

Es ist recht problematisch, solche Maschinen von einem Hersteller zu beziehen. Anstatt auf die Fremdbeschaffung sollte man seine Anstrengungen daher darauf konzentrieren, die benötigten Maschinen im eigenen Haus zu bauen.

Beispiele für anbindbare Maschinen

Um dem Leser eine Vorstellung zu geben, zeigt Abbildung 3.23 einige typische Beispiele. Es handelt sich um kompakte Maschinen, die in Fertigungszellen aufgenommen wurden. Bei jeder der gezeigten Maschinen waren zahlreiche Testbauten erforderlich, bevor der losweise fertigende Prozess tatsächlich ersetzt werden konnte. In den Tests wurde das notwendige Know-how zur *Einfachautomatisierung* gesammelt.

Beispiel ① zeigt einen Waschprozess, wie man ihn in der mechanischen Bearbeitung häufig findet. Dieser wurde für die Fertigungszelle angemessen verkleinert. Dazu wurden die Funktionseinheiten eines großen Waschautomaten verkleinert (oder in kompakter Form zugekauft). Dank eines einfachen Vorschubmechanismus kann ein Werkstück nach dem anderen gewaschen werden.

In Beispiel ② wurde ein relativ einfacher Lackierprozess verkleinert, wie man ihn zwischen einem Blechbearbeitungs- oder Spritzgussprozess und einer Montagelinie findet. Das Spritzlackieren wurde automatisiert. Auf einem Transportband wird so viel Umlaufbestand vorgehalten, wie zum Trocknen erforderlich ist. Der Mitarbeiter nimmt immer ein Fertigteil ab und hängt dafür ein neues Rohteil auf.

In Beispiel ③ wurde ein Prozess zur Heißhärtung und Alterungsprüfung für Kleber beziehungsweise Kunstharz in eine Fertigungszelle aufgenommen. Man findet solche Prozesse häufig in Montagelinien, die Elektronikbauteile verwenden. Die Langzeitlagerung bei konstanter Temperatur erfolgt auf einem Transportband, das pro Takt einen Schritt weiter fährt. So kommt immer ein neues Teil in den Prozess, wenn eines denselben verlässt. Es wird so viel Umlaufbestand vorgehalten, wie für die Lagerung erforderlich ist. Dazu wird der Freiraum unter einem Arbeitstisch genutzt.

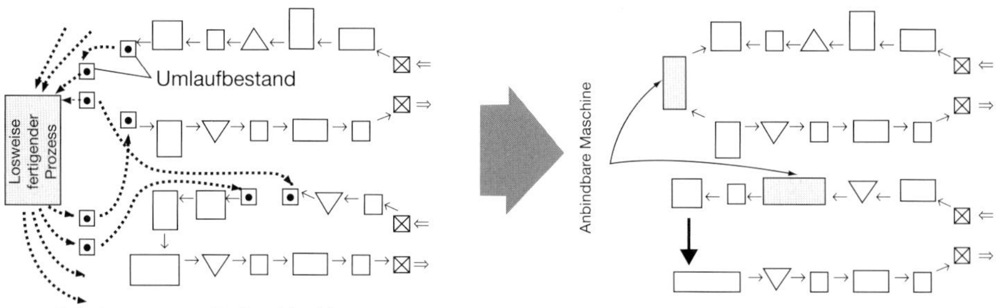

Anforderungen an anbindbare Maschinen

① Die Maschine fertigt in einer Geschwindigkeit, die der Kundentaktzeit der Fertigungszelle entspricht. Pro Zyklus wird 1 Stück gefertigt.
② Die Maschine ist so kompakt, dass sie in die Fertigungszelle aufgenommen werden kann.
③ Die Kosten für den Bau der Maschine wurden über einen simplen Aufbau minimiert.
④ Der Bau erfolgt im eigenen Hause, sodass die Maschine leicht verändert und verbessert werden kann.

Abbildung 3.22: Anbindung losweise fertigender Prozesse

Beispiel	Skizze der Maschine	Aufbau
① Waschen in einer mechanischen Bearbeitungszelle	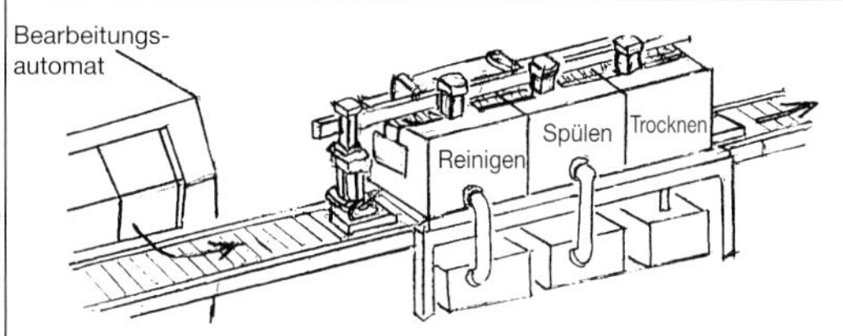	● Die Werkstücke werden mittels Pneumatikzylinder eins nach dem anderen durch die drei Funktionseinheiten Reinigen → Spülen → Trocknen bewegt. ● Die Reinigungsflüssigkeit bzw. das Spülwasser werden aus den unteren Tanks angesaugt. Danach werden die Fremdkörper abgeschieden und die Flüssigkeit wird jeweils wieder zurück in den zugehörigen Tank geleitet.
② Lackieren von Bauteilen	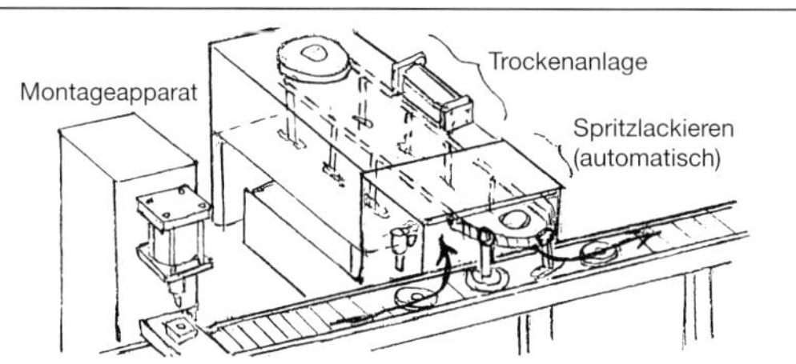	● Ein einfacher Spritzlackierautomat wurde mit einem Trockenofen gekoppelt. Die Werkstücke werden mittels Rollenkette transportiert. ● Der Mitarbeiter nimmt immer ein fertiges Werkstück ab und hängt ein rohes Werkstück an den Werkstückträger.
③ Kleberhärtung und Alterungstest in einer Montagezelle	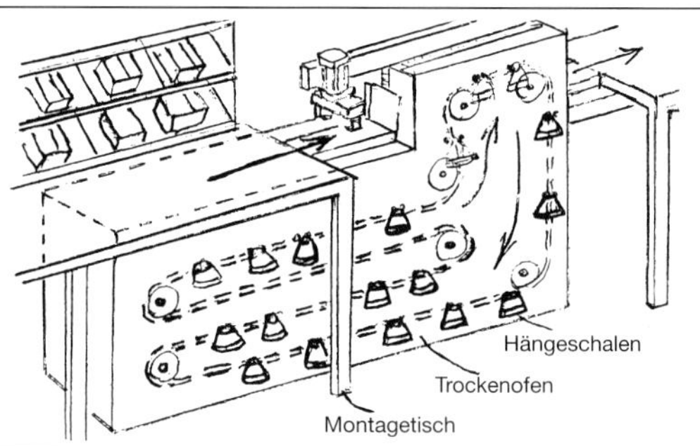	● Der freie Raum unter dem Montagetisch wurde für eine Rollenkette verwendet, an der Hängeschalen befestigt wurden. Die Werkstücke werden 2 Stunden lang bei 100° C gelagert. ● Die Rollenkette bewegt sich pro Takt einen Schritt weiter. So kommt immer ein neues Teil in den Ofen, wenn eines denselben verlässt. ● Das Be- und Entladen der Schalen wurde mittels Pneumatikzylinder automatisiert.

Abbildung 3.23: Beispiele für anbindbare Maschinen

Gleichartige Fertigungszellen integrieren

Wenn man mehrere Linien zusammengefasst betreibt, sodass ein einziger großer Fluss entsteht, spricht man im *synchronen Produktionssystem* von der Schaffung von *Produktionsgroßräumen*.

Schaffung von Produktionsgroßräumen in der Zellenfertigung

Aufgrund ihrer U-Form hat eine Fertigungszelle den Charakter eines kleinen, geschlossenen Raums. Zur Schaffung eines Produktionsgroßraums aus mehreren Zellen müssen diese jeweils am Bogen des U geöffnet werden. So können sich die Mitarbeiter frei zwischen mehreren Zellen bewegen (Abbildung 3.24).

Wenn viele isolierte Fertigungszellen über das Werk verteilt sind, sind *leere Arbeitszeit* (Wartezeit), ein hoher Bestand an Halbfertigware und viel Transport zwischen den Zellen die Folge. Ziel der Schaffung von Produktionsgroßräumen ist, diese Verschwendung zu beseitigen. Gleichzeitig soll der *sparsame Personaleinsatz* ermöglicht werden, bei dem sich die Anzahl der Mitarbeiter in einer Zelle in Abhängigkeit von den schwankenden Stückzahlen ändert.[26]

In diesem Abschnitt möchte ich näher darauf eingehen, wie man Fertigungszellen zusammenfasst, die gleichartige Produkte mit der gleichen *Kundentaktzeit* produzieren. Der Folgeabschnitt behandelt die Zusammenfassung von Zellen mit unterschiedlichen Kundentaktzeiten (Seite 111ff.).

Layout von Produktionsgroßräumen

Entscheidend bei der Layout-Planung von Produktionsgroßräumen sind Materialfluss und Bewegung der Mitarbeiter zwischen den Linien.

Zunächst sollten die Ein- und Ausgänge der einzelnen Zellen direkt miteinander verbunden werden, sodass zwischen ihnen keine Halbfertigware und Transporte mehr anfallen. Als Nächstes werden die Mitarbeiterbewegungen untersucht: Dabei geht man von der Hypothese aus, ein Mitarbeiter bediene alle Prozessschritte. In einer Layout-Zeichnung beschreibt man mit einem durchgehenden Strich, wie sich der Mitarbeiter bei seinem Zyklus durch die Zellen bewegt, und überprüft so, ob er reibungslos arbeiten kann, ohne dass Verschwendung entsteht.

Bei der konkreten Anordnung der Fertigungszellen geht man vom Bearbeitungsablauf aus. Man wählt die wichtigste Zelle als Kern und ordnet die übrigen Zellen in Verlängerung dieser Zelle oder parallel zu dieser an, um einen optimalen Fluss zu schaffen. Bestimmte Beschränkungen im Bearbeitungsablauf können dazu führen, dass eine Gruppe von Zellen nicht unmittelbar miteinander verbunden werden kann. In solchen Fällen sind zur Verbindung einfache Rutschen oder Transportvorrichtungen zu installieren. Diese müssen so ausgelegt werden, dass sie die Mitarbeiterbewegungen nicht behindern.

[26] Siehe Abschnitt »Sparsamer Personaleinsatz in Fertigungszellen«, S. 133ff.

Abbildung 3.25 zeigt, wie unter Berücksichtigung dieser Aspekte aus fünf Fertigungszellen ein Produktionsgroßraum geschaffen werden kann. Es sind verschiedene Layout-Vorschläge mit einer unterschiedlichen Anzahl an Reihen denkbar. Welcher Vorschlag letztendlich umgesetzt wird, wäre im nächsten Schritt in Abhängigkeit von den tatsächlichen räumlichen Gegebenheiten zu entscheiden.

Management von Produktionsgroßräumen

Ein Produktionsgroßraum ist nicht durch eine bloße Layout-Veränderung zu schaffen. Durch die Layout-Veränderung beseitigt man nur die Bestände an Halbfertigware und deren Transporte. Zur Beseitigung der *leeren Arbeitszeit* (Wartezeiten bis zum Erreichen der Kundentaktzeit) benötigt man darüber hinaus Lösungen auf Managementseite – zum Beispiel bei der Einteilung der Arbeit: Damit jeder Mitarbeiter bis an die Kundentaktzeit-Grenze voll ausgelastet werden kann, müssen unter anderem Zeitschwankungen bei den manuellen Tätigkeiten reduziert werden, es müssen Bereiche eingerichtet werden, in denen sich die Arbeitsumfänge der Mitarbeiter überlappen, sodass diese sich gegenseitig unterstützen können, und die *Mehrfachqualifizierung* muss ausgebaut werden.

Durch die Schaffung von Produktionsgroßräumen kommen Probleme (Anlagenstörungen, Ausschuss, Zeitschwankungen et cetera) zum Tragen, die sich nicht störend bemerkbar machen, solange die Fertigungszellen isoliert bleiben. Daher muss über Verbesserungsmaßnahmen an jeder Fertigungszelle ein bestimmtes Stabilitätsniveau erreicht worden sein, bevor die Zellen zu einem Produktionsgroßraum zusammengefasst werden.

Darüber hinaus müssen Vorkehrungen getroffen werden, die es gestatten, dass in dem Produktionsgroßraum überall rasch auf Störungen reagiert wird. Dazu muss unter anderem die Rolle des Teamleiters klar definiert werden und ein zuverlässiges *visuelles Management* geschaffen werden. Erst damit ist die Schaffung eines Produktionsgroßraums abgeschlossen.

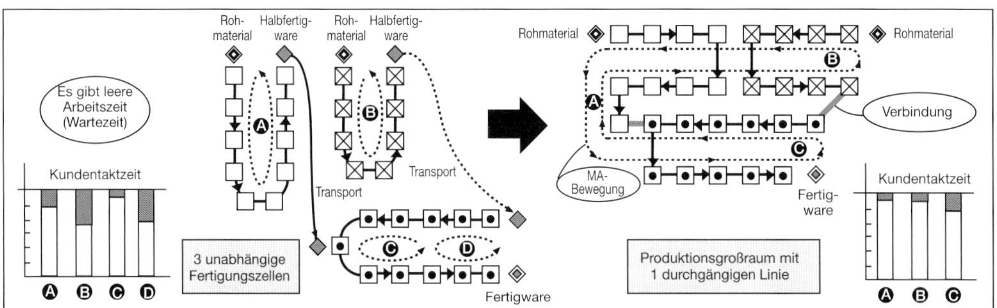

Grundanforderungen

① U-Linien öffnen und ihre Ein- und Ausgänge zusammenbringen
② Ein Layout wählen, das keine Verschwendung im Materialfluss und bei den MA-Bewegungen mit sich bringt
③ Die Linien müssen die gleiche Kundentaktzeit aufweisen.
④ Die Produktion in den einzelnen Zellen muss stabil sein. Die Mitarbeiter müssen mehrfachqualifiziert sein.

Ziele

① Leere Arbeitszeit (Wartezeit) beseitigen → sparsamer Personaleinsatz
② Bestand an Halbfertigware beseitigen
③ Transporte zwischen den Linien und Abstimmungsaufwand beseitigen

Abbildung 3.24: Fertigungszellen zu Produktionsgroßräumen zusammenfassen

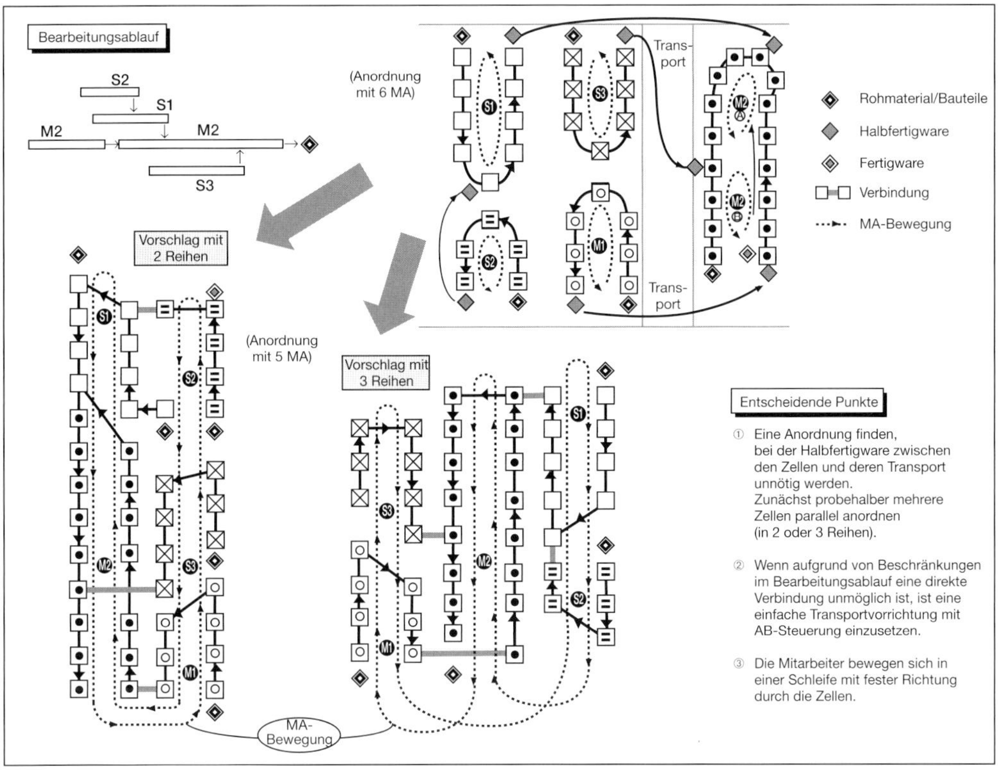

Abbildung 3.25: Beispiel für die Schaffung eines Produktionsgroßraums aus fünf Zellen

Verschiedenartige Fertigungszellen integrieren

Im letzten Abschnitt habe ich das Konzept der Schaffung von *Produktionsgroßräumen* anhand der Integration von Fertigungszellen mit gleicher *Kundentaktzeit* erläutert. Man kann Produktionsgroßräume aber auch durch eine *Zusammenfassung von Zellen mit unterschiedlichen Kundentaktzeitzeiten* schaffen.

Zusammenfassung von Zellen mit unterschiedlichen Kundentaktzeiten

Ziel einer solchen Zusammenfassung ist, die Verschwendung durch *leere Arbeitszeit* (Wartezeit) zu beseitigen. Dazu müssen sich die Mitarbeiter unterschiedlicher Zellen gegenseitig unterstützen können. Die Voraussetzungen dafür sind: ein Layout, das die Arbeit in mehreren Zellen erleichtert, sowie die *Mehrfachqualifizierung* der Mitarbeiter.

Die Arbeit in mehreren Zellen wird durch die Einrichtung von standardisierten Puffern ermöglicht. Das ist ein minimaler Bestand, der gerade so groß ist, dass der Mitarbeiter die Zelle kurzzeitig verlassen kann, um in der benachbarten Zelle zu arbeiten. Das ist in keinem Fall so zu verstehen, dass abwechselnd in Losen gefertigt werden soll. Dem Fluss in den Zellen ist immer Vorrang einzuräumen.

Die Arbeit in mehreren Zellen mit jeweils unterschiedlichen Kundentaktzeiten ist um einiges schwieriger, als es bei Zellen mit gleicher Kundentaktzeit der Fall ist. Das liegt daran, dass sich der Arbeitsumfang pro Mitarbeiter aufgrund der unterschiedlichen Kundentaktzeiten ständig ändert. Um mit diesen Veränderungen in der Praxis umgehen und reibungslos durchproduzieren zu können, ist es unumgänglich, *Zellenbelegungszyklen* aufzustellen beziehungsweise Hilfswerkzeuge wie Ruf-Andon zu etablieren (Abbildung 3.26, III).

Vorgehensweise bei Zellen mit unterschiedlichen Kundentaktzeiten

In unabhängigen Mini-Fertigungslinien, wie Fertigungszellen es sind, besteht immer eine Differenz zwischen *Kundentaktzeit* und den tatsächlichen Zykluszeiten der Mitarbeiter (Netto-Arbeitszeiten). Diese Differenz bezeichnet man als *leere Arbeitszeit*. Praktisch handelt es sich dabei um *Verschwendung durch Wartezeiten*[27].

Die Schaffung von Produktionsgroßräumen dient der Beseitigung dieser Verschwendung. Dabei muss man bei Zellen mit unterschiedlichen Kundentaktzeiten anders mit der leeren Arbeitszeit umgehen als bei Zellen mit gleicher Kundentaktzeit:

Bei Zellen mit gleicher Kundentaktzeit kann man das Verbesserungspotenzial leicht an der insgesamt vorhandenen leeren Arbeitszeit ablesen. Sobald es gelingt, die Zellen physisch miteinander zu verbinden, ist dieses Potenzial zu realisieren, da die ungenutzte Arbeitszeit leicht verschoben und zusammengefasst werden kann[28].

Bei Zellen mit unterschiedlichen Kundentaktzeiten macht es keinen Sinn, die leere Arbeitszeit in Minuten und Sekunden auszuwerten. Entscheidend ist, wie vielen Vollbeschäftigungseinheiten die insgesamt vorhandene leere Arbeitszeit entspricht. Dazu ermittelt man zunächst für jede Zelle, wie vielen Vollbeschäftigungseinheiten die dort vorhandene leere Arbeitszeit entspricht. Dabei setzt man die Kundentaktzeit der Zelle mit einer Vollbeschäftigungseinheit gleich und rechnet den Anteil der dort vorhandenen leeren Arbeitszeit entsprechend in Vollbeschäftigungseinheiten um. Aus der Summe der errechneten Vollbeschäftigungseinheiten ergibt sich das vorhandene Verbesserungspotenzial.

In dem Beispiel in Abbildung 3.26 ergibt die in den vier Zellen vorhandene leere Arbeitszeit in Vollbeschäftigungseinheiten umgerechnet in Summe genau eine Vollbeschäftigungseinheit (siehe III). Die Berechnung ergibt also, dass durch eine Neuverteilung der Arbeit ein Mitarbeiter eingespart werden kann.

[27] »Leere Arbeitszeit« wird im deutschen Sprachgebrauch auch als »Taktausgleichszeit« bezeichnet. Der Übersetzer hat sich gegen die Verwendung dieses Begriffs entschieden, da »Taktausgleichszeit« damit assoziiert wird, den Mitarbeiter entweder über Nebentätigkeiten voll auszulasten oder ihn in einem Puffer »vorarbeiten« zu lassen. Beides ist mit dem synchronen Produktionssystem unvereinbar – Ersteres verstößt gegen das Gebot der Trennung von wertschöpfender und nicht wertschöpfender Arbeit, Letzteres gegen das Gebot des Einzelstückflusses. Im synchronen Produktionssystem macht man Wartezeit absichtlich sichtbar, um Verbesserungsbedarf aufzuzeigen.

[28] Siehe vorhergehender Abschnitt, S. 111 f.

Arbeit in mehreren Zellen mit unterschiedlichen Kundentaktzeiten

Soll ein Mitarbeiter einer Zelle unterstützend in einer benachbarten fremden Zelle arbeiten, ist es wichtig, konkret festzulegen, welcher Arbeitsumfang in der fremden Zelle (Anzahl der Prozessschritte) mit welchem Timing übernommen werden soll. Außerdem müssen standardisierte Puffer definiert werden.

Der Arbeitsumfang in der fremden Zelle richtet sich danach, wie viel leere Arbeitszeit (umgerechnet in Vollbeschäftigungseinheiten) dem unterstützenden Mitarbeiter zur Verfügung steht.

Das Timing, mit dem in der fremden Zelle zu arbeiten ist, richtet sich nach dem Verhältnis von der Kundentaktzeit der unterstützenden Zelle zu jener der fremden Zelle. Wenn es sich dabei um ein einfaches, ganzzahliges Verhältnis handelt – zum Beispiel 1:2 oder 1:3 –, kann das Timing aus einem *Zellenbelegungszyklus* abgelesen werden (Abbildung 3.26, III., ①). Falls kein einfacher Zellenbelegungszyklus aufgestellt werden kann, gibt es die Möglichkeit, das Timing über ein Ruf-*Andon* zu vermitteln. Das Ruf-Andon wird von einem Sensor gesteuert, der erkennt, wenn im standardisierte Puffer im Endbereich der Zelle ein festgelegtes Bestandsniveau unterschritten wird (Abbildung 3.26, III., ②).

Die hier beschriebene Schaffung von Mechanismen zur Lenkung der Produktion anhand der realen Teile und über Werker-Entscheidungen ist ein wesentlicher Faktor des *synchronen Produktionssystems*. Hierin liegt die Triebkraft zur Beseitigung verschiedenster Arten von Verschwendung. Bei der *Zusammenfassung von Zellen mit unterschiedlichen Kundentaktzeiten* offenbart sich das wahre Wesen des synchronen Produktionssystems.

3.4 Aufbau der Subsysteme zur Unterstützung der Fertigungszellen

Das Arbeitswesen in der Zellenfertigung

Durch die Einführung von *synchronen Fertigungszellen* ändern sich die Bedingungen, unter denen gearbeitet wird. Diese Veränderungen müssen auch Berücksichtigung im Arbeitswesen finden.

Die Zellenfertigung kommt nicht allein durch die Hardware und die Tätigkeit der direkten Mitarbeiter in der Zelle zustande. Sie wird erst dank einiger vorbereitender, die Arbeit in der Zelle unterstützender Tätigkeiten möglich, wie ich im Folgenden erläutern werde. Die Summe dieser Tätigkeiten bezeichne ich als »Arbeitswesen in der Zellenfertigung«.

I. Definition

① Durch die Schaffung eines Produktionsgroßraums aus Zellen mit unterschiedlichen Kundentaktzeiten wird die leere Arbeitszeit (Wartezeit) beseitigt.
② Die zellenübergreifende Arbeit wird durch die Einrichtung von minimalen standardisierten Puffern ermöglicht. Keine Fertigung in Losen!
③ Die zellenübergreifende Arbeit wird auf einfache und leicht verständliche Weise geregelt.
④ Voraussetzungen sind ein Layout, das die zellenübergreifende Arbeit erleichtert, und die Mehrfachqualifizierung der Mitarbeiter.

II. Beispiel

(4 Zellen mit jeweils unterschiedlichen Produkten)

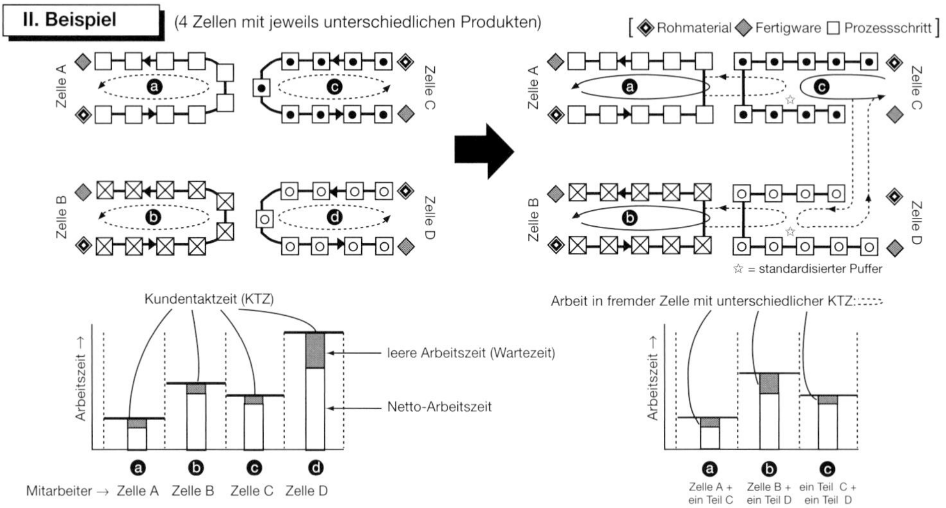

- Die leere Arbeitszeit wird umgerechnet in Vollbeschäftigungseinheiten (VbE) erfasst. Ein Kundentakt = 1 VbE.
- Da die Summe der umgerechneten leeren Arbeitszeiten ⓐ bis ⓑ 1 VbE ergibt, können die 4 Linien von 3 MA bedient werden.

III. Praktische Umsetzung

① Wenn die Kundentakte der Zellen annähernd in ganzzahlige Verhältnisse zueinander gebracht werden können, legt man einen Zellenbelegungszyklus fest, der immer wieder wiederholt wird.

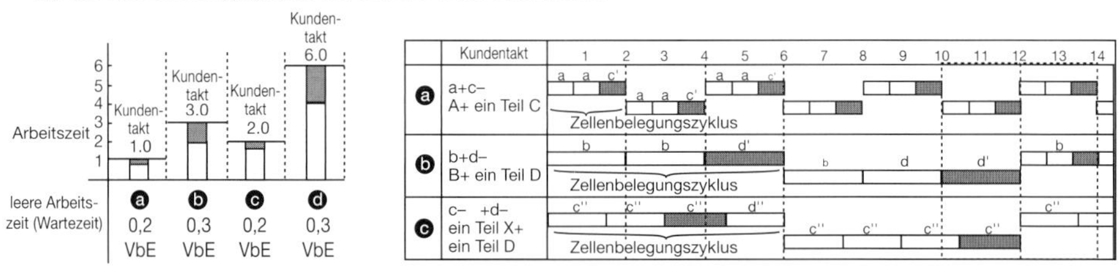

Arbeit in mehreren Zellen mit unterschiedlicher KTZ (Nutzung der leeren Arbeitszeit)

② Wenn der Bestand im Standardpuffer im Endbereich der Zelle ein festgelegtes Niveau unterschreitet, löst ein Sensor ein Ruf-Andon aus, das dem Mitarbeiter das Timing vermittelt, mit dem er in der fremden Zelle arbeiten muss.

(Die standardisierten Puffer ☆ werden zusammen mit dem Zellenbelegungszyklus aus ① festgelegt. Ihre Größe hängt vom Ausmaß der Unterschiede zwischen den einzelnen Kundentaktzeiten und der zur Verfügung stehenden leeren Arbeitszeit ab.)

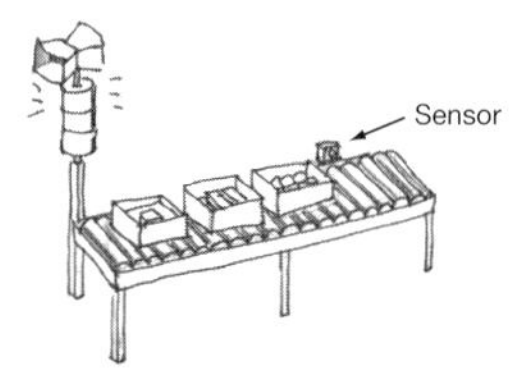

Abbildung 3.26: Zusammenfassung von Zellen mit unterschiedlichen Kundentaktzeiten

Das Arbeitswesen in der Zellenfertigung

In Abbildung 3.27 werden die wesentlichen Veränderungen genannt, die sich durch den Übergang von der althergebrachten Massenfertigung auf das *synchrone Managementsystem* ergeben. Ich möchte anhand der Tabelle erläutern, wie mit diesen Veränderungen umgegangen werden sollte.

Punkt ① beschäftigt sich mit der Frage, wie mit den *leeren Arbeitszeiten* umzugehen ist, die sich ergeben, wenn zahlreiche produktspezifische Fertigungszellen geschaffen werden. Neben der bereits besprochenen Schaffung von *Produktionsgroßräumen* gibt es die Möglichkeit, die Mitarbeiter in feste Zellenmitarbeiter und *Zellenspringer* zu unterteilen. Die Springer arbeiten je nach Bedarf in unterschiedlichen Zellen.[29]

Punkt ② beschäftigt sich damit, wie die kompakten Zellen in U-Form in jeweils kleinen Mengen bei hoher Frequenz mit Material versorgt werden können. Konkret wird dazu ein spezieller *Linienversorger* eingesetzt, der die Zellen in kurzen Intervallen mit Kleinstmengen versorgt.

Punkt ③ beschäftigt sich damit, wie mit dem dramatischen Anstieg der Rüsthäufigkeit umzugehen ist, der sich aus der *Fertigung in kleinen Losen bei hoher Sortenvarianz* ergibt. Im Allgemeinen verkürzt man dazu gründlich die Rüstzeiten und stellt zusätzlich einen *Rüstspezialisten* ab, der gemeinsam mit den Linienmitarbeitern die Rüstvorgänge durchführt.

Punkt ④ beschäftigt sich damit, wie mit der Zunahme an Inspektions- und Wartungstätigkeiten infolge der *Einfachautomatisierung* umzugehen ist. Grundsätzlich müssen dazu das System der *autonomen Instandhaltung* gestärkt, die Inspektionstätigkeiten standardisiert und optimiert, eine Arbeitsteilung definiert sowie eine zeitliche Planung dieser Tätigkeiten aufgestellt werden.

Punkt ⑤ beschäftigt sich schließlich damit, wie für eine schnelle Reaktion auf Abweichungen gesorgt werden kann. *Einzelstückfluss* und der Abbau des Umlaufbestands führen dazu, dass Probleme gelöst werden müssen, die sich bisher nicht störend ausgewirkt haben. Grundsätzlich ist die untere Führungsebene dafür verantwortlich, Probleme in der Fertigungszelle zu lösen. Für ein wirklich rasches Reagieren ist es aber erforderlich, im Arbeitswesen Vorkehrungen dafür zu treffen, dass alle Mitarbeiter der Zelle Abweichungen erkennen und Gegenmaßnahmen ergreifen können *(Störungsmanagement)*.

Beispiel für das Arbeitswesen einer Fertigungszelle

Abbildung 3.28 zeigt das Beispiel eines Blechmontage-Prozesses. Durch den Umbau zu Fertigungszellen reduziert sich die Anzahl der Mitarbeiter drastisch (14 MA → 8 MA). Besonders augenfällig ist jedoch die Veränderung der Arbeitsinhalte.

Die Anzahl der Prozessschritte pro direktem Mitarbeiter nimmt stark zu. Gleichzeitig wurden »Spezialisten« für vorbereitende Tätigkeiten abgestellt. Entscheidend ist dabei, dass Funktion und Zweck jeder einzelnen Tätigkeit geklärt und dementsprechend eine Arbeitsteilung festgelegt wurde.

---

[29] Siehe Abschnitt »Sparsamer Personaleinsatz in Fertigungszellen«, S. 136.

Wenn bei der Einführung der Zellenfertigung die ganze Aufmerksamkeit ausschließlich den direkten Mitarbeitern gilt, kann man keinen großen Effektivitätsschub erwarten. Wirkliche Erfolge kann nur erzielen, wer das Arbeitswesen insgesamt überarbeitet. Das umfasst sowohl die direkte als auch die vorbereitende Arbeit.

Abbildung 3.27: Das Arbeitswesen in der Zellenfertigung

	Veränderte Arbeitsbedingungen durch den Umbau zur Fertigungszelle	Anpassung des Arbeitswesens
①	Durchgängige Verknüpfung der einzelnen Prozessschritte; Aufteilung in mehrere abgeschlossene, produktspezifische Zellen	Unter der Voraussetzung der Mehrfachqualifizierung bewegen sich die Mitarbeiter flexibel zwischen den Zellen oder es werden Zellenspringer abgestellt.
②	Komprimierte Stellflächen für Bauteile; Versorgung in kleinen Losen	Da die Versorgungsintervalle kürzer und die Transporte häufiger werden, stellt man zur Materialversorgung spezielle Linienversorger ab.
③	Fertigung in kleinen Losen bei hoher Sortenvarianz in jeder Zelle	Da die Rüsthäufigkeit dramatisch zunimmt, werden Rüstspezialisten abgestellt.
④	Installation zahlreicher kompakter Spezialautomaten im Rahmen der Einfachautomatisierung	Die Effizienz der direkten Arbeit steigt dramatisch. Auf der anderen Seite entstehen mehr Instandhaltungstätigkeiten, wie Inspektionen oder das Management der Prozessbedingungen.
⑤	Das Fehlen von Umlaufbestand macht Probleme sofort sichtbar und erfordert rasches Reagieren.	Das Störungsmanagement durch die untere Führungsebene gewinnt zunehmend an Bedeutung. Es müssen Vorkehrungen getroffen werden, dass die Zellenmitarbeiter Abweichungen früh erkennen.

Abbildung 3.28: Beispiel für das Arbeitswesen einer Fertigungszelle

Umbau einer funktional getrennten Blechmontage zu Fertigungszellen

Prozessanordnung und Materialfluss		• Die Prozessschritte waren nach Fertigungsbereichen getrennt. (Pressen / Schweißen / Montieren) • Jeder einzelne Bereich hielt seinen eigenen Umlaufbestand vor.	• Anordnung in produktspezifischen Zellen in U-Form: Zelle A, Zelle B, Zelle C • Innerhalb der Zellen werden im Einzelstückfluss Kleinstmengen von jeder Variante gefertigt. Es wird häufig umgerüstet.
Layout		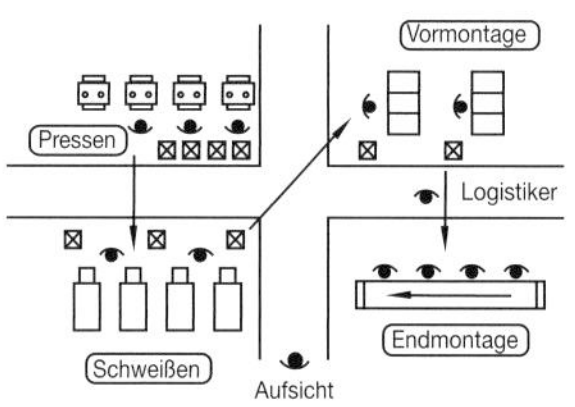	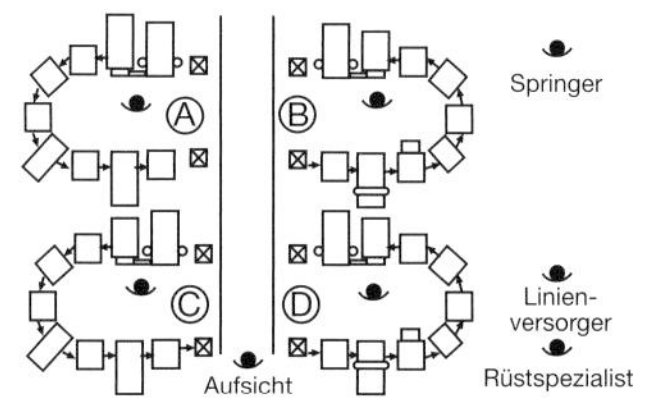
Aufbau des Arbeitswesens		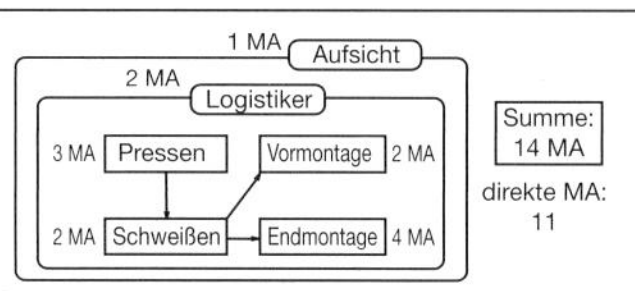	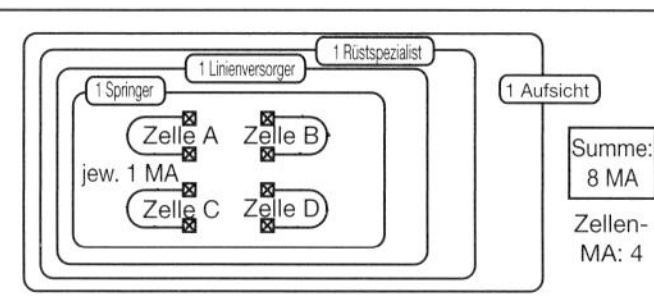
Arbeitsteilung	Standardisierte Arbeit	direkte Mitarbeiter	Zellenmitarbeiter, Springer
	Interne Qualitätskontrollen	direkte Mitarbeiter	Zellenmitarbeiter, Springer
	Materialtransport zwischen den Prozessen	Logistiker	Linienversorger
	Umrüsten	direkte Mitarbeiter (z.T. die Aufsicht)	Rüstspezialist und Zellenmitarbeiter
	Anlageninspektion	direkte Mitarbeiter	Verteilung auf alle Mitarbeiter
	Beseitigung von Abweichungen	Aufsicht	Aufsicht
		Durch den Umbau zu Fertigungszellen wird die direkte Arbeit stark komprimiert. Andererseits entsteht mehr Aufwand unter anderem bei der Materialversorgung und beim Rüsten. Der Anteil der indirekten Tätigkeiten erhöht sich, dafür ist aber eine klarere Arbeitsteilung vorhanden.	

Die Rolle der unteren Führungsebene

Die untere Führungsebene ist für den Betrieb der *synchronen Fertigungszellen* verantwortlich. Ihr kommt die Aufgabe zu, die Vorteile des *synchronen Managementsystems* voll zur Geltung zu bringen.

Die Rolle der Fertigungsmeister

Die Rolle der unteren Führungsebene wird vom unternehmerischen Umfeld und dem verwendeten Produktionssystem in vielerlei Hinsicht beeinflusst. Das System der »beaufsichtigten Fertigung« ist mit dem Aufkommen der Massenfertigung entstanden. Die ursprüngliche Idee dabei war, dass ein Fertigungsmeister eine große Anzahl von Arbeitern in einem arbeitsintensiven Fertigungsbereich beaufsichtigt.

In den heutigen Fabriken sieht die Arbeit des Fertigungsmeisters grundsätzlich anders aus. Da die Produktionsabläufe heute komplex und hoch entwickelt sind, muss er regelmäßig in die Planung eingreifen und sich um Produktionsstörungen kümmern. Hinzu kommt viel Schreibtischarbeit aufgrund zahlreicher administrativer Vorgänge. Ein Fertigungsmeister ist heute tatsächlich bis an die Grenze seiner Möglichkeiten ausgelastet. Eine der Ursachen für diese Situation ist in der Tatsache zu suchen, dass das System der Massenfertigung, in dem die lokale Effizienzsteigerung die oberste Priorität hat, den extremen Nachfrageschwankungen und den immer vielfältiger werdenden Kundenbedürfnissen nicht länger gerecht wird.

Die Schwächen dieses Produktionssystems müssen durch die Flexibilität der Mitarbeiter in der Produktion – insbesondere durch die Arbeit der Fertigungsmeister – ausgeglichen werden. Das führt mitunter so weit, dass der Fertigungsmeister immer seltener mit den Werkern in Berührung kommt, sodass er seine eigentliche Aufsichtsfunktion gar nicht mehr erfüllen kann.

Die untere Führungsebene in der synchronen Produktion

Heute gewinnen diejenigen Unternehmen den Wettbewerb, die am schnellsten auf die vielfältiger werdenden Kundenbedürfnisse reagieren. Sich diesen Marktbedingungen anzupassen erfordert die Umstellung auf ein flexibles, schnell arbeitendes Produktionssystem.

Das synchrone Produktionssystem ist ein solches System. Die schnelle Reaktion auf die Kunden wird hier zum einen durch bestimmte Vorkehrungen in der Produktion ermöglicht (zum Beispiel durch die Schaffung einer *ziehenden Fertigung*), zum anderen durch Teamstrukturen mit einem hohen Unabhängigkeitsgrad. Die Teams werden von der unteren Führungsebene geleitet. Die Arbeit der unteren Führungsebene in der synchronen Produktion unterscheidet sich also von der in der Massenfertigung. Man kann hier weniger von Fertigungsmeistern und eher von »Produktionsmanagern« sprechen.

Als Leiter der Werkerteams erstellen sie *standardisierte Arbeitsabläufe* und legen Stellflächen und Inspektionspunkte fest. Gleichzeitig sind sie für das *aufrechterhaltende Management* der Zellen in Bezug auf die Faktoren Qualität (Q), Kosten

(K) und Lieferzeiten (L) sowie für Verbesserungen zuständig. Tritt vor Ort ein Problem auf, müssen sie unverzüglich reagieren, die Ursache für das Problem ermitteln und für seine Beseitigung sorgen.

In Abbildung 3.29 wird die Stellung der unteren Führungsebene in der Massenfertigung jener im synchronen Produktionssystem gegenübergestellt. Die wesentlichen Unterschiede liegen in der Nähe zur Fertigung vor Ort und im kompetenz- und verantwortungsbedingten Unabhängigkeitsgrad. In der synchronen Produktion ist beides stärker ausgeprägt.

Die untere Führungsebene im synchronen Managementsystem

Im *synchronen Managementsystem* kommen zu den oben ausgeführten Aufgaben noch einige Punkte dazu, die spezifisch für Fertigungszellen gelten. Es ist Aufgabe der unteren Führungsebene, die Vorteile der Zellenfertigung und ihre Besonderheiten maximal auszunutzen. Abbildung 3.30 gibt einen Überblick über diese Besonderheiten und die Rolle der unteren Führungsebene.
Die wesentlichen Aufgaben der »Produktionsmanager«:

1. Sie müssen ihre Mitarbeiter auch in Bewegungen, die auf den ersten Blick simpel erscheinen, präzise anleiten. Den Mitarbeitern zu überlassen, wie sie arbeiten, führt zu großen Zeitschwankungen.
2. Sie müssen sich darum bemühen, Ausschuss, Kurzzeitstillständen und Ausfällen an den *Einfachautomaten* vorzubeugen.
3. Sie müssen an geigneten komplexen Zellen eine strenge zellenbezogene Kennzahlenverfolgung anhand der Faktoren Q, K und L durchführen, um betriebsbedingte Verluste in der Zelle zu vermeiden.
4. Sie müssen sich um eine Standardisierung und Effizienzsteigerung der Arbeit der unterstützenden *externen Zellenmitarbeiter* (*Springer, Linienversorger, Rüstspezialist* et cetera) bemühen.
5. Ihr Tagesgeschäft besteht im *Störungsmanagement* und im Verbessern. Störungsmanagement bedeutet, Normalzustand und Abweichung überall klar unterscheidbar zu machen und nur im Falle von Abweichungen einzugreifen. Liegen keine Abweichungen vor, ist Zeit für Verbesserungen.

Abbildung 3.29: Stellung und Rolle der unteren Führungsebene

Aspekt	Massenfertigung	Synchrones Produktionssystem
(1) Stellung innerhalb der Werkshierarchie	Die untere Führungsebene ist höher gestellt als die Werker, aber an die Weisungen der Manager gebunden. Sie dirigiert die Umsetzung vor Ort.	Die Führungskräfte sind als Leiter der Werkerteams für die Teamführung verantwortlich. Sie erfüllen ihre Pflichten in Teamarbeit.
(2) Gegenstand der Führungstätigkeit	Bei den Produktionsfaktoren Mensch, Material und Maschine liegt der Schwerpunkt auf dem Faktor Mensch, bei den Ergebnisfaktoren Qualität (Q), Kosten (K) und Lieferzeit (L) auf Ausbringung und Termineinhaltung.	Mensch, Material, Maschine, Q, K und L werden ausgewogen mittels täglicher Kennzahlenverfolgung gemanagt.
(3) Definition von Arbeitsstandards	Arbeitsstandards werden von den technischen Abteilungen erstellt. Die untere Führungsebene ist für die Einhaltung zuständig. (Dabei steht die Fertigungsreihenfolge im Mittelpunkt.)	Die untere Führungsebene erstellt die standardisierten Arbeitsabläufe selbst und sorgt für deren Einhaltung. (Dabei steht die Arbeitsweise im Mittelpunkt.)
(4) Werkerunterweisung	Die Einarbeitung neuer Mitarbeiter wird meist erfahrenen Werkern überlassen. Direkte Unterweisungen finden nur selten statt.	Die unteren Führungskräfte führen selbst vor, wie zu arbeiten ist, und unterweisen den Mitarbeiter so lange, bis er ein festgelegtes Niveau erreicht.
(5) Personalfortbildung	Die Bemühungen zum Ausbau der menschlichen Fähigkeiten sind nur schwach ausgeprägt (der Mensch wird vorwiegend als Arbeitskraft angesehen).	Aktive Bemühungen zur Personalfortbildung in Form von Mehrfachqualifizierung und Verfolgung mittels Qualifikationstabelle etc.
(6) Verbesserungsaktivitäten	Hauptsächlich groß angelegte Rationalisierungsmaßnahmen nach Vorgabe der Vorgesetzten.	Neben den von den Vorgesetzten vorgegebenen Themen werden täglich Maßnahmen gegen das Wiederauftreten kleiner Abweichungen vorgenommen.
(7) Tagesroutine	Hektik durch häufige Änderungen der Personaleinteilung und des Produktionsplans, Maßnahmen zur Beseitigung von Problemen und Schreibtischarbeit.	Hauptsächlich Störungsmanagement vor Ort. Wenn keine Abweichungen vorliegen, werden Verbesserungsmaßnahmen durchgeführt.

Abb. 3.30: Rolle der unteren Führungsebene im synchronen Managementsystem

	Besonderheiten von Fertigungszellen	Rolle der Führungskräfte
(1)	Die Zellenmitarbeiter wiederholen simple standardisierte Arbeitsabläufe.	● Die Mitarbeiter bis ins Detail unterweisen (konkrete Bewegungen der Hände und Füße etc.), damit die vorgegebene Zeit bei jedem Zyklus ohne Schwankungen eingehalten werden kann.
(2)	Dank Einfachautomatisierung sind zahlreiche Einfachautomaten und Pokayoke-Lösungen vorhanden.	● Ein System der autonomen Instandhaltung aufbauen, bei dem mittels standardisierter Inspektionen etc. dafür gesorgt wird, dass die Anlagen stets normal arbeiten.
(3)	Mehrere produktspezifische Zellen müssen im Verbund betrieben werden.	● Entsprechend den Mengenschwankungen in den einzelnen Zellen müssen flexibel Produktionsanweisungen gegeben und Personaleinteilung oder manchmal sogar das Layout verändert werden. Gleichzeitig muss eine Kennzahlverfolgung für die Faktoren Q, K und L stattfinden.
(4)	Externe Zellenmitarbeiter (Springer, Linienversorger, Rüst-Spezialisten etc.) müssen abgestellt werden; die Fertigung erfolgt in kleinen Losen bei hoher Sortenvarianz.	● Die Arbeitsabläufe der externen Zellenmitarbeiter müssen standardisiert werden. Je nach Erforderlichkeit muss geregelt werden, wie sich die Mitarbeiter gegenseitig unterstützen sollen.
(5)	Durch Einzelstückfluss soll jedes Problem sofort sichtbar werden, damit die Verbesserungen vorankommen.	● Wenn ein Problem auftritt, ist die Zelle sofort anzuhalten, um die Ursache für das Problem zu ermitteln; dann ist das Problem schnell zu beseitigen und es sind Maßnahmen gegen ein Wiederauftreten zu ergreifen. Dieser Verbesserungszyklus ist immer wieder zu durchlaufen.

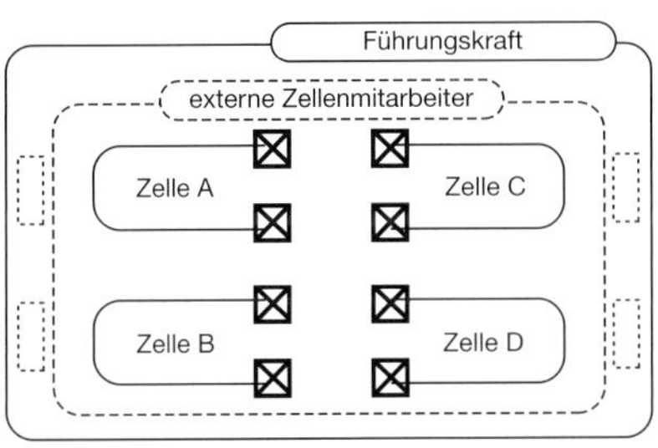

Zellenmitarbeiter:
- Die Arbeit in der Zelle erfolgt in standardisierten Arbeitsabläufen.

Externe Zellenmitarbeiter:
- Zellenspringer zur Unterstützung der Zellenmitarbeiter
- Linienversorger für die Materialversorgung
- Rüstspezialist

Führungskraft:
- beaufsichtigt einen ganzen Bereich

Transportwesen (Linienversorger)

Ein Teil des Arbeitswesens in der Zellenfertigung ist das Transportwesen. Dabei geht es in erster Linie um die Einführung von *Linienversorgern*.

Das Transportwesen im synchronen Produktionssystem

Bevor ich auf die Zellenfertigung eingehe, möchte ich das Transportwesen des *synchronen Produktionssystems* umreißen:

In der synchronen Produktion wird in kleinen Losen bei hoher Sortenvarianz gefertigt. Das Transportwesen ist entsprechend zu gestalten, da zahlreiche Varianten von Rohmaterial, Bauteilen und Fertigware in jeweils kleinen Mengen mit hoher Frequenz transportiert werden müssen.

Wollte man das in althergebrachter Weise mit großen Paletten und Gabelstaplern bewerkstelligen, würde das viele zusätzliche Arbeitskräfte und zahlreiche Transportmittel erfordern. Dieser Weg führt kostenseitig in eine Sackgasse.

Daher werden im synchronen Produktionssystem Wagen gebaut, die in gemischter Beladung zahlreiche kleine Behälter transportieren können. Diese werden miteinander gekoppelt und von einer Zugmaschine gezogen. Darüber hinaus werden anders als in der Massenfertigung feste Transportrouten eingerichtet, die in Runden mit möglichst regelmäßigen Intervallen abgefahren werden. Auf diese Weise kann kostenneutral eine Steigerung der Transportfrequenz erreicht werden.

Um die Produktion ständig wechselnder Varianten in Kleinstmengen aufrechtzuerhalten, ist darüber hinaus ein Informationsmechanismus zwingend erforderlich, der dem Transportierenden regelmäßig und zeitnah mitteilt, was er als Nächstes transportieren soll. Konkret können dazu *Andon* oder eine *Kanban-Steuertafel* eingesetzt werden.

So wird sichergestellt, dass die einzelnen Prozesse zum benötigten Zeitpunkt mit dem benötigten Material in zusammengehörigen Sätzen versorgt werden. Die Person, die diese Aufgabe übernimmt, nennt man *Linienversorger*[30].

Das Transportwesen im synchronen Managementsystem

Im *synchronen Managementsystem* muss das Transportwesen zusätzlich zu dem oben Gesagten folgende Bedingungen erfüllen:

① Weil viele abgeschlossene, produktspezifische Zellen über das Werk verteilt sind, gibt es weniger verworrene Transportwege zwischen Einzelprozessen. Dafür müssen mehr Varianten in kleineren Mengen mit einer höheren Frequenz transportiert werden. Es bedarf keiner besonderen Erwähnung, dass dazu die geeigneten Informationen in Echtzeit übermittelt werden müssen.

[30] Die japanische Bezeichnung für Linienversorger lautet »Mizusumashi«. Zum Teil findet dieser Begriff unübersetzt in der Fachliteratur Verwendung, zum Teil werden Übersetzungen wie »Taumelkäfer«, »Water-Spider«, »Wasserläufer«, »Bandlogistiker« et cetera verwendet.

② In Fertigungszellen sind die Abstände zwischen den Prozessschritten extrem gering. Der Raum für die Materialbereitstellung ist entsprechend begrenzt. Das macht eine extreme Minimierung der Versorgungslose erforderlich.
③ Jegliche logistische Nebentätigkeit, die den Arbeitsrhythmus der Mitarbeiter in den Fertigungszellen durcheinanderbringen könnte (Auswechseln von Behältern et cetera), muss diesen Mitarbeitern so weit wie möglich abgenommen werden.

Der Schlüssel zur Erfüllung dieser Bedingungen liegt in der maximalen Nutzung der *Linienversorger*. In Abbildung 3.31 wird das Transportwesen im althergebrachten Produktionssystem mit dem im synchronen Managementsystem verglichen.

Linienversorger für Fertigungszellen

Im althergebrachten System liefern die Logistiker das Material bis an die Linien. Linienversorger für Fertigungszellen liefern bis an den *optimalen Greifpunkt* der Mitarbeiter in den Zellen. Die Auswahl- und Transporttätigkeiten, die in der Massenfertigung von den Mitarbeitern in der Linie übernommen wurden, werden also auf den Linienversorger übertragen und dort konzentriert. Damit werden eine Spezialisierung und eine Vereinfachung der Arbeit angestrebt, welche die Beseitigung von *Verschwendung durch Bewegung* und eine Qualitätssteigerung durch die Verhinderung von Montagefehlern et cetera ermöglichen. Außerdem verkürzen sich die Montagezeiten um 20 bis 30 Prozent, da die Auswahl- und Transporttätigkeiten jetzt parallel zur Montagetätigkeit durchgeführt werden (Abbildung 3.32).

Der Linienversorger ist kein einfacher Logistiker. Er unterstützt die Mitarbeiter in den Zellen nicht nur im Kleinen, sondern beobachtet auch den Produktionsfortschritt und erkennt Abweichungen in den einzelnen Zellen. Im Fall einer Abweichung ergreift er die notwendigen Maßnahmen. Darüber hinaus kommuniziert er, wie es um die Produktion weiter vorne oder weiter hinten in der Prozesskette bestellt ist. Seine Aufgabe ist es, für einen reibungslosen Lauf des gesamten Produktionsflusses zu sorgen.

Erst wenn seine Aufgaben und seine Stellung klar definiert sind und er entsprechend arbeitet, erfüllt der Linienversorger seine eigentliche Funktion. Nur dann kommen die Vorteile der Zellenfertigung zum Tragen.

Abbildung 3.31: Transportwesen im synchronen Managementsystem

Vergleich der Fertigung in funktional getrennten Bereichen und in der Zellenfertigung anhand des Beispiels der Montage von Fahrzeugteilen

	Transporte bei funktionaler Trennung	Transporte bei Fertigungszellen
Layout Transport-bewegung - - - Stellflächen ▢	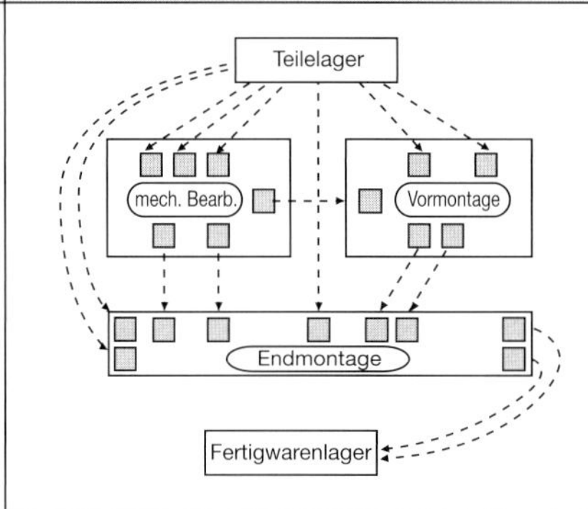	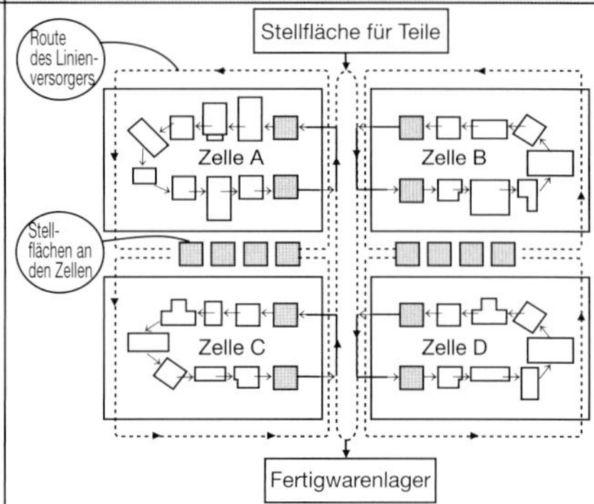
(1) Merkmale des Transportwesens	Ver- und Entsorgung der funktional getrennten Linien erfolgen durch Einzeltransporte in großen Losen.	Gemischte Transporte zahlreicher Varianten in kleinen Mengen, die bei hoher Frequenz in wiederkehrenden Runden erfolgen. Dabei werden die Ein- und Ausgänge sowie die Stellflächen an den Zellen angefahren.
(2) Transportmittel	Hauptsächlich große Transportmaschinen wie Gabelstapler etc.; Einsatz großer Paletten	Transport auf aneinandergekoppelten Wagen mittels Zugmaschine; Einsatz kleiner Behälter
(3) Transportrouten und -intervalle	So gut wie keine vorgegebenen Routen oder Intervalle; zufällige Bewegungen	Definierte Routen; Transporte in regelmäßigen Runden
(4) Timing der Versorgung	Üblicherweise erfolgt die Versorgung ziemlich frühzeitig.	Das Timing der Versorgung ist auf den Verbrauch abgestimmt.
(5) Informations-Einsteuerung	Entweder werden die Bedarfe auf Produktionsplänen o. Ä. im Vorfeld bekannt gegeben oder erfolgen auf Anfrage der Linienmitarbeiter.	Regelmäßige, zeitnahe Informationseinsteuerung mittels Andon oder Kanban-Steuertafel etc.
(6) Versorgung der Linien	Transport bis an die Linie; die Mitarbeiter an den einzelnen Prozessschritten wählen das Material aus, das sie benötigen, und transportieren es selbst zum Einsatzort.	Abstellung eines speziellen Linienversorgers; dieser übernimmt die Versorgung bis an den Einsatzort in der Zelle.

Abbildung 3.32: Nutzung des Linienversorgers in der Zellenfertigung

Beim Umbau zur Fertigungszelle (besonders in der Montage) ① verringern sich die Abstände zwischen den Prozessschritten und die Stellflächen werden kleiner; ② befreit man die Mitarbeiter in der Linie so weit wie möglich von Nebentätigkeiten.

➡ Es wird ein Linienversorger eingesetzt, der ① auf der begrenzten Fläche das benötigte Material bereitstellt; ② die Auswahl- und Transporttätigkeiten der Linienmitarbeiter übernimmt.

➡ Im Ergebnis
① wird Verschwendung durch Bewegung beseitigt,
② stabilisiert sich die Qualität,
③ verkürzen sich die Montagezeiten.

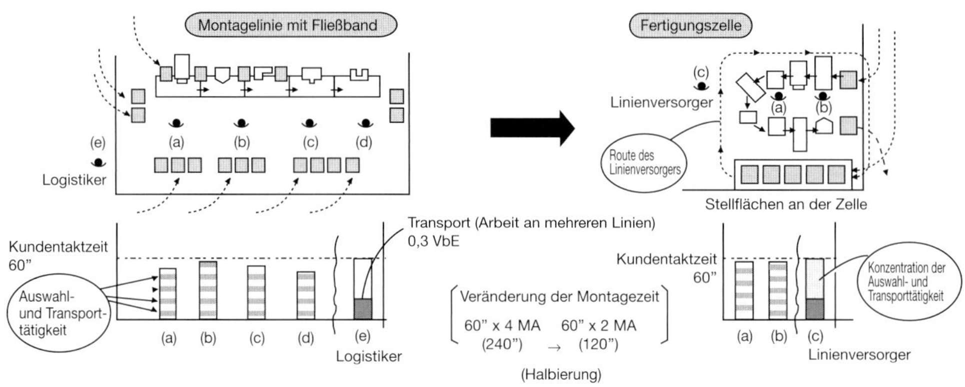

Informationswesen vor Ort (Andon oder Produktionssteuerungstafel)

Die vorhergehenden Abschnitte hatten die Mitarbeiterbewegungen und den Materialfluss zum Gegenstand. In diesem Abschnitt geht es um den Informationsfluss. Damit ein einzelnes Team mehrere Fertigungszellen effektiv betreiben kann, müssen zwingend Vorkehrungen getroffen werden, welche die Übermittlung präziser Informationen an jedes einzelne Teammitglied gewährleisten. Diese Vorkehrungen bezeichne ich mit dem zugegeben weiten Begriff »Informationswesen«.

Vor-Ort-Informationen für Fertigungszellen

Im *synchronen Produktionssystem* wird besonderer Wert auf den Materialfluss gelegt. Der Materialfluss kommt dadurch zustande, dass die Mitarbeiter das Material bearbeiten. Der Materialbearbeitung geht wiederum ein Informationsfluss voraus. Die Flüsse von Informationen, Mitarbeiterbewegungen und Material stehen in enger Beziehung zueinander und können nicht voneinander getrennt werden.

Das *synchrone Managementsystem* erfordert aufgrund der Aufsplitterung in zahlreiche produktspezifische Zellen und der feineren Arbeitsteilung (*Linienversorger* et cetera) eine sehr detaillierte Informationsübermittlung in Echtzeit.

Das Informationswesen in Fertigungszellen hat das tägliche Produktionsgeschäft zum Gegenstand. Hier werden in einem begrenzten, engen Bereich Informationen mit einem Zeithorizont von maximal einem Tag ausgetauscht. Die Besonderheit liegt darin, dass die Führungskraft und die einzelnen Mitarbeiter der Zelle in einer hohen zeitlichen Dichte nach Zeitplan untereinander Informationen austauschen und entsprechend darauf reagieren.

Arten von Vor-Ort-Informationen

Folgende drei Arten von Informationen spielen in einer Fertigungszelle eine wichtige Rolle: 1. vorausschauende Produktionsinformationen für den aktuellen Tag oder für die nächsten Stunden; 2. Informationen, mit denen sofort eine Handlung angefordert wird; 3. Informationen über den Produktionsfortschritt und die tatsächlich erreichte Stückzahl für den aktuellen Tag. Abbildung 3.33 gibt einen Überblick über die typischen Informationen und darüber, wer diese an wen übermittelt.

① *Startanweisungen* geben in jeder Fertigungszelle an, in welcher Reihenfolge welche Mengen zu produzieren sind.[31] Die Informationen werden in Form von *Kanban*-Karten an eine *Kanban-Steuertafel* gehängt. Die Führungskraft nutzt diese Tafel, um die einzelnen Mitarbeitern anzuweisen, mit der Fertigung eines Artikels zu beginnen. Gleichzeitig lesen der Rüstspezialist Reihenfolge und Timing der anstehenden Rüstvorgänge und der *Linienversorger* das Timing für Materialwechsel von der Steuertafel ab.

[31] Siehe Abschnitt »Produktionsplan und Startanweisung«, S. 130f.

② Materialversorgungsanweisungen und ③ Rüstanweisungen gehen von den Mitarbeitern in den Zellen an *Linienversorger* beziehungsweise *Rüstspezialisten*. Sie kündigen die betroffenen Prozessschritte und das Timing der Ausführung an. Da mehrere Zellen vorhanden sind, müssen diese Informationen mit einer gewissen Zeitreserve im Voraus gegeben werden, damit es zu keinen Überschneidungen kommt.

④ Springerruf und ⑤ Störungsruf werden von den Mitarbeitern in den Zellen genutzt, um einen Zellenspringer anzufordern, wenn die Produktion hinter den Plan fällt – oder um im Falle einer Abweichung die Führungskraft anzufordern. Der Gerufene muss sofort herbeieilen und auf der Stelle die geeigneten Maßnahmen ergreifen.

Die Informationen ⑥ bis ⑧ zum Produktionsfortschritt zeigen die Tagesleistung des Teams. Sie helfen besonders der unteren und mittleren Führungsebene dabei, Verbesserungspotenziale zu finden.

Regeln der Informationsübermittlung

Als Übermittlungswerkzeuge für die oben genannten Informationen sind die Standardwerkzeuge des synchronen Produktionssystems einzusetzen: (1) *Kanban*, (2) *Andon*, (3) *Produktionssteuerungstafel* et cetera. Dabei erfordert das synchrone Managementsystem zum Teil spezielle Anpassungen:

(1) Bei der *Kanban-Steuertafel* sind Lösungen dafür zu erarbeiten, wie die Produktion *geglättet* werden kann, obwohl eine kleine Anzahl von Mitarbeitern auf viele Fertigungszellen verteilt ist.
(2) *Andon* ist für die Informationsübermittlung von Mensch zu Mensch auch aufgrund der geringen Anschaffungskosten optimal geeignet. Da in Fertigungszellen viele Informationen zu übermitteln sind, ist Kreativität gefragt, was die Anbringungsorte, Formen, Farben, Blinkfolgen et cetera angeht.
(3) Die Produktionssteuerungstafel muss so ausgelegt werden, dass sie einen Überblick über das Team insgesamt und seine einzelnen Fertigungszellen bietet.

Produktionsanweisungswesen (Kanban-System)

Im *synchronen Managementsystem* werden die Anweisungen, was aktuell in welcher Menge und Reihenfolge zu produzieren ist, in Form von *Kanban*-Karten erteilt. Kanban ist ein Werkzeug des *synchronen Produktionssystems*, um die *ziehende Fertigung* zu realisieren.

Abbildung 3.33: Vor-Ort-Informationswesen in der Zellenfertigung

Informationen, die im Tagesgeschäft benötigt werden

Art der Information	Zweck der Information	von → an			Übermittlungs-werkzeug
① Startanweisung	Gibt an, in welcher Zelle was in welcher Menge und in welcher Reihenfolge produziert werden muss	Führungskraft (Teamleiter)	→	alle Mitarbeiter (Teammitglieder)	• Kanban-Steuertafel
② Materialversorgungs-anweisung	Gibt an, welcher Prozessschritt welcher Zelle mit welchem Material versorgt werden muss	Zellenmitarbeiter	→	Linienversorger	• Kanban • Materialversorgungs-Andon
③ Rüstanweisung	Gibt an, in welcher Zelle ein Rüstvorgang gestartet werden muss	Zellenmitarbeiter	→	Rüstspezialist	• Globale Andon-Tafel sowie Andons an den einzelnen Linien
④ Springerruf	Unterstützung durch den Zellenspringer anfordern	Zellenmitarbeiter	→	Zellenspringer	↑
⑤ Störungsruf	Die Führungskraft über das Auftreten einer Abweichung informieren	Zellenmitarbeiter	→	Führungskraft	↑
⑥ Informationen zum Fortschritt am vor- und am nachgelagerten Prozess	Produktionsverzögerungen am vor- und am nachgelagerten Prozess erkennen und angemessen reagieren	Linienversorger	→ →	Führungskraft Zellenmitarbeiter	• Globale Andon-Tafel • Produktionssteuerungstafel
⑦ Informationen zum Fortschritt an den einzelnen Zellen	Erkennen, ob zu schnell oder zu langsam gearbeitet wird, und angemessen reagieren	Zellenmitarbeiter	→	Führungskraft	• Produktionssteuerungstafeln an den einzelnen Zellen • Stückzahlenmanagementtafel
⑧ Informationen zum Fortschritt des Teams insgesamt	Abweichungen beim Produktionsfortschritt des Teams insgesamt erkennen und Maßnahmen ergreifen	Zellenmitarbeiter	→ →	Führungskraft mittlere Führungsebene	• Produktionssteuerungstafel

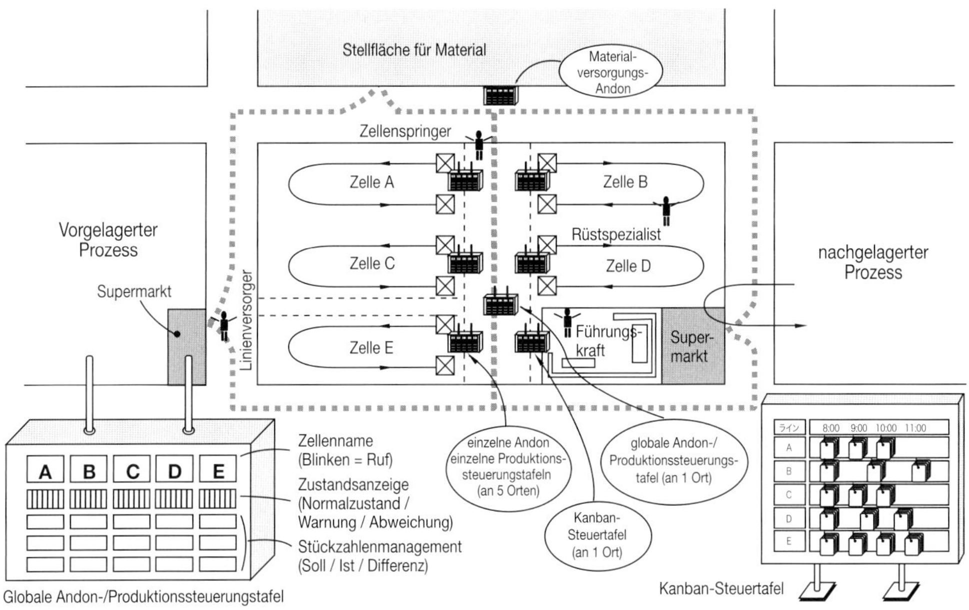

Grundprinzipien des Kanban-Systems

Das Kanban-System beruht auf zwei Grundprinzipien:

① Der nachgelagerte Prozess holt sich das benötigte Material in der benötigten Menge mittels *Heranzieh-Kanban* vom vorgelagerten Prozess ab.
② Der vorgelagerte Prozess hält den benötigten Minimalbestand seiner Fertigware *(Supermarktbestand)* vor und füllt das abgezogene Material mittels *Auslöse-Kanban* nach.

Fertigungsanweisungen werden nur an den letzten Prozess gegeben. Durch die Verkettung der beiden Kanban-Prinzipien werden die Fertigungsanweisungen Schritt für Schritt in Richtung Anfang der Prozesskette übermittelt.

Abbildung 3.34 verdeutlicht den Ablauf: Die vom Endkunden beziehungsweise vom Händler eingegangenen Bestellungen gehen über die Produktionssteuerungsabteilung in die Endmontagelinie. Nach der Endmontagelinie gibt es einen Fertigwaren-Supermarkt, in dem die Varianten Ⓐ bis Ⓔ vorgehalten werden. Für diese Varianten gehen kontinuierlich Bestellungen ein, wie aus einer PQ-Analyse bekannt ist. Die Fertigungsaufträge aus der Produktionssteuerung werden wie folgt abgearbeitet: Die Aufträge für die Varianten Ⓐ bis Ⓔ werden aus dem Fertigwaren-Supermarkt kommissioniert und versandt. Die Aufträge für Varianten außer Ⓐ bis Ⓔ mit jeweils geringem Aufkommen werden bevorzugt in die Fertigungszellen eingesteuert. Die Einsteuerung erfolgt so, dass die Ware rechtzeitig bis zum Liefertermin fertiggestellt wird. Die fertige Ware kommt auf die Stellflächen für sonstige Ware (Abbildung 3.35).

Die Produktionsanweisung über Kanban funktioniert wie folgt: Die Auslöse-Kanban für die aus dem Fertigwaren-Supermarkt zu versendenden Varianten Ⓐ bis Ⓔ werden zum Zeitpunkt der Kommissionierung von den Behältern abgenommen und in den *Kanban-Briefkasten* gelegt. Die Führungskraft sammelt in regelmäßigen Abständen die Auslöse-Kanban aus dem Kanban-Briefkasten ein und hängt sie an die *Kanban-Steuertafel.* Die Zellenmitarbeiter schauen auf die Kanban-Steuertafel, um zu erfahren, was sie als Nächstes produzieren müssen.

Durch die Montagetätigkeit in den Fertigungszellen wird Material verbraucht. Wenn der Zellenmitarbeiter das erste Stück aus einem Behälter entnimmt, entfernt er die Heranzieh-Kanban-Karte vom Behälter und legt sie in den Sammelbriefkasten. Die Heranzieh-Kanban aus dem Sammelbriefkasten werden von dem *Linienversorger* eingesammelt, der in einem festen Zyklus seine Runde fährt. Der Linienversorger fährt mit den Heranzieh-Kanban zum vorgelagerten Prozess und entnimmt die angeforderte Halbfertigware aus dessen Supermarkt. Noch im Supermarkt werden die Auslöse-Kanban an den Behältern durch die mitgebrachten Heranzieh-Kanban ersetzt. Die abgenommenen Auslöse-Kanban kommen in den Kanban-Briefkasten neben dem Supermarkt des vorgelagerten Prozesses. Die Materialbehälter mit den daran angebrachten Heranzieh-Kanban werden auf einem Wagen zur Montagezelle gebracht.

Kanban als Informationssystem

Oben habe ich den Informationsfluss von Fertigungs- und von Transportanweisungen anhand der Bewegung der Kanban-Karten aufgezeigt. Wie Abbildung 3.34 zeigt, werden die Fertigungsanweisungen für alle Zellen mittels Auslöse-Kanban erteilt und die Transporte zwischen den Prozessen mittels Heranzieh-Kanban veranlasst. Durch die Verkettung dieser Kreisläufe entsteht im gesamten Werk ein einziger großer Fluss. Es wird deutlich, dass im Kanban-System Information und Material stets gemeinsam fließen.

Betrachtet man das Kanban-System als Informationssystem, liegt seine Besonderheit darin, dass die Informationen von den Mitarbeitern durch das Werk getragen werden. Da die Zyklen zum Einsammeln der Karten, zum Aushängen an der Kanban-Steuertafel, zum Produzieren, zum Transportieren et cetera alle von Mitarbeitern festgelegt und durchgeführt werden, kann das Intervall frei gewählt werden. Wenn das Intervall auf 15 bis 30 Minuten schrumpft, sodass pro Tag in 16 bis 32 *Produktionszyklen* Kleinstmengen produziert und transportiert werden, sinkt die Durchlaufzeit verglichen zur althergebrachten Steuerung mittels Computer, bei dem ein Tag als ein Zyklus gilt[32], dramatisch. Hierin liegt eines der Ziele des Kanban-Systems.

[32] Siehe Abschnitt »Aufbau einer ziehenden Fertigung«, S. 73ff.

Abbildung 3.34: Verkettung von Auslöse-Kanban und Heranzieh-Kanban

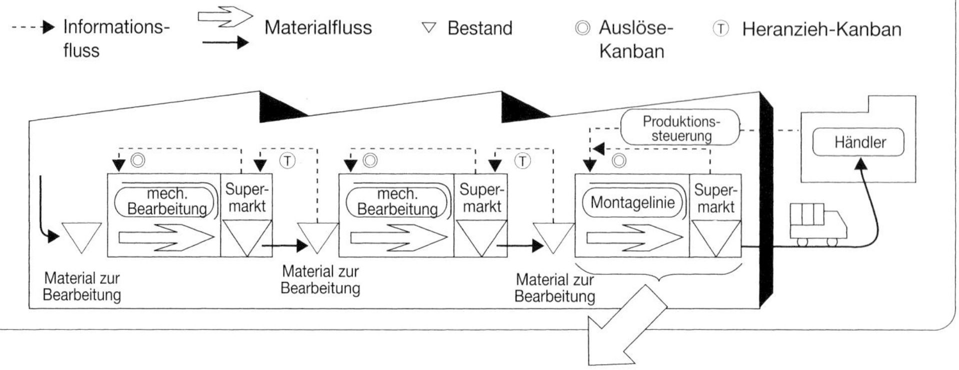

Abbildung 3.35

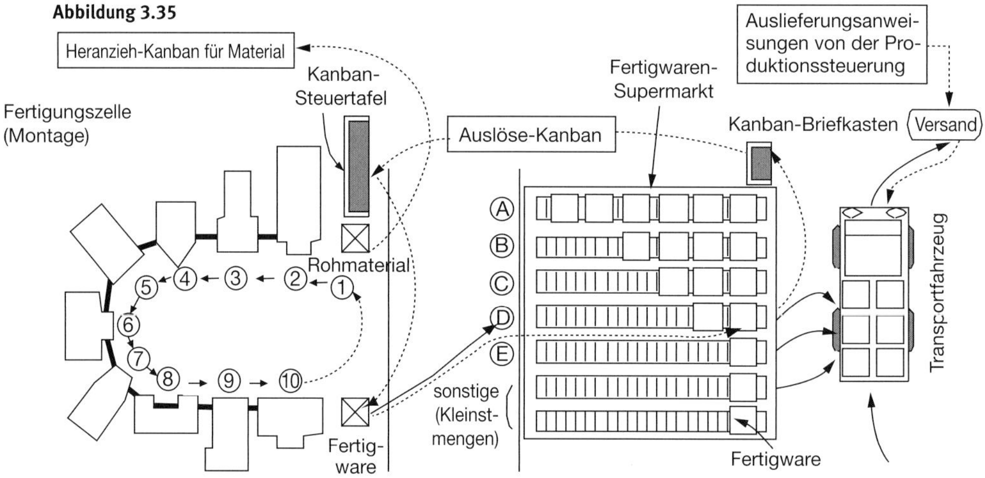

Grundprinzipien des Kanban-Systems

① Der nachgelagerte Prozess holt sich das benötigte Material in der benötigten Menge mittels Heranzieh-Kanban vom vorgelagerten Prozess ab.

② Der vorgelagerte Prozess hält den benötigten Minimalbestand seiner Fertigware vor und füllt das abgezogene Material mittels Auslöse-Kanban nach.
→ Durch die Verkettung von ① und ② fließen die Fertigungsanweisungen Schritt für Schritt in Richtung Anfang der Prozesskette.

Funktionen von Kanban

3 Funktionen

1. Arbeitsanweisung
   Kanban sind Anweisungen, die präzise besagen »was wann in welcher Menge produziert/transportiert« werden muss.
2. Bestandsmanagement
   Jedes Material in der Fabrik ist mit Kanban zu versehen. Das führt zu einer Integration von Material- und Informationsfluss und damit zu einer Erleichterung des Managements.
3. Verbesserungswerkzeug
   Das Kanban-System schafft vor Ort ein visuelles Management. Verbesserungspunkte werden leichter identifizierbar, was tatsächliche Verbesserungen nach sich zieht.

4 Management von Fertigungszellen

4.1 Produktionsplanung für Fertigungszellen

Um den zunehmend sich ändernden und immer unbeständigeren Marktanforderungen gerecht zu werden, sind in letzter Zeit verstärkt kleine, in sich abgeschlossene Fertigungslinien mit *sparsamem Personaleinsatz* eingeführt worden. Das *synchrone Managementsystem* ist ein solches Produktionssystem. Es soll die *Fertigung in kleinen Losen bei hoher Sortenvarianz* ermöglichen.

Durch eine bloße Veränderung der Anordnung von Anlagen und Material vor Ort lässt sich das nicht bewerkstelligen. Man muss zugleich auch die Art der Produktionsplanung verändern. Das grundlegende Konzept für diese Veränderung ist das *Glätten der Produktion.*

Geglättete Produktionsplanung

Glätten bedeutet, Stückzahlen und Varianten über einen bestimmten Zeitraum zu mitteln, das heißt gleichmäßig zu verteilen. Damit werden zwei Ziele verfolgt:

Erstens sollen die Ressourcen (Anlagen, Personal, Material et cetera) nicht an den Spitzen der Nachfrageschwankungen, sondern an deren Mittelwert ausgerichtet werden. So wird ein reduzierter Ressourceneinsatz angestrebt, der zur Kostensenkung führt.

Zweitens sollen durch häufiges Umrüsten die Durchlaufzeit verkürzt sowie die Flexibilität erhöht werden, um so die Geschäftsabwicklung zu beschleunigen.[33]

Hierbei stellt sich die Frage, bis zu welcher Losgröße man beim Glätten gehen sollte. Die Antwort lautet: Letztendlich sollte man so lange glätten, bis jede Variante in Losgröße eins gefertigt wird. Das erste Nahziel für die Umstellung einer althergebrachten Produktionsplanung besteht aber in der *nivellierten Produktion*, bei der über einen bestimmten Zeitraum täglich ein Produktionszyklus gefahren wird (siehe d in Abbildung 4.1). Ist dies erreicht, besteht das nächste Ziel in der *geglätteten Produktion*, bei der ein festes Produktionsmuster mehrmals am Tag wiederholt wird.

Auch bei der konventionellen Produktionsplanung bemüht man sich, das Produktionsaufkommen möglichst gleichmäßig zu verteilen. Da aber Auftragslage, Nachfrageprognose, Bestandsdaten et cetera auf Monatsbasis ausgewertet werden, entsteht im Ergebnis eine Planung, die Schwankungen beinhaltet (siehe a).

Bei einer geglätteten Produktionsplanung wird penibel darauf geachtet, dass Stückzahlen und Varianten wirklich gleichmäßig verteilt werden (siehe c). Das ist eine Grundregel des *synchronen Produktionssystems.* Der springende Punkt bei der Durchführung einer geglätteten Produktion liegt in der Art, wie die Bestände zum

[33] Siehe Abschnitt »Verbesserungen auf dem Weg zur geglätteten Produktion«, S. 136ff.

Auffangen der Schwankungen genutzt werden: Ganz wie ein Wellenbrecher im Hafen verwandeln die Bestände große Nachfragewellen in kleine. Bestände werden also nicht auf einem festen Niveau gehalten, sondern dazu genutzt, die Nachfrageschwankungen aufzufangen.

Produktionsplan und »Startanweisung«

Die Hauptunterschiede zwischen der geglätteten Produktionsplanung und der althergebrachten Produktionssteuerung liegen in der Art, wie die tägliche Produktionsreihenfolge und -menge bestimmt werden, und darin, wie die Produktion ausgelöst wird.

Die Fertigungsaufträge althergebrachter Art werden, basierend auf dem monatlichen/wöchentlichen Produktionsplan, nach geringfügiger Anpassung durch die Mitarbeiter der Produktionssteuerung automatisch auf Tageseinheiten heruntergebrochen und direkt an die Linien gegeben.

Im Unterschied dazu folgen die Fertigungsaufträge bei der geglätteten Produktion zwar grundsätzlich einem geglätteten Produktionsplan, der Start der Fertigung in der Linie wird aber vor Ort ausgelöst. Als Entscheidungsgrundlage wird die Bestandssituation im *Supermarkt* der Linie (einschließlich der Geschwindigkeit der Abgänge) herangezogen. Die Fertigungsaufträge werden also von der unteren Führungsebene oder vom Linienpersonal vor Ort unter Beachtung des Effektivbestands autonom generiert. Um diesen Unterschied zu den althergebrachten Fertigungsaufträgen deutlich zu machen, bezeichne ich diese Aufträge als *Startanweisungen*. Die Besonderheit der geglätteten Planung liegt in der Trennung von Produktionsplan und Startanweisungen.

Für Startanweisungen in Fertigungszellen ist die Verwendung eines *Kanban*-Systems ideal (siehe e und f). Mit dem Werkzeug Kanban können die ständig schwankende Nachfrage und die Fertigung in Echtzeit aufeinander feinabgestimmt werden.

Eine geglättete Produktionsplanung ist übrigens Voraussetzung für ein echtes Kanban-System. Aber ein geglätteter Produktionsplan funktioniert nicht von allein – für seine Erfüllung braucht man eine starke, flexible Fertigungsabteilung. Beides bekommt man nicht über Nacht. Planung und Fertigung müssen sich gegenseitig unterstützen, um gemeinsam immer stärker und raffinierter zu werden.

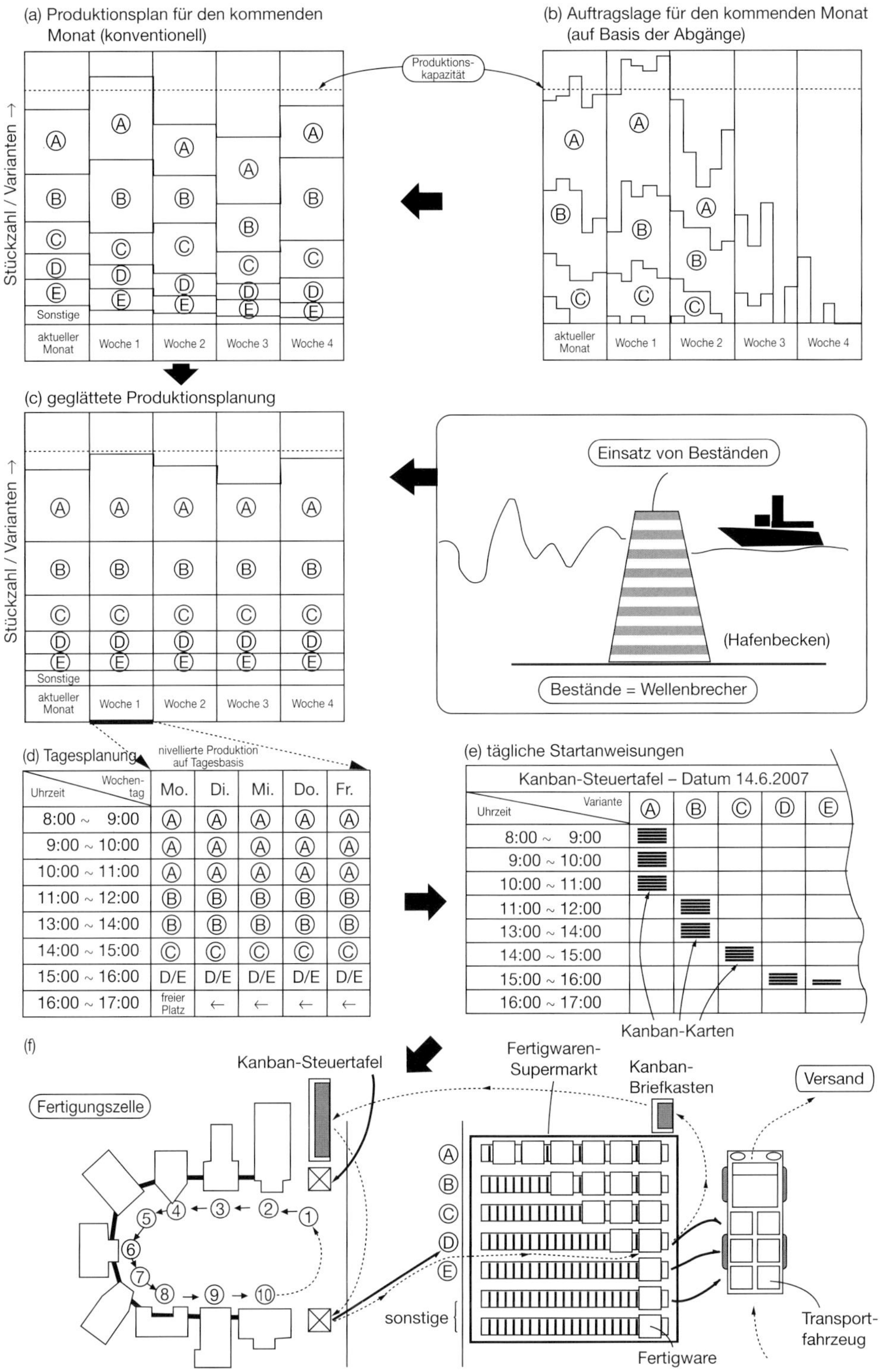

Abbildung 4.1: Produktionsplanung für Fertigungszellen (gezeigt wird der Zusammenhang zwischen Produktionsplan und Startanweisungen am Beispiel von Fahrzeugteilen)

4.2 Visuelles Management in Fertigungszellen

Visuelles Management bedeutet: 1. Vor Ort in der Produktion werden Ideen umgesetzt, die es jedem beliebigen Betrachter gestatten, überall *Normalzustand* und *Abweichung* auf einen Blick zu unterscheiden. 2. Tritt eine Abweichung auf, werden sofort Maßnahmen zur Normalisierung des Zustands ergriffen. Der Unterschied zur herkömmlichen Überwachung liegt darin, dass jeder beliebige Betrachter Normalzustand und Abweichung auf einen Blick unterscheiden kann.

»Auf einen Blick erkennen« bedeutet: Es kann dank einer einfachen visuellen Hilfe sofort geurteilt werden, ohne dazu Mengen abzählen oder mit Instrumenten messen zu müssen. Eine clevere Lösung kann viel Überwachungsarbeit und -kosten einsparen.

Auf einen Blick erkennen zu können bewirkt zum einen, dass alle Beteiligten ein gemeinsames Verständnis von sämtlichen Problemen an einer Linie entwickeln. Es entsteht Offenheit. Es wird außerdem möglich, dass das Linienpersonal den Produktionsfluss regelt, da es Normalzustand und Abweichungen unterscheiden und selbst geeignete Maßnahmen ergreifen kann. Das ist ein weiterer wichtiger Vorteil. Mit anderen Worten: Es wird möglich, die Linienmitarbeiter mit einem Teil der Managementaufgaben der unteren Führungsebene zu betrauen.

Diese Ideen und Methoden der Steuerung sind vor dem Hintergrund entstanden, dass die Werkstücke bei der synchronen Produktion im *Einzelstückfluss* durch die Prozesskette geschickt werden sollen. Dazu ist es notwendig, den Fluss an jeder einzelnen Arbeitsstation auf Mitarbeiterebene zu regeln. Vor Ort in der Produktion treten fortwährend kleine Abweichungen auf, die den Produktionsfluss stören. Werden diese nicht ständig gemanagt, lässt sich der Fluss nicht aufrechterhalten. Ohne visuelles Management kommt eine *synchrone Fertigungszelle* – und damit ein *synchrones Managementsystem* – also nicht zustande.

Ideen für den praktischen Einsatz

Mit der Schaffung von Fertigungszellen selbst werden bereits die Mechanismen des visuellen Managements umgesetzt (siehe Abbildung 4.2). Selbstverständlich muss man bereits hierbei geschickt vorgehen. Die Werkzeuge des visuellen Managements finden schon im synchronen Produktionssystem eine breite Verwendung. Für den praktischen Einsatz in Fertigungszellen sind aber einige Erweiterungen erforderlich:

⑤ Die geregelte Bereitstellung besagt, dass jede Artikelnummer auf einem festgelegten Stellplatz (Adresse) in einem festgelegten Mengenrahmen bereitgestellt wird. Bei der Schaffung einer Fertigungszelle werden Fläche und Bestände stark komprimiert. Daher sind Lösungen zur Sicherstellung der rechtzeitigen Materialversorgung erforderlich. Das kann über einen Sensor geschehen, der das Erreichen eines Minimalbestands erkennt und das Signal zur rechtzeitigen Wiederbefüllung auslöst.

⑥ Mit der *Stückzahlenmanagementtabelle* wird der Fortschritt an der Linie stündlich überprüft. Aufgetretene Probleme werden festgehalten, um die Führungskräfte zu Gegenmaßnahmen anzuregen.
⑦ Die Grundfunktion des *Schrittmachers* besteht darin, dem Mitarbeiter ein Gefühl für die *Kundentaktzeit* zu geben. In einer *synchronen Fertigungszelle* wird der Schrittmacher um eine Ruffunktion erweitert und dazu verwendet, *Springer* zu Hilfe zu rufen, wenn die Ausbringung hinter den Plan zurückfällt. Dazu kann der Schrittmacher beispielsweise so ausgelegt werden, dass eine Ruflampe aufleuchtet, sobald die Ausbringung drei Werkstücke unter Plan liegt.
⑧ *Standardarbeitsblätter* werden eigentlich ausgehängt, damit die Führungskräfte überprüfen können, ob die *standardisierten Arbeitsabläufe* strikt eingehalten werden. In Fertigungszellen ist das System der standardisierten Arbeit so zu erweitern, dass diese vor Ort autonom aufrechterhalten wird. Standardarbeitsblätter haben in Fertigungszellen die Funktion, den Außenstehenden zu zeigen, wie das Team arbeitet.
⑨ *Kanban*-Karten laufen mit allen Bauteilen mit. Sie dienen als Begleitscheine und beschreiben alle Eigenschaften des zugehörigen Teils. Fehlt an einem Behälter die Kanban-Karte, stellt das bereits eine schwere Abweichung dar. Kanban sind ein Informationswerkzeug zur Verkettung des eigenen mit dem vorgelagerten Prozess. Die Veränderung der Anzahl der Karten um Umlauf ist *visuelles Management* für den vorgelagerten Prozess.
⑩ *Andon* ist ein typisches Werkzeug des visuellen Managements. Die Güte der Andon-Lösungen entscheidet über die Güte des Managements vor Ort. Für Fertigungszellen sind die Andon-Systeme so zu erweitern, dass eine Zelle damit leicht Unterstützung von außerhalb (durch Führungskraft, Springer, *Linienversorger* et cetera) herbeirufen kann. Umgekehrt muss es von außen einfach möglich sein, die Situation an vielen Linien gleichzeitig zu überblicken.

4.3 Sparsamer Personaleinsatz in Fertigungszellen

Sparsamer Personaleinsatz bedeutet, Linien zu schaffen, an denen mit einer beliebigen Anzahl von Mitarbeitern gefertigt werden kann. Die Mitarbeiterzahl in der Linie kann den Schwankungen im Produktionsaufkommen entsprechend erhöht oder gesenkt werden, ohne dabei die Produktivität zu beeinträchtigen. Sparsamer Personaleinsatz ist nicht gleichzusetzen mit Personalbbau.

Natürlich möchte man durch fortschreitende Verbesserung erreichen, mit weniger Personal produzieren zu können. Mit sparsamem Personaleinsatz ist aber in der Hauptsache die Möglichkeit gemeint, das Personal in einer Linie proportional zu den Nachfrageschwankungen produktivitätsneutral zu verstärken oder zu vermindern.

Visuelles Management:
1. Ideen, die es jedem beliebigen Betrachter gestatten, Normalzustand und Abweichung auf einen Blick zu unterscheiden
2. Sofortige Maßnahmen zur Wiederherstellung des Normalzustands im Falle einer Abweichung

Einteilung	Form des visuellen Managements	Gegenstand der Betrachtung (Normalzustand /Abweichung)
Mechanismen des visuellen Managements	① Linien in U-Form	Situation an der gesamten Linie auf einen Blick überblickbar
	② Einzelstückfluss	Materialfluss (Staus, Überproduktion)
	③ Produktion in Kundentaktzeit	Fortschrittsgrad der Produktion (zu schnell, zu langsam), Arbeitsaufteilung
	④ Standardisierte Arbeitsabläufe	Bewegungen der Mitarbeiter
Werkzeuge des visuellen Managements	⑤ Geregelte Bereitstellung	Fehlteile, Bestandsüberschuss, Bereitstellungsfehler 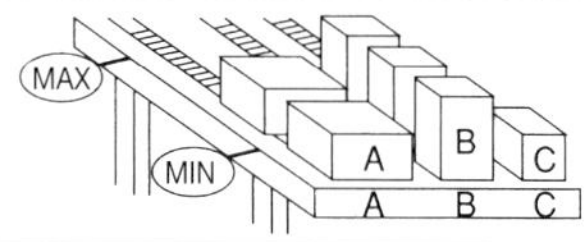
	⑥ Stückzahlenmanagement-tabelle	Fortschrittsgrad bezogen auf Uhrzeit (zu schnell/ zu langsam), Probleme an der Linie
	⑦ Schrittmacher	Fortschrittsgrad bezogen auf Kundentaktzeit (zu schnell, zu langsam) 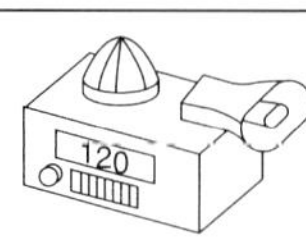
	⑧ Standardarbeitsblätter	Werden die standardisierten Arbeitsabläufe eingehalten oder nicht? 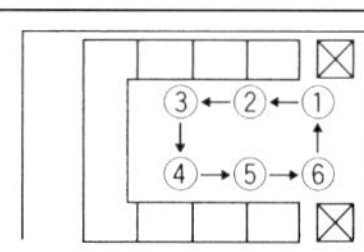
	⑨ Kanban	Bestandssituation, Situation am nachfolgenden Prozess 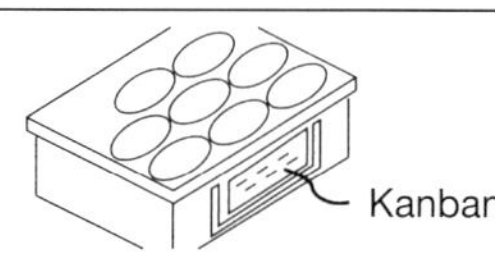
	⑩ Andon	Situation an der Linie (Maschinenstörung, Umrüsten, Stillstand), Ruffunktion 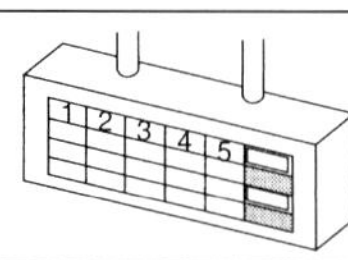

Uhrzeit	Plan	Ist	Grund für Abweichung
8:00~ 9:00	100	80	Störung
9:00~10:00	100/200	90/180	Ausschuss
10:00~11:00	100/300	100/280	

Abbildung 4.2: Visuelles Management in synchronen Fertigungszellen

Die Philosophie des sparsamen Personaleinsatzes

Der sparsame Personaleinsatz verfolgt mehrere Ziele:

① Überwindung von festem Personalstand
Mit »festem Personalstand« ist gemeint, dass unabhängig vom Produktionsaufkommen immer die gleiche Anzahl von Mitarbeitern in einer Linie arbeitet. Oft muss aufgrund von Beschränkungen durch das Maschinen-Layout auch bei rückläufigen Stückzahlen immer eine bestimmte Mindestanzahl von Personen an die Linie gestellt werden. Das passiert bei Layouts, in denen die Arbeitsplätze auf einsamen Inseln angesiedelt sind. Ein fester Personalstand ist zum einen deswegen problematisch, weil durch unnötige Wartezeiten Nachteile auf Produktivitäts- oder Kostenseite entstehen. Darüber hinaus werden Lohnkosten so praktisch zu Fixkosten.

② Die Mitarbeiter immer voll auslasten
Man möchte zunächst meinen, das sei eine Selbstverständlichkeit. Wenn Arbeit auf viele Mitarbeiter verteilt wird, kommt es in der Praxis aber dazu, dass eine beträchtliche Anzahl von Mitarbeitern mit weniger Arbeit ausgelastet ist, als einer Vollbeschäftigungseinheit entspricht. Für diese Mitarbeiter entstehen Wartezeiten. Man nennt diese Zeit auch *leere Arbeitszeit*. Der Anteil teilausgelasteter Mitarbeiter kann über das gesamte Werk gesehen 10 bis 30 Prozent ausmachen. Bei der Zellenfertigung, wo man es mit vielen kleinen Fertigungsinseln mit jeweils geringem Personalstand zu tun hat, kommt diesem Thema eine besondere Bedeutung zu.

③ Flexibilität gegenüber den Kundenbedürfnissen und Effizienz in der Produktion miteinander vereinbaren
Die Anforderungen der Kunden ändern sich mit schwindelerregender Schnelligkeit. Es gilt, eine Produktionsweise zu finden, mit der diesen Anforderungen schnell und flexibel entsprochen und gleichzeitig die Produktivität des Werks aufrechterhalten werden kann.

Bei der althergebrachten Massenfertigung geht man davon aus, dass eine starke Schwankung der Stückzahlen unweigerlich zu einer Verschlechterung der Produktivität führt. Durch eine andere Art des Produzierens kann man sich davon lösen.

Es gibt einige Bedingungen für die Umsetzung von sparsamem Personaleinsatz. Eine davon ist das Bewusstsein der Führungskräfte. Sie müssen die Philosophie des sparsamen Personaleinsatzes richtig verstehen. Wer wirklich beabsichtigt, jeden einzelnen Mitarbeiter zu 100 Prozent einzusetzen, dem müssten auch schnell die nötigen Ideen dazu kommen.

Eine weitere Bedingung ist die Art, wie die Personaleinteilung geplant wird. Die rechnerisch notwendige Mitarbeiterzahl ergibt sich aus den hinterlegten Standardzeiten et cetera. Der springende Punkt ist, mit der dabei auftretenden *leeren Arbeitszeit* so umzugehen, dass keine Verschwendung entsteht. Konkret kann dabei die *Zusammenfassung von Zellen mit unterschiedlichen Kundentaktzeiten*[34] hilfreich sein, die ich im Folgenden beschreiben werde.

Sparsamer Personaleinsatz in Fertigungszellen

Der sparsame Personaleinsatz in Fertigungszellen kann durch die Zusammenfassung von Zellen mit unterschiedlichen Kundentaktzeiten effektiv bewerkstelligt werden. Dazu werden mehrere Fertigungszellen als Großraum zusammengefasst. Die Mitarbeiter werden in feste Zellenmitarbeiter und *Zellenspringer* eingeteilt. An jede Fertigungszelle kommen so viele Mitarbeiter, wie es dem ganzzahligen Anteil des dortigen Personalbedarfs entspricht. So wird jeder feste Mitarbeiter voll ausgelastet. Die jeweils fehlenden Anteile der Personalbedarfe in den einzelnen Zellen werden aufaddiert. Es werden der Summe entsprechend viele Springer außerhalb der Zellen eingesetzt. Mit den festen Mitarbeitern allein fällt eine Zelle regelmäßig hinter ihren Produktionsplan zurück. Ist eine festgelegte Untererfüllung erreicht, leuchtet automatisch ein *Ruf-Andon* auf und ein Springer kommt sofort als Unterstützung in die Zelle. Während der Springer in der Zelle arbeitet, erhöht sich die Ausbringung und der Rückstand wird aufgeholt. Ist der Rückstand aufgeholt, verlässt der Springer die Zelle und wechselt zur nächsten, an der ein Ruflicht leuchtet. Für jede Fertigungszelle sind zwei Arbeitsaufteilungen vorgesehen, eine für die festen Mitarbeiter allein und eine für die Arbeit mit zusätzlichem Springer. Diese Arbeitsaufteilungen werden abwechselnd eingesetzt. Auf diese Weise kann leere Arbeitszeit effektiv genutzt werden.

4.4 Verbesserungen auf dem Weg zur geglätteten Produktion (Rüstzeitverkürzung)

Glätten bedeutet, die zu produzierenden Güter (das, was abgesetzt werden kann) hinsichtlich Menge und Varianten gleichmäßig über die Zeit zu verteilen. Man produziert also jede Variante in kleineren Mengen, dafür aber mit einer höheren Frequenz. Das führt zu kürzeren Durchlaufzeiten und ermöglicht, schneller auf die wechselnden Kundenbedürfnisse zu reagieren.

Für eine geglättete Produktion sind Maßnahmen zur Rüstzeitverkürzung zwecks Losgrößenverkleinerung unabdingbar. Bei genauerer Betrachtung erkennt man, dass die Rüsthäufigkeit dazu um das 5- bis 20-Fache verglichen mit dem Ist-Wert gesteigert werden muss (siehe Abbildung 4.4).

Jemandem, dem die Massenfertigung in großen Losen lieb und teuer geworden ist, mag es unrealistisch scheinen, die Rüsthäufigkeit so sehr zu steigern, da die Zunahme der mit dem Rüsten verbundenen Produktionsstillstände eine deutliche Verschlechterung der Produktivität sowie Kapazitätsengpässe verursachen würde. Hinter dieser Sorge steht das Vorurteil, die Rüstzeit könne durch Verbesserungs-

[34] Siehe Abschnitt »Verschiedenartige Fertigungszellen integrieren«, S. 111ff.

Sparsamer Personaleinsatz bedeutet, Linien zu schaffen, an denen mit einer beliebigen Anzahl von Mitarbeitern gefertigt werden kann. Die Mitarbeiterzahl in der Linie kann entsprechend den Schwankungen im Produktionsaufkommen erhöht bzw. gesenkt werden, ohne dabei die Produktivität zu beeinträchtigen.

Philosophie

① Überwindung von festem Personalstand
② Die Mitarbeiter immer voll auslasten
③ Flexibilität gegenüber den Kundenbedürfnissen und Effizienz in der Produktion miteinander vereinbaren

Bedingungen für die Umsetzung

① Bewusstsein bei den Führungskräften für den sparsamen Personaleinsatz
② Nutzung von Teilauslastungen bei der Personalplanung
③ Mehrfachqualifizierung der Mitarbeiter; Layout, das Mehrprozessbedienung ermöglicht
④ Kaizen-Fähigkeiten bei den Schichtführern (Personaleinteiler)

Besonderheiten synchroner Fertigungszellen (in Bezug auf sparsamen Personaleinsatz)

① Da sich die Arbeit auf zahlreiche Zellen mit jeweils wenig Personal verteilt, kommt es leicht zu Teilauslastungen.
② Es gibt viele Funktionen außerhalb der Linie, wie Linienversorger oder Rüstspezialisten. Es kommt leicht zu einem festen Personalstand.
③ Die Kundentaktzeiten jeder Zelle sind unterschiedlich.

Taktik zum sparsamen Personaleinsatz: Zusammenfassung von Zellen mit unterschiedlichen Kundentaktzeiten

- Zusammenfassung von Zellen mit unterschiedlichen Kundentaktzeiten bedeutet:
  Das Personal der Fertigungszellen wird in feste Zellenmitarbeiter und Zellen-Springer unterteilt.
  Die voll ausgelasteten Mitarbeiter arbeiten fest in der Linie. Teilausgelastete Mitarbeiter werden Springer und sind gleichzeitig für die Unterstützung mehrerer Linien zuständig.
- Die Springer werden über Andon in die Linie gerufen, sobald der Produktionsrückstand eine festgelegte Stückzahl erreicht.

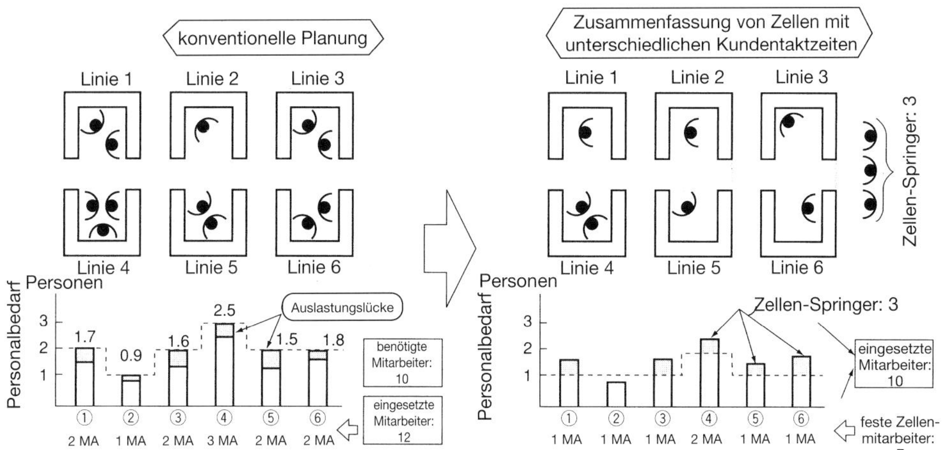

Abbildung 4.3: Sparsamer Personaleinsatz in Fertigungszellen

maßnahmen allerhöchstens um etwa die Hälfte reduziert werden. Dieses Vorurteil muss überwunden werden. Rüstzeiten können auf 1/5 bis 1/20 reduziert werden. Das gelingt mit dem Werkzeug »Verbesserungspaket zur Rüstzeitverkürzung« (siehe Abbildung 4.5). Beim Glätten sollte man stets mit der Überzeugung ans Werk gehen, dass Rüstzeiten unbegrenzt verkürzbar sind.

Die Planung der geglätteten Produktion beginnt man damit, an einer Fertigungszelle das jeweilige Aufkommen der dort gefertigten Varianten zu ermitteln. Dazu führt man eine PQ-Analyse durch. In den meisten Fällen machen einige wenige Rennertypen bereits 70 bis 80 Prozent des Gesamtaufkommens aus. Sie laufen tendenziell täglich auf der Linie, wenn auch in jeweils unterschiedlichen Mengen. Diese wenigen Rennertypen werden zum Gegenstand der Verkleinerung der Losgrößen bei gleichzeitiger Erhöhung der Anzahl der *Produktionszyklen*. Im Beispiel in Abbildung 4.4 sind das die Varianten A bis D. Die Varianten E bis J mit geringem Aufkommen werden so auf die in jedem Zyklus vorgesehenen »freien Plätze« des Produktionsplans gelegt, dass deren Liefertermine eingehalten werden können, aber gleichzeitig die tägliche Gesamtstückzahl nicht wesentlich schwankt.

Die Erhöhung der Anzahl der Produktionszyklen beginnt man damit, den Zyklus selbst festzulegen. Das ist die Sequenz, in der die vielen Varianten hintereinander gefertigt werden sollen. Sie wird unter Berücksichtigung von Rüstaufwand und Werkerfreundlichkeit festgelegt. Der Zyklus wird einmal pro Woche, später einmal pro Tag, später mehrmals am Tag durchlaufen. Auf diese Weise wird bei steter Verkleinerung der Losgröße in immer kleineren Mengen produziert. Natürlich sind je nach Fähigkeit der Linie auch Zwischenstadien wie einmal alle zwei Wochen oder einmal alle zwei Tage denkbar. Der Zusammenhang zwischen Losgröße und Rüsthäufigkeit bei der Erhöhung der Anzahl der Produktionszyklen ist ebenfalls in Abbildung 4.4 dargestellt. Erhöht man die Anzahl von einem Zyklus pro Woche auf vier Zyklen pro Tag (der Zyklus wiederholt sich alle zwei Stunden), so steigt die Rüsthäufigkeit auf das 20-Fache. In der Automobilindustrie sind Zwei-Stunden-Zyklen absolut keine Seltenheit.

Verbesserungspaket zur Rüstzeitverkürzung

Das Verbesserungspaket zur Rüstzeitverkürzung stelle ich in Abbildung 4.5 vor. Unterschiedliche Anlagen bedingen ganz und gar verschiedene Rüsttätigkeiten und Zeitverhältnisse. Dennoch lassen sich die Verbesserungsmethoden und deren Abfolge generell in sieben Punkten zusammenfassen. Man sollte nicht versäumen, für ein gutes allgemeines Verständnis von Zweck der Rüstzeitverkürzung sowie deren Bedeutung für das Unternehmen zu sorgen. Es gilt, ein Umfeld zu schaffen, in dem schnelles Umrüsten als wichtig erachtet wird. Ferner werden die Verbesserungen in der Regel effektiver, wenn sie im Team zusammen mit den tatsächlichen Einrichtern erarbeitet werden.

Geglättete Produktionsplanung und Rüstzeitverkürzung stehen eng miteinander in Zusammenhang. Die Erhöhung der Anzahl der Produktionszyklen motiviert Rüstzeitverkürzungen und Erfolge bei der Rüstzeitverkürzung ermöglichen eine weitere Erhöhung der Zyklenzahl. Gibt man eine langfristige Perspektive und einzelne Zwischenziele vor, werden durch unermüdliche, aufeinander aufbauende Verbesserungen erstaunliche Rüstzeitverkürzungen möglich.

4.5 Ein-Personen-Fertigung

Ein-Personen-Fertigung bedeutet, einen einzelnen Mitarbeiter ein Produkt komplett fertigstellen zu lassen. Die Ein-Personen-Fertigung ist eine Ausbauform der Zellenfertigung.

Auch in einer herkömmlichen Fertigungszelle kann es bei gesunkenem Produktionsaufkommen passieren, dass nur noch ein Mitarbeiter arbeitet, wo vorher mehrere waren. Dies bezeichnet man jedoch nicht als Ein-Personen-Fertigung, da bei wieder gestiegenem Produktionsaufkommen auch wieder mehr Mitarbeiter in der Zelle arbeiten. Die Anzahl der Mitarbeiter in der Zelle wird hier von der Geschwindigkeit der Abgänge – also der *Kundentaktzeit* – bestimmt.

Bei der Ein-Personen-Fertigung wird besonderen Wert darauf gelegt, dass jeder Mitarbeiter alleine produziert, und zwar bis das Produkt fertig ist (Abbildung 4.6). Hier wird noch mehr auf die Eigenständigkeit des Einzelnen gesetzt, als es bei der Grundform der Zellenfertigung ohnehin schon der Fall ist. Die menschlichen Fähigkeiten sollen so maximal gefördert werden. Dahinter steht die Überzeugung, dass man durch die Förderung der verborgenen Fähigkeiten eines Mitarbeiters seiner Menschlichkeit besonderen Respekt zollt.

Verborgene Fähigkeiten zu fördern und auf Eigenständigkeit zu setzen bedeutet nicht, den Mitarbeiter »frei nach Schnauze« gerade so arbeiten zu lassen, wie es ihm passt. Es bedeutet, ihn anzuregen, unter strikter Einhaltung von Philosophie und Grundprinzipien der Fertigung neue Lösungen zu finden. Dazu gibt es zahlreiche Hilfsmittel und Know-how. Man spricht in diesem Zusammenhang auch von »humanware technology«.

Vor- und Nachteile der Ein-Personen-Fertigung

In Abbildung 4.7 werden die Vor- und Nachteile der Ein-Personen-Fertigung gegenübergestellt.

Als Vorteil ist zunächst die Verbesserung von Qualität und Produktivität zu nennen. Sie ist ein Ergebnis einer Steigerung von Verantwortungsbewusstsein, Arbeitsfreude und Zufriedenheitsgefühl, die sich daraus ergibt, dass dem Mitarbeiter ein Produkt von Anfang bis zur Fertigstellung vollständig anvertraut wird. Fördert man die Mitarbeiterfähigkeiten weiter, profitieren auch Mehrprozessbedienung und Verbesserungsaktivitäten. Ein weiterer Vorteil für die Fertigung ist, dass keine Austaktungsverluste auftreten und leicht auf Produktionsschwankungen reagiert werden kann.

Als Nachteil ergibt sich, dass sich die individuellen Fähigkeitsunterschiede herauskristallisieren. Findet man kein System, diese Unterschiede entsprechend zu honorieren oder anderweitig zu berücksichtigen, entsteht Unzufriedenheit, die zu

> Glätten bedeutet, die zu produzierenden Güter (das, was abgesetzt werden kann) hinsichtlich Menge und Varianten gleichmäßig über die Zeit zu verteilen. Für eine geglättete Produktion sind Maßnahmen zur Rüstzeitverkürzung zwecks Losgrößenverkleinerung unabdingbar.

Abbildung 4.4: Losgröße und Rüsthäufigkeit bei geglätteter Produktion

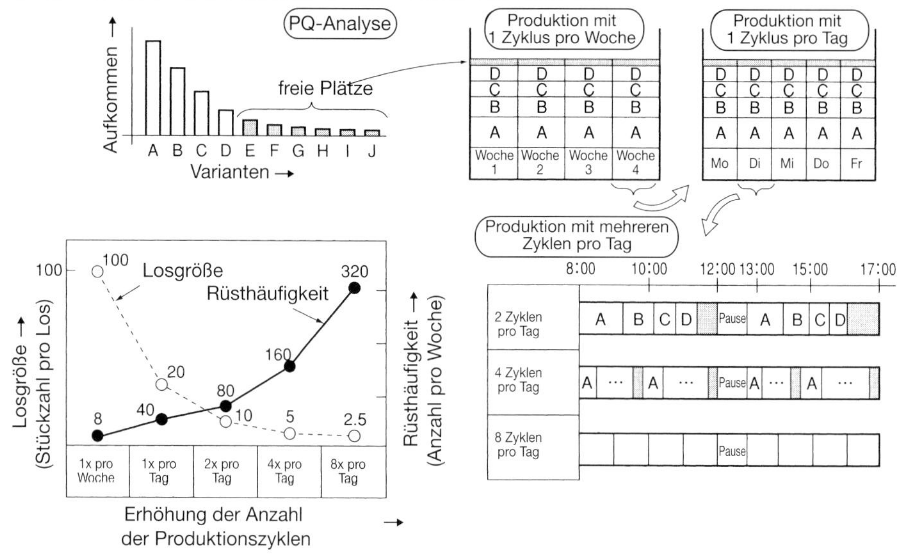

Abbildung 4.5: Verbesserungspaket zur Rüstzeitverkürzung

(für das interne Rüsten)

Vorgehensweise und Methoden zur Rüstzeitverkürzung	Beispiel für Zeitersparnis
① Erfassung des Ist-Zustands (Laisser-faire ist die Regel – oft existieren keine Rüstprotokolle oder Standards)	120 min.
② Erneute Messung nach Erstellung eines vorläufigen Rüststandards und Bereitlegung des benötigten Materials und Werkzeugs	80 min.
③ Tätigkeiten ins externe Rüsten verlagern (alle Tätigkeiten aussondern, die bei laufender Maschine erfolgen können)	50 min.
④ Standardisieren der internen Rüsttätigkeiten und Bereitstellung am optimalen Greifpunkt (null Wege)	30 min.
⑤ Schraub- und Befestigungstätigkeiten verbessern (Schraubenfrei, Schlüssellochaussparungen, Elektrowerkzeug)	20 min.
⑥ Justieren eliminieren (Anschläge, Voreinstellungen)	10 min.
⑦ Paralleles Rüsten mit 2 bis 3 MA und Rüsttraining	5 min. 1/24 des Ausgangswerts

- In vergleichsweise kurzer Zeit können erhebliche Verkürzungen (auf 1/5 bis 1/10) erzielt werden. Man stelle sich mutig dieser Herausforderung.
- An Montagelinien muss das Ein-Griff-Umrüsten ermöglicht werden, d.h. der Wechsel von Teilen, Werkzeugen und Vorrichtungen in wenigen Sekunden (mittels Drehtischen etc.).

Leistungsverschlechterungen führen kann. Da die Mitarbeiter verstärkt auf sich allein gestellt arbeiten, steht auch eine Abschwächung des Teamgeistes zu befürchten. Darunter können die Weitergabe von Fertigkeiten und die Verbesserungsaktivitäten leiden. Für die Fertigung ergeben sich unter anderem die Nachteile, dass die Einarbeitung eines Mitarbeiters aufgrund des ausgeweiteten Arbeitsbereichs mehr Zeit in Anspruch nimmt und dass Kosten durch zusätzliche Anlagen und Vorrichtungen entstehen.

Um die Vorteile zu maximieren und die Nachteile gering zu halten, sollte nicht die gesamte Produktion auf Ein-Personen-Fertigung umgestellt werden. Es ist am effektivsten, die Ein-Personen-Fertigung parallel zu herkömmlichen Fertigungszellen einzusetzen und je nach den Besonderheiten von Produkt und Prozessen zu entscheiden, welche Form man verwendet.

4.6 Vertikale Anlaufkurven bei neuen Produkten

Ziel des *synchronen Managementsystems* ist, das Unternehmen so zu stärken, dass es nachhaltig Gewinne erwirtschaftet. Der erste Schritt dazu besteht in einer Reform des Produktionssystems.

Warum führt eine Reform des Produktionssystems zu einer nachhaltig profitablen Unternehmensverfassung? – Heutzutage liegen die Gewinnpotenziale in der fertigenden Industrie zum einen darin, neue Produkte auf den Markt zu bringen, die im Kostenwettbewerb bestehen. Zum anderen liegen sie darin, den Marktbedürfnissen entsprechend unverwechselbare neue Produkte mit hoher Wertschöpfung anzubieten. Für die Entwicklung solcher Produkte sind die Kräfte des gesamten Unternehmens durch ein enges Zusammenspiel von Entwicklung, Produktion und Vertrieb zu bündeln. Die Art und Weise, wie die Produkte hergestellt werden, ist dabei der Dreh- und Angelpunkt: Um drastische Kosteneinsparungen zu erzielen, muss bereits ab der Konzeptions- und Entwicklungsphase eine hohe Fertigungsfreundlichkeit angestrebt werden – auch für fremdzuvergebene Teile.

Know-how zur Fertigungsfreundlichkeit ist *Fertigungskompetenz*, wie sie im synchronen Managementsystem verfolgt wird (»Genba-Engineering«). Egal wie attraktiv ein neu entwickeltes Produkt sein mag – wenn es nicht schnell und rechtzeitig in die Serienfertigung überführt werden kann, wird nicht mehr daraus als eine große Chance, die man verpasst hat.

Die dazu erforderliche Verkürzung von Entwicklungszeiten erreicht man durch Concurrent Engineering (CE). Dieses Prinzip zur Prozessgestaltung und -steuerung funktioniert genau wie die Verkürzung von Produktionsdurchlaufzeiten – eine der Stärken der synchronen Fertigungsweise.

Wenn der Schritt in die Serienfertigung schnell und reibungslos glückt, spricht man von einer »vertikalen Anlaufkurve«. Den Marktbedürfnissen entsprechend schnell reagieren zu können bedeutet nichts anderes, als das benötigte Produkt zum

> Ein-Personen-Fertigung bedeutet, einen einzelnen Mitarbeiter ein Produkt komplett fertigstellen zu lassen. Bei dieser Produktionsweise wird Wert auf die Eigenständigkeit der Mitarbeiter gelegt.

Abbildung 4.6: Beispiel für die Ein-Personen-Fertigung

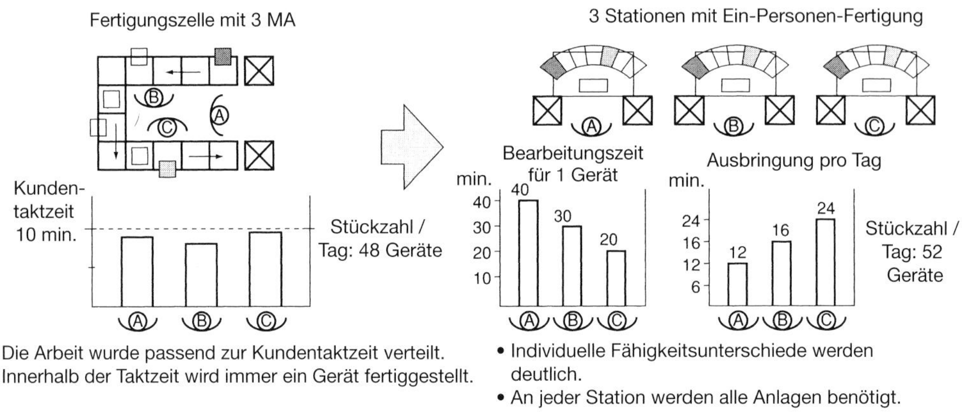

Abbildung 4.7: Vor- und Nachteile der Ein-Personen-Fertigung

Vorteile	Strategien zur Vorteilsmaximierung
① Verbesserte Moral, Erhöhung der Produktivität ② Höheres Verantwortungsbewusstsein, gesteigerte Qualität ③ Keine Austaktung der Linie erforderlich (Austaktungseffizienz 100 Prozent) ④ Leichtes Reagieren auf Nachfrageschwankungen ⑤ Durch Lust an der Arbeit und Förderung der MA-Fähigkeiten kommen auch Verbesserungen voran.	① Ein Belohnungssystem einführen, um die Moral aufrechtzuhalten und zu steigern ② Organisationsform wählen, in der Teilauslastungen genutzt werden ③ Anreize und Unterstützung für Verbesserungsaktivitäten schaffen
Nachteile	**Strategien zur Nachteilsminderung**
① Individuelle Fähigkeitsunterschiede treten klar hervor. ② Der Arbeitsbereich erweitert sich; dadurch dauert die Einarbeitung länger. ③ Der Teamgeist schwächt sich ab; dadurch verzögerte Weitergabe von Fertigkeiten. ④ Jede Anlage/Vorrichtung muss so oft vorhanden sein, wie es Arbeitsstationen gibt. ⑤ Wenn Leistung nicht gewürdigt wird, bleibt das Verbessern auf der Strecke.	① Qualifikationen ermitteln und Maßnahmen zur Mitarbeiterqualifikation ergreifen ② Trainingssystem zur Verkürzung der Einarbeitungszeiten ③ Maßnahmen zur Förderung des Teamgeists ④ Kostengünstige Anlagen entwickeln ⑤ Ein System zur Aufrechterhaltung/ Steigerung der Moral einführen

benötigten Zeitpunkt in genau der benötigten Menge zu produzieren. Dies ist eine der Hauptzielsetzungen der synchronen Fertigungsweise.

Das synchrone Managementsystem unterstützt also die Produktionsabteilung dabei, sich bereits ab der Entwicklungsphase neuer Produkte aktiv für die Berücksichtigung von Fertigungsfreundlichkeit und für vertikale Anlaufkurven beim Übergang in die Serienfertigung einzusetzen. Auf diese Weise trägt es zu einer profitablen Unternehmensverfassung bei.

Wie realisiert man vertikale Anlaufkurven?

Der Vergleich von konventioneller Entwicklungsarbeit und Entwicklung mit CE auf der nächsten Seite macht deutlich, wie vertikale Anlaufkurven zu realisieren sind: Die Produktion muss sich bereits ab einem frühen Stadium am Entwicklungsprozess beteiligen und für einen Informationsaustausch bezüglich der Fertigungsfreundlichkeit sorgen. Konkret kann dieser Austausch in der ① Konferenz zur Abstimmung der Prototypenzeichnungen (eine Art der Designprüfung), die in der Phase des Produktentwurfs abgehalten wird, oder in der ② Konferenz zur Abstimmung der Fertigungsprozesse, die in der Phase der Produktionsvorbereitung abgehalten wird, erfolgen. Anstatt in einem Konferenzraum sollen diese Konferenzen nahe der laufenden Serienfertigung durchgeführt werden – je näher, desto besser. Dazu sollte man in einer Ecke der Fabrik eine Prototypen-Zelle sowie einen Besprechungsort einrichten, die für den Ideenaustausch genutzt werden. Eine moderne Produktionsabteilung muss sich stets offensiv in die Entwicklung neuer Produkte einbringen.

Eine vertikale Anlaufkurve bedeutet, dass Qualität und Produktivität nach Beginn der Serienfertigung in kurzer Zeit die Zielvorgaben erreichen. Das wird erst möglich, wenn in jeder Phase des Entwicklungsprozesses eine gründliche Beseitigung von Mängeln erfolgt. Die vertikale Anlaufkurve zu verfehlen bedeutet im Umkehrschluss, dass man in den Entwicklungsphasen bis zum Beginn der Serienfertigung versäumt hat, alle vorhandenen Mängel zu erkennen.

Die Phase der »Prozessgestaltung« geht dem Beginn der Serienfertigung unmittelbar voraus und entscheidet über Erfolg oder Misserfolg des vertikalen Anlaufs. Die vorgeschaltete Phase der »Produktionsvorbereitung« (durchgeführt von der Abteilung Produktionstechnik) dient nur dazu, dafür zu sorgen, dass das Produkt prinzipiell überhaupt gefertigt werden kann. Um die Zielvorgaben bezüglich Qualität und Produktivität für das neue Produkt dauerhaft und stabil einhalten zu können, muss zusätzlich noch Fertigungskompetenz von Seiten der Produktionsabteilung einfließen.[35]

Das geschieht in der Phase der »Prozessgestaltung«. Dabei sind vielerlei Techniken des synchronen Managementsystems anzuwenden: Für das Personal sind zum Beispiel *standardisierte Arbeitsabläufe* zu entwickeln, die entsprechend geschult werden müssen; für die Anlagen sind Inspektionspläne und Leitfäden für den Umgang mit Störungen zu erstellen; für die Bauteile sind Stellflächen und Bereitstellungsmethode zu klären; darüber hinaus muss definiert werden, wie die Qualitätssicherung durchgeführt werden und wie das Management der Prozessbedingungen aussehen soll. Erst das Know-how aus der synchronen Fertigung macht den Unterschied, ob an einer neuen Linie nur prinzipiell überhaupt gefertigt werden kann oder ob eine neue Linie von Anfang an alle Ziele zuverlässig erreicht.

Auch für die Manager und die indirekten Abteilungen muss stets das Pull-Prinzip gelten: Bei der Entwicklung neuer Produkte ist die Produktionsabteilung der nachgelagerte Prozess. Die Mitarbeiter in den Linien sind damit die »Kunden« des

[35] Siehe Abschnitt »Produktionstechnik und Fertigungskompetenz«, S. 33f.

Entwicklungsprozesses. Diese Kunden sind nur über vertikale Anlaufkurven zufriedenzustellen.

Ziele

① Ziel des synchronen Managementsystems ist, das Unternehmen so zu stärken, dass es nachhaltig Gewinne erwirtschaftet. Durch Berücksichtigung von Fertigungsfreundlichkeit bei neuen Produkten und vertikalen Anlaufkurven bei Beginn der Serienfertigung kommt man diesem Ziel ein großes Stück näher.
② Heutzutage liegen die entscheidenden Gewinnquellen in: 1. Kostenminimierung durch die Berücksichtigung einer hohen Fertigungsfreundlichkeit bereits in der Konstruktionsphase neuer Produkte (gilt auch für fremdzuvergebene Teile) und 2. prompte Bedienung des Markts durch vertikale Anlaufkurven.
③ Dies wird durch Concurrent Engineering (kurz CE) möglich. CE ist eine Arbeitsweise, bei der „Fluss" und die durch die Zellenfertigung gewonnene Fertigungskompetenz eine große Rolle spielen.

Was zu tun ist

① Beim täglichen Verbessern der vorhandenen Fertigungszellen die Probleme sammeln, die beim kommenden Modell berücksichtigt werden müssen
② Sich gemäß dem CE-Ansatz an den vorgeschalteten Prozessen beteiligen und die u.g. verschiedenen Abstimmungskonferenzen durchführen
③ Eine permanente Zelle zur Prototypenfertigung einrichten, um einen Ort für CE-Aktivitäten bieten zu können
④ Bei Prozessgestaltung und Anlaufphase des neuen Produkts die aufgebaute Fertigungskompetenz voll einbringen

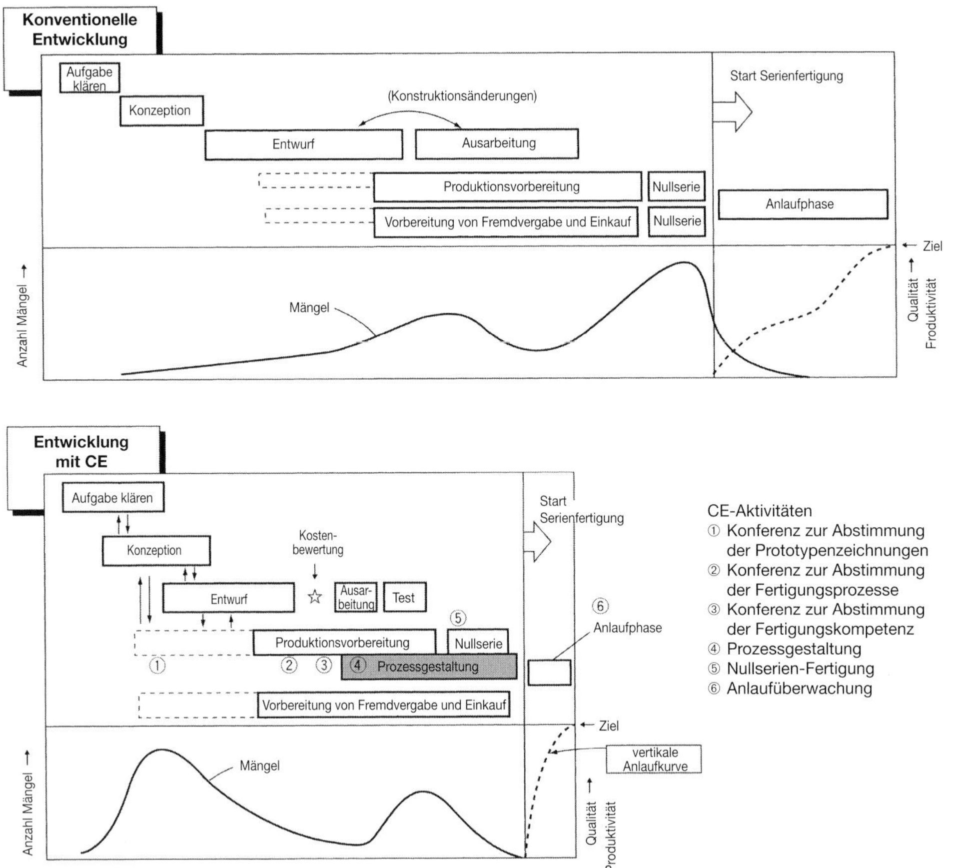

Pull-System in der Produktentwicklung bedeutet, dass sich die Produktionsmanager aktiv in das CE einbringen, damit die vorhandene Fertigungskompetenz bereits in frühen Phasen Berücksichtigung findet. So sind vertikale Anlaufkurven zu realisieren.

Abbildung 4.8: Realisierung vertikaler Anlaufkurven

5 Ausbau der Fertigungszellen: Chaku-Chaku-Prinzip

5.1 Was ist das Chaku-Chaku-Prinzip?

Merkmale des Chaku-Chaku-Prinzips

Wer sich mit kontinuierlicher Verbesserung in der Produktion oder mit dem Aufbau einer *Just-in-Time*-Fertigung beschäftigt, dem ist das *Chaku-Chaku-Prinzip* sicherlich bereits ein Begriff: Hier geht es darum, Verschwendung in einer Produktionslinie basierend auf dem Just-in-Time-Gedanken gründlich zu eliminieren. Mit zunehmender Verbesserungsdichte bekommt man schließlich Linien, in denen der Mitarbeiter nur noch damit beschäftigt ist, Werkstücke in Prozesse einzusetzen. Die Arbeit geht leicht von der Hand und jeder Zyklus kann ohne Zeitschwankungen flüssig durchlaufen werden.

Was ist das Chaku-Chaku-Prinzip?

In Linien mit vielen Fertigungsautomaten, wie zum Beispiel in der mechanischen Bearbeitung, sind die Mitarbeiter hauptsächlich mit den Tätigkeiten »Werkstück entnehmen« (japanisch: datsu) und »Werkstück einlegen« (japanisch: chaku) beschäftigt. Beide Tätigkeiten werden abwechselnd ausgeführt. Ursprünglich bedeutet der Begriff »chaku-chaku«, dass die Tätigkeit »Werkstück entnehmen« auf einen *Auswerfer* (einen kostengünstigen, einfachen Automaten) übertragen wird, sodass für den Mitarbeiter nur noch die Tätigkeit »Werkstück einlegen« übrig bleibt. In japanischen Worten ausgedrückt: aus »datsu/chaku – datsu/chaku« wird »chaku – chaku«. Gleichzeitig wird das Wort »chaku-chaku« in der japanischen Alltagssprache im Sinne von »gleichmäßig, stetig, sicher« verwendet. Im erweiterten Sinne findet das Chaku-Chaku-Prinzip daher auch an Montagelinien Verwendung. Hier arbeitet man mittels Einfachautomatisierung daran, dass Werkstück und Bauteile ohne Materialstaus stetig bearbeitet und der Fertigstellung entgegengebracht werden können.

Das Chaku-Chaku-Prinzip erfordert den Einsatz spezieller Einrichtungen wie *Auswerfern*, *Während-Schaltern* oder Rutschen zwischen Prozessschritten. Allerdings ist der Erfolg durch diese Einrichtungen allein noch nicht garantiert – zusätzlich müssen die Grundlagen des synchronen Produktionssystems wie *Einzelstückfluss*, *Produktion im Kundentakt*, *Layout in U-Form*, *Mehrfachqualifizierung*, minimale Rüstzeiten et cetera umgesetzt sein.

Äußere Merkmale von Chaku-Chaku-Linien

Weit entwickelte Chaku-Chaku-Linien haben auffällige äußere Merkmale, die ich hier aufzählen möchte.

(1) Layout

I Es handelt sich um ein Layout in U-Form, bei dem Eingang und Ausgang der Linie gegenüberliegen. Der Abstand zwischen den Prozessschritten ist gering. Es gibt keine überschüssigen Flächen.

II Es gibt in der Regel keine angetriebenen Transportbänder.

III Auch Prozesse, an denen üblicherweise in Losen gefertigt wird, wurden verkleinert und in die Linie integriert.

(2) Merkmale der Maschinen

I Es stehen viele kostengünstige, kompakte *Einfachautomaten* aus dem Eigenbau nebeneinander – auf den ersten Blick wirkt die Linie bunt zusammengewürfelt.

II Vom Anlagenbauer wurden nur Maschinen mit Basisfunktionalität gekauft. Die Peripherie-Funktionen wurden im Eigenbau hinzugefügt. (Es wurden nur »nackte Maschinen« gekauft.)

III Es sind Chaku-Chaku-Einrichtungen wie *Auswerfer*, Rutschen, *Während-Schalter* et cetera vorhanden.

(3) Bewegungen der Mitarbeiter

I Die Mitarbeiter gehen langsam und legen wiederholt mit flüssigen Bewegungen Werkstücke ein. Die Arbeit wirkt auf den ersten Blick monoton, aber es ist eine gewisse Wachsamkeit spürbar.

II *Standardisierte Arbeitsabläufe* gewährleisten, dass jeder Zyklus gleich lang ist und innerhalb der *Kundentaktzeit* liegt.

III Es liegt ein hoher *Mehrfachqualifizierungsgrad* vor, sodass die Mitarbeiter frei eingeteilt werden können.

(4) Bereitstellung der Teile

I Die Teile werden dem Mitarbeiter von vorne am *optimalen Greifpunkt* in kleinen Losen bereitgestellt.

II Bestimmte Teile werden vom *Linienversorger* in Bausätzen vorkommissioniert bereitgestellt.

III Teile, die nur schwer zu greifen sind, werden über Teilevereinzeler oder Zuführautomaten bereitgestellt.

(5) Produktionsweise

I *Einzelstückfluss.*

II *Geglättete* oder *nivellierte Produktion.*

III Es wird im Kundentakt nur das gefertigt, was der nachgelagerte Prozess verlangt.

(6) Qualitätssicherung

I Überall sind *Pokayoke*-Lösungen vorhanden.

II Überall, wo es erforderlich ist, erfolgt eine hundertprozentige Kontrolle mittels *Ein-Griff-Messlehren* oder Sichtkontrolle.

III Die Prozessbedingungen für Maschinen, Vorrichtungen und Werkzeuge werden streng überwacht.

(7) Produktionssteuerung

I Es ist ein *Andon* vorhanden, auf dem der Fortschrittsgrad der Produktion (zu schnell / zu langsam) sowie Störungen abgelesen werden können.

II Tritt eine Störung auf, werden umgehend Korrekturmaßnahmen ergriffen.

III Die tägliche Feinsteuerung der Produktion erfolgt durch die Produktion selbst.

Die Idee des Chaku-Chaku-Prinzips

Was ist Einfachautomatisierung?

Mit dem *Chaku-Chaku-Prinzip* will man Linien schaffen, in denen der Mitarbeiter nur noch die Tätigkeit »Werkstück einlegen« wiederholt. Dadurch soll die Bearbeitung des Werkstücks »gleichmäßig, stetig und sicher« von der Hand gehen.

Nur noch »Werkstück einlegen« ist dabei eine Übertreibung. Gemeint ist, dass die anderen elementaren Tätigkeiten neben »Werkstück einlegen« wie »Einschalten«, »Bearbeiten«, »Entnehmen« oder »Transport zum nächsten Prozess« möglichst in mechanische Abläufe umgewandelt werden sollen. Dabei wird die *Einfachautomatisierung* zu einer tragenden Säule des Chaku-Chaku-Prinzips.

Die Einfachautomatisierung ist eine Vorgehensweise, bei der ein manuellen Vorgang in Elementartätigkeiten zerlegt wird. Diejenigen dieser Elementartätigkeiten, die ohne großen finanziellen Aufwand auf einfache und gleichzeitig praktische Weise automatisiert werden können, werden dann schrittweise automatisiert.

Im Rahmen des Chaku-Chaku-Prinzips wurden für verschiedene Elementartätigkeiten kostengünstige Lösungen entwickelt. So können beispielsweise das »Einschalten« über *Während-Schalter*, das »Entnehmen« über *Auswerfer*, der »Transport zum nächsten Prozess« über Rutschen erfolgen.

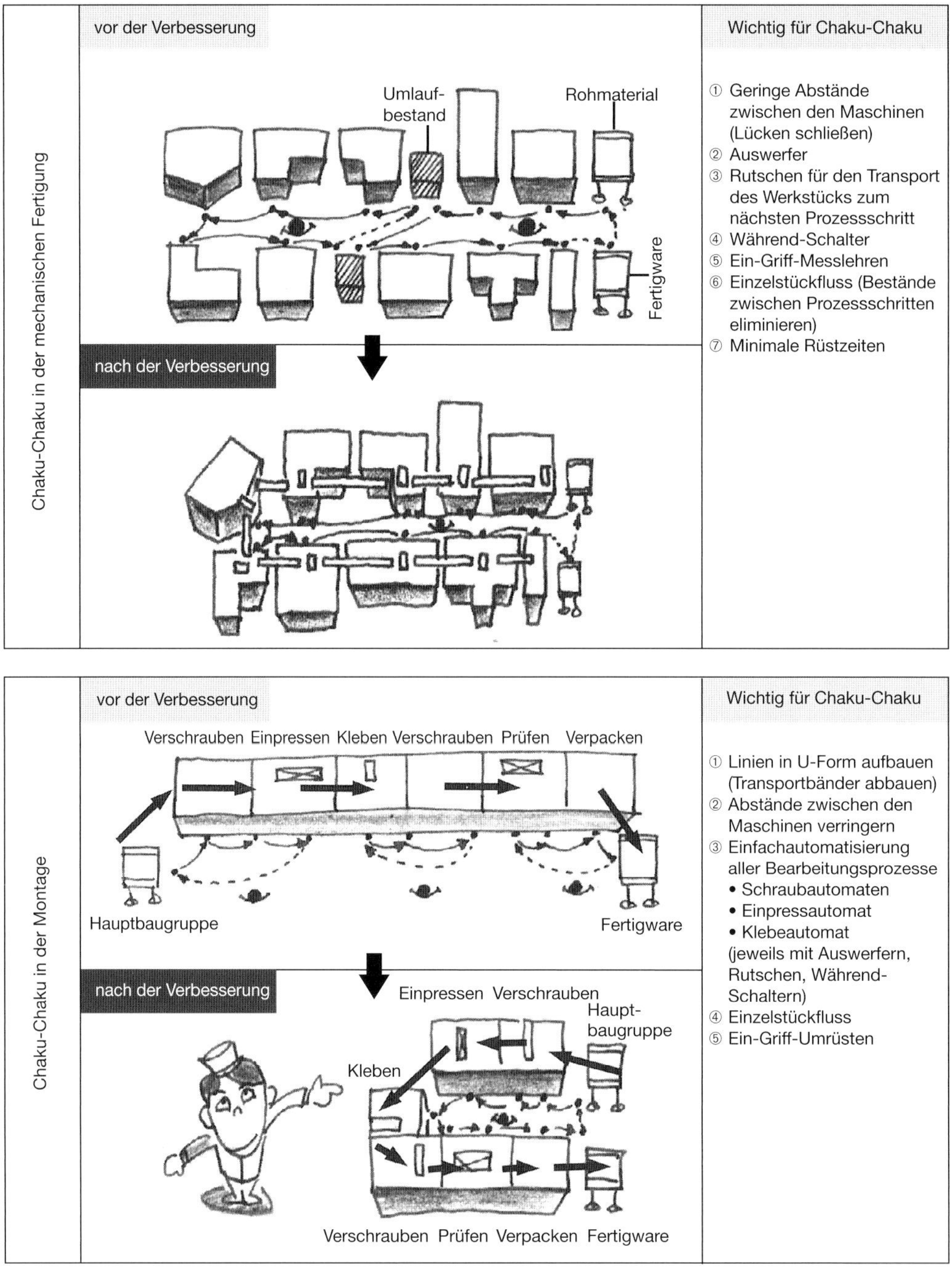

Abbildung 5.1: Erläuterung des Chaku-Chaku-Prinzips

Die Einfachautomatisierung ist eine Weiterentwicklung des Konzepts *Autonomatisierung*. Man spricht auch von »intelligenter Autonomatisierung«. Ziel ist, Universalmaschinen ohne großen finanziellen Aufwand durch zahlreiche Erweiterungen so zu ergänzen, dass für den jeweiligen Prozess die dort optimale Kombination von menschlicher und maschineller Arbeit erreicht wird. So erzielt man geringe Stückkosten bei hoher Produktivität. Bei der Einfachautomatisierung wird ganz klar ein anderer Ansatz verfolgt als bei der konventionellen Automatisierung:

Bei der konventionellen Automatisierung versucht ein Techniker, der keine Ahnung von der täglichen Arbeit in der Produktion hat, sämtliche Tätigkeiten des Mitarbeiters zu automatisieren. Dabei stößt er häufig auf technische Schwierigkeiten oder auf ein Rentabilitätsproblem.

Demgegenüber löst bei der Einfachautomatisierung jemand, der mit der Fertigung des Produkts vertraut ist, die technischen Probleme durch wiederholten Versuch und Irrtum und erhöht so das Automatisierungsniveau schrittweise. So wird für jeden einzelnen Prozessschritt genau ergründet, wie Mensch und Maschine dort miteinander in Beziehung gesetzt werden müssen.[36]

Eine Chaku-Chaku-Linie kann man nicht anhand einer Konstruktionszeichnung auf einen Schlag aufbauen. Sie nimmt durch eine schrittweise Integration zahlreicher Einfachautomatisierungen nach und nach Gestalt an.

Beim Fertigen ist die Hauptsache der Mensch

Häufig werden Chaku-Chaku-Linien auch als »Linien mit reiner Einlegetätigkeit« bezeichnet. Man darf das Chaku-Chaku-Prinzip aber nicht so missverstehen, als ginge es darum, die Tätigkeit »Werkstück einlegen« von der Automatisierung auszunehmen. Der Begriff sagt nur, dass im Prozess der schrittweisen Automatisierung manueller Elementartätigkeiten die Tätigkeit »Werkstück einlegen« erfahrungsgemäß bis zum Schluss übrig bleibt.

Im Allgemeinen ist das Automatisieren der Tätigkeit »Werkstück einlegen« technisch problematisch und kostenintensiv, da das Werkstück präzise in einer Vorrichtung zu positionieren ist. Falls eine Automatisierung im Einzelfall einfach und kostengünstig möglich ist, sollte diese auf jeden Fall vorgenommen werden.

Es stellt sich die Frage, ob man die Chaku-Chaku-Automatisierung so weit treiben sollte, dass eine vollautomatische mannlose Linie entsteht. Hier bietet eine weitere Grundidee des Chaku-Chaku-Prinzips Orientierung – die Idee, Linien zu schaffen »die das Beste aus den Mitarbeitern machen«. Mit anderen Worten: Mit dem Chaku-Chaku-Prinzip werden keine mannlosen Linien angestrebt.

Eine Chaku-Chaku-Linie setzt vielmehr auf die zahlreichen Fähigkeiten der Mitarbeiter. Nur diese können die täglich auftretenden Probleme beseitigen und Verbesserungen vornehmen. Gleichzeitig kann nur dank der Mitarbeiter flexibel auf veränderte Varianten- und Mengenanforderungen reagiert werden.

---

[36] Siehe Abschnitte »Einfachautomatisierung vorantreiben«, S. 66ff. und »Maschinenkozept für Fertigungszellen« S. 68ff.

Soll die Produktivität in einer Chaku-Chaku-Linie weiter erhöht werden, kann man die Mehrprozessbedienung auf die Linien in der unmittelbaren Umgebung ausweiten. Dadurch kann man die Anzahl der Prozesse erhöhen, die ein Mitarbeiter bedient. So vermeidet man, sich von Automaten abhängig zu machen. Dem geschickten Personaleinsatz ist stets Vorrang einzuräumen.

In Abbildung 5.2 gebe ich eine Übersicht darüber, auf welchen Ideen das Chaku-Chaku-Prinzip aufbaut.

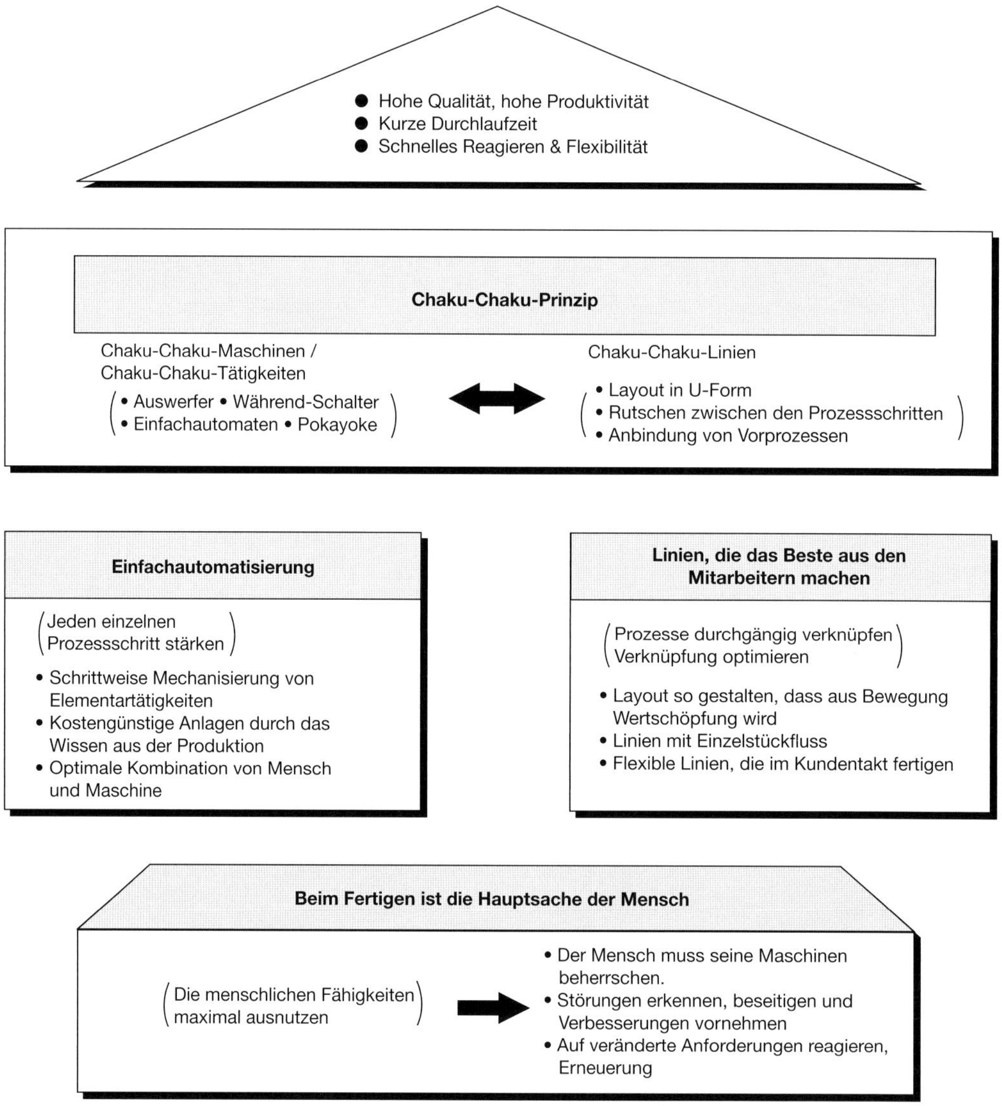

Abbildung 5.2: Die Ideen des Chaku-Chaku-Prinzips

Die Umsetzung des Chaku-Chaku-Prinzips

Merkmale der Umsetzung

Es gibt keine festgelegte Vorgehensweise für die Umsetzung des *Chaku-Chaku-Prinzips*. Das liegt daran, dass es nicht ausgehend von einem klaren Konzept logisch hergeleitet worden ist, sondern in der praktischen Arbeit beim Aufbau der *Just-in-Time*-Fertigung entstanden ist.

Man kann folgende zwei Punkte als charakteristisch herausstellen:

Erstens ist immer eine individuelle Herangehensweise zu wählen, die zu dem jeweiligen Werk und der jeweiligen Linie passt. Zweitens sollte langsam, aber sicher in mehreren Schritten vorgegangen werden, anstatt zu versuchen, das Prinzip nach einem ausgefeilten Plan in kurzer Zeit zu verwirklichen.

Wenn ich von einer individuellen Herangehensweise spreche, meine ich damit nur, dass es schwierig ist, eine festgelegte, universelle Vorgehensweise zu definieren. Es gibt allerdings einige Faustregeln bezüglich allgemein einsetzbarer Methoden und der Reihenfolge ihrer Einführung. Ich kann also ein ungefähres Regelwerk zu den einzelnen Aktivitäten und den Ausbauschritten vorstellen.

Die drei Stufen des Chaku-Chaku-Prinzips

Betrachtet man Inhalt und Ausdehnung der Maßnahmen, so lässt sich der Prozess der Einführung des Chaku-Chaku-Prinzips grob in drei Stufen unterteilen (Abbildung 5.3).

In Stufe 1 werden *synchrone Produktionszellen* im Sinne des synchronen Managementsystems aufgebaut. Damit werden die Voraussetzungen für das Chaku-Chaku-Prinzip geschaffen. Von grundlegender Wichtigkeit sind dabei unter anderem: *durchgängige Verknüpfung* der Prozesse, Verringerung der Abstände zwischen den Prozessen, Festlegung von *standardisierten Arbeitsabläufen* für die Mitarbeiter, Verbesserung der Qualität der Bewegungsabläufe, *Mehrfachqualifizierung*.

In Stufe 2 werden die manuellen Tätigkeiten an den einzelnen Prozessschritten nach dem Konzept der *Einfachautomatisierung* konsequent mechanisiert. Dabei ist kostensparend und ideenreich vorzugehen. *Auswerfer*, *Während-Schalter* et cetera sind vorbildliche Lösungen, mit denen alleine sich die Produktivität bereits bedeutend steigern lässt.

In Stufe 3 werden die Chaku-Chaku-Lösungen an den einzelnen Prozessen aus Stufe 2 miteinander verknüpft. Es wird also eine *Chaku-Chaku-Linie* geschaffen. Da es bei Chaku-Chaku eigentlich darum geht, in einer Linie mit mehreren Prozessschritten nur noch die Tätigkeit »Werkstück einlegen« zu haben, kann man erst ab Stufe 3 von einer wirklichen Umsetzung des Chaku-Chaku-Prinzips sprechen.

Darüber hinaus betrachtet man in Stufe 3 mehrere fertige Chaku-Chaku-Linien aus einer werksweiten Perspektive, um sie weiter auszubauen und miteinander zu vereinigen. So kann man die Effizienz des Werks insgesamt erhöhen, indem zum Beispiel Vorprozesse, die losweise fertigen, verkleinert und an die Zellen angebunden[37] oder Linien mit jeweils unterschiedlichen Kundentaktzeiten von den gleichen Mitarbeitern bedient werden[38].

Man kann die oben genannten drei Stufen nach Ausdehnung der Maßnahmen betrachtet so ordnen, wie in Abbildung 5.3 gezeigt. Selbstverständlich geht es hierbei nicht allein um die räumliche Ausdehnung. Vielmehr müssen in jeder Stufe (vom Punkt über die Linie zur Fläche) die Verschwendungen beseitigt werden, die dort beseitigt werden können, und der Automatisierungsgrad gesteigert werden.

Die acht Ausbauschritte des Chaku-Chaku-Prinzips

In Abbildung 5.4 ordne ich den oben genannten drei Stufen des Chaku-Chaku-Prinzips praktische Methoden zu und stelle sie konkreter und feiner aufgegliedert in acht Ausbauschritten dar.

Wie eingangs erwähnt, muss die Vorgehensweise beim Aufbau des Chaku-Chaku-Prinzips je nach Werk und Produkten individuell unterschiedlich ausfallen. Es gibt also eine Vielzahl »richtiger« Vorgehensweisen.

Tatsächlich ist es so, dass die Chaku-Chaku-Maßnahmen in einzelnen Prozessen (punktuelle Maßnahmen) nicht zwangsläufig vor der Schaffung einer Chaku-Chaku-Linie (Maßnahmen in Linie) umgesetzt werden müssen. Beides hat eher einen gleichzeitigen, parallelen Charakter. Daher werden die Ausbauschritte in vielen Fällen alternierend durchlaufen. In der Spalte »Techniken« gebe ich Möglichkeiten zur praktischen Umsetzung der acht Ausbauschritte an.

Drei Stufen		
Stufe	Bezeichnung	Inhalt
Stufe 1	Schaffung der Grundvoraussetzungen	• Prozesse durchgängig verknüpfen • Fertigungszellen mit standardisierten Arbeitsabläufen schaffen (Verbesserung der Qualität der Bewegungsabläufe)
Stufe 2	Einführung des Chaku-Chaku-Prinzips auf Prozessebene	• Einfachautomatisierung • Auswerfer • Während-Schalter
Stufe 3	Schaffung von Chaku-Chaku-Linien	• Rutschen zwischen den Prozessschritten • Einführung des Chaku-Chaku-Prinzips auf Linienebene • Vorprozesse anbinden

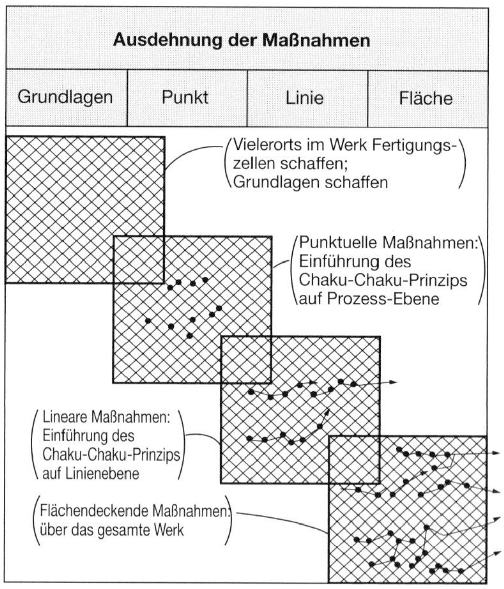

Abbildung 5.3: Die drei Stufen des Chaku-Chaku-Prinzips

[37] Siehe Abschnitt »Verschiedenartige Fertigungszellen integrieren«, S. 111 ff.
[38] Siehe Abschnitt »Losweise fertigende Prozesse anbinden«, S. 106 ff.

Drei Stufen		Die acht Ausbauschritte		
Stufe	Bezeichnung	Schritt	Bezeichnung	Techniken
1	Schaffung der Grundvoraussetzungen	①	Grundvoraussetzungen schaffen	Qualität der Bewegungsabläufe erhöhen, erforderliche Qualifikationen für Facharbeiten klären
2	Einführung des Chaku-Chaku-Prinzips auf Prozessebene	②	Werkstück entnehmen	Auswerfer (simplen Mechanismus zur Werkstückausgabe ergänzen)
		③	Starten	Während-Schalter
		④	Qualitätskontrolle	Ein-Griff-Messlehren, Pokayoke
		⑤	Werkstück einlegen	Ermöglichen, dass das Werkstück in die Vorrichtungen „eingeworfen" werden kann (Grobführungen)
		⑥	Bearbeitung autonomatisieren	Bearbeitungen wie Verschrauben, Vernieten, Löten, Schweißen direkt einfachautomatisieren
3	Schaffung von Chaku-Chaku-Linien	⑦	Beförderung zwischen den Prozessen	Rutschen zwischen den Prozessen, AB-Steuerung
		⑧	Schaffung von Chaku-Chaku-Linien	Hohe Verdichtung der Zellen erreichen, Linien verkürzen

Abbildung 5.4: Die acht Ausbauschritte des Chaku-Chaku-Prinzips

5.2 Die acht Ausbauschritte des Chaku-Chaku-Prinzips

Schritt 1: Grundvoraussetzungen schaffen

Im ersten der acht Ausbauschritte des *Chaku-Chaku-Prinzips* wird eine *synchrone Fertigungszelle* weiter verbessert, um die Voraussetzungen für die Einführung des Chaku-Chaku-Prinzips zu schaffen. Das Wichtigste ist dabei, die Qualität der Bewegungsabläufe konsequent zu erhöhen.

Mit dem Chaku-Chaku-Prinzip verfolgt man grundsätzlich eine Erhöhung der Produktivität, indem manuelle Arbeit durch mechanische ersetzt wird. Dabei bedient man sich des Konzepts der *Einfachautomatisierung*. Wie reibungslos die Einfachautomatisierung erfolgen kann, hängt davon ab, wie stark die manuelle Tätigkeit vorher simplifiziert und standardisiert wurde.

Zunächst ist das Niveau der *standardisierten Arbeitsabläufe* in der Fertigungszelle zu erhöhen. Standardisierte Arbeitsabläufe wurden zwar mit Schaffung der Fertigungszelle eingeführt, diese sind aber noch grob und beinhalten viel Verschwendung. Sie reichen noch nicht dafür aus, mit dem Chaku-Chaku-Prinzip Effekte zu erzielen. Durch folgende drei Maßnahmen lässt sich das Niveau der standardisierten Arbeitsabläufe verbessern:

① Erhöhung der Qualität der Bewegungsabläufe
② Beseitigung von zeitlich schwankenden Tätigkeiten
③ Notwendige Fähigkeiten für erlernte Tätigkeiten untersuchen

Darüber hinaus sind folgende zwei Maßnahmen als Vorbereitung für die Einfachautomatisierung erforderlich:

④ Erstellen eines Umsetzungsplans für die Einfachautomatisierung
⑤ Schulung des Umgangs mit Einfachautomatisierung

① Mit »Erhöhung der Qualität der Bewegungsabläufe« ist gemeint, die Bewegungsabläufe des Mitarbeiters daraufhin zu durchleuchten, ob es Bewegungen gibt, die
  a) unergonomisch (*Muri*) sind,
  b) nicht wertschöpfend (*Muda*) sind oder
  c) als Nebentätigkeit nicht bei jedem Zyklus durchgeführt werden (*Mura*).
  Die Beseitigung solcher Tätigkeiten bedeutet eine Qualitätsverbesserung. Bewegungsabläufe von hoher Qualität zeichnen sich dadurch aus, dass die Bewegungen der Hände und Finger des Mitarbeiters knapp sind und sich auf einen kleinen Arbeitsraum konzentrieren. Darüber hinaus sollten alle Bewegungen des Mitarbeiters fließend und glatt aussehen (Abbildung 5.5).
  Zur Erhöhung der Qualität der Bewegungsabläufe zeigen auch die traditionellen Methoden der Arbeitsgestaltung (Industrial Engineering) Wirkung. Größere Bedeutung haben aber sorgfältige Verbesserungen im Detail – selbst wenn durch eine einzelne Maßnahme ein Weg nur minimal verkürzt wird. Dazu muss erfasst werden, welche Wege tatsächlich gelaufen werden, wie weit die Hände bewegt werden, in welcher Haltung gearbeitet wird, wie stark die Blickrichtung geändert wird et cetera. Mit einem »Arbeitsblatt zur Verbesserung der Qualität von Bewegungsabläufen«, wie in Abbildung 5.6 gezeigt, kann man für alle wesentlichen Bauteile an einem Prozess die Greifweiten und die Qualität der Bewegungsabläufe überprüfen und daraus Verbesserungsvorschläge für die Bereitstellung von Bauteilen, Werkzeugen und Vorrichtungen am *optimalen Greifpunkt* ableiten.
② »Beseitigung von zeitlich schwankenden Tätigkeiten« bedeutet, bei den betreffenden Tätigkeiten die Ursachen für Zeitschwankungen zu ermitteln und diese durch geeignete Gegenmaßnahmen zu beseitigen. Ein Großteil der Zeitschwankungen entsteht dadurch, dass umständlich gearbeitet werden muss. Das führt häufig auch noch dazu, dass die Tätigkeit erst nach mehreren Anläufen gelingt. Für umständliche Arbeit gibt es unendlich viele verschiedene Gründe. Um wirksame Gegenmaßnahmen entwickeln zu können, ist es erforderlich, die betroffenen Tätigkeiten einzeln im Detail zu beobachten.
③ »Notwendige Fähigkeiten für erlernte Tätigkeiten untersuchen« bedeutet Folgendes: Bei einigen Tätigkeiten geht man davon aus, sie setzten spezielle Fertigkeiten voraus. Diese Tätigkeiten sind inhaltlich zu analysieren, um herauszufinden, welcher Anteil tatsächlich eine mehrjährige oder -monatige Übung erfordert und welches Funktionsprinzip dahintersteht. Diese Erkenntnisse nutzt man für einen effektiven Personaleinsatz oder für die Einfachautomatisierung.

Bei der Mehrzahl der Tätigkeiten, von denen man glaubt, sie setzten spezielle Fertigkeiten voraus, ist es tatsächlich so, dass schlicht keine geeigneten Vorrichtungen bereitgestellt wurden oder die Zentrierungsmethode oder Anschläge ungeeignet sind. Das führt im Ergebnis dazu, dass man auf die Fingerfertigkeit der Mitarbeiter angewiesen ist. Darüber hinaus werden in vielen Fällen bestimmte Fertigkeiten nicht an andere Mitarbeiter weitergegeben, weil kein zuverlässiger Mechanismus existiert, mit dem »Fingerspitzengefühl« oder Kniffe für eine bestimmte Tätigkeit vermittelt werden könnten.

④ Mit »Erstellung eines Umsetzungsplans für die Einfachautomatisierung« ist Folgendes gemeint: Das Chaku-Chaku-Prinzip erfordert die Installation von *Auswerfern*, *Während-Schaltern*, Rutschen et cetera. Zunächst sind für jeden Prozessschritt unter anderem technischer Schwierigkeitsgrad, Kosten und Nutzen sowie die Dauer dieser Maßnahmen zu untersuchen. Dann wird die Umsetzung nach Prioritäten geplant. Alle Prozesse auf einen Schlag in gleicher Weise zu bearbeiten funktioniert nicht. Der erste Schritt zur ordentlichen Einführung des Chaku-Chaku-Prinzips besteht darin, ein Gesamtbild für den Ausbau der Einfachautomatisierung zu entwerfen.

⑤ Mit »Schulung des Umgangs mit Einfachautomatisierung« ist Folgendes gemeint: In der Fertigungszelle sollen zahlreiche Einfachautomaten installiert werden. Bei den Mitarbeitern müssen vorab die Fähigkeiten dafür aufgebaut werden, jene zu beherrschen und zu warten. Weitere wichtige Voraussetzungen für die reibungslose Einführung von Einfachautomatisierung sind unter anderem: Maßnahmen für die Arbeitssicherheit beim Einsatz von Während-Schaltern und *Management der Prozessbedingungen* an Bearbeitungsmaschinen.

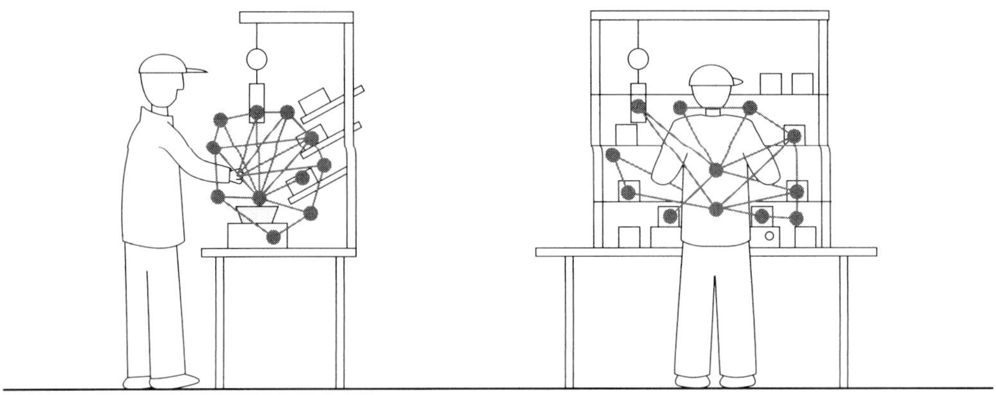

Abbildung 5.5: Qualität von Bewegungsabläufen und Bewegungslinien am Arbeitsort

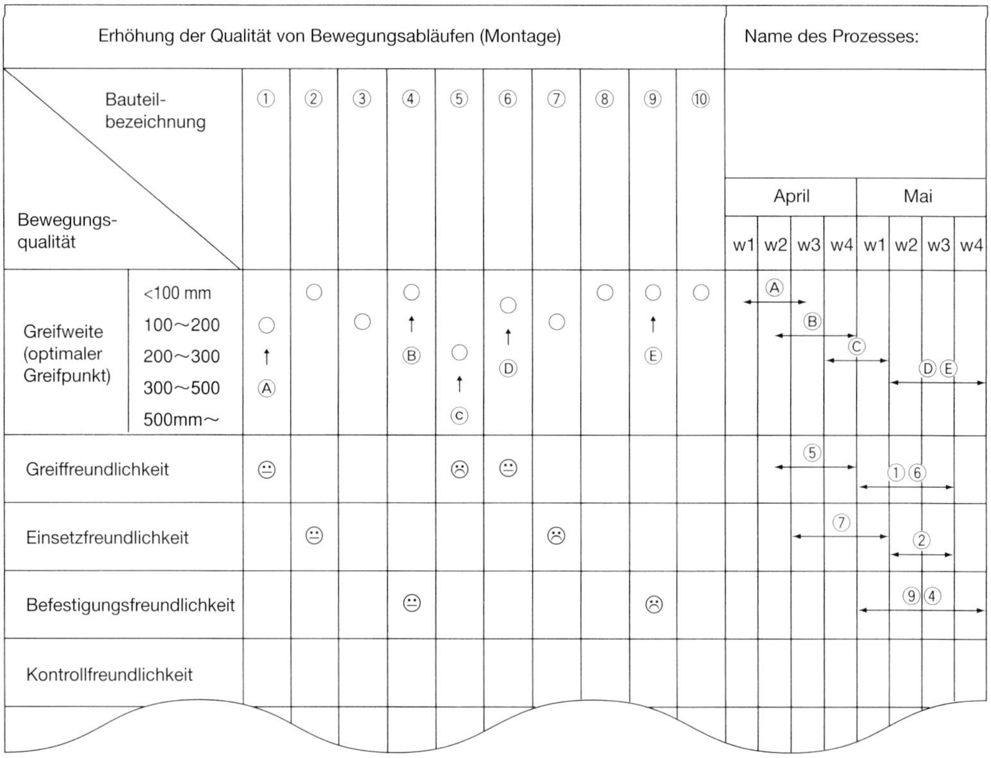

Abbildung 5.6: Beispiel für ein Arbeitsblatt zur Erhöhung der Qualität von Bewegungsabläufen

Schritt 2: Werkstück entnehmen (Auswerfer)

Werkstückentnahme mittels Auswerfern

Mit Schritt 2 beginnt die *Einfachautomatisierung*. Dabei werden die wesentlichen Anteile der manuellen Arbeit ohne finanziellen Aufwand der Reihe nach in mechanische Bewegungen überführt. Auf den ersten Blick scheint es sich dabei um ein reines Hardware-Problem zu handeln, aber die Kopplung an die Bewegungen des Mitarbeiters muss stets mit berücksichtigt werden.

In Schritt 2 werden zunächst *Auswerfer* eingeführt. Ich verwende absichtlich die Bezeichnung Auswerfer, um deutlich zu machen, dass es nicht einfach um eine Verbesserung zur Einsparung der Zeit für das Entnehmen geht. Der Auswerfer ist eine Lösung, bei der die Bewegungen des Mitarbeiters berücksichtigt werden, um nichtwertschöpfende Tätigkeiten ohne finanziellen Aufwand zu eliminieren und zu einem Arbeitsablauf zu kommen, der »gleichmäßig, stetig und sicher« (jap.: chaku-chaku) von der Hand geht.

Funktionen des Auswerfers

Die Funktion des Auswerfers besteht nicht allein darin, das Werkstück aus der Vorrichtung zu entfernen. Weitere wichtige Funktionen sind: a) das alte Werkstück in der Ausrichtung bereitzustellen, in der es für den nächsten Prozess gebraucht wird, und b) die Vorrichtung in einen Zustand zu bringen, in dem das nächste Werkstück leicht eingelegt werden kann. Mit anderen Worten: Es geht darum, dass zwischen vor- und nachgelagertem Prozess ein Fluss entsteht und sich der Mitarbeiter reibungslos bewegen kann.

Mit dem Begriff »Auswerfen« kommt ein weiterer wichtiger Aspekt zum Ausdruck: Man wähle eine kostengünstige Lösung, die ruhig ein wenig grob sein darf. Es geht darum, eine nichtwertschöpfende Bewegung mit möglichst geringen Kosten auf einen Mechanismus zu übertragen.

Ein Auswerfer ist ein Einfachautomat, also ein einfaches Mittel der *Autonomatisierung*. Als solches muss er auch eine *Pokayoke*-Funktion beinhalten, die sicherstellt, dass das Werkstück nicht ausgeworfen wird, wenn eine Abweichung vorliegt. In einem Einpress-Prozess (Abbildung 5.7) ist beispielsweise erforderlich, dass der Auswerfer nicht arbeitet, wenn der Stempel die untere Auslöseposition nicht erreicht hat. Fasst man das oben Gesagte zusammen, besteht der Aufbau eines Auswerfers im Wesentlichen aus Folgendem:

① Mechanismus, um das Werkstück aus der Vorrichtung zu heben
② Mechanismus, um das Werkstück von oben aus der Vorrichtung in eine Seitbewegung zu versetzen
③ Mechanismus zur Änderung der Ausrichtung des Werkstücks (abhängig von den Erfordernissen des nächsten Prozesses)
④ Antriebsquelle und zugehörige Steuerung

Wie baut man einen Auswerfer?

Beim Bau eines Auswerfers, ist es hilfreich, folgende Aspekte der Einfachautomatisierung zu beachten:

- Simpler Aufbau, den selbst ein Laie versteht
- Antriebskraft von der Bearbeitungsmaschine abnehmen
- Zunächst rein mechanische Lösungen probieren
- Schwerkraft und Eigengewicht des Werkstücks nutzen
- Die Produktionsmitarbeiter bauen die Lösung mit Bastlermentalität selbst.

In Abbildung 5.8 habe ich das anhand eines Beispiels für einen Einpress-Prozess verdeutlicht. Das gleiche Prinzip kann beim Verschrauben, Kleber-Auftragen, Punktschweißen et cetera angewandt werden. Kehrseite der simplen und billigen Bauweise ist der Unsicherheitsfaktor »Bewegung durch Eigengewicht.« Hier muss das geeignete Know-how aufgebaut werden.

Versucht man, die Funktion eines Auswerfers nach den Regeln der Kunst des Anlagenbaus zu realisieren, kommt dabei in der Regel eine komplizierte, kostenintensive Lösung wie in Abbildung 5.9 heraus. Bekäme ein Ingenieur die Aufgabe, einen Auswerfer wie in 5.8 zu konstruieren, brächte ihn das vielleicht sogar in Verlegenheit.

Ein Auswerfer stellt *Fertigungskompetenz* (»Genba-Engineering«) dar, wie sie nur durch engen Kontakt mit der Produktion vor Ort entsteht. Von außen betrachtet mag es so scheinen, als gäbe es unendlich viele verschiedene Auswerfer, je nach Werkstück oder Maschine. Aber in ihrer Struktur und Bauweise steckt ein gemeinsames Know-how, das aufgebaut und weitergegeben werden kann. Einfallsreiche Beispiele finden Sie an anderer Stelle.[39] Ich möchte hier nur betonen, dass genau in der hier angesprochenen Fertigungskompetenz die Quelle für Kostenwettbewerbsfähigkeit in der fertigenden Industrie liegt.

Schritt 3: Starten (Während-Schalter)

In Schritt 3 werden *Während-Schalter* eingeführt, um das Starten der Maschinen zu *autonomatisieren.*

Autonomatisches Starten

Stehen einzelne Maschinen in einer Linie nebeneinander, werden diese in der Regel von Hand gestartet. Der Mitarbeiter steht dabei vor der Maschine, drückt mit jeder Hand einen Schalter und wartet einige Sekunden. Auch wenn es sich dabei um kurze Momente handelt, sollte man nicht vergessen, dass damit Zeit für wertschöpfende Tätigkeit verloren geht.

Bei der synchronen Fertigungsweise betrachtet man die Tätigkeit »Starten« daher als typische nichtwertschöpfende Tätigkeit und bemüht sich, diese zu eliminieren. Diese Bemühungen sind in das *Chaku-Chaku-Prinzip* eingeflossen.

Um die Tätigkeit »Starten« zu eliminieren, sollte es genügen, den Start zu automatisieren. Dadurch würden sich aber Sicherheitsprobleme ergeben, da die Werkstücke noch manuell eingelegt werden. Die klassische Lösung wäre, auch das Einlegen des Werkstücks mit zu automatisieren. Aus einem einfachen automatischen Starten würde so eine große Anlageninvestition, die zur Kostensteigerung statt -senkung führen würde.

Während-Schalter

Als Ausweg hat man den Während-Schalter erfunden. Mit ihm kann die durch die Tätigkeit »Starten« verursachte Verschwendung doch beseitigt werden. Es handelt sich um einen Schalter, der betätigt wird, während der Mitarbeiter zur nächsten Station geht. Das Gehen zur nächsten Station ist an einer Linie unvermeidlich. Für das Starten fällt praktisch keine Zeit mehr an, wenn es beim Gehen nebenbei erledigt wird.

---

[39] Siehe Hitoshi Takeda: LCIA – Low Cost Intelligent Automation, Landsberg am Lech 2006.

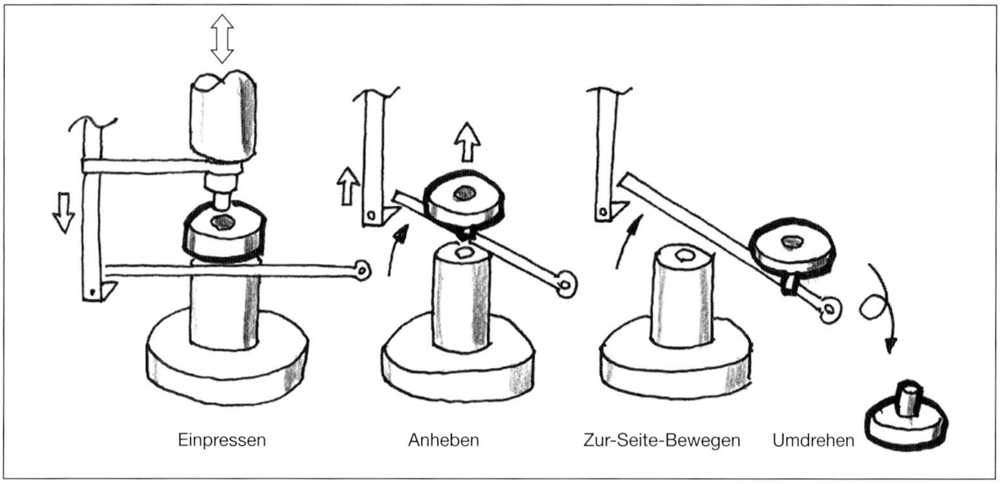

Abbildung 5.7: Aufbau eines Auswerfers (am Beispiel eines Einpress-Prozesses)

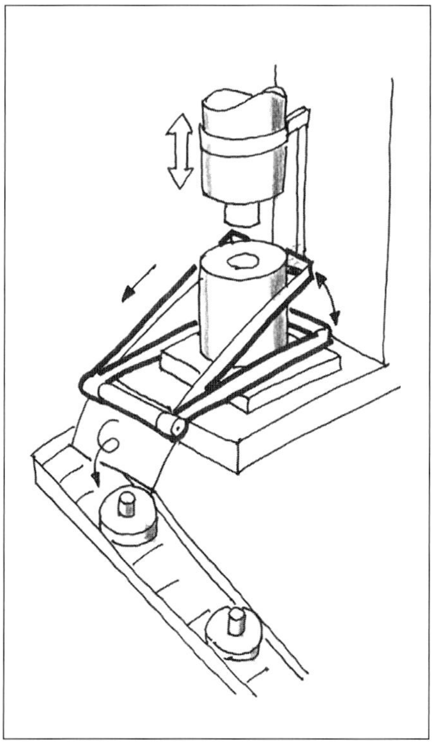

Abbildung 5.8: Auswerfer (am Beispiel eines Einpress-Prozesses)

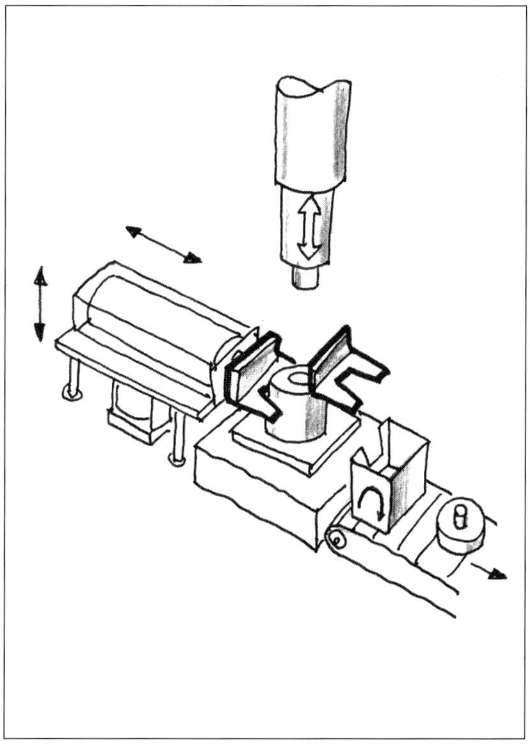

Abbildung 5.9: Werkstück-Entnahme-Automat (am Beispiel eines Einpress-Prozesses)

Diese Ausnutzung des »Während« bringt neue Ideen für das Miteinander von Mensch und Maschine. Abbildung 5.10 ist eine Darstellung des Während-Schalters. Darüber hinaus finden bei der synchronen Fertigungsweise Konzepte wie »Während-Arbeit« oder »Während-Maschine« reiche Verwendung.

Während-Schalter werden mit einer auffälligen Farbe gekennzeichnet und auf dem Weg zwischen der zu startenden und der nächsten Maschine so angebracht, dass sie jederzeit leicht versetzt werden können. Der Schalter ist so aufgebaut und positioniert, dass man ihn im Vorbeigehen durch Berühren mit einer Hand auslösen kann. Der Schalter ist mit Sicherheitsabdeckungen, die Maschine mit Schaltmatten oder sonstigen Sicherheitseinrichtungen ausgestattet, die verhindern, dass die Maschine startet, wenn ein Mensch sich im Gefahrenbereich befindet. Der Mitarbeiter führt die Tätigkeit »Starten« im Vorbeigehen aus.

Aufbau eines Während-Schalters

Der Begriff Während-Schalter bezeichnet nicht einfach einen Schalter in einer speziellen Form. Man sollte ihn als ein System ansehen, das auf den drei Elementen Schalter, Sicherheitsvorkehrung sowie Einsatzweise beruht.

Der Schalter darf nur in Verbindung mit geeigneten Sicherheitsmaßnahmen verwendet werden, niemals separat. Darüber hinaus darf man nur dann einen Effekt erwarten, wenn man seine Einsatzweise genau ausgearbeitet hat. Dazu gehören unter anderem ein strikt zyklischer Arbeitsablauf sowie eine exakt dazu passende Platzierung des Schalters (Abbildung 5.11).

Vor der Einführung von Während-Schaltern müssen firmeninterne Regeln für Maßnahmen zur Wahrung der Arbeitssicherheit aufgestellt werden. In Bereichen, in denen bisher Zwei-Hand-Sicherheitsschalter gedrückt gehalten werden, ist mit starkem Widerstand zu rechnen.

Grundlegend gibt es drei Typen von Sicherheitsvorkehrungen. Man sollte sich je nach Produkt- und Anlageneigenschaften für den Typ entscheiden, der vor Ort am besten beherrscht werden kann.

① Dafür sorgen, dass die Anlage nicht gestartet werden kann, wenn sich ein Mitarbeiter im Gefahrenbereich aufhält (Lichtvorhänge et cetera).
② Sicherheitskäfige et cetera anbringen, sodass kein Mitarbeiter in den Gefahrenbereich eindringen kann.
③ Den Gefahrenbereich in sicherer Entfernung vom Mitarbeiter einrichten und das Werkstück dorthin transportieren.

Hinsichtlich der Einsatzweise ist es erforderlich, den Zusammenhang zwischen den Bewegungen des Mitarbeiters und der Positionierung des Schalters genau zu untersuchen, damit der Mitarbeiter nicht stehen bleibt oder seine Schritte verkürzt, wenn er den Schalter auslöst. Der Schalter muss zwar bewusst ausgelöst werden, von außen soll das aber wie eine fließende Bewegung aussehen, so als wäre die Tätigkeit »Starten« gar nicht vorhanden.

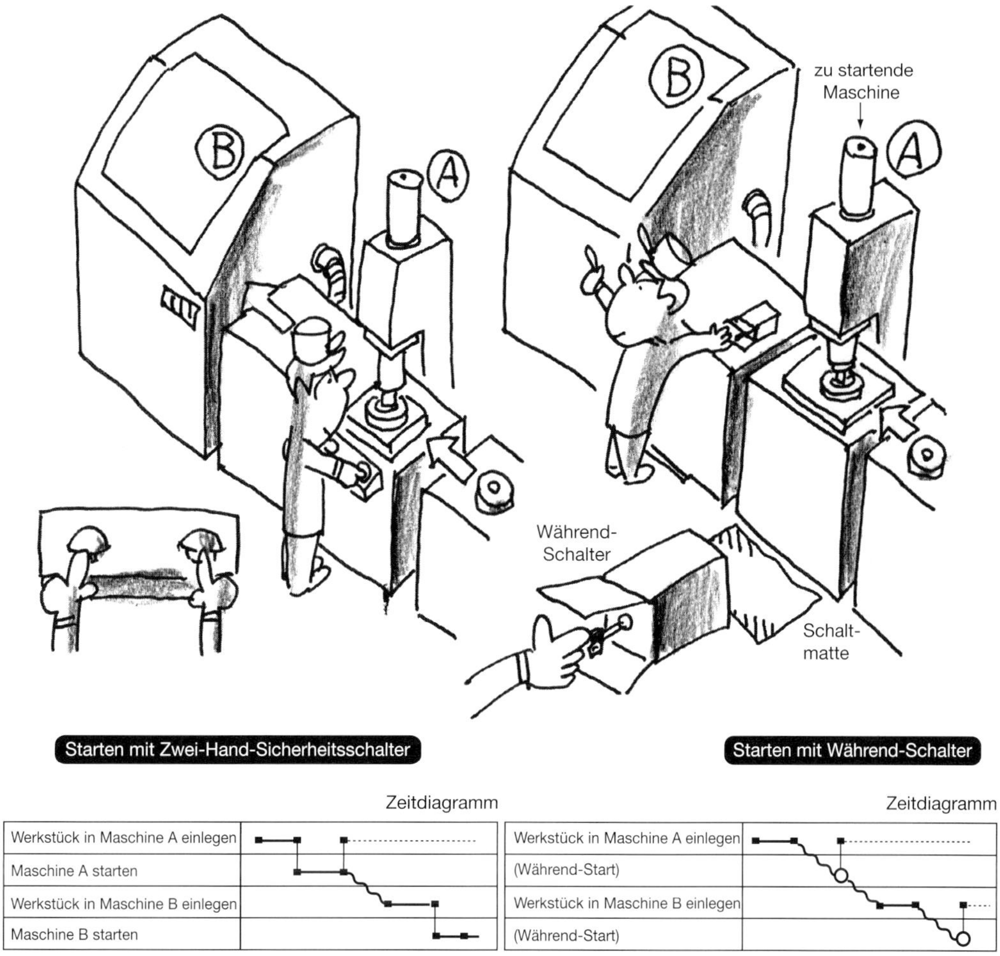

Abbildung 5.10: Zwei-Hand-Sicherheitsschalter und Während-Schalter

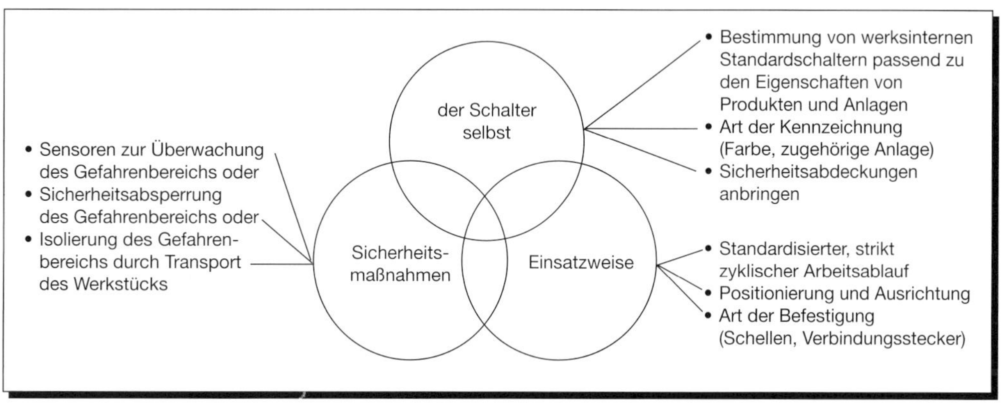

Abbildung 5.11: Hauptelemente des Systems »Während-Schalter«

Schritt 4: Qualitätskontrolle (Ein-Griff-Messlehren)

In Schritt 4 werden die Qualitätskontrollen *autonomatisiert*, die Teil der Arbeit in der Linie sind.

Autonomatische Qualitätskontrolle

Für die Qualitätskontrolle gelten bei der synchronen Fertigungsweise die Grundsätze: Kontrolle am Entstehungspunkt, hundertprozentige Kontrolle und autonome Kontrolle. Jedem Bearbeitungsschritt wird also eine Kontrolle zugeordnet. Ob das Produkt IO oder NIO ist, hängt aber vom Bearbeitungsprozess ab. Egal wie viel Aufwand und Geld man in einen Prüfprozess investiert, die Qualitätsprobleme entfallen allein dadurch noch nicht.

Wirksame Maßnahmen können erst ergriffen werden, wenn klar ist, wie der Entstehungsmechanismus für die Qualitätsprobleme aussieht und welches die *wahren Ursachen* sind: Um Qualitätsprobleme tatsächlich zu beseitigen, müssen ihre wahren Ursachen im Bearbeitungsprozess ausgemerzt werden. Zusätzlich müssen die Prozessbedingungen, unter denen Gut-Teile entstehen, für Mensch, Maschine, Material et cetera definiert und deren Einhaltung überwacht werden (*Management der Prozessbedingungen*).

Das Prüfen für sich allein ist zwar gegen Ausschuss wirkungslos, es bekommt aber eine größere Bedeutung, wenn man es als Teil einer Reihe von Maßnahmen unter der Überschrift »Qualität bereits im Prozess sicherstellen« behandelt.[40] Um diese Reihe von Maßnahmen wirksam durchlaufen zu können, muss man die Linie, sobald ein Qualitätsproblem auftritt, sofort anhalten. So ertappt man die *wahre Ursache* quasi auf frischer Tat.

Aus Sicht der synchronen Fertigungsweise ist Prüfen grundsätzlich Verschwendung, da es zu keiner Wertschöpfung führt. Es ist also erforderlich, die Prüfungen im Umfang zu reduzieren. Dazu muss man seine Fähigkeiten verbessern und Qualität bereits im Prozess sicherstellen.

Aus Chaku-Chaku-Sicht gibt es eine nahezu unendliche Vielfalt an Lösungen zur Vereinfachung der Tätigkeit »Prüfen«. Für die Auswahl spielen das betroffene Produkt und andere Faktoren eine Rolle. Allgemein sind zwei Ansätze denkbar (siehe Abbildung 5.12).

Der erste Ansatz besteht darin, das Prüfen unnötig zu machen. Das erreicht man durch eine verbesserte Zuverlässigkeit des Prozesses und striktes Management der Prozessbedingungen. Der zweite Ansatz ist, das Prüfen effizienter zu machen. Das erreicht man, indem man sich überlegt, wie Prüfgeräte und Messmittel beschaffen sein oder eingesetzt werden müssen, damit der Arbeitsablauf in der Linie rhythmisch wird und »gleichmäßig, stetig und sicher« von der Hand geht.

[40] Siehe Abschnitt »Qualitätssicherung in Fertigungszellen (Pokayoke)«, S. 70ff.

Prüfen unnötig machen

Es sind zwei Vorgehensweisen denkbar, das Prüfen unnötig zu machen: Erstens kann man dafür sorgen, das Ausschuss physikalisch gar nicht auftreten kann. Einige der Möglichkeiten dazu wären: ① eine Designänderung des Produkts; ② in den Prozess eine Funktion zur automatischen Messung und Korrektur während der Bearbeitung einzubauen; ③ *Pokayoke*-Lösungen einzubauen, die das Entstehen von Ausschuss unterbinden.

Die zweite Vorgehensweise besteht darin, die Prozessbedingungen für Mensch, Maschine und Material am Bearbeitungsprozess zuverlässig zu überwachen und alle Parameter stets in den Soll-Bereichen zu halten. Die Frage, welche Parameter dazu vor Ort auf welche Werte eingestellt werden müssen, lässt sich nur durch solide Erkenntnisse beantworten, wie man sie durch Ausschussursachen-Analysen und andere logische Untersuchungen gewinnt.

Es bleibt zu bemerken, dass man Prüfungen nie vollständig abschaffen können wird. Mit einer reduzierten Anzahl von Prüfkriterien muss stets kontrolliert werden, ob das Management der Prozessbedingungen, Pokayoke et cetera korrekt funktionieren.

Prüfen effizienter machen

Die Effizienzsteigerung von Prüfungen gestaltet sich in Montage und mechanischer Fertigung unterschiedlich. In einer Montagelinie bedient man sich vieler verschiedener Prüfautomaten. Zur Realisierung des *Chaku-Chaku-Prinzips* ist der Einsatz von *Auswerfern* und *Während-Schaltern* effektiv. So kann der Mitarbeiter ohne Zeitschwankungen zyklisch arbeiten.

In einer mechanischen Fertigungslinie werden zur Überprüfung der Maßhaltigkeit viele verschiedene Messmittel eingesetzt. Hier hilft das Konzept der *Ein-Griff-Messlehre* bei der Realisierung des Chaku-Chaku-Prinzips: Man schaffe ein Prüfmittel (Lehre), anhand dessen nur unterschieden wird, ob das Werkstück IO oder NIO ist. Dieses Prüfmittel wird auf dem Weg bereitgestellt, den das Werkstück ohnehin zurücklegen muss. Die Messung muss mit einem Griff möglich sein.

Anstatt Messinstrumente von der Stange einzusetzen, sollte man eigene Verbesserungen einbringen und Prüfmittel im Eigenbau entwickeln. Die Prüfungen werden so bedeutend werkerfreundlicher. Ein-Griff-Messlehren sind für das Chaku-Chaku-Prinzip unabdingbar (siehe Abbildung 5.13).

Schritt 5: Werkstück einlegen (Vorrichtungen zum Einwerfen)

Schritt 5 beschäftigt sich mit der Tätigkeit »Werkstück einlegen«. Hier bemüht man sich darum, das manuelle Einlegen eines Werkstücks in eine Vorrichtung sowie das Positionieren von Teilen so simpel wie möglich zu gestalten.

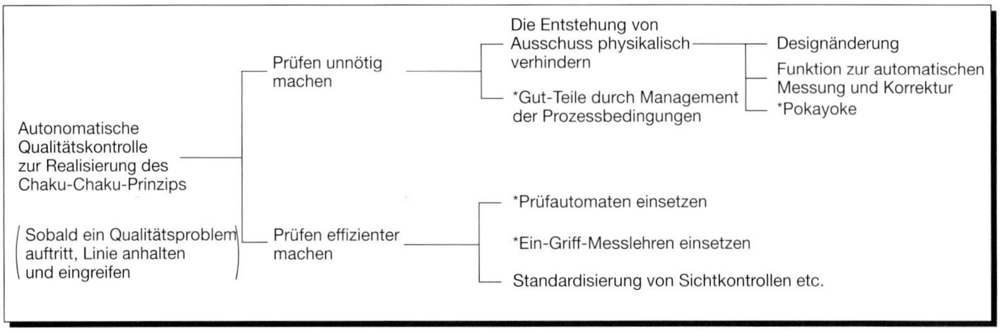

Abbildung 5.12: Vorgehenweise beim Autonomatisieren der Qualitätskontrolle

Methode	Inhalt	Beispiel
Pokayoke	• Die Entstehung von Ausschuss durch menschliches Versagen physikalisch verhindern.	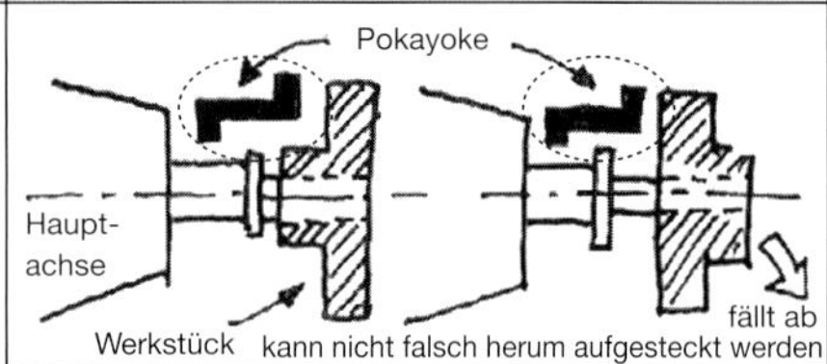
Gut-Teile durch Management der Prozessbedingungen	• Die Prozessbedingungen zur Produktion von Gut-Teilen für Mensch, Maschine und Material bestimmen und überwachen (Prozessparameter-Tabelle erstellen).	Prozessparameter-Tabelle Kontrollparameter | Referenz-Wert | Messmethode Material Maschine Bedienung
Prüfautomaten einsetzen	• Wie bei Bearbeitungsautomaten Auswerfer und Während-Schalter anbringen und so strikt zyklisches Arbeiten innerhalb der Kundentaktzeit ermöglichen.	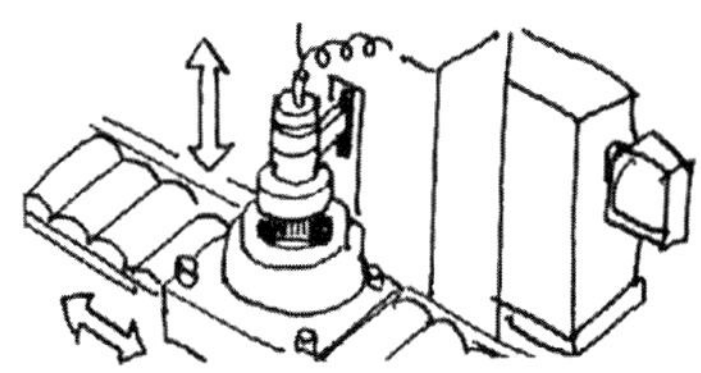
Ein-Griff-Messlehren einsetzen	• Auf dem Weg, den das Werkstück ohnehin zurücklegt, ein Prüfmittel (Lehre) bereitstellen, anhand dessen unterschieden wird, ob das Werkstück IO oder NIO ist. Die Prüfungen erfolgen mit einem Griff. • Lehren im Eigenbau entwickeln.	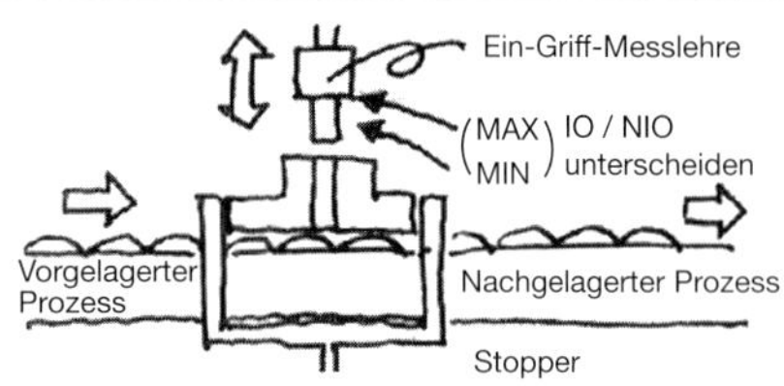

Abbildung 5.13: Die wichtigsten Methoden zur Autonomatisierung von Qualitätskontrollen

Einfaches Einlegen

Das Einlegen eines Werkstücks fällt je nach Produkt und Bearbeitungsmethode unterschiedlich aus. Grundsätzlich soll das Werkstück aber immer fest in der Vorrichtung sitzen, damit die Positionierung für die Bauteile exakt stimmt. In der Praxis muss der Mitarbeiter häufig den Sitz des Werkstücks minimal nachkorrigieren, das Werkstück erneut einsetzen oder zumindest seinen korrekten Sitz überprüfen. So kommt es für den Mitarbeiter an den einzelnen Stationen zu Verzögerungen und ein rhythmisches, zyklisches Arbeiten wird unmöglich.

Im Zuge der *Chaku-Chaku*-Maßnahmen werden Unsicherheitsfaktoren beim Werkstück-Einlegen wie Korrigieren, Neu-Einlegen oder Kontrollieren durch verschiedene Maßnahmen beseitigt, um ein schnelles und zuverlässiges Einlegen zu realisieren. Wenn man dabei so weit geht, dass das Werkstück auch mit groben Handbewegungen sicher in eine Vorrichtung eingefügt werden kann, spricht man von *Vorrichtungen zum Einwerfen.*

Beim Einlegen gibt es mehr Verzögerungen, als man denkt

Ein Einlegevorgang besteht aus einer Reihe sehr kurzer Einzeltätigkeiten. Dadurch ist es schwer zu entdecken, wo die Unsicherheitsfaktoren liegen. Bei der synchronen Fertigungsweise sollte ein Einlegevorgang nicht länger als zwei Sekunden dauern. Vor dem Hintergrund dieser Maßgabe kann man bei der täglichen Arbeit vor Ort überraschend viele Verzögerungen und Schwankungen beobachten, wie das folgende Beispiel illustriert (Abbildung 5.15). Der hier betrachtete Einlegevorgang setzt sich aus verschiedenen Elementen zusammen:

① Ausrichten des Werkstücks vor dem Einsetzen
② Hängenbleiben in der Vorrichtung
③ Erneutes Ausrichten in der Vorrichtung
④ Kontrolle des Sitzes in der Vorrichtung
⑤ Säuberung und Inspektion der Aufnahmeflächen
⑥ Manuelles Spannen des Werkstücks

Das Einlegen ist durchsetzt mit Tätigkeiten, die mit der eigentlichen Aufgabe nichts zu tun haben. Es gibt natürlich zahlreiche Gründe, warum diese Tätigkeiten durchgeführt werden müssen. Aufgrund der Komplexität verliert man leicht den Überblick und im Endeffekt bleibt alles beim Alten.

Um die Verzögerungen und Schwankungen beim Einlegen zu beseitigen, vergleicht man den Ist-Zustand mit der Vision des »Einwerfens«. So kann man herausarbeiten, welche Unsicherheitsfaktoren bestehen, und diese dann einzeln abarbeiten.

Einlegen durch Einwerfen

Mit »Einwerfen« ist nicht gemeint, dass tatsächlich etwas durch den Raum geworfen werden soll. Gemeint ist, dass man das Werkstück auf ungefährer Position loslassen kann. Es fällt dann über eine kurze Strecke und zentriert sich dabei korrekt in der Vorrichtung. Der Mitarbeiter braucht sich nicht unnötig verrückt zu machen. Er muss das Werkstück beim Einlegen nicht einmal ansehen. Er kann nach dem »Einwerfen« an einem Prozess sofort zum nächsten gehen.

Es gibt zahlreiche Möglichkeiten, das »Einwerfen« zu realisieren. Die wesentlichen Aspekte sehen dabei wie folgt aus:

① Position und Ausrichtung der Vorrichtung dem Weg des Werkstücks (der Hände) anpassen.
② Grobführungen anbringen.
③ Unnötige Aufnahmeflächen an der Vorrichtung entfernen. (Es ist zu nachzuweisen, dass trotzdem die erforderliche Präzision aufrechterhalten wird.)
④ Falls nötig, Hilfsfunktionen wie Hebe-, Spann- oder Abblasvorrichtungen ergänzen.
⑤ Ist das Werkstück nicht korrekt positioniert, muss diese Abweichung erkannt werden. Dann darf keine Bearbeitung stattfinden.

Einige dieser Punkte können leicht umgesetzt werden – viele sind technisch und finanziell jedoch aufwendiger. Für die Einführung des Chaku-Chaku-Prinzips ist es besonders wichtig, sich mit diesen schwierigen Aufgaben nüchtern auseinanderzusetzen und eine Aufgabe nach der anderen zu lösen.

Schritt 6: Bearbeiten autonomatisieren (im Eigenbau)

Schritt 6 ist der letzte Schritt zur Einführung des *Chaku-Chaku-Prinzips* auf Prozessebene. Hier geht es darum, wie manuelle Werkzeugbewegungen *einfachautomatisiert* werden können.

Was bedeutet »Bearbeiten autonomatisieren«?

Autonomatisierte Bearbeitung im Sinne des Chaku-Chaku-Prinzips bedeutet nicht, eine von Grund auf neue Maschine zu bauen. Vielmehr geht es darum, Bearbeitungsschritte zu mechanisieren, die momentan mit Werkzeugen von Hand durchgeführt werden. Es werden also Handbewegungen mechanisiert: Das Werkzeug wird nicht mehr durch manuelle, sondern durch mechanische Kraft bewegt. Bei der Umstellung auf mechanische Kraft müssen die Anforderungen der Einfachautomatisierung erfüllt werden. Diese lauten unter anderem: Verwendung eines kostengünstigen und simplen Mechanismus und Anhalten im Falle einer Abweichung.

Die Werkzeuge zur Bearbeitung von Werkstücken sind äußerst variantenreich. Darüber hinaus hat man es auch mit vielen verschiedenen Bewegungsmustern und erforderlichen Präzisionsgraden zu tun. Folglich kann man bei der Einfachautomatisierung von Werkzeugbewegungen nicht einfach eine formalisierte Standard-

Methode anwenden. In diesem Punkt unterscheidet sich der Schritt »Bearbeiten autonomatisieren« von den anderen Schritten (wie »Auswerfer« oder »Während-Schalter«), wo immer nach dem gleichen Muster vorgegangen werden kann.

Verzögerungen beim Einsetzen des Werkstücks

(1) [Annäherung an die Vorrichtung]
• Änderung der Ausrichtung des Werkstücks
(2) [Reinigen der Vorrichtung] • Schmutz abblasen
(3) [Feinausrichtung direkt vor dem Einsetzen]
• zum Einsetzen die Vorrichtung genau anpeilen
(4) [Einsetzen in die Vorrichtung] • Hängenbleiben in der Vorrichtung / Nachpositionieren beim Einlegen
(5) [Spannen] • Spannen von Hand
(6) [Kontrolle des Sitzes] • Kontrollieren, ob es keinen Spalt zwischen Aufnahmefläche und Werkstück gibt

Aspekte für das Einwerfen

① Position und Ausrichtung der Vorrichtung dem Weg des Werkstücks anpassen
② Grobführungen anbringen
③ Unnötige Aufnahmeflächen an der Vorrichtung entfernen
④ Notwendige Hilfsfunktionen anbringen
⑤ Erkennung von unkorrektem Sitz einbauen *(Pokayoke)*

Abbildung 5.14: Beispiele für Verzögerungen beim Einsetzen eines Werkstücks

Beispiele für Verzögerungen beim Einlegen	Beispiele für Einwerf-Lösungen
① Änderung der Ausrichtung des Werkstücks. Vorgebeugte Arbeitshaltung. 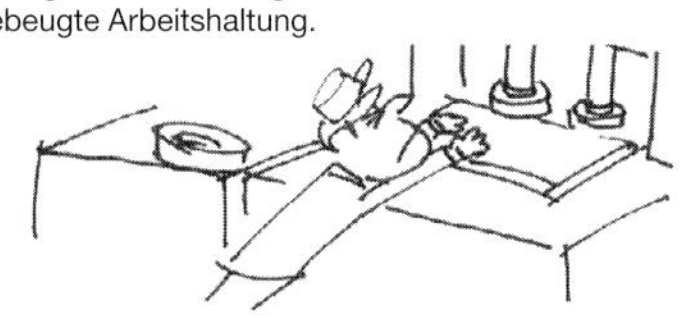	① Vorrichtung verschiebbar machen, um sie auf den Weg des Werkstücks ziehen zu können. 
② Werkstück ist schwer einzusetzen. 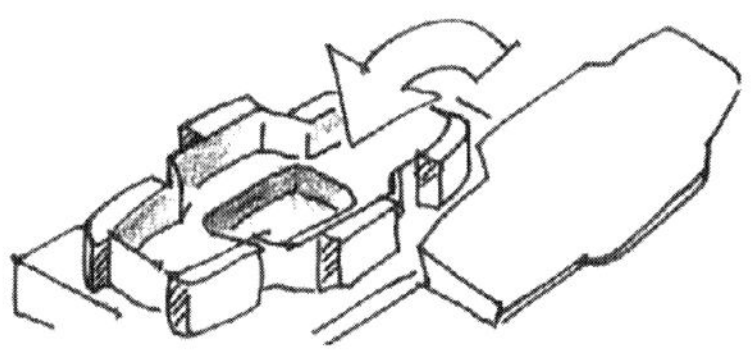	② Grobführungen anbringen. 
③ Die Vorrichtung hat viele Aufnahmeflächen für das Werkstück, sodass dieses nicht reibungslos hineingleitet.	③ Unnötige Ausnahmeflächen an der Vorrichtung reduzieren; vor der Veränderung müssen alle Bezugspunkte bestimmt werden. 
④ Es gibt keine Verspannung – es wird ein Gegenstück verwendet. 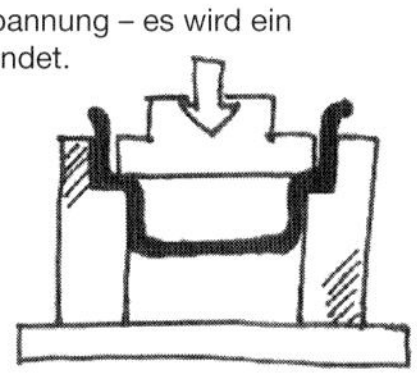	④ • Spannen mittels Pneumatikzylindern • Hubvorrichtung für das Entnehmen eingebaut 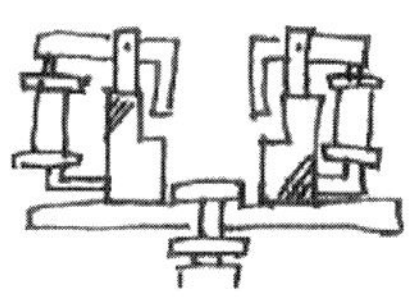

Abbildung 5.15: Aspekte für das »Einwerfen«

Gegenstand ist in erster Linie die Montage

In der heutigen Serienfertigung finden wir die meisten Prozesse, an denen manuell mit Werkzeugen gearbeitet wird, in der Montage. Die spanende Bearbeitung oder der Spritzguss sind bereits weitgehend automatisiert.

Der Grund dafür, dass in der Montage hauptsächlich manuelle Werkzeuge verwendet werden, liegt darin, dass diese Tätigkeiten grundsätzlich schwer zu automatisieren sind. Anders ausgedrückt: Diejenigen Tätigkeiten, die schwer zu automatisieren sind, bleiben in der Regel als manuelle erhalten.

Gäbe es im Zusammenhang mit einer Automatisierung dieser Tätigkeiten keine Probleme auf technischer Seite, auf Rentabilitätsseite oder Probleme aufgrund mangelnder Flexibilität, so wäre die Automatisierung wohl bereits im Zuge der Produktionsvorbereitung erfolgt. Tatsächlich ist es aber so, dass man bei der Automatisierung von kleinen Handbewegungen, wie man sie bei der Arbeit mit Werkzeug findet, an Grenzen stößt. In Schritt 6 stellt man sich der Herausforderung, diese Grenzen zu überwinden.

Hauptelemente der autonomatischen Bearbeitung

Analysiert man manuelle Arbeit mit Werkzeug in der Absicht, diese zu autonomatisieren, kann man fünf Elemente unterscheiden. Bei jedem der fünf Elemente wird eine Bewegung von manueller auf mechanische Kraft umgestellt. In Abbildung 5.17 gebe ich dem Leser anhand eines Bohr-, eines Schraub- und eines Lötprozesses eine Vorstellung davon, wie diese Umstellung erfolgen kann. Mit der Bohrbank habe ich absichtlich ein Beispiel aus der spanenden Bearbeitung gewählt, weil hier die Elemente der Autonomatisierung leicht nachvollzogen werden können. Die fünf Elemente sehen wie folgt aus:

① »Werkzeug antreiben« – von einem Handwerkzeug auf ein elektrisches (pneumatisches) umzustellen.

② »Teile/Material zuführen« – die Zuführung von zum Beispiel Schrauben oder Lötmasse muss mechanisch erfolgen.

③ »Werkzeug-Positionierung« – eine einfache Einrichtung, die das Werkzeug vom Haltepunkt an den Bearbeitungspunkt und dann gegebenenfalls an den nächsten Bearbeitungspunkt bewegt.

④ »Werkzeug-Vorschub/-Rückführung« – die Erzeugung der zur Bearbeitung notwendigen Bewegung. Beim Bohren ist das der Vorschub, der gewährleistet, dass der Bohrer kontinuierlich schneidet; beim Schrauben die Bewegung, die gewährleistet, dass sich die Schraube festzieht. Hier sind präzise mechanische Bewegungen erforderlich, die von der Bearbeitungsmethode und den technischen Eigenschaften des Materials abhängen.

⑤ »Anhalten nach erfolgter Bearbeitung« – den Vorschub ④ anhalten. Voraussetzung ist eine festgelegte Art der Qualitätssicherung. Zur Steuerung sind Position und Zustand des Werkzeugs mittels Sensoren zu erfassen. Zusätzlich muss man sich auf spezifische Technologien stützen, wie zum Beispiel die Erfassung von Drehmomentwerten beim Verschrauben oder die Zustandsüberwachung der Lötschmelze.

Der Schwierigkeitsgrad der Autonomatisierung fällt je nach Bearbeitungstätigkeit stark unterschiedlich aus. Man setze dort an, wo bereits ausreichend firmeninternes Know-how vorhanden ist.

Element	Mechanische Bearbeitung	Montage	Inhalt
① Werkzeug antreiben	—	△	Von manuellem auf elektrisches (pneumatisches) Werkzeug umstellen
② Teile/Material zuführen	—	○	Einführung von Teileförderern, Zuführautomaten etc.
③ Werkzeug-Positionierung	○	○	Eine Einrichtung bauen, die in zwei Achsen (X, Y) positioniert ist
④ Werkzeug-Vorschub/-Rückführung	○	○	Werkzeugspitze für die Bearbeitung bewegen
⑤ Anhalten nach erfolgter Bearbeitung	○	○	Sensoren zur Erfassung der erfolgten Bearbeitung und Steuerung

Abbildung 5.16: Hauptelemente der autonomatischen Bearbeitung

Schritt 7: Beförderung zwischen den Prozessen (Rutschen)

In Schritt 7 wird die Beförderung des Werkstücks von einem Prozessschritt zum nächsten *autonomatisiert.*

Notwendige Voraussetzungen bei der Werkstückbeförderung

Bei der Autonomatisierung der Beförderung eines Werkstücks von einem Prozessschritt zum nächsten müssen folgende Bedingungen der *Einfachautomatisierung* erfüllt werden:

① Das Werkstück muss mehr als nur von einem Ort zum anderen bewegt werden. Es muss vielmehr so an den nächsten Prozess gebracht werden, dass es dort leicht gegriffen werden kann: Das »Einlegen« muss dort leicht von der Hand gehen.
② Es darf beim Transport weder zu Qualitätsbeeinträchtigungen durch die Einwirkung von Vibration oder Stößen noch zu Anlagenstillständen durch Hängenbleiben oder Herunterfallen kommen.
③ Die Werkstücke sollen prinzipiell immer einzeln transportiert werden, ohne dass es zu unnötigen Materialstaus auf der Transporteinrichtung kommt. Das kann zum Beispiel über eine *AB-Steuerung* realisiert werden.
④ Die Einrichtung muss so aufgebaut sein, dass sie einfach angefertigt werden kann. Störungen müssen auf einen Blick erkennbar und vor Ort mühelos zu beheben sein.
⑤ Die Einrichtung muss kostengünstig sein.

Grundprinzip Rutsche

Es ist nicht leicht, eine Transporteinrichtung zu finden, die alle oben genannten notwendigen Voraussetzungen erfüllt. Anstatt nach einer allmächtigen Lösung zu

	Beispiel 1: Bohren an einer kleinen Bohrbank (Abfasen und Loch mit kleinem Durchmesser bohren im Einzelstückfluss)	Beispiel 2: Schrauben anziehen (typische Montagelinie)	Beispiel 3: Löten (manuelle Nachbestückung gedruckter Platinen)
① Werkzeug antreiben	War von vornherein elektrisch	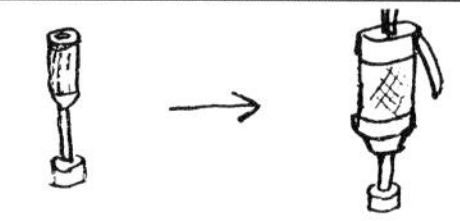	Elektrische Beheizung und Antrieb des Lötkolbens
② Teile/ Material zuführen	Evtl. ist Schneideöl oder Spanentfernung erforderlich	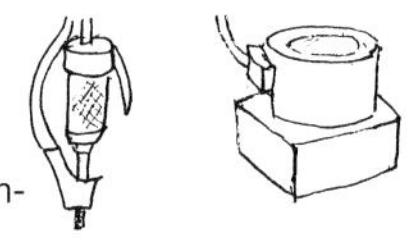 Schraubenzuführung	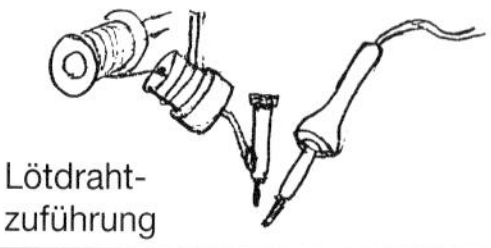 Lötdrahtzuführung
③ Werkzeug-Positionierung	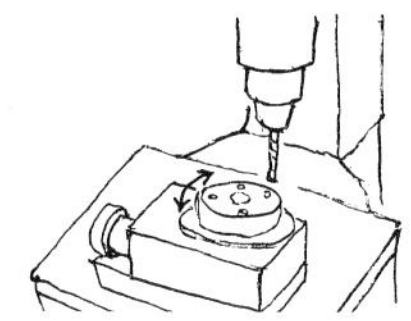 Statt des Werkzeugs wird das Werkstück positioniert (Vorrichtung mit Drehteller)	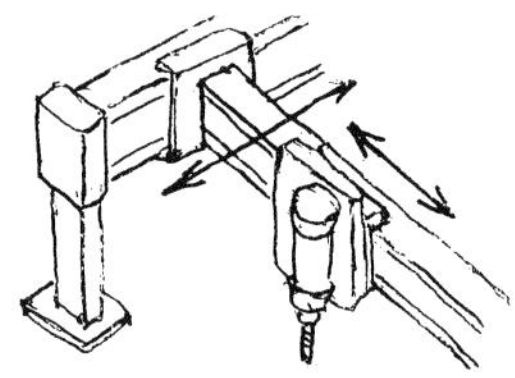 Kolbenstangenlose Zylinder für beide Achsen (X-Y)	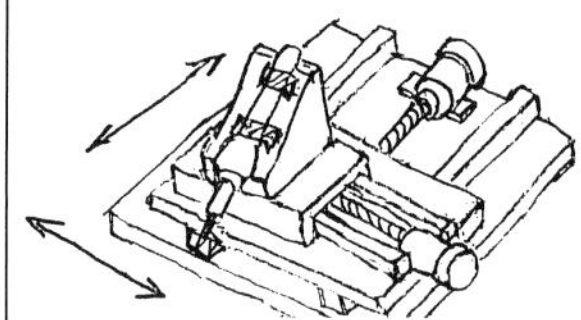 Motoren mit Gewindetrieb für beide Achsen (X-Y)
④ Werkzeug-Vorschub/ -Rückführung	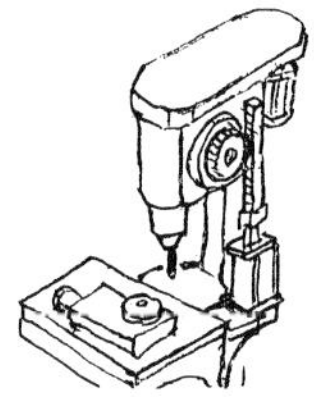 Der Griff wird mittels Pneumatikzylinder und Zahnstangengetriebe bewegt	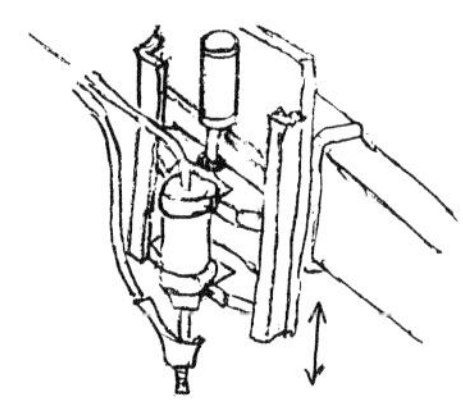 Werkzeug wird mittels Pneumatikzylinder bewegt	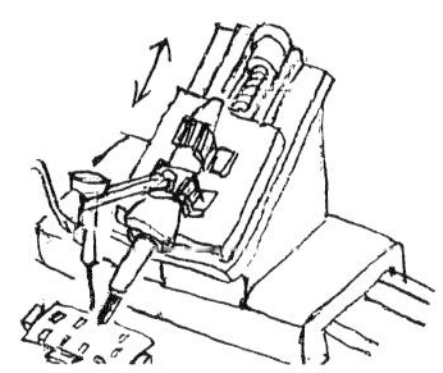
⑤ Anhalten nach erfolgter Bearbeitung	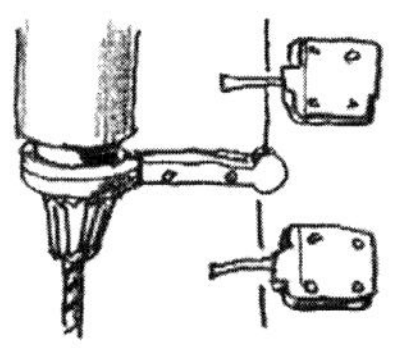 Erkennung über Endschalter	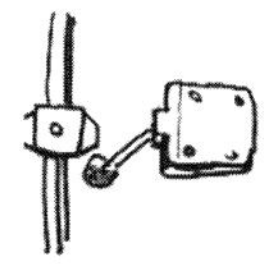 ① Kombination von Endschalter am unteren Totpunkt und Zeitschalter oder ② Elektrowerkzeug mit Signalgeber	① Die Bearbeitung mittels Zeitsteuerung innerhalb der Ablaufsteuerung beenden

Abbildung 5.17: Beispiele für autonomatische Bearbeitung

forschen, ist es zielführender, die optimale Lösung für den Einzelfall zu suchen. Grundsätzlich soll der Transport auf simplem Wege bewerkstelligt werden.

Ein denkbarer Ansatz ist, sich mit herkömmlichen Rutschen zu beschäftigen und diese durch verschiedene Erweiterungen zu verbessern. Der Transport durch Eigengewicht weist allerdings einige Schwächen auf, die zu beseitigen sind:

Zum einen kann die Geschwindigkeit des Transportguts nur schwer gesteuert werden. Es gilt zu verhindern, dass das Werkstück unterwegs liegen bleibt oder am Endpunkt hart anstößt. Dazu können zum Beispiel Teile der Rutsche mit Brems- oder Dämpfungsfunktionen ausgestattet werden.

Ein weiteres Problem liegt darin, dass das Transportgut immer weiter an Höhe verliert, je weiter es transportiert wird. Es gilt zu verhindern, dass das Werkstück sich von der Idealposition am nächsten Prozessschritt entfernt. Das kann man erreichen, indem man es unterwegs anhebt.

Unter der Voraussetzung, dass derartige Schwächen abgestellt werden ist die Rutsche das ideale Grundprinzip für die Werkstückbeförderung zwischen Prozessen. Dennoch gibt es Fälle, in denen der Transport durch Eigengewicht aufgrund von Produkteigenschaften problematisch ist. Hier muss man eine Transporteinrichtung einsetzen, die mit dem notwendigen Minimum an Antriebskraft ausgestattet ist.

Beim *Chaku-Chaku-Prinzip* geht es um die Koexistenz von Mensch und Maschine. Kostenintensive und große Spezialtransportmaschinen oder Handling-Roboter sind hier überflüssig.

Es stehen vier Typen zur Auswahl

Will man einen Beförderungsvorgang wie oben beschrieben auf dem Prinzip der Rutsche basierend autonomatisieren, ist es für die Planung hilfreich, vier Beförderungstypen zu unterscheiden (Abbildung 5.18). Man betrachtet die Vor- und Nachteile der vier Typen, ausgehend von Produkteigenschaften und den räumlichen Gegebenheiten am Einlegepunkt des Folgeprozesses, und wählt dann die beste aus. Die vier Beförderungstypen unterscheiden sich vor allem nach der verwendeten Kraftquelle (Abbildung 5.19).

Typ ① ist eine reine Rutsche. Das Werkstück wird ausschließlich durch sein Eigengewicht befördert. Dieser Typ bietet sich für Fälle an, in denen das Werkstück leicht rollt und die Distanz zum nächsten Prozess gering ist.

Bei den Typen ② und ③ handelt es sich um Beförderungsarten, bei denen das Werkstück aufgrund schlechter Rolleigenschaften oder räumlicher Gegebenheiten unterwegs einmal angehoben wird. Typ ② nutzt dazu die Triebkraft der auswerfenden Maschine und bietet sich für Fälle an, in denen die anzuhebende Last gering ist. Es handelt sich um einen einfachen Mechanismus, der kostengünstig zu realisieren ist. Bei Typ ③ wird eine unabhängige Hubvorrichtung zwischen den Prozessen installiert, die mit Pneumatikzylindern oder Ähnlichem arbeitet. Dieser Typ bietet sich für Fälle an, in denen die Distanz zum nächsten Prozess groß ist.

Typ ④ bietet sich für Produkte an, die für den Transport durch Eigengewicht ungeeignet sind. Hier wird aus der Kombination von marktüblichen, kompakten Transportbändern oder Ähnlichem eine einfache Transporteinrichtung geschaffen. Das erfordert einigen Kostenaufwand und Maschinenbaukenntnisse.

Bei der Planung sind die Typen in der Reihenfolge von ① nach ④ zu bevorzugen. Je simpler die gewählte Lösung, desto besser.

	Typ	Antriebsquelle
①	Rutsche ohne Antrieb	Rollen durch Eigengewicht
②	Rutsche mit Verwendung einer vorhandenen Antriebsquelle	Anheben durch Ausnutzung der Bewegung der auswerfenden Maschine
③	Rutsche mit hinzugefügter eigener Antriebsquelle	Anheben auf dem Weg mittels Pneumatikzylindern o. Ä.
④	Einfache automatische Transporteinrichtung	Marktübliche Transportbänder bzw. -einheiten

Handling am Folgeprozess	Zuverlässigkeit	Konstruktionsaufwand	Kostenaufwand
Eingeschränkt	Niedrig	Gering	Gering
Einfach	Hoch	Hoch	Hoch

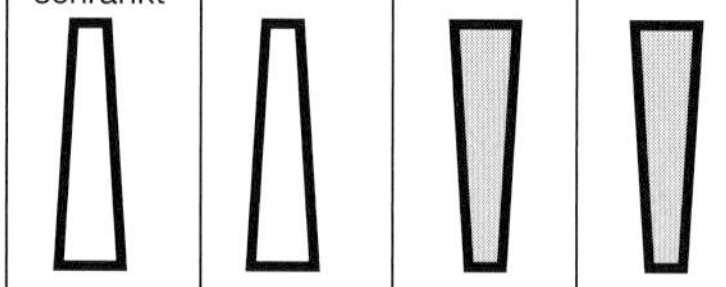

- Die Auswahl des Typs erfolgt in Abhängigkeit von Produkteigenschaften und den räumlichen Gegebenheiten am Einlegepunkt des Folgeprozesses. Die Typen sind in der Reihenfolge von ① nach ④ zu bevorzugen.

Abbildung 5.18: Die vier Typen der autonomatischen Werkstückbeförderung zwischen Prozessen und ihre Eigenschaften

Typ	Einsatzszenario	Grundlegender Aufbau	Konkretes Beispiel
① Rutsche ohne Antrieb	Geringe Distanz zum Folgeprozess. Werkstück ist einfach beschaffen und rollt leicht.	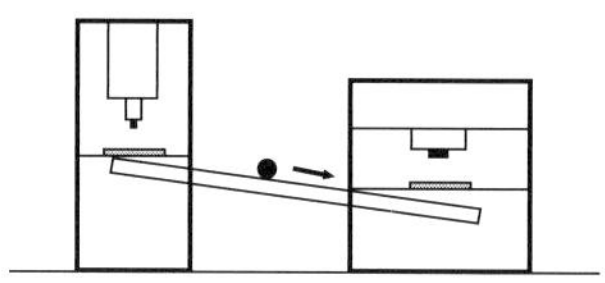	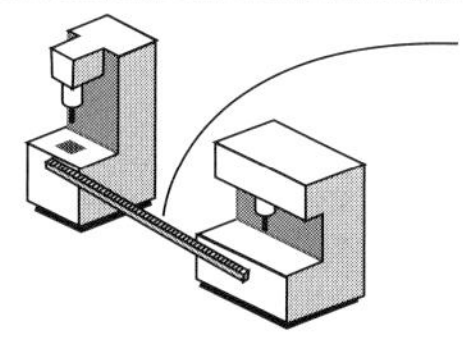 Das Werkstück wird auf einem schrägen Rollenband befördert.
② Rutsche mit Verwendung einer vorhandenen Antriebsquelle	Das Werkstück muss leicht angehoben werden, damit es optimal am Einlegepunkt des Folgeprozesses bereitgestellt werden kann.	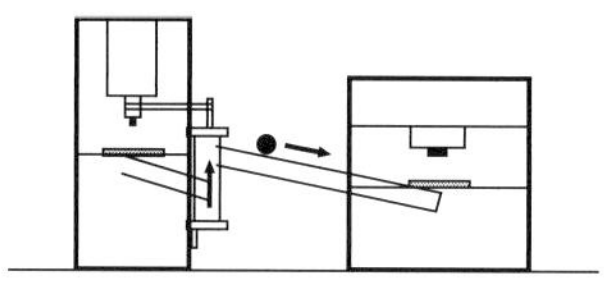	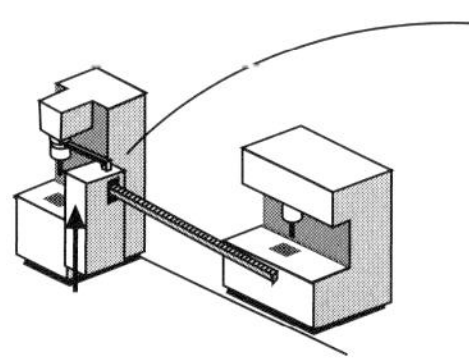 Das Werkstück wird unter Ausnutzung der Vertikalbewegung der auswerfenden Maschine angehoben und rollt dann zum nächsten Prozess.
③ Rutsche mit hinzugefügter eigener Antriebsquelle	Die Distanz zum Folgeprozess ist groß. Das Werkstück ist unempfindlich gegen das Rollen oder Stöße.	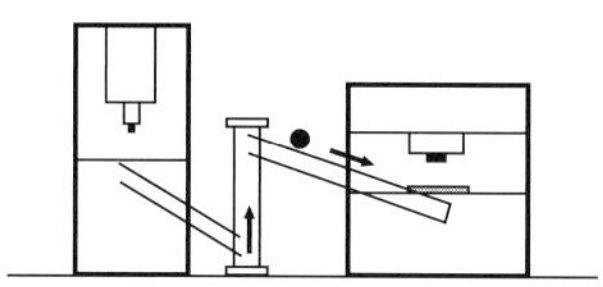	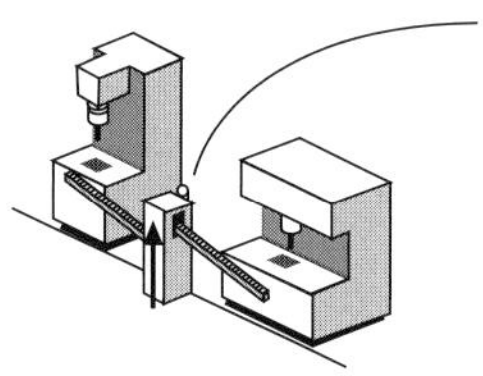 Das Werkstück wird mittels Pneumatikzylinder angehoben und rollt dann zum nächsten Prozess.
④ Einfache automatische Transporteinrichtung	Die Qualität erfordert besondere Vorkehrungen. Die Vorrichtung muss eine hohe Zuverlässigkeit haben.	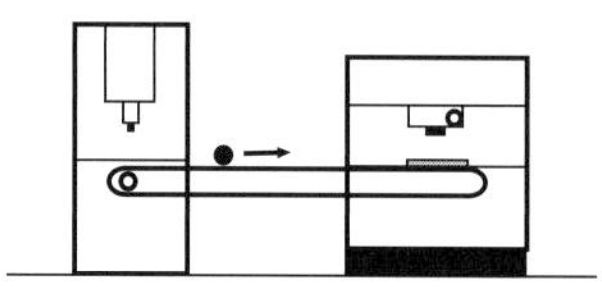	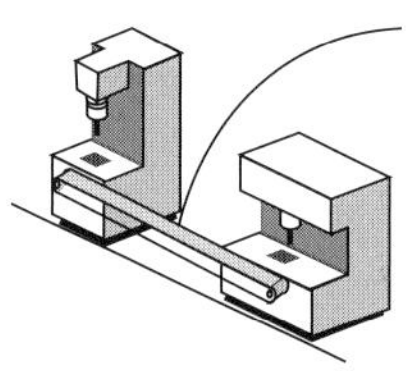 Transport mittels Transportband.

Abbildung 5.19: Anwendung und konkrete Beispiele für die vier Typen

Schritt 8: Schaffung von Chaku-Chaku-Linien

Der letzte Ausbauschritt besteht darin, die einzelnen Prozesse über einen »gleichmäßigen, stetigen und sicheren« Arbeitsablauf miteinander zu verknüpfen, um eine fertige Chaku-Chaku-Linie daraus zu machen. In diesem Schritt werden die letzten Abstimmungen vorgenommen, um die *einfachautomatisierten* Maschinen und die Tätigkeiten der Mitarbeiter, die in der Linie ihre Runden machen, zu integrieren.

Eine Chaku-Chaku-Linie muss um einiges kompakter sein als eine *Fertigungszelle.* Die Bewegungsabläufe sollen rund sein und frei von nichtwertschöpfenden Tätigkeiten.

Maßnahmen zur Schaffung von Chaku-Chaku-Linien

Einige der Maßnahmen zur Schaffung von Chaku-Chaku-Linien gelten für alle Linien. Zusätzlich gibt es Maßnahmen, die nur für Montagelinien gelten, und andere, die nur für Linien der mechanischen Fertigung gelten. Das kommt daher, dass sich die Anzahl der verwendeten Bauteile, die Komplexität der Bearbeitungsmethoden sowie der Automatisierungsgrad an Montagelinien und Linien der mechanischen Fertigung stark unterscheiden.

Die erste allgemeingültige Maßnahme besteht darin, die Abstände zwischen Stationen/Maschinen noch einmal gründlich zu verringern. Wie in Abbildung 5.20 gezeigt, sind die Distanzen so sehr zu verringern, dass die Fläche beziehungsweise die Länge der Linie insgesamt auf etwa ½ bis ⅓ zurückgeht. An einer Montagelinie steht dann weniger Stellfläche für Bauteile zur Verfügung. Daher muss auch auf kleinere Teilebehälter, magazinierte Teilebereitstellung beziehungsweise eine einfache vereinzelte Teilebereitstellung umgestellt werden. An einer Linie der mechanischen Fertigung muss häufig die Anlagenperipherie (wie Bedientafeln oder Hydraulikeinheiten) versetzt oder umgebaut werden, damit die Maschinen enger aufgestellt werden können.

Als Nächstes sind Einlege- und Entnahmepunkte an den einzelnen Stationen/Maschinen so anzuordnen, dass im Sinne eines »gleichmäßigen, stetigen und sicheren« Arbeitsablaufs alle Bewegungen möglichst auf einer Höhe und in einer geraden Linie erfolgen können. Wie in Abbildung 5.20 gezeigt: Trotz Einführung des *Chaku-Chaku-Prinzips* an den einzelnen Prozessen bleiben die Bewegungen in der Linie insgesamt plump, solange das ursprüngliche Layout der Fertigungszelle erhalten bleibt. Noch wichtiger, als die Maschinen eng zusammenzustellen, ist es, für simple Bewegungsabläufe und einen glatten Fluss zu sorgen.

Sollten in einer Linie Roboter oder vollautomatische Anlagen vorhanden sein, sind nur deren Ein- und Ausgabepunkte in der Linie zu belassen. Die eigentliche Anlage ist aus dem manuellen Arbeitsbereich zu entfernen. Ein- und Ausgabepunkte verbindet man über Bänder oder Ähnliches mit der eigentlichen Anlage (siehe Beispiel für die mechanische Fertigung in Abbildung 5.20.

Sollte an einem Prozess auch die Tätigkeit des Einlegens einfach zu automatisieren sein, ist dieser Prozess genau wie die Roboter aus dem manuellen Arbeitsbereich zu entfernen. Auch diese Möglichkeit ist im Zuge der Einführung des Chaku-

Chaku-Prinzips zu prüfen. Schließlich geht es ja darum, durch eine günstige Kombination von Mensch und Maschine das Kostenminimum zu erreichen.

Abstimmung des Chaku-Chaku-Arbeitsablaufs

Sind durch eine geschickte räumliche Anordnung der Chaku-Chaku-Maschinen die Voraussetzungen für runde Bewegungsabläufe geschaffen, beginnt man abschließend damit, den eigentlichen Chaku-Chaku-Arbeitsablauf abzustimmen. Dazu wird bei der tatsächlichen zyklischen Arbeit untersucht, wie die Mitarbeiter beide Hände und beide Beine bewegen, wie sie die *Während-Schalter* auslösen, wie sie Qualitätskontrollen durchführen et cetera. Dann wird ein fließender, runder Chaku-Chaku-Arbeitsablauf festgelegt. Falls nötig erfolgen auch Korrekturen der Positionierung von Maschinen, Teilen oder Während-Schaltern. Im Ergebnis stabilisieren sich die Grundbewegungen eines Mitarbeiters an vielen Prozessen bis ins Detail. Es ist dann klar, wo sein linker Fuß stehen muss, wo sein rechter Fuß stehen muss, dass das Werkstück mit der linken Hand gegriffen wird und was die rechte Hand währenddessen tut.

An einer Montagelinie kommt es vor, dass aufgrund der großen Anzahl verschiedener Montagetätigkeiten nicht alle automatisiert werden können und einige manuelle Tätigkeiten erhalten bleiben. In solch einem Fall entsteht keine lehrbuchgetreue Chaku-Chaku-Linie, weil der Mitarbeiter an einigen Stellen in der Linie stehen bleiben muss. Man sollte dennoch bestrebt sein, die manuellen Tätigkeiten zu verkürzen oder teilweise zu automatisieren, um die Arbeit im Stehen zu reduzieren und zu einem fließenden Arbeitsablauf zu kommen.

Mit dem Zustandekommen eines Chaku-Chaku-Arbeitsablaufs ist die Chaku-Chaku-Linie komplett. Eine Linie, die so weit ausgebaut wurde, zeichnet sich durch eine beträchtlich gestiegene Produktivität aus.

5.3 Beispiele für Chaku-Chaku-Linien

Montage (Elektronikbauteile)

Die hier gewählte Aufteilung in acht Ausbauschritte ist eher hardware-orientiert. Es handelt sich also um eine Vorgehensweise, die von dem Element Maschine ausgeht. Der Vorteil dieses Ansatzes ist, dass er logisch und leicht nachvollziehbar ist. Wenn es allerdings an die praktische Umsetzung geht, sollten auch die anderen Elemente der Produktion (Mensch, Material, Information et cetera) hinreichend Berücksichtigung finden. Besondere Aufmerksamkeit sollte man dem Wandel der Arbeit für die Mitarbeiter vor Ort schenken.

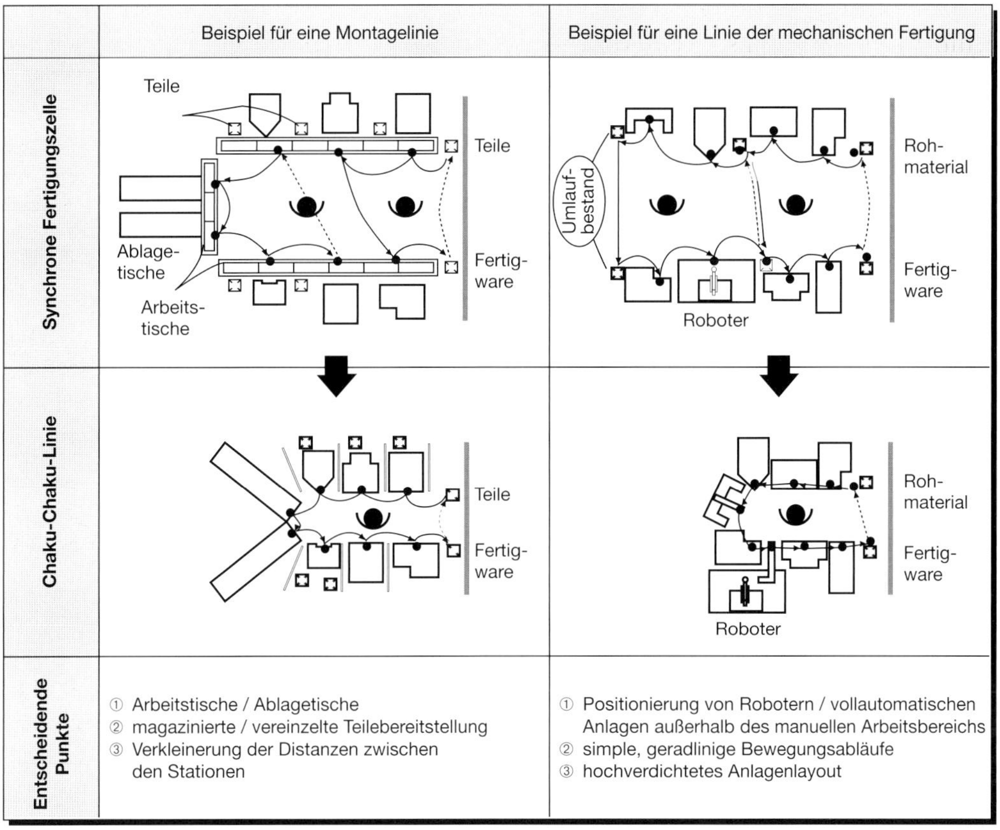

Abbildung 5.20: Entscheidende Punkte bei der Schaffung von Chaku-Chaku-Linien

Das Chaku-Chaku-Prinzip und die Rolle der Mitarbeiter

Die Arbeit der Produktionsmitarbeiter in ihren unterschiedlichen Funktionen ändert sich im Zuge der fortschreitenden Einführung des *Chaku-Chaku-Prinzips* wie folgt:

① Direkte Mitarbeiter:
Durch die zunehmende Vereinfachung und Standardisierung der Arbeit erhöht sich die Anzahl der zu bedienenden Prozesse pro Mitarbeiter. Das erfordert ein höheres Niveau der *Mehrfachqualifizierung*. Der relative Anteil der Nebentätigkeiten wie Umrüsten oder *autonome Instandhaltung* nimmt zu.

② Die direkte Arbeit unterstützende Mitarbeiter:
Vorgänge wie Materialversorgung, Umrüsten, Prüfen, Instandhaltung et cetera erfolgen in Zusammenarbeit mit den direkten Mitarbeitern. Teilweise werden diese Vorgänge in die Verantwortlichkeit der Produktion übertragen. Zusätzlich werden administrative Vorgänge in die Produktion integriert. So wird die Produktion immer autonomer und vollkommener.

③ Führungskräfte:
Die Schulung der Mitarbeiter in Chaku-Chaku-Arbeitsabläufen, der Ausbau der Mehrfachqualifizierung auch in Nebentätigkeiten, die Überwachung der *Einfachautomaten* et cetera erfordern immer höhere Managementfähigkeiten.

Standardisierte Arbeitsabläufe für das Chaku-Chaku-Prinzip

Ich möchte am Beispiel der Montage von elektronischen Bauteilen anhand von *Arbeitsverteilungsblättern* erläutern, wie sich der *standardisierte Arbeitsablauf* an einer Linie durch das Chaku-Chaku-Prinzip verbessert.

Was den standardisierten Arbeitsablauf angeht, muss in jedem der acht Ausbauschritte die Arbeitsreihenfolge kritisch hinterfragt und die Qualität der Bewegungen verbessert werden. Ich habe in Abbildung 5.21 zusammengefasst, was beim Aufbau des Chaku-Chaku-Prinzips bezüglich des standardisierten Arbeitsablaufs hauptsächlich zu beachten ist:

Punkt ① besteht darin, das *Arbeitsverteilungsblatt* zu verwenden. Dabei handelt es sich um ein eigenes Werkzeug der synchronen Fertigungsweise zur Standardisierung von Arbeitsabläufen, bei dem der Prozess der Wertschöpfung am Produkt in einem Zeitdiagramm visuell dargestellt wird. Für die Eliminierung von Verschwendung im Sekundenbereich ist dieses Werkzeug unerlässlich.[41]

Punkt ② beschäftigt sich mit der Auslegung des *standardisierten Puffers* (das eine Werkstück, das für die nächste Bearbeitung benötigt wird). Es muss so positioniert sein, dass ③ das Werkstück in einer fließenden Bewegung einfach »eingeworfen« werden kann. Neben den Maßnahmen auf Hardware-Seite ist die Wichtigkeit von Schulungen zu betonen: Die Führungskräfte müssen ihre Mitarbeiter – ähnlich einem Mannschaftstrainer – detailliert anleiten, wie Beine und Hände beim »Einwerfen« eingesetzt werden sollen.

Anwendungsbeispiel für das Arbeitsverteilungsblatt

In Abbildung 5.21 sieht man in Form von Arbeitsverteilungsblättern ein konkretes Beispiel dafür, wie ein standardisierter Arbeitsablauf sich nach der Einführung des Chaku-Chaku-Prinzips im Vergleich zu vorher verändert. In dem Beispiel ist eine Montagelinie für ein elektronisches Gerät dargestellt. Vor der Veränderung haben drei Mitarbeiter an einer stabförmigen Linie gearbeitet. Stellt man deren Arbeitsabläufe in drei Arbeitsverteilungsblättern dar, erkennt man, dass zahlreiche nicht wertschöpfende Tätigkeiten durchgeführt wurden, wie »Werkstück entnehmen«, »Werkstück einsetzen«, »Maschine starten«, »Werkstück in der Hand halten« et cetera.

Nach Umsetzung des Chaku-Chaku-Prinzips, das heißt nach Veränderung der Maschinen in bekannter Manier und Umstellung auf ein Layout in *U-Form*, war nur noch ein Mitarbeiter – statt drei – erforderlich. Dazu hat die technisch anspruchsvolle *Einfachautomatisierung* des Verschraubens und Lötens nicht unerheblich beigetragen. Den größeren Effekt hat aber das Eliminieren von nichtwertschöpfen-

[41] Siehe Abschnitt »Standardisierte Arbeitsabläufe einrichten«, S. 90f.

Das Wichtigste bei standardisierten Arbeitsabläufen

① Das Arbeitsverteilungsblatt (siehe Zeitdiagramme unten) sind ein unerlässliches Werkzeug für die Einführung des Chaku-Chaku-Prinzips. Die Mitarbeiterbewegungen sind im Detail zu analysieren, um den kürzestmöglichen Arbeitsablauf zu definieren.

② Die standardisierten Puffer sind unter Berücksichtigung fließender Bewegungen zu definieren und positionieren.

③ Ein Einwerf-Vorgang soll 2-3 Sek. beanspruchen. Da sich die fließenden Bewegungen beider Hände und Beine nicht detailliert auf dem Papier darstellen lassen, ist es Aufgabe der Führungskräfte, die Mitarbeiter exakt zu schulen.

Anwendungsbeispiel für das Arbeitsverteilungsblatt
Montage eines elektronisches Geräts [Taktzeit 30 Sek.]

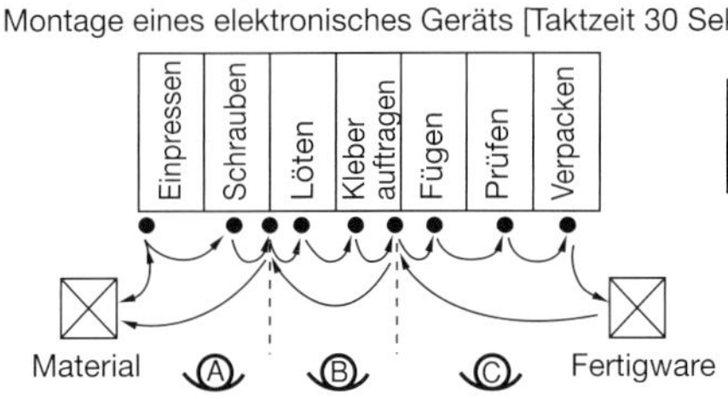

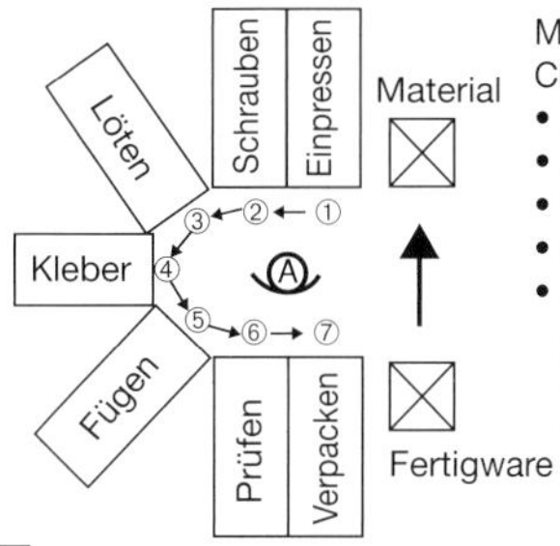

Maßnahmen für das Chaku-Chaku-Prinzip
- Layout in U-Form
- Auswerfer
- Während-Schalter
- Rutschen
- Einfachautomatisierung der 3 Stationen Schrauben", „Löten" und „Kleber auftragen"

Taktzeit: 30 Sek.

Arbeitsverteilungsblätter für die Mitarbeiter A, B und C

A

	Arbeitsablauf	man.	autom.	Gehen
①	Teile nehmen, in Presse einsetzen	3		
②	Presse starten	7	5	
③	Werkstück aus Presse entnehmen	2		2
④	zum Schrauben in Vorrichtung einlegen	2		
⑤	Schrauben	8		
⑥	aus Vorrichtung entnehmen	2		
⑦	an nächsten Prozess geben, zum Ausgangspunkt zurückgehen	1		3

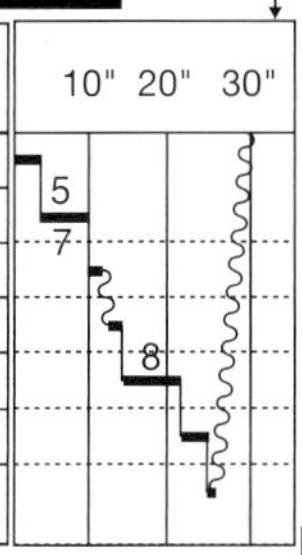

B

	Arbeitsablauf	man.	autom.	Gehen
①	Werkstück nehmen, zum Löten in Vorrichtung einlegen	3		
②	löten	8		
③	aus Vorrichtung entnehmen	2		2
④	zum Kleben in Vorrichtung einlegen	2		
⑤	Kleber auftragen	7		
⑥	entnehmen, weitergeben, zurückgehen	2		2

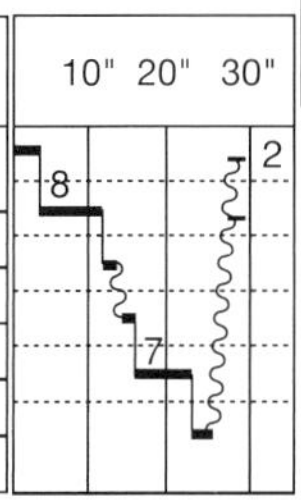

C

	Arbeitsablauf	man.	autom.	Gehen
①	Werkstück nehmen, in Fügemaschine einlegen	3		
②	Fügemaschine starten	5	4	
③	Werkstück aus Fügemaschine entnehmen	2		
④	in Prüfanlage einsetzen	2		
⑤	prüfen	6		
⑥	aus Prüfanlage entnehmen	3		
⑦	verpacken (in Karton)	5		
⑧	auf Palette ablegen, zurückgehen	6		2

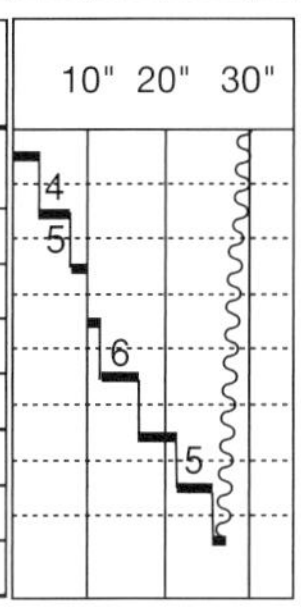

Arbeitsverteilungsblatt für einen Chaku-Chaku-Mitarbeiter

A

	Arbeitsablauf	man.	autom.	Gehen
①	Teile nehmen, in Presse „einwerfen", starten	3	5	1
②	in Schraubautomaten „einwerfen", starten	2	20	1
③	in Lötautomaten „einwerfen", starten	2	24	
④	in Klebeautomaten „einwerfen", starten	2	20	
⑤	in Fügemaschine „einwerfen", starten	2	4	1
⑥	in Prüfanlage „einwerfen"	2		1
⑦	prüfen	6		1
⑧	verpacken, auf Palette ablegen, zurückgehen	5		1
		24"		6"

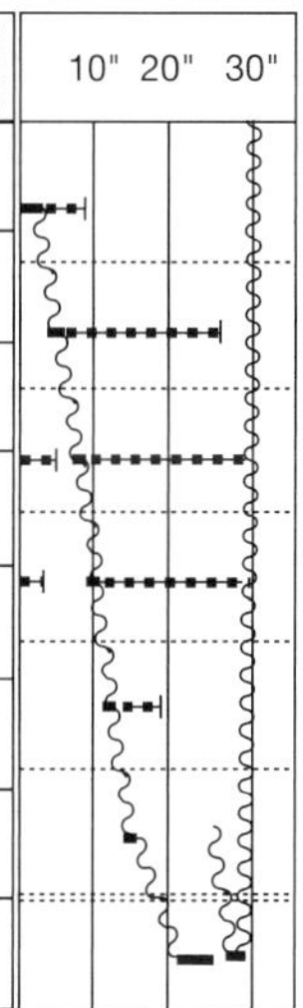

Legende
- manueller Vorgang
- automatischer Vorgang
- Gehen
- Warten

- Effekt der Einfachautomatisierung von Schrauben (8"), Löten (8") und Kleben (7"): **23 Sek.**
- Effekt von Auswerfern, Während-Schaltern und verkürzten Wegen: **35 Sek.** In Summe bringen auch „kleine" Verbesserungen eine Menge.

Abbildung 5.21: Standardisierte Arbeitsabläufe für das Chaku-Chaku-Prinzip

den Tätigkeiten gebracht. Die Voraussetzung dazu waren nur kleine Verbesserungen wie *Auswerfer* oder *Während-Schalter*. Das Geheimnis der sprunghaften Produktivitätssteigerungen durch Einführung des Chaku-Chaku-Prinzips verbirgt sich in den »kleinen« Verbesserungen.

Mechanische Fertigung (Fahrzeugteile)

Ich möchte auch das Beispiel für eine *Chaku-Chaku-Linie* in der mechanischen Fertigung anhand von *Arbeitsverteilungsblättern* erläutern.

In dem behandelten Beispiel geht es um eine Linie zur mechanischen Bearbeitung von Fahrzeugteilen. Wie in Abbildung 5.22 dargestellt, war die Linie bereits in U-Form angeordnet und die Fertigung erfolgte im *Einzelstückfluss* bei einer Taktzeit von 50 Sekunden. Die Linie besteht aus zehn Bearbeitungsautomaten. Alle Maschinen sind Universalmaschinen, die zugekauft und ohne Veränderungen aufgestellt wurden. Daher mussten die Tätigkeiten »Werkstück entnehmen«, »Werkstück einlegen« und »Maschine starten« an jedem Prozess einzeln von Hand durchgeführt werden. Um alle 50 Sekunden ein fertiges Werkstück ausstoßen zu können, waren zwei Mitarbeiter erforderlich, deren Arbeitsverteilungsblätter in Abbildung 5.22 auf der linken Seite dargestellt sind.

In der mechanischen Fertigung ist die Arbeit Maschinensache

Die Unterschiede zwischen den *standardisierten Arbeitsabläufen* in der mechanischen Fertigung und denen in der Montage sehen wie folgt aus:

In der Montage findet zum einen häufig eine manuelle Bearbeitung wie Schrauben oder Kleben statt, zum anderen müssen Bauteile gegriffen werden. Daher machen manuelle Tätigkeiten einen hohen Zeitanteil aus. Der Zeitanteil für das Gehen ist gering.

Demgegenüber ist die Bearbeitung in der mechanischen Fertigung Maschinensache. Die menschliche Arbeit besteht hauptsächlich aus Entnehmen und Einlegen der Werkstücke, dem Starten der Maschinen sowie dem Werkstücktransport von einer Maschine zur anderen. Da die Maschinen in der Regel groß sind, macht das Gehen auch einen hohen Zeitanteil aus. Man kann das in den Arbeitsverteilungsblättern auf der linken Seite der Abbildung 5.22 deutlich erkennen.

In der mechanischen Fertigung müssen bei der Einführung des *Chaku-Chaku-Prinzips* diese Besonderheiten im Fokus der Verbesserungsmaßnahmen liegen.

In unserem Beispiel wurde nach folgenden Gesichtspunkten verbessert: 1. Wie kann die Zeit für das Entnehmen und Einlegen der Werkstücke sowie für das Starten der Maschinen verkürzt werden? 2. Wie kann die Zeit für den Transport von einer Maschine zur anderen verkürzt werden? 3. Kann die Verschwendung eliminiert werden, die durch das Ablegen zwischen den Prozessen entsteht?

Konkret wurden folgende Maßnahmen umgesetzt:

① Reduzierung der Zeiten für das Entnehmen und Einlegen der Werkstücke: Es wurden an den einzelnen Maschinen *Auswerfer* installiert und dadurch die Entnahmetätigkeiten eliminiert: Es gibt nur noch Einlegetätigkeiten.
② Reduzierung der Zeiten für das Starten der Maschinen auf null: Es wurden *Während-Schalter* eingeführt, sodass praktisch keine Zeit mehr für das Starten benötigt wird.
③ Reduzierung der Zeiten für das Gehen: Durch eine gründliche Verringerung der Abstände zwischen den Maschinen und eine partielle Layout-Änderung wurden die Wege verkürzt.
④ Beseitigung der Zwischenablageflächen: Die Ablageflächen wurden durch die verkürzten Abstände zwischen den Maschinen und die Installation von Rutschen überflüssig.

Nach Abschluss der Maßnahmen konnte an der Linie mit nur einem Mitarbeiter gearbeitet werden, wie auf dem Arbeitsverteilungsblatt auf der rechten Seite der Abbildung 5.22 ersichtlich.

Effekt der Verbesserungen
Schätzt man den Effekt der einzelnen Maßnahmen ab, ergibt sich folgendes Bild:

① Auswerfer und Während-Schalter scheinen pro Maschine einen Effekt von ca. 2 Sekunden gebracht zu haben. Bei zehn Maschinen ergibt das eine Verkürzung um 20 Sekunden. Es würde keinen großen Sinn haben, genau nachzumessen. Das Wichtige ist, dass der Mitarbeiter seine Runde innerhalb der Taktzeit ohne Überanstrengung schafft.
② Den Effekt durch die Verkürzung der Wege könnte man über eine Video-Analyse recht genau bestimmen. In diesem Beispiel geht man von rechnerisch 17 Sekunden aus.
③ Den Effekt durch die Beseitigung der Zwischenablageflächen erhält man, indem man von der Gesamtzeitersparnis (42 Sekunden) die Posten ① und ② abzieht. Das Ergebnis ist 5 Sekunden. Wenn man für Ablegen und Aufnehmen jeweils 1 Sekunde veranschlagt und man berücksichtigt, dass das Werkstück viermal angefasst wird, scheint dieser Wert realistisch.

Man braucht auf solche Zahlenspiele keinen großen Wert zu legen. Folgende Richtwerte sollte man jedoch beachten: Ein Einwerfvorgang sollte nicht mehr als ca. 2 bis 3 Sekunden benötigen und der Weg von einer Maschine zur nächsten sollte in 1 bis 2 Sekunden bewältigt werden können.

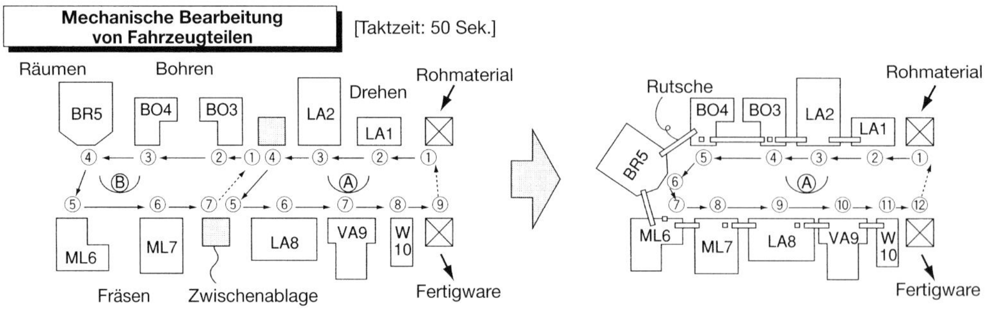

Chaku-Chaku-Maßnahmen: ① Verringerung der Distanzen zwischen den Maschinen ② Auswerfer ③ Förderrutschen zwischen den Maschinen ④ Während-Schalter ⑤ Ein-Griff-Messlehren ⑥ Beseitigung der Zwischenablageflächen

Arbeitsverteilungsblätter für zwei MA

Taktzeit: 50 Sek.

Mitarbeiter A

	Arbeitsablauf	man.	autom.	Gehen
①	Rohmaterial nehmen	2		2
②	an LA1 Werkstück entnehmen, einlegen, starten	4	40	2
③	an LA2 Werkstück entnehmen, einlegen, starten	4	35	2
④	auf Zwischenablagefläche ablegen	1		3
⑤	von Zwischenablagefläche nehmen	1		2
⑥	an LA8 Werkstück entnehmen, einlegen, starten	4	30	2
⑦	an VA9 Werkstück entnehmen, einlegen, starten	4	15	2
⑧	an W10 Werkstück entnehmen, einlegen, starten	4	30	2
⑨	Fertigware auf Palette legen	2		3
	Summe	26		30

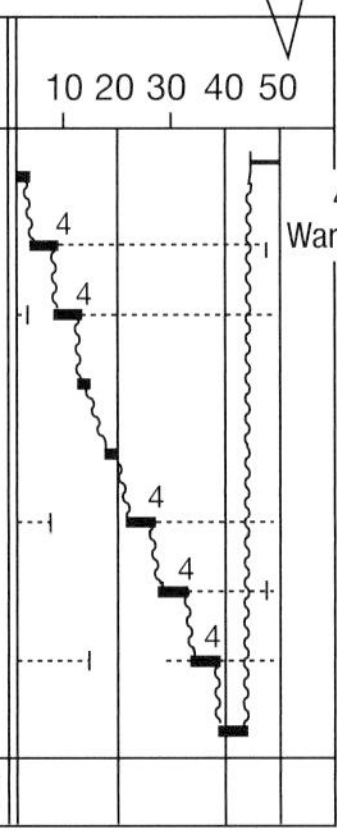

Nettosumme: 46“

Mitarbeiter B

	Arbeitsablauf	man.	autom.	Gehen
①	von Zwischenablagefläche nehmen	2		3
②	an BO3 Werkstück entnehmen, einlegen, starten	4	30	2
③	an BO4 Werkstück	4	25	2
④	an BR5 Werkstück	5	40	3
⑤	an ML6 Werkstück	5	35	3
⑥	an ML7 Werkstück	5	30	2
⑦	auf Zwischenablagefläche ablegen	2		3
	Summe	27		17

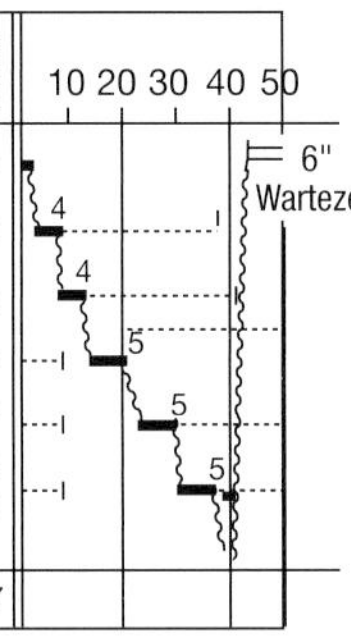

Nettosumme: 44“

Arbeitsverteilungsblatt für einen MA

Taktzeit: 50 Sek.

Mitarbeiter A

	Arbeitsablauf	man.	autom.	Gehen
①	Rohmaterial nehmen	2		2
②	an LA1 Werkstück einwerfen	2	40	1
③	an LA2 Werkstück einwerfen	2	35	1
④	an BO3 Werkstück einwerfen	2	30	2
⑤	an BO4 Werkstück einwerfen	2	25	2
⑥	an BR5 Werkstück einwerfen	4	40	2
⑦	an ML6 Werkstück einwerfen	3	35	2
⑧	an ML7 Werkstück einwerfen	3	30	2
⑨	an LA8 Werkstück einwerfen	3	30	1
⑩	an VA9 Werkstück einwerfen	2	15	1
⑪	an W10 Werkstück einwerfen	2	30	1
⑫	Fertigware auf Palette legen	2		3
	Summe	28		20

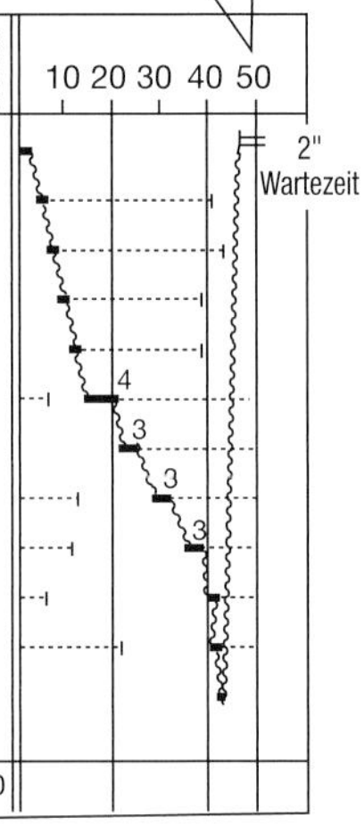

Nettosumme: 48“

Legende: ▬ manueller Vorgang; ---- automatischer Vorgang; 〰 Gehen; ⊨ Warten

Effekte des Chaku-Chaku-Prinzips:
① Auswerfer, Während-Schalter 4 Sek. → 2 Sek.
10 Maschinen x -2 Sek. = - 20 Sek.
② Verkürzung der Wege = - 17 Sek.
③ Beseitigung der Zwischenablagen = - 5 Sek.
Summe - 42 Sek.

Abbildung 5.22: Verbesserungsbeispiel

6 Synchrones Managementsystem – Schlüssel zum Erfolg

6.1 Starke Führung durch das Top-Management

Klare Visionen und Ziele vorgeben

Als Schlüssel zum Erfolg ist zuerst das Top-Management zu nennen: Zur Einführung des *synchronen Managementsystems* sind Entschlossenheit und starke Führung erforderlich.

Die Einführung des synchronen Managementsystems bedeutet eine Erneuerung der Produktion unter Umstellung des Produktionssystems. Diese Erneuerung erfolgt als Teil einer Managementreform, welche die Stärkung der Reaktionsfähigkeit auf den Kunden zum Ziel hat. Ohne eine starke Führung durch das Top-Management geht das nicht.

Darüber hinaus wirkt sich eine Änderung des Produktionssystems auch auf die anderen Funktionen des Unternehmens aus. Das Top-Management muss von sich aus klare Ideen und Visionen vorgeben, wie das zukünftig angestrebte Managementsystem – und das Produktionssystem als Teil davon – aussehen sollen. (Abbildung 6.1)

Was für eine Vision ist erforderlich?

Will man eine Vision für das Produktionssystem vorgeben, ist Folgendes zu beachten:

Erstens ist der Kausalzusammenhang zwischen Produktionssystem und Profitabilität des Unternehmens zu verdeutlichen. Abbildung 6.2 ist ein Beispiel dafür: Durch die Erlangung der ① Fähigkeit zur Fertigung *in kleinen Losen bei hoher Sortenvarianz* (synchrone Fertigungsweise) ② verkürzen sich die Durchlaufzeiten dramatisch. Das bringt ③ eine steigende Kundenzufriedenheit und damit steigende Umsätze mit sich, was wiederum ④ zu einer Gewinnsteigerung führt.

Zweitens ist deutlich zu machen, dass die Fähigkeit, in kleinen Losen bei hoher Sortenvarianz zu fertigen, als ① *organisationale Fähigkeit* zu den Quellen der Wettbewerbsfähigkeit eines Unternehmens gehört.

Drittens ist zu zeigen, dass in einem nachfragebestimmten Markt die Erhöhung der organisationalen Fähigkeit das wichtigste Mittel dafür ist, die Wettbewerbsfähigkeit des Unternehmens zu steigern. (Für einen angebotsbestimmten Markt sähe das Schema wie folgt aus: Die ① organisationale Fähigkeit würde eine untergeordnete Rolle spielen. Stattdessen würde man über bessere Ergebnisse bei den Leistungsbewertungen ② intern und ③ im Markt versuchen, gute ④ Unternehmensergebnisse in Form von Profit zu erzielen.)

Die Vision muss also folgende Aussage enthalten: In einem nachfragebestimmten Markt ist der Erwerb der organisationalen Fähigkeit, in kleinen Losen bei hoher Sortenvarianz zu fertigen, zur Sicherung der Unternehmensgewinne unerlässlich.

Was für Ziele und was für eine Strategie sind erforderlich?

Nach der Vision müssen Ziele und eine Strategie vorgegeben werden, um konkrete Maßnahmen auszulösen.

Die Erneuerung der Produktion erfolgt in der Absicht, die Reaktionsfähigkeit auf den Kunden und die Flexibilität zu erhöhen. Die Ziele für die Einführung des neuen Produktionssystems müssen anhand von Maßstäben festgelegt werden, die das zum Ausdruck bringen.

Konkret sind das die Kennzahlen Bestand und Durchlaufzeit. Der Bestand in und zwischen den Prozessen ist nicht nur ein Ersatzmerkmal für die Geschwindigkeit des Materialflusses zum Kunden beziehungsweise für die Fertigstellungszeit. Er ist auch ein Barometer für Zuverlässigkeit und Flexibilität eines jeden Prozesses. Addiert man zu den Verweilzeiten des Umlaufbestands die Zeiten für Informationsverarbeitung, Produktbearbeitung, Transport et cetera, erhält man die Durchlaufzeit. Sie ist eine wichtige Kennzahl für die Reaktionsfähigkeit auf den Kunden.

Zielvorgabe für die Erneuerungsmaßnahmen sollte sein, Bestände und Durchlaufzeit in drei Jahren auf 1/4 des Ist-Werts zu reduzieren. Liegt der Ist-Wert bei einem Monat, wäre das Ziel also eine Woche. Liegt der Ist-Wert bei einer Woche, wäre das Ziel etwas mehr als ein Tag.

Zur Erhöhung von Zuverlässigkeit und Effektivität des Produktionssystems insgesamt ist es gleichzeitig erforderlich, anspruchsvolle Ziele zur Ausschussreduzierung und Produktivitätssteigerung et cetera zu setzen. Fordernde Ziele fördern die Maßnahmen.

Nach Vorgabe der Ziele sind eine Strategie zur Zielerreichung und eine Rahmenplanung vorzugeben.

Auf strategischer Seite ist es besonders wichtig, eine Förderorganisation aus freigestellten, fest entschlossenen Mitarbeitern aufzubauen (Kernteam). In einer Doppelfunktion oder gar als Nebenbei-Geschäft wird man den mühsamen Kampf mit dem alten Produktionsparadigma nicht bestehen können.

Tatsächlich umgesetzt werden die Erneuerungsmaßnahmen von den bestehenden Bereichen. Es ist notwendig, eine Vorgehensweise zu etablieren, bei der den Bereichen klare Aufgaben innerhalb der Rahmenplanung und bei der Schaffung von Modellbereichen zukommen. Die Förderorganisation soll nur eine unterstützende Funktion haben.

Die Einführung des synchronen Managementsystems bedeutet eine Erneuerung der Produktion unter Umstellung des Produktionssystems. Für den Erfolg sind Entschlossenheit und starke Führung durch das Top-Management unerlässlich.

Abbildung 6.1

Warum ist die Führung durch das Top-Management erforderlich?

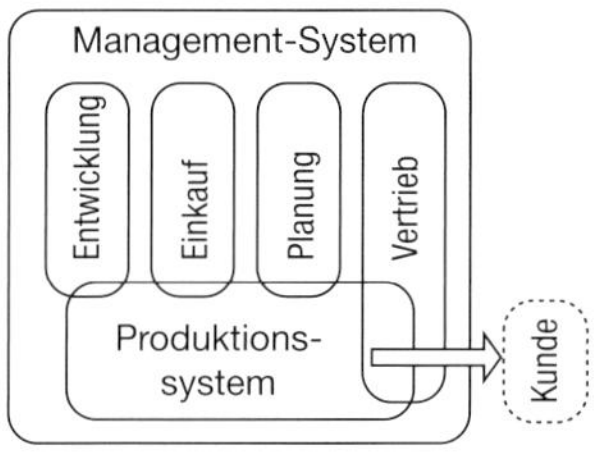

(1) Die Erneuerung der Produktion muss als Teil einer Managementreform erfolgen, welche die Stärkung der Reaktionsfähigkeit auf den Kunden zum Ziel hat.

(2) Da eine Änderung des Produktionssystems Auswirkungen auf das gesamte Managementsystem hat, sind Entscheidungen seitens des Top-Managements erforderlich.

(3) Das Top-Management muss sein neues Verständnis von Produktion und seine Wertvorstellungen kommunizieren.

Abbildung 6.2

Was für eine Vision ist erforderlich?

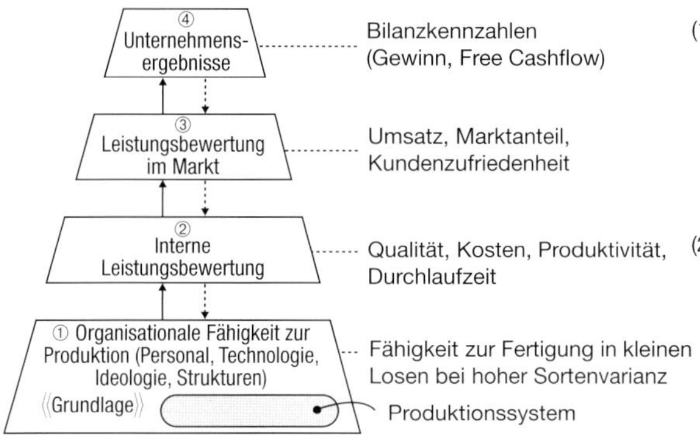

(1) In Zukunft wird ein Unternehmen seine Gewinne nicht mehr sichern können, ohne die Grundlage dafür zu schaffen: die Fähigkeit zur Fertigung in kleinen Losen bei hoher Sortenvarianz. (Bisher hat man sich diese Grundlage nicht ausreichend bewusst gemacht und nur halbherzig daran gearbeitet.)

(2) Aus diesem Schema lässt sich z. B. folgende Vision ableiten: »Mit einer flussorientierten Fertigungsweise verkürzen wir unsere Durchlaufzeiten. Durch schnelle Lieferungen erhöhen wir das Vertrauen unserer Kunden und schaffen die Voraussetzungen für den Unternehmenserfolg.«

Was für Ziele sind erforderlich?

① Als Maßstäbe für Reaktionsgeschwindigkeit auf den Kunden und Flexibilität:	a. Bestände	Ziel: $^1/_4$ des Ist-Werts (nach 3 Jahren)
	b. Durchlaufzeit:	Ziel: $^1/_4$ " "
	c. Fläche:	Ziel: $^1/_2$ " "
② Als Maßstäbe für Zuverlässigkeit und Effizienz der Produktionsprozesse:	d. Sperrungsrate:	Ziel: $^1/_{10}$ " "
	e. Produktivitätssteigerung:	Ziel: +50% " "
③ Als Kennzahlen für das Prozessmanagement:	f. durchschnittliche Dauer pro Rüstvorgang/Anzahl der Rüstvorgäng	
	g. Mehrfachqualifizierungsgrad etc.	

Was für eine Strategie ist erforderlich?

① Eine Förderorganisation aus freigestellten Mitarbeitern aufbauen. (Das umfasst auch die Ausbildung von Fachleuten für die synchrone Fertigungsweise.)
② Einen Rahmenplan erstellen und den einzelnen Bereichen klare Aufgaben zuweisen.
③ Vor Ort Modell-Linien schaffen, die zur Schulung und Aneignung von Know-how dienen.
④ Die Kennzahlen in die Jahresgeschäftspläne aufnehmen und im Tagesgeschäft der Führungskräfte verankern.
⑤ Regelmäßige Förderkonferenzen abhalten, in der Zielerreichung und Vorgehensweise abgefragt werden.

Sensibilisierung der mittleren und unteren Führungsebenen und Leistungsbewertung

Die Umstellung des Produktionssystems ist Teil der Maßnahmen zur Erneuerung der Produktion. Tatsächlich vorangetrieben wird sie von den mittleren und unteren Führungsebenen im Werk. Einer der Schlüssel zum Erfolg ist, dass die Verantwortlichen den Sinn der Maßnahmen und ihre eigene Rolle dabei begreifen und sich dann aktiv einsetzen.

Man beachte: Wenn sich das Produktionssystem ändert, verändern sich auch die Rollen der mittleren und unteren Führungsebenen. Die Verantwortlichen müssen die Arbeitsweise der Mitarbeiter in der Fertigung und gleichzeitig auch die eigene Arbeitsweise verändern. Die Verantwortlichen haben in diesem Sinn einen doppelten Wandel zu meistern. Folglich ist es erforderlich, zum Zeitpunkt der Einführung des neuen Systems bei den Verantwortlichen ein ausreichendes Verständnis dafür zu schaffen, warum und auf welche Weise sich ihre Rolle verändern wird.

Die Auslöser für den Rollenwandel ergeben sich nicht nur aus der Umstellung des Produktionssystems. Sie ergeben sich bereits im Zuge der dazu notwendigen Managementreform. Um die Reaktionsfähigkeit auf den Kunden oder die Fähigkeit zur Entwicklung kreativer Produkte zu erhöhen, werden in diesem Zusammenhang unter anderem autonome Strukturen geschaffen und es wird verstärkt auf eigenständig abeitende Mitarbeiter gesetzt.

Bei der Umstellung des Produktionssystems auf die *Fertigung in kleinen Losen bei hoher Sortenvarianz* ergeben sich weitere Auslöser für einen Rollenwandel, da nun vor Ort eine eigenständige Produktionssteuerung erfolgen muss und Verbesserungs- sowie Schulungsmaßnahmen in stärkerem Maß erforderlich werden.

Rollenwandel der mittleren Führungsebene

Unternehmen der Massenproduktion zeichnen sich durch eine große Organisationspyramide aus. Die Aufgabe der mittleren Führungsebene besteht hier darin, ihre Untergebenen dazu einzusetzen, die von der oberen Ebene vorgegebenen Ziele effizient und reibungslos zu erreichen. Man muss sich hier weniger damit beschäftigen, was zu tun ist, als damit, wie es zu tun ist. Außerdem wird ein beträchtlicher Teil der Arbeitszeit für die Kontrolle der Arbeit der Untergebenen aufgewendet. Nur wenige Ressourcen können nach eigenem Ermessen eingesetzt werden, sodass Rationalisierungs- und Verbesserungsmaßnahmen nur in einem begrenzten Rahmen durchgeführt werden.

In einem Produktionssystem zur *Fertigung in kleinen Losen bei hoher Sortenvarianz* sieht es anders aus: Hier sind die Produktionslinien bis zur unteren Führungsebene für das tägliche Produktionsgeschäft verantwortlich. Die mittlere Führungsebene beschäftigt sich hauptsächlich damit, wie man auf das sich wandelnde externe Unternehmensumfeld reagieren muss. Es setzt den Wandel des Umfelds mit Funktion und Bestimmung der eigenen Abteilung in Verbindung und leitet daraus ab, was für die Zukunft zu tun ist. Dies ist der wichtigste Aspekt des Rollenwandels.

Wandel macht ein entschlossenes Handeln erforderlich. Ohne sich an Beispiele aus der Vergangenheit zu klammern, müssen neue Arbeitsabläufe geschaffen und das Personal entsprechend dafür ausgebildet werden. Das mittlere Management muss zum Anführer der Reformen werden.

Rollenwandel der unteren Führungsebene

Bei der Massenproduktion ist die Aufgabenverteilung zwischen mittlerer und unterer Führungsebene nicht immer klar. Auch für die untere Führungsebene ist es eine wichtige Aufgabe, für einen reibungslosen Ablauf des täglichen Produktionsgeschäfts zu sorgen. Darüber hinaus werden die Maßnahmen zur Erreichung der von der oberen Führungsebene vorgegebenen Ziele oder zur Rationalisierung im Verbund mit den oberen Ebenen durchgeführt. Mit anderen Worten: Abgesehen von Unterschieden in Größe und Umfang erfüllen mittlere und untere Ebene qualitativ die gleichen Aufgaben. In Zeiten des steten Wachstums, in denen der Wandel des Umfelds allein in Mengenzuwächsen bestand, war diese Art der Aufgabenverteilung ausreichend.

In einem Produktionssystem zur Fertigung in kleinen Losen bei hoher Sortenvarianz trägt die untere Führungsebene die Verantwortung für die reibungslose Abwicklung des täglichen Produktionsgeschäfts. Dafür ist selbstverständlich Voraussetzung, dass ein Produktionsablauf geschaffen wurde, der dies ermöglicht (*standardisierte Arbeitsabläufe*, *Kanban-System*, *visuelles Management* et cetera), und dass Rollen und Zuständigkeiten klar definiert sind.

Genau wie in der mittleren Führungsebene müssen die Verantwortlichen anhand der vorgegebenen Unternehmenspolitik ein Idealbild für den eigenen Bereich entwickeln. Dann ist ein Verbesserungsplan zur Erreichung dieses Idealbilds aufzustellen, der als Teil des Tagesgeschäfts abgearbeitet wird.

Eine wichtige Bedingung für den reibungslosen Wandel von Rollenverständnis und täglichem Handeln eines jeden Verantwortlichen im mittleren und unteren Management ist die Schaffung neuer Regeln zur Leistungsbewertung.

6.2 Förderorganisation und Maßnahmenanregung

Rolle des Kernteams und Aufbau von Förderstrukturen

Die Einführung des synchronen Managementsystems bedeutet eine grundlegende Reform des bestehenden Produktionssystems – mit anderen Worten: eine Erneuerung des Werks.

Für eine grundlegende Erneuerung ist es unerlässlich, Förderstrukturen aufzubauen. Man braucht Menschen, die über die Gestaltungskraft verfügen, die Absichten des Top-Managements in die Tat umzusetzen.

Die Rollen von mittlerer und unterer Führungsebene verändern sich

Die Erneuerung der Produktion wird von den mittleren und unteren Führungsebenen in die Praxis umgesetzt.
Die Sensibilisierung der Verantwortlichen für ihre neue Rolle und Arbeitsweise stellt einen Schlüssel zum Erfolg dar.

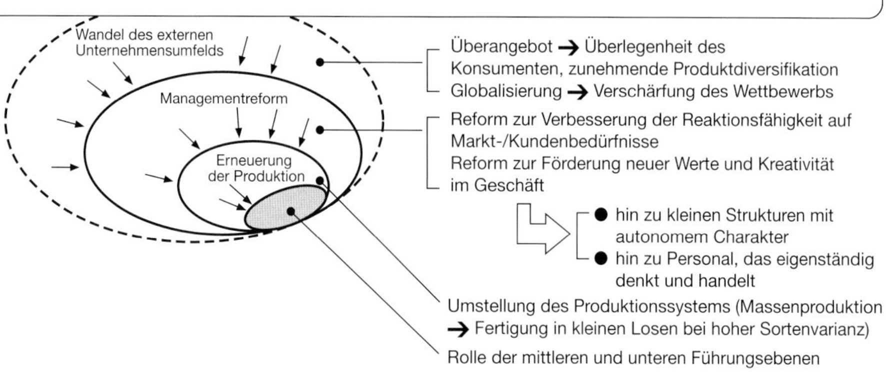

Produktion (Werk): Rollenwandel für mittlere und untere Führungsebene

	Zeiten der Massenproduktion	Zeiten der Fertigung in kleinen Losen bei hoher Sortenvarianz
Werksfunktion	① Wichtig ist, die tägliche Stückzahl zu erreichen. ② Effizienz wird durch hohe Kapazitätsauslastung angestrebt. ③ Anstehende Aufgaben werden im Verbund mit den unteren Ebenen angegangen.	① Gesteigerte Autonomie der Produktionslinien; man produziert nur das, was tatsächlich abgesetzt werden kann. ② Große Anstrengungen zur Sicherung der Zukunft; z.B. Entwicklung neuer Produkte ③ Ausbildung des Personals in der Fähigkeit, sich zu wandeln und tägliche Verbesserungen vorzunehmen
Mittlere Führungsebene	① Kontrollen zur Sicherung der reibungslosen Abwicklung des täglichen Produktionsgeschäfts ② Die von der oberen Ebene vorgegebenen Aufgaben und Ziele auf die eigene Abteilung abbilden, Maßnahmen planen und durchführen ③ Tägliche Managementaufgaben erledigen ④ Rationalisierungsmaßnahmen nach Firmenpolitik vorantreiben	① Das tägliche Produktionsgeschäft obliegt den Produktionslinien bis zur unteren Führungsebene; Eingriffe erfolgen nur bei großen Problemen. ② Ein Idealbild für die eigene Abteilung vorschlagen, Ziele definieren und sich den eigenen Herausforderungen stellen ③ Gewicht legen auf die Kooperation mit anderen Abteilungen und Tätigkeiten, die in die Zukunft weisen; Bsp.: Entwicklung neuer Produkte ④ Personalschulungen individuell und geplant durchführen
Untere Führungsebene	① Die tägliche Produktionsmenge sichern ② Mitarbeiter anweisen und bei Problemen eingreifen ③ Tägliche Aufgaben des Linienmanagements erledigen ④ Vorgegebene Verbesserungsthemen abarbeiten	① Kontrollen zur Sicherung der reibungslosen Abwicklung des täglichen Produktionsgeschäfts ② Gemäß der Firmenpolitik die Aufgaben für den eigenen Bereich definieren, Maßnahmen planen und vorantreiben ③ Standardisierte Arbeitsabläufe gründlich umsetzen und gewissenhaft Schulungen zur Mehrfachqualifizierung durchführen ④ Als Teil des Tagesgeschäfts Verbesserungsmaßnahmen mit hochgesteckten Zielen durchführen

Neue Leistungsbewertung → In der Leistungsbewertung finden die Wertvorstellungen des aktuellen Management- bzw. Produktionssystems Ausdruck. Ändert man die Bewertung nicht, ändern sich die Menschen auch nicht.

Beispiel:

① Fertigung: Die Reaktionsfähigkeit auf den Kunden kann man an den Beständen und Durchlaufzeiten ablesen.

② Verbesserungsmaßnahmen: Passen die Vorschläge in das Konzept des neuen Produktionssystems? Sind sie auch herausfordernd?

③ Mitarbeiterschulungen: Werden geeignete Methoden zur Erfassung der Mitarbeiterqualifikation, zur Planung sowie zur Durchführung der Schulungen eingesetzt?

Abbildung 6.3: Rollenwandel in mittlerer und unterer Führungsebene

Dazu sucht man sich im Werk Menschen, die bereit sind, zäh für den Wandel zu ringen, ohne sich vom alten Paradigma vereinnahmen zu lassen. Dieses Personal wird freigestellt und bildet das Kernteam zur Förderung der Reform.

Das Kernteam beginnt nach den Anweisungen des Top-Managements mit den Vorbereitungen zur Einführung des synchronen Managementsystems. Es bemüht sich aus eigener Kraft darum, das neue Produktionssystem zu verstehen und die Fähigkeit zu erlangen, es umzusetzen. Gleichzeitig baut es Förderstrukturen auf. Wenn diese Strukturen einen gewissen Stand erreicht haben, wird eine offizielle Förderorganisation eingerichtet.

Im gesamten Werk werden Verbesserungsmaßnahmen aufgenommen. Das Kernteam steht dabei als Förderbüro im Mittelpunkt. Seine Mitglieder müssen sich ständig selbst weiterbilden und als Spezialisten jedem anderen Mitarbeiter gegenüber stets zwei bis drei Schritte voraus sein.

Das Kernteam hat vier Hauptaufgaben, die sich wie folgt gestalten (Abbildung 6.4):

① Planung: Vorgehensweise für das gesamte Werk aufzeigen
- Drei-Jahres-Maßnahmen-Rahmenplan erstellen
- Maßnahmenplanung für die Modelllinien erstellen
- Schulungsplanung für das Personal erstellen

② Schulung: die neuen Gedanken und Methoden vermitteln
- Erstellung eines Handbuchs der synchronen Produktion
- Schulungen in synchroner Produktion auf firmenweitem Niveau
- Kaizen-Training an Modelllinien und in *autonomen Workshops*

③ Förderung: die einzelnen Bereiche zur Umsetzung von Maßnahmen veranlassen
- Unterstützung der einzelnen Bereiche bei der Erstellung ihrer Pläne
- Durchführung von Förderkonferenzen (regelmäßig eimal pro Monat)
- Organisation von Audits durch das Top-Management und Präsentationen von Verbesserungsbeispielen

④ Bewertung: den Fortschrittsgrad anhand der Kennzahlen bewerten
- Übergreifende sowie abteilungsbezogene Kennzahlenverfolgung
- Bewertung der Maßnahmen anhand von Aktivitätentafeln
- Bewertung des Schulungsstands

Neben diese wichtigen Aufgaben hat das Kernteam eine weitere Bestimmung, die sich weniger leicht formal darstellen lässt: ⑤ Die Belebung der Fördermaßnahmen.

Belebung der Fördermaßnahmen

»Belebung« bedeutet, dass die Teilnehmer Spaß an den Verbesserungsmaßnahmen finden und dass sich immer mehr Mitarbeiter eifrig an das Verbessern machen. Außerdem sollen Mitarbeiter für erfolgreiche Verbesserungen gewürdigt werden. Es soll sich die Überzeugung durchsetzen, dass das synchrone Managementsystem eine gute Sache ist.

Das Kernteam muss sich zur Belebung zahlreiche Kniffe dafür ausdenken, wie die Mitarbeiter noch besser erreicht werden können. Dabei ist die heikle menschliche Natur ausreichend zu berücksichtigen.

Förderorganisation

Die Förderorganisation fällt je nach Größe eines Unternehmens oder Werks leicht unterschiedlich aus. Abbildung 6.5 stellt ein Beispiel dar. Grundsätzlich übernimmt der Direktor (oder Werksleiter) die Gesamtverantwortung, während ein Geschäftsbereichsleiter (oder Fertigungsleiter) für die Umsetzung verantwortlich ist. Dazwischen ist das Förderbüro (Kernteam) angesiedelt, das direkt an den Direktor berichtet. Es führt, unterstützt und bewertet die ausführenden Organe. Auch in den einzelnen Geschäftsbereichen und Produktionsabteilungen werden interne Förderbüros installiert, in denen freigestellte Mitarbeiter die Arbeit des übergeordneten Förderbüros im Kleinen abbilden. Die Mitglieder der Förderorganisation nehmen einmal im Monat an der regelmäßigen Förderkonferenz teil, berichten den Stand ihrer Maßnahmen und diskutieren die zukünftige Vorgehensweise.

Der Förderkonferenz sind Ausschüsse zugeordnet, die firmenübergreifende Themen untersuchen. Sie werden bei Erforderlichkeit eingerichtet. Es kann beispielsweise Ausschüsse für Kostenmanagement, Qualitätssicherung oder Logistik geben.

Erstellung des Rahmenplans

Die Einführung des *synchronen Managementsystems* nimmt einen Zeitraum von mindestens drei Jahren in Anspruch. Ein ganzes Werk kann unmöglich schlagartig – quasi auf Zuruf – vom althergebrachten auf eine synchrone Fertigungsweise umgestellt werden. Erst muss sich die Art und Weise ändern, wie in einer Linie gefertigt wird. Dadurch beginnt sich die Denkweise in den Köpfen der Menschen zu ändern, die diese Arbeit ausführen. Dadurch ändert sich die Arbeitsweise im Werk. Dazu braucht es eine gewisse Zeit. Den Sinn dieser Zeit zu verstehen bedeutet, das Wesen der synchronen Fertigungsweise zu verstehen.

Was ist ein Rahmenplan?

Will man ein ganzes Werk in drei Jahren in einen bestimmten Idealzustand überführen, muss man allen Mitarbeitern die wichtigsten Informationen dazu in leicht verständlicher Form an die Hand geben. Das ist die Funktion des Rahmenplans (Abbildung 6.6). Ein Rahmenplan muss folgende Hauptpunkte umfassen:

① Vision (angestrebter Zustand in drei Jahren)
② Rahmenstruktur und Methoden des synchronen Managementsystems
③ Schwerpunktmaßnahmen in den einzelnen Phasen des Drei-Jahres-Zeitraums
④ Einteilung der Maßnahmen und Angabe der Maßnahmeninhalte
⑤ Umsetzungszeiträume der einzelnen Maßnahmeninhalte

Abbildung 6.4: Die Aufgaben des Kernteams

Aufgabe	Zweck	Umzusetzende Inhalte
① Planung	Vorgehensweise und Ausrichtung der Maßnahmen für das gesamte Werk aufzeigen	– Drei-Jahres-Maßnahmen-Rahmenplan erstellen – Maßnahmenplan für die Modelllinien erstellen – Schulungsplan für die zukünftigen Träger der synchronen Produktion
② Schulung	Die neuen Konzepte und Methoden durch praktische Vorführung vermitteln	– Erstellung eines Handbuchs der synchronen Produktion (inhaltlich auf das eigene Unternehmen abgestimmt) – Planung/Durchführung von Schulungen auf firmenweitem Niveau – Praktisches Training im Verbessern an den Modellbereichen bzw. an den Linien, die Gegenstand *autonomer Workshops* sind
③ Förderung	Die Umsetzung in den einzelnen Abteilungen fördern und unterstützen	– Unterstützung der einzelnen Bereiche bei der Erstellung ihrer Pläne; Verfolgung der Maßnahmen – Durchführung von Förderkonferenzen (regelmäßig einmal pro Monat) – Organisation von Audits durch das Top-Management und Präsentationen von Verbesserungsbeispielen
④ Bewertung	Den Fortschrittsgrad anhand der einzelnen Kennzahlen bewerten	– Übergreifende sowie abteilungsbezogene Kennzahlenverfolgung – Bewertung der Maßnahmen anhand von Aktivitätentafeln – Bewertung des Schulungsstands
⑤ Maßnahmen-belebung	Anzahl der Unterstützer vergrößern, die Freude am Handeln steigern	– Vermittlung zwischen Linienmitarbeitern und Top-Management; Talente entdecken; Bewertung – Die Lust an der Sache mit vielerlei Veranstaltungen und anderen Kniffen fördern – Auf externe Beratung zurückgreifen

Abbildung 6.5: Beispiel für eine Förderorganisation

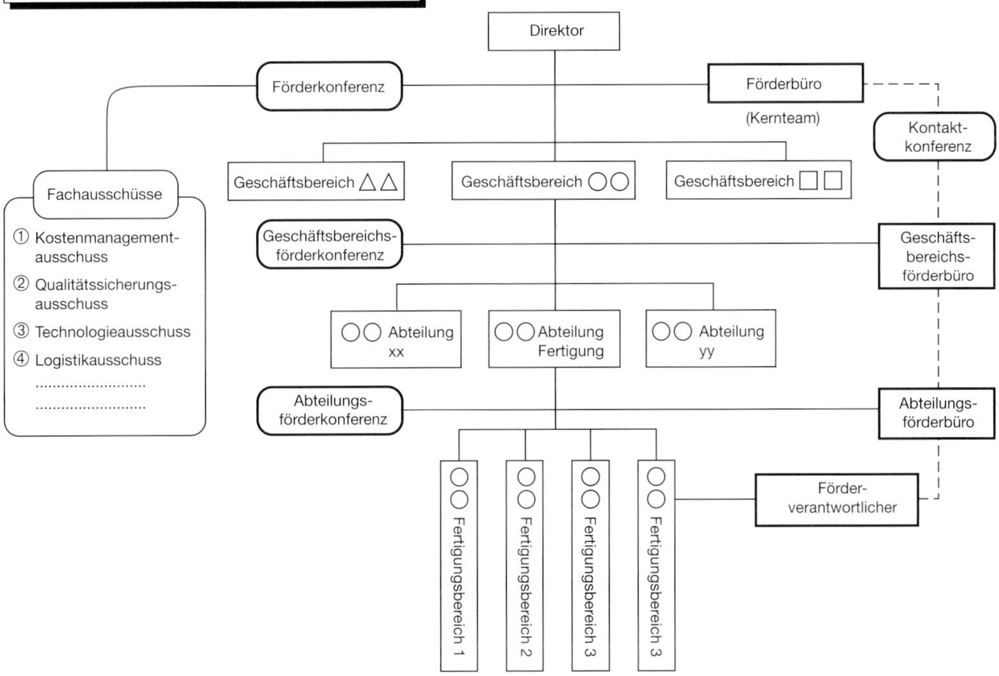

⑥ Erfolgsziele (Bestandsreduzierung, Verkürzung der Durchlaufzeit, Verbesserung der Qualität, Steigerung der Produktivität et cetera)
⑦ Zuständigkeiten für die Umsetzung der Maßnahmen et cetera

Der Rahmenplan wird vom Förderbüro erstellt. Seine Umsetzung erfordert aber viele Methoden, die es nur in der synchronen Fertigungsweise gibt. Daher muss das Förderbüro im Vorfeld ausreichend untersuchen, wie diese Methoden aussehen, und ein gutes Verständnis dafür entwickeln.

Was ist bei der Erstellung des Rahmenplans zu beachten?
Zunächst sollte man bei der Einteilung der Maßnahmen darauf achten, anstatt ergebnisorientierter Bezeichnungen (»Bestände«, »Qualität«, »Produktivität«) maßnahmenorientierte Bezeichnungen (»Grundlagen schaffen«, »starke Produktionsprozesse schaffen«) zu verwenden. Es sollten vier bis sieben Kategorien unterschieden werden. Das Beispiel in der Abbildung 6.6 verwendet fünf Kategorien, die mit der Rahmenstruktur des synchronen Fertigungskonzepts wie folgt korrespondieren:

In der Rahmenstruktur stellen die Maßnahmen zur »gründlichen Beseitigung von Verschwendung« das zentrale Element dar. Daraus resultieren »hohe Qualität / geringe Kosten / hohe Flexibilität«, die wiederum zu »Gewinn / Cashflow« führen. Die Maßnahmen zur Beseitigung von Verschwendung setzen ihrerseits auf die beiden Säulen *»Just in Time«* und *»Autonomatisierung«* auf, die wiederum eine *»nivellierte/geglättete Produktion«* voraussetzen.[42]

Der Rahmenplan ist entsprechend aufgebaut: Wichtigstes Element sind die Maßnahmen zur Etablierung eines »Systems zur kontinuierlichen Beseitigung von Verschwendung«. Diese sind in Kategorie vier zusammengefasst. Diese Maßnahmen erfordern die Vorarbeit der Säulen »Just-in-Time-System aufbauen« (Kategorie drei) und »Starke Prozesse schaffen« (Kategorie zwei). Mit den Maßnahmen der Kategorie eins wird das Fundament dazu geschaffen.

Kategorie fünf »Produktionsvorbereitung nach dem SMS-Konzept« ist nur ein Beispiel dafür, in welche Richtung die Maßnahmen weiter ausgedehnt werden können. Weitere mögliche Gegenstände einer Ausdehnung wären: fremdvergebene Fertigung, Logistik, Vertrieb, eigene Werke im Ausland et cetera. Wofür man sich entscheidet, hängt von den jeweiligen Bedürfnissen des Werks ab.

Setzt man Rahmenstruktur und Rahmenplan wie hier gezeigt miteinander in Bezug, wird es leicht, die umzusetzenden Maßnahmeninhalte zu formulieren.

Die Maßnahmeninhalte bilden die konkrete Umsetzung der Konzepte des synchronen Managementsystems ab. Durch die Erfahrungen in den Modellbereichen können diese Inhalte immer weiter fixiert werden. Sie sollten gleichmäßig auf die verschiedenen Kategorien verteilt werden. Es sollten überall einheitliche Bezeichnungen verwendet werden.

---

[42] Siehe auch System-Darstellung S. 41.

Die größten Unterschiede zwischen verschiedenen Unternehmen oder Werken finden sich bei der Festlegung der Inhalte für Kategorie eins »Grundlagen schaffen«. Jedes Unternehmen muss seine momentanen Voraussetzungen objektiv danach bewerten, inwieweit *5 S* und Standardisierung realisiert sind, wie weit die Fertigungsorganisation aufgebaut ist, wie es um die Verbesserungskompetenz steht et cetera. Für diejenigen Voraussetzungen, die man als ausbaubedürftig einstuft, legt man Maßnahmen fest, um das allgemeines Verständnis dafür zu verbessern.

Darüber hinaus muss jedes Unternehmen und jedes Werk für Förderorganisation, Maßnahmenanregung sowie Personalschulung Methoden und Bezeichnungen finden, die zur eigenen Firmenkultur passen.

Das Instrument »autonomer Workshop«

Bei der Einführung des *synchronen Managementsystems* sind *autonome Workshops* als konkrete Maßnahme zur Umsetzung der neuen Fertigungsweise vor Ort äußerst effektiv.

Es wäre falsch, den Begriff »autonomer Workshop« so zu interpretieren, dass die Teilnehmer sich aus eigenem Antrieb in einen Besprechungsraum zurückziehen, um dort an einer Schulung teilzunehmen oder frei zu diskutieren. In Wahrheit sind diese Workshops alles andere als bequem – sie sind recht fordernd:

Die Teilnehmer werden von ihren Vorgesetzten oder dem Förderbüro benannt und verbringen den Großteil der Zeit mit praktischer Arbeit vor Ort. Um die gesetzten Ziele zu erreichen, muss das Team in der zur Verfügung stehenden Zeit mehrmals den Zyklus »Ist-Zustand erfassen« → »Maßnahmen erarbeiten«→ »umsetzen« → »verifizieren« durchlaufen. Handlungsgrundlage bilden Mottos wie »Handle sofort!«, »Immer erst probieren« oder »Im Laufen denken«.

Der Zweck autonomer Workshops ist zum einen, Mitarbeiter auszubilden, die das synchrone Managementsystem in Konzeption sowie Vorgehensweise verstehen und in die Praxis umsetzen können. Zum anderen sollen durch die Umsetzung der neuen Art des Produzierens vor Ort körperlich erfahrbare Verbesserungserfolge erzielt werden.

Konkrete Durchführung autonomer Workshops

Bei einem autonomen Workshop bearbeitet ein kleines Team innerhalb von zwei bis drei Tagen ein vorgegebenes Thema (Aufgabe). Die Teilnehmer werden während des Workshops von ihrem Tagesgeschäft freigestellt und setzen vor Ort auf Grundlage des synchronen Fertigungsgedankens konzentrierte Verbesserungen in die Praxis um.

Ein Team besteht aus etwa sechs bis sieben Teilnehmern. Es gibt zwei bis drei Unterteams gleichzeitig, die parallel arbeiten und in Bezug auf Ideen und Handlungsfähigkeit miteinander wetteifern. Die Teilnehmer werden in Abhängigkeit vom Thema in effektiver Weise zusammengestellt. Sie kommen aus verschiedenen

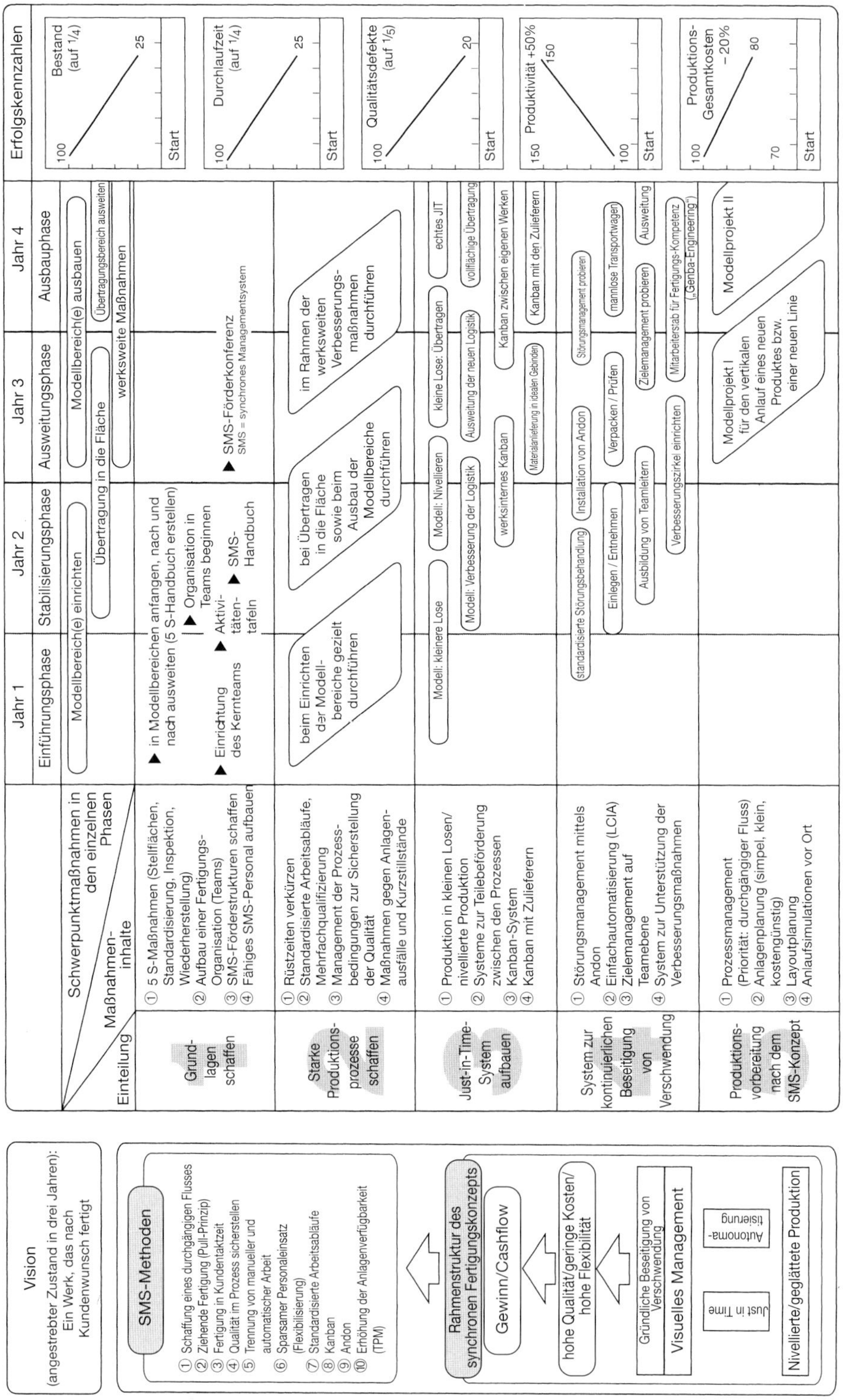

Abbildung 6.6: Beispiel für einen Rahmenplan zur Einführung des synchronen Managementsystems

Bereichen und haben unterschiedliche Qualifikationen. Es werden ein Teamleiter und ein stellvertretender Teamleiter bestimmt. Eine dieser beiden Funktionen wird von dem für die ausgewählte Linie zuständigen Mitarbeiter übernommen.

Als Thema wird eines der vorhandenen Probleme an der ausgewählten Linie ausgesucht. Dabei kann es sich um Probleme bei der Einführung des synchronen Managementsystems oder Hindernisse bei der Zielerreichung handeln. Umfang der Maßnahmen sowie die Zielsetzung werden im Vorfeld mit dem Förderbüro abgestimmt und im Workshop-Protokoll zusammengefasst (siehe Abbildung 6.8).

Typische Themen wären: »Bestandsreduzierung um 50 %«, »Produktivitätssteigerung um 30 %«, »Reduzierung der Sperrungsrate um 50 %« et cetera. Darüber hinaus sind auch strukturelle Verbesserungsthemen wie »Einführung eines *geglätteten* Produktionsplans« oder »Einführung eines *Linienversorgers*« anzuführen.

Der Ablaufplan des eigentlichen Workshops besteht aus der Vorstellung des Themas zu Beginn, den Zwischenberichten am Ende eines Tages sowie der Ergebnispräsentation am Ende des letzten Workshop-Tages, an der die Werksleitung und weitere beteiligte Führungskräfte teilnehmen. Die übrige Zeit wird für das Verbessern vor Ort verwandt.

Bei der praktischen Arbeit vor Ort ist das Wichtigste, dass sofort gehandelt wird. Sobald eine gute Idee auftaucht, die irgendwie machbar erscheint, baut man aus Papier, Styropor, Holz oder ähnlichen leicht zu bearbeitenden Materialien ein Modell zur Simulation, um sich eine bessere Vorstellung machen zu können. Wenn es um die Verbesserung einer Anlage geht, werden die Teilnehmer zu Puppenspielern und spielen die Bewegungen der Maschine nach.

Damit das Team in der begrenzten Zeit Erfolge erzielen kann, müssen darüber hinaus Strukturen zur Unterstützung der Maßnahmen bereitgestellt werden, beispielsweise: Schlosser für den Anlagenumbau, Verbesserungsspezialisten zur Anfertigung von Teileregalen oder Transportwagen, Mitarbeiter der Qualitätssicherung zur Kontrolle nach einer Verbesserung et cetera.

Häufig hat man nach einem zwei- bis dreitägigen Workshop zwar eine Vorstellung davon, wie das Ziel erreicht werden kann, es sind aber zahlreiche Maßnahmen offengeblieben, die nicht umgesetzt werden konnten. Für diese Maßnahmen werden Zuständigkeiten und Termine definiert und sie werden in Maßnahmeblätter aufgenommen (auch »Kaizen-Zeitung« genannt). Die Maßnahmen sind dann im Rahmen des Tagesgeschäfts von den Zuständigen weiter zu verfolgen. Selbstverständlich übernimmt auch das Team einen Teil, kommt nach einigen Tagen erneut zusammen und schließt die Maßnahmen ab.

Ein weiterer Zweck der autonomen Workshops ist die Schaffung menschlicher Netzwerke durch die hier beschriebenen Verbesserungsaktivitäten.

Abbildung 6.7: Wichtig bei der Durchführung autonomer Workshops

Zweck	Kombination von Schulungseffekt und Effekten durch umgesetzte Verbesserung
Form	Ein kleines Team unternimmt innerhalb von zwei bis drei Tagen konzentriere Verbesserungsmaßnahmen nach einer vorgegebenen Themenstellung.
Teamstruktur	① Ein Team besteht aus etwa sechs bis sieben Teilnehmern. Es arbeiten ca. zwei bis drei Teams gleichzeitig, die in Bezug auf Ideen und Handlungsfähigkeit miteinander wetteifern. ② Der Verantwortliche für den Bereich, der Gegenstand des Themas ist, übernimmt eine Leiterfunktion. Die Teilnehmer werden in effektiver Weise zusammengestellt. Sie kommen aus verschiedenen Bereichen und haben unterschiedliche Qualifikationshintergründe.
Thema	Als Thema wird eines der vorhandenen Probleme an der ausgewählten Linie ausgesucht. Dabei kann es sich um Probleme bei der Einführung des synchronen Managementsystems oder um Engpässe bei der Zielerreichung handeln.
Durchführung	① Die Teams setzen so viele Verbesserungsvorschläge um wie nur möglich. Für zeitaufwendige Maßnahmen wird über provisorische Maßnahmen oder Puppenspiel-Simulationen ein Ausblick gegeben. Man mache sich zur Angewohnheit, sofort zu handeln. ② Es sind Strukturen zu schaffen, welche die Maßnahmen des Teams unterstützen (Schlosser, Verbesserungsspezialisten). ③ Was in den drei Tagen nicht abgearbeitet werden konnte, wird mit Zuständigkeit und Termin in die Kaizen-Zeitung aufgenommen und im Rahmen des Tagesgeschäfts weiterverfolgt. ④ Am Ende des dritten Tages wird der Werksleitung und anderen beteiligten Führungskräften der Verlauf der Aktivitäten berichtet.

Abbildung 6.8: Workshop-Protokoll

Nr.		**Workshop-Protokoll**	gezeichnet: ______ Datum: ______
Dauer			

1	Linie:	
2	Thema	
3	Layout	siehe Anlage (Darstellung von Personalverteilung, Bewegungen, Material- und Informationsfluss)
4	Geplante Stückzahl	
	1. Stückzahl-Aufschlüsselung	
	2. Anzahl Arbeitstage	
	3. Stückzahl pro Tag	
	4. Kundentaktzeit	
	5. Aktuelle Zykluszeit	
	6. Geplante Überstunden	
5	Gesamtpersonen und Aufschlüsselung	
6	Verlauf der Verbesserung	
7	Zweck der Verbesserung	
8	Ziele der Verbesserung	
9	Gesichtspunkte bei der Verbesserung	
10	Begleitunterlagen	○ Kennzahlen ○ Austaktungsübersicht ○ Arbeitsverteilungsblatt

Teilnehmer		
	Bereich	Name
Leiter		
Stellv.		

Glossar

Dies ist eine Sammlung von Fachbegriffen, die im synchronen Produktions- und Managementsystem Verwendung finden. Zusätzlich zum Vokabular der synchronen Produktion habe ich relevante Fachbegriffe und Übersetzungsalternativen aus anderen Quellen aufgenommen, um Quereinsteigern eine Orientierungshilfe zu geben. Die Zahlen in Klammern sind Seitenangaben. Auf erklärende Textpassagen wird mit Zahlen in Fettdruck, auf bloße Erwähnungen mit Zahlen in Normalschrift verwiesen. *Fragen und Anregungen bitte an: info@carstenklages.de*

3 M (65, 154) Sammelbezeichnung für die Problemarten → Muda (Verschwendung), → *Mura* (nichtzyklische Tätigkeit) und → *Muri* (unergonomische Tätigkeit). Überall dort, wo eines dieser Probleme identifiziert werden kann, besteht Verbesserungsbedarf.

3 Mu (65, 154) Andere Bezeichnung für → *3 M.*

5 A Andere Übersetzung für 5 S. Siehe → *6 S.*

5 S (83) Die ersten 5 Schritte der → *6 S.*

6 S (83) Systematische Vorgehensweise in 6 Schritten zur Schaffung eines nachhaltig werkerfreundlichen, ordentlichen und sauberen Arbeitsplatzes, an dem zuverlässig in → *standardisierten Arbeitsabläufen* gearbeitet werden kann. Die 6 S umfassen Mitarbeiter, Maschine und Material. Ziel ist, die Arbeitssicherheit zu erhöhen und → *Verschwendung zu eliminieren.*

Inhalt der *6 S*:

1. *Sortiere aus!* Alles aussortieren, was für die Arbeit vor Ort nicht benötigt wird. (Jap.: *Seiri*)
2. *Stelle ordentlich hin!* Das vor Ort verbliebene tatsächlich Benötigte so auf definierte und gekennzeichnete Plätze stellen, dass man optimal Zugriff darauf hat. (Jap.: *Seiton*)
3. *Säubere!* Grundreinigung des Arbeitsplatzes. (Jap.: *Seiso*)
4. *Sauberkeit bewahren!* Damit Ordnung und Sauberkeit nicht wieder verfallen, muss der in den ersten drei Schritten erreichte Zustand aufrechterhalten werden – z. B. durch regelmäßige Reinigung und dadurch, dass der Arbeitsplatz nicht wieder mit Unnötigem »zugemüllt« wird. (Jap.: *Seiketsu*)
5. *Selbstdisziplin üben!* Ordnung und Sauberkeit aufrechtzuerhalten erfordert ferner die Disziplin, Arbeitsstandards wirklich einzuhalten. Wenn zum Beispiel eine Stellfäche für eine Leimspritze definiert wurde, muss die Spritze immer wieder auf genau diese Stellfäche zurückgestellt werden. Besonders am Anfang müssen die Führungskräfte die dazu nötige Disziplin wiederholt einfordern. (Jap.: *Shitsuke*)
6. *Sich daran gewöhnen!* Durch wachsende Disziplin geht das Halten von Ordnung und Sauberkeit schließlich jedem Mitarbeiter in Fleisch und Blut über. Ab diesem Punkt sind Ordnung und Sauberkeit nachhaltig gewährleistet. (Jap.: *Shukan*)

AB-Steuerung (111, 153, 169) Steuerungsmechanismus für eine Transportvorrichtung, der auf der Abfrage des Vorhandenseins von Material an zwei Orten beruht (Punkt A und

Punkt B). Damit soll sichergestellt werden, dass der Bestand in einem → *standardisierten Puffer* stets konstant bleibt.

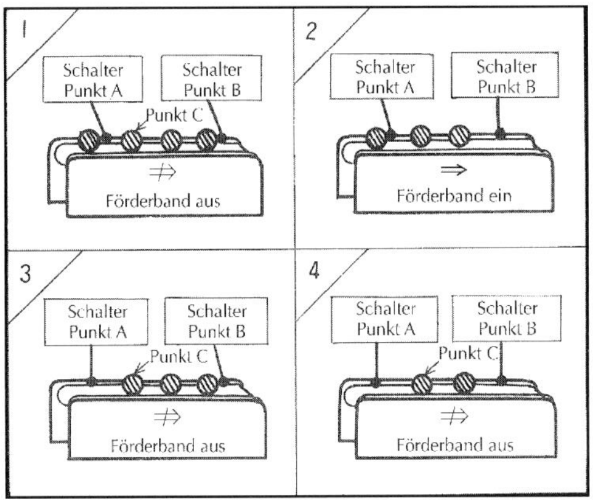

Abarbeitungstabelle (75, 76) Instrument der Produktionssteuerung bei der → *ziehenden Fertigung.* Einzige Form der Fertigungsanweisung, die die Produktionssteuerungsabteilung an die Produktion gibt. Sie wird auf Grundlage einer Sequenzplanung erstellt und bezieht sich nur auf die letzte Linie in der Prozesskette. Die restliche Steuerung der Produktion erfolgt autonom vor Ort mittels → *Kanban.*

ABC-Analyse Andere Bezeichnung für → PQ-Analyse.

Abweichung Jegliche Veränderung gegenüber dem → *Normalzustand* eines Prozesses oder Systems. Eine *Abweichung* ist immer als Problem anzusehen. Das Wiederauftreten der gleichen Abweichung muss durch → *Verbessern* nachhaltig verhindert werden (*Normalzustand*).

Beispiele für Abweichungen:
- eine Kiste, die in einen Fahrweg hineinragt
- zu hoher Öldruck an einer Maschine
- ein → standardisierter Arbeitsablauf wird nicht eingehalten
- eine Anlagenstörung
- ein Werkstück ist NIO

»addierfähige« Maschine (53) Maschine, bei der Funktionen im Nachhinein ergänzt werden können. Mittel zur Eindämmung der Fixkosten (Investitionen) (→ *»nackte« Maschine*).

Aktivitätentafel (102, 103) Werkzeug des → *visuellen Managements* in Form einer direkt an der betreffenden Linie aufgestellten Tafel, auf welcher der Erfolg der dort ergriffenen Verbesserungen anhand der Entwicklung von Kennzahlen gezeigt wird.

Anbindung von Vorprozessen (104, 106, 107, 108) Verfahren zur → *durchgängigen Verknüpfung* von Vorprozessen und Hauptlinie. Ziel ist die Beseitigung von → *Verschwendung* und Managementaufwand.

Andon (123, 132) Werkzeug des → *visuellen Managements* in Form eines optisch-akustischen Signalsystems. Andons dienen zur Meldung von → Abweichungen sowie als Arbeitsanweisungssysteme (für Rüstvorgänge, Materialversorgung et cetera). Ziel ist, Führungskräfte und Mitarbeiter mit unterstützenden Aufgaben zu raschem Handeln anzuregen. Dazu werden a) die einzelnen Arbeitsplätze so mit Signallampen und Summern ausgestattet, dass Abweichungen oder Anweisungen schon aus der Ferne sofort wahrgenommen, und b) die Informationen der einzelnen Arbeitsplätze auf Anzeige- oder Ruftafeln über Hauptverkehrswegen zusammengefasst werden (Andon: Japanisch für »Papierlaterne«).

Anlageninspektionen (52, 74, 97) Zur Sicherung von Anlagenverfügbarkeit und Qualität sind regelmäßige Inspektionen unerlässlich. Da die Instandhaltungsabteilung in aller Regel nicht über die Ressourcen verfügt, alle Anlagen im notwendigen Maß zu inspizieren, werden wichtige Inspektionstätigkeiten im Rahmen der → *autonomen Instandhaltung* vereinfacht, standardisiert und in die Hände der Produktionsmitarbeiter übergeben.

Arbeitsverteilungsblatt (90, 93, 176, 180) Zweites der drei notwendigen Dokumente zur Definition → *standardisierter Arbeitsabläufe.* Es definiert den Arbeitsumfang für einen Mitarbeiter in Form eines Zeitablaufdiagramms. Zwecks → *sparsamen Personaleinsatzes* gilt es nur für die aktuelle → *Kundentaktzeit.* Das heißt: Bei veränderter Stückzahl muss für jeden Mitarbeiter einer Linie ein neues *Arbeitsverteilungsblatt* erstellt werden. Grundlage ist der → *Arbeitsverteilungshauptplan.* Zu jedem Arbeitsverteilungsblatt gehört ein → *Standardarbeitsblatt.* Beides wird zwecks → *visuellen Managements* zusammen öffentlich an der Linie ausgehängt. (Auch: »Kombinationsblatt für standardisierte Arbeit«, »Standard Operation Combination Sheet«.)

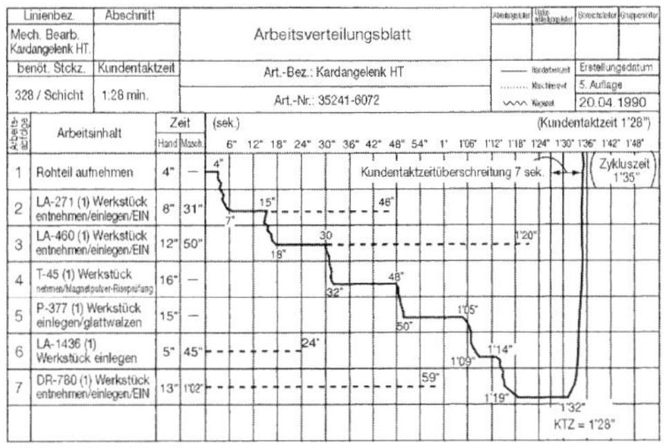

Arbeitsverteilungshauptplan (90, 92) Erstes der drei notwendigen Dokumente zur Definition → *standardisierter Arbeitsabläufe.* Übersicht über alle Fertigungsschritte für ein Produkt vom Anfang bis zur Fertigstellung sowie alle manuellen Arbeits-, Maschinen-, Rüstzeiten et cetera. Der *Arbeitsverteilungshauptplan* bildet die Grundlage für die Verteilung der Arbeit auf Mitarbeiter mittels → *Arbeitsverteilungs-* und → *Standardarbeitsblättern* nach dem Prinzip des → *sparsamen Personaleinsatzes.* Solange es keine Veränderungen bei den Fertigungsschritten gibt, bleibt der Hauptplan unverändert.

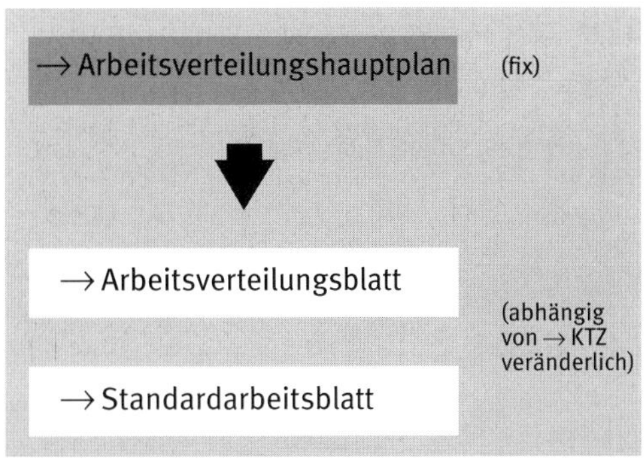

Arbeitsgestaltung (64, 154) Traditioneller REFA-Ansatz. Maßnahmen zur Anpassung der Arbeit an den Menschen mit dem Ziel, ein möglichst günstiges Zusammenwirken des arbeitenden Menschen, der Betriebsmittel und der Arbeitsgegenstände zu erreichen. Das Problem der Arbeitsgestaltung umfasst die Arbeitsplatzgestaltung, die Arbeitsablaufgestaltung und die Ergonomie. (Auch: Industrial Engineering.)

aufrechterhaltendes Management (31, 36, 55) Werkzeug von → *TPM*. Form des Managements, bei dem ein anhand öffentlich visualisierter Kennzahlen klar definierter → *Soll-Zustand* stets überwacht und aufrechterhalten wird.

Auslöse-Kanban (126, 128) Klasse von → *Kanban*. *Auslöse-Kanban* dienen der Produktionssteuerung. Sie zeigen dem Prozess, was er als Nächstes produzieren muss. Es sind zwei Unterklassen zu unterscheiden: In der Regel werden → *prozessinterne Kanban* in Form von Karten eingesetzt. An mechanischen Bearbeitungslinien mit vielen Varianten und etwas längeren Rüstzeiten, kommt die Sonderform der → *Signal-Kanban* zum Einsatz.

Auslöse-Kanban	→ prozessinterne Kanban
	→ Signal-Kanban

Auswerfer (145, 156, 159) Werkzeug zur Realisierung des → *Chaku-Chaku-Prinzips*. Einfacher Mechanismus, der ein Werkstück nach der Bearbeitung im IO-Fall aus der Vorrichtung hebt, um es an die nächste Station weiterzugeben (→ *Autonomatisierung*).

Autonomatisierung (40, 48, 52, 168) Eine der beiden Säulen des → *synchronen Produktionssystems*. Form der Automatisierung, bei der nicht nur eine Tätigkeit an sich, sondern auch die menschliche Fähigkeit des Beurteilens mit einfachen Mitteln auf eine Maschine übertragen wird: Eine solche Maschine hält im Fall einer → *Abweichung* an, um die Weitergabe von NIO-Teilen zu verhindern. Kein Mitarbeiter muss die Maschine ständig beobachten – sie kann autonom arbeiten. Gleichzeitig wird Qualitätsproblemen und der → *Verschwendung durch Produktion von Schlecht-Teilen* vorgebeugt.
Im erweiterten Sinne werden auch Mechanismen, mit denen Linienmitarbeiter bei Abweichungen wie Zeitverzug, Qualitätsproblemen oder Ähnlichem ihre Linie anhalten können, als *Autonomatisierung* bezeichnet.
Durch *Autonomatisierung* werden Probleme in dem Moment sichtbar, in dem sie auftreten. Das erleichtert ein schnelles Reagieren und die nachhaltige Beseitigung der Ursachen. (Japanisch: Ninben-no-tsuita-Jidoka; → *Jidoka*.)

Autonome Instandhaltung (115, 119, 175) Eins der acht klassischen Maßnahmengebiete von → *TPM*. Ziel ist, *Effizienzverluste* zu minimieren, die durch Anlagenausfälle, Kurzstillstände, Ausschuss et cetera entstehen. Dazu wird stufenweise ein immer größerer Teil der notwendigen Wartungstätigkeiten an den Anlagen (Reinigen, Schmieren, Inspizieren) vereinfacht und standardisiert in die Hände der Produktionsmitarbeiter übergeben. Dadurch werden zum einen die Instandhalter von Routinetätigkeiten befreit, sodass sie mehr Zeit für Verbesserungsmaßnahmen et cetera bekommen. Zum anderen können an den Anlagen jetzt Wartungstätigkeiten durchgeführt werden, die eigentlich schon immer notwendig waren, für die es aber bisher keine Ressourcen gab.

autonomer Workshop (191) Workshop mit dem konkreten Ziel, durch Verbesserungsarbeit das Verständnis für das neue Produktions-/Managementsystem in den beteiligten Abteilungen zu fördern und dabei gleichzeitig vor Ort körperlich erfahrbare Verbesserungserfolge zu erzielen. (Japanisch: Jishuken.)

Bsp.: Toyota hat seine Zulieferer in mehrere Gruppen eingeteilt und veranstaltet in diesen Gruppen regelmäßig reihum in den Fabriken der Zulieferer *autonome Workshops*.

Bandlogistiker Andere Bezeichnung für → *Linienversorger.*

Begradigung der Flüsse (45, 47)

best point (61, 62, 156) Japanisch-Englisch für → *optimaler Greifpunkt.*

Cashflow (24, 26, 190) Reiner Einzahlungsüberschuss aus der wirtschaftlichen Tätigkeit einer Periode (→ *Free Cashflow*).

CE (141, 144) Abkürzung für → *Concurrent Engineering.*

Chaku-Chaku-Linie (81, 146, 150, 173) Linie, an der das → *Chaku-Chaku-Prinzip* flächendeckend umgesetzt wurde.

Im → *synchronen Managementsystem* ist die *Chaku-Chaku-Linie* eine Ausbauform der → *Fertigungszelle*, die sich u.a. dadurch auszeichnet, dass sie noch kompakter ist und die Arbeitsabläufe noch detaillierter standardisiert sind: Der Mitarbeiter soll an keiner Station mehr stehen bleiben.

Chaku-Chaku-Prinzip (81, 147f., 150, 152f.) Ansatz zur Steigerung der Mitarbeiterproduktivität mittels stärkerer Standardisierung seiner Körper- und Handbewegungen. Ziel ist ein gleichmäßiges, stetiges und sicheres Arbeiten – idealerweise mit reiner Einlege-Tätigkeit. Die Umsetzung erfolgt hauptsächlich über → *Einfachautomatisierung* (zum Beispiel → *Auswerfer*) und Bereitstellung am → *optimalen Greifpunkt.* (Chaku-chaku: Japanisch für »gleichmäßig; stetig; sicher«; das Zeichen »Chaku« bedeutet »einsetzen«.)

着 **- CHAKU - einsetzen**

Entstehung: In Linien der mech. Bearbeitung findet man hauptsächlich die Tätigkeiten »Werkstück entnehmen« (Jap.: Datsu) und »Werkstück einlegen« (Jap.: Chaku). Chaku-Chaku bedeutet, dass die Tätigkeit »Werkstück entnehmen« auf einen → *Auswerfer* übertragen wurde, sodass für den Mitarbeiter nur noch die Tätigkeit »Werkstück einlegen« bleibt:

»Datsu/Chaku«–»Datsu/Chaku«

↓

»Chaku«–»Chaku«.

Concurrent Engineering (141, 144) Verfahren zur Produktentwicklung, bei dem die einzelnen Entwicklungsphasen teilweise parallel durchlaufen werden, anstatt sie linear abzuarbeiten. Das verbessert die Kommunikation zwischen den Abteilungen, hilft, einzelne Entwicklungszyklen zu verkürzen, erleichtert die Wiederverwendung von Informationen und verringert die Zahl nachträglicher Korrekturen am Produkt. Im Ergebnis ist das Unternehmen in der Lage, bessere und mehr Produkte bei niedrigeren Kosten zu produzieren.

Im → *synchronen Managementsystem* ist man bestrebt, so früh wie möglich → *Fertigungskompetenz* aus der Produktionsabteilung in den Entwicklungsprozess einfließen zu lassen, um bei Beginn der Serienfertigung eine → *vertikale Anlaufkurve* realisieren zu können. (Abkürzung: CE; Deutsch: synchrone Produktentwicklung, SPE.)

CT Abkürzung für »cycle time« → *Zykluszeit.*

durchgängige Verknüpfung (45, 47) Eines der drei Grundprinzipien zur Realisierung von → *Just in Time.* Die Bearbeitungsschritte für ein Produkt werden in produktspezifischen Prozessketten angeordnet, in denen im → *Einzelstückfluss* gefertigt wird, ohne zuzulassen, dass sich Material zwischen oder in den Prozessschritten staut. Es ist immer im → *Kundentakt* mit → *sparsamem Personaleinsatz* zu produzieren. Das führt zu variablen Arbeitsumfängen, die eine → *Mehrfachqualifizierung* der Mitarbeiter erforderlich machen.

Durchlaufzeit (182) Zeit, die ein Objekt zum Durchlaufen eines Prozesses (beziehungsweise einer Prozesskette) benötigt. Die *Durchlaufzeit* ist Ausdruck der Reaktionsgeschwindigkeit des Prozesses. Innerhalb der Fertigung bezeichnet sie die Zeitspanne, die von Beginn der Bearbeitung eines Erzeugnisses bis zu seiner Fertigstellung benötigt wird. Sie setzt sich zusammen aus Rüstzeit, Bearbeitungszeit und Liegezeit.

Einfachautomat (67) Maschine, die durch → *Einfachautomatisierung* entstanden ist.

Einfachautomatisierung (66ff., 97, 100f., 147) → *Autonomatisierung* einer manuellen Tätigkeit mit einfachsten Mitteln im Eigenbau. Dazu wird die manuelle Tätigkeit zunächst erleichtert und standardisiert (→ *standardisierte Arbeitsabläufe*), wobei die Tätigkeit in ihre Elementartätigkeiten zerlegt wird. Davon werden diejenigen Elementartätigkeiten mechanisiert, bei denen das ohne großen finanziellen Aufwand auf einfache und gleichzeitig praktische Weise möglich ist. Die *Einfachautomatisierung* kann dann schrittweise ausgebaut werden. So wird → *Fertigungskompetenz* aufgebaut, die hilft, sich vom Wettbewerb abzuheben. (Auch: Low Cost Intelligent Automation, LCIA.)

Ein-Griff-Messlehre (163f.) Werkzeug zur Qualitätssicherung (hundertprozentige Kontrollen). Effizientes Messinstrument, das optimal auf das zu messende Werkstück angepasst und »mit einem Handgriff« zu bedienen ist: Es muss nichts eingestellt werden – die Lehre braucht nur an das Werkstück angelegt zu werden. Ferner brauchen keine Zahlenwerte abgelesen und interpretiert zu werden, da die Skala in IO- und NIO-Bereiche unterteilt ist. (Auch: IO/NIO-Lehre.)

Ein-Griff-Umrüsten (140) Umrüstvorgang, der »mit einem Handgriff« zu bewerkstelligen ist. Es dürfen keine Justiertätigkeiten erforderlich sein: Das erste neue Teil nach dem Rüstvorgang muss ein IO-Teil sein. Das *Ein-Griff-Umrüsten* ist besonders für Montagelinien wichtig.

Ein-Personen-Fertigung (80, 82, 139, 142) Sonderform der → *Fertigungszelle*, in der immer genau ein Mitarbeiter arbeitet. Er bearbeitet das Produkt von Anfang bis zur Fertigstellung. So sollen die menschlichen Fähigkeiten maximal gefördert werden.

Diese Form der Fertigung wird besonders in der Elektronikindustrie eingesetzt, z.B. bei der Montage von Personalcomputern.

einsame Insel (136) Einzelarbeitsplatz, der so weit von den anderen entfernt ist, dass sich die Mitarbeiter nicht gegenseitig unterstützen können. Dadurch wird → *sparsamer Personaleinsatz* unmöglich.

Einwerfen (163, 167) → *Vorrichtungen zum Einwerfen.*

Einzelstückfluss (45) Form der Fertigung, bei der ein Werkstück nach der Bearbeitung immer sofort an den nächsten Prozessschritt weitergegeben wird: Vor jedem Prozessschritt liegt maximal ein Werkstück bereit. Steht der nachgelagerte Prozessschritt still, darf der vorgelagerte nicht weiter produzieren. Diese Fertigungsweise ermöglicht geringe Bestände und damit minimale → *Durchlaufzeiten* sowie ein effektives → *Störungsmanagement* (optimale Qualität). (Englisch: One-Piece-Flow.)

Erhöhung der Anzahl der Produktionszyklen (75, 138) Ausbau der → *geglätteten Produktion*: Die Stückzahl pro Fertigungsanweisung wird halbiert, um die Anzahl der → *Produktionszyklen* pro Tag zu verdoppeln. Ziel ist, Bestände und → *Durchlaufzeiten* zu senken. Gleichzeitig wird so Verbesserungsdruck aufgebaut (Rüstzeiten, Anlagenverfügbarkeit, Logistik, Qualität).

externe Zellenmitarbeiter (118f.) Mitarbeiter, die nicht fest in Fertigungszellen arbeiten, sondern unterstützende Tätigkeiten an mehreren Zellen durchführen, zum Beispiel: → *Zellenspringer*, → *Linienversorger*, → *Rüstspezialisten.*

externes Rüsten (140) Vor- und Nachbereitung des → *internen Rüstens.* Alle Rüsttätigkeiten, die vorgenommen werden, während noch IO-Produkte der alten Variante oder schon wieder IO-Produkte der neuen Variante gefertigt werden.

Fertigung in kleinen Losen bei hoher Sortenvarianz (18, 21, 23, 183f., 186) Gegenbegriff zur klassischen Massenfertigung. Anpassung der Produktion an einen nachfragebestimmten Markt, die zahlreiche organisatorische Veränderungen erfordert. Im → *synchronen Produktionssystem* erfolgt die Umsetzung mittels → *geglätteter Produktion.*

Fertigungsfreundlichkeit (24, 34, 141)

Fertigungskompetenz (32, 55, 141) Durch die tägliche Verbesserungsarbeit beim Aufbau einer synchronen Produktion vor Ort gewonnener Erfahrungsschatz; die Fähigkeit, die Produktionsfaktoren (Mensch, Material, Maschine et cetera) geschickt einzusetzen und ihr gesamtes Potenzial zu nutzen. *Fertigungskompetenz* umfasst Know-how zu Fertigungsfreundlichkeit, → *Pokayoke*, → *Einfachautomatisierung*, → *gemischten Transporten bei hoher Frequenz*, Rüstzeitverkürzung, → *Störungsmanagement* et cetera. Da sie nur in der

Praxis vor Ort gewonnen werden kann, ist es für den Wettbewerb nicht einfach, sie zu übernehmen. (Auch: Genba-Engineering.)

Fertigungszelle (60, 68, 70f., 80) Hier gleichbedeutend mit → *synchrone Fertigungszelle.*

Fertigwaren-Supermarkt (128)

fester Zellenmitarbeiter (115, 136)

fester Personalstand (135) Feste Mitarbeiteranzahl an einer Linie. Trotz geänderter Produktionsmenge kann die Mitarbeiteranzahl nicht proportional angepasst werden, ohne dass die Produktivität sinkt (→ *sparsamer Personaleinsatz*).

FIFO (74) Abkürzung für »first in first out«. Bearbeitung in Reihenfolge des Eingangs.

flexibler Personaleinsatz Andere Bezeichnung für → sparsamer Personaleinsatz.

Förderbüro (187, 189f.) (Kernteam)

Förderorganisation (182, 185ff.)

Free Cashflow Frei verfügbarer Einzahlungsüberschuss aus der wirtschaftlichen Tätigkeit einer Periode. Indikator für die finanzielle Gesundheit eines Unternehmens, der anzeigt, inwieweit ein Unternehmen in der Lage ist, seine Finanzierung aus selbst erwirtschaftetem Kapital vorzunehmen (Cashflow).

Fünfmal-Warum-Analyse (72) Werkzeug von → *TPM*. Analysemethode, bei der man die → *wahre Ursache* für ein Phänomen dadurch ermittelt, wiederholt nach der Ursache zu fragen (in bis zu 5 Iterationen). Diese Methode eignet sich für die Lösung einfach gelagerter Probleme und zeichnet sich durch ihre hohe Anwenderfreundlichkeit vor Ort aus.

Phänomen: »Lager ist heißgelaufen«:

1. → *Warum ist das Lager heißgelaufen?*
   Weil es nicht ausreichend geschmiert war.
2. → *Warum war das Lager nicht ausreichend geschmiert?*
   Weil es vom Schmiersystem nicht ausreichend versorgt wurde.
3. → *Warum wurde es nicht ausreichend versorgt?*
   Weil es eine kleine Beschädigung am Versorgungsschlauch gab.
4. → *Warum war der Schlauch beschädigt?*
   Das Material war durch ständige Bewegung durchgescheuert.

→ **Maßnahme:** Schlauch ersetzen und so verlegen, dass er in Zukunft nicht mehr belastet wird.

geglättete Produktion (46, 49, 129, 131, 136f., 140) Weiterführung der → *nivellierten Produktion*, bei welcher der feste *Produktionszyklus* mehr als einmal am Tag wiederholt wird. Ohne *Nivellieren* beziehungsweise *Glätten* kann kein → *synchrones Produktionssystem* geschaffen werden. (Japanisch: Heijunka-seisan.)

Gemba Alternative Schreibweise für → *Genba*.

gemischte Transporte bei hoher Frequenz (75f., 120ff.) Form des innerbetrieblichen Transports, bei der mit hoher Frequenz unterschiedliche Transportgüter gleichzeitig in jeweils kleinen Mengen bewegt werden. Dadurch kann a) der Produktionsumlaufbestand drastisch gesenkt werden, was zu kürzeren → *Durchlaufzeiten* führt, und b) aufgrund der kleineren Gebinde eine effizientere Liniengestaltung erreicht werden. Aus Effizienzgründen werden die Transporte in der Regel mit Transportzügen realisiert, die sich im Rundverkehr bewegen.

Genba Japanisch für → *Ort des Geschehens.* Der Ort, an dem etwas tatsächlich stattfindet. (Genba: Japanisch für »Tatort; Ort des Geschehens; Einsatzort«; alternative Schreibweise: »Gemba«.)

Genba-Engineering (32f., 141) Andere Bezeichnung für → *Fertigungskompetenz.*

Glätten der Produktion (46, 49, 129, 131, 136f., 140) Siehe → *geglättete Produktion.* (Japanisch: Heijunka.)

Heijunka Siehe → *geglättete Produktion.* (Heijunka: sprich »Hehdschunka«, Japanisch für »Glätten«.)

Heranzieh-Kanban (126, 128) Art von → *Kanban. Heranzieh-Kanban* dienen der Logistik. Mit ihnen zieht ein Prozess von den vorgelagerten Prozessen beziehungsweise den Zulieferern das jeweils benötigte Material in der benötigten Stückzahl heran. Es sind zwei Unterklassen zu unterscheiden: → *Teileheranzieh-Kanban* werden für den Transport von Teilen aus der werksinternen Fertigung, → *Zukaufteil-Kanban* für Zukaufteile verwendet.

Heranzieh-Kanban	→ Teileheranzieh-Kanban
	→ Zukaufteil-Kanban

Hiragana-Muda (44) Verschwendungsart bezogen auf die Körperbewegungen der Mitarbeiter. Nicht wertschöpfende Arbeit, die unter den aktuellen Arbeitsbedingungen unvermeidlich ist, zum Beispiel: Niederhalten von Schaltern, Entgraten, Reinigen von Bezugsflächen. (→ *Kanji-Muda* und → *Katakana-Muda*; Hiragana: eine der beiden japanischen Silbenschrift-Systeme – wird für rein japanische Ausdrücke verwendet; Muda: Japanisch für: »Vergeblichkeit; Fruchtlosigkeit; Verschwendung«.)

horizontale Integration (45, 47) Layout-Ansatz der klassischen Massenfertigung. Trennung der Produktionsprozesse nach Funktionen. Hauptziel ist die Vollauslastung der Anlagen. Alle Prozesse laufen mit eigenen Zykluszeiten, die Zykluszeitdifferenzen werden über Materialpuffer ausgeglichen. Ergebnis sind lange → *Durchlaufzeiten* (→ *vertikale Integration*).

IE (64, 154) Abkürzung für »Industrial Engineering«. → *Arbeitsgestaltung.*

Industrial Engineering (64, 154) → *Arbeitsgestaltung.*

internes Rüsten (140) Alle Rüsttätigkeiten, die zwischen dem letzten IO-Produkt der alten Variante und dem ersten IO-Produkt der neuen Variante erfolgen. In der Regel erfolgt der Großteil dieser Tätigkeiten bei stehender Maschine. Da die Anlage während des *internen Rüstens* effektiv nicht für die Produktion zur Verfügung steht, sollte dieses so kurz wie möglich ausfallen. Dazu können unter anderem Rüsttätigkeiten vereinfacht, eliminiert oder in das → *externe Rüsten* verlagert werden.

IO Abkürzung für »in Ordnung«. (→ *NIO*).

IO/NIO-Lehre Andere Bezeichnung für → *Ein-Griff-Messlehre.*

Jidoka Andere Bezeichnung für → *Autonomatisierung.*

Jidoka: Zum Teil wird in der westl. Literatur das Wort *Jidoka* als jap. Fachbegriff wiedergegeben. Tatsächlich handelt es dabei um eine bedeutungsverändernde Vereinfachung: In korrekter Rechtschreibung mit chin. Zeichen bedeutet die Lautfolge *Jidoka* schlicht »Automatisierung«. Für den Toyota-Fachbegriff wurde das 2. Zeichen des Worts absichtlich durch ein anderes Zeichen mit gleicher Aussprache ersetzt, um auszudrücken, dass es um eine besondere Art der Automatisierung geht: Dieses Zeichen enthält zwei Striche mehr als das eigentlich zu verwendende Zeichen. Die zwei Striche tragen die Bedeutung »Mensch«. Korrekt müsste der Fach-Begriff als *Niben-no-tsuita-Jidoka* wiedergegeben werden. Autonomatisierung ist der Versuch, das Wortspiel mit lateinischen Buchstaben auszudrücken.

自動化	自働化
Jidoka ↓ Automatisierung	(Ninben-no-tsuita) Jidoka ↓ Autonomatisierung

JIT Abkürzung für → *Just in Time.*

Just in Time (40f., 44, 46) Eine der beiden Säulen des → *synchronen Produktionssystems.* Ziel ist, nur das benötigte Material zum benötigten Zeitpunkt in der benötigten Menge zu produzieren beziehungsweise zu transportieren. So kann bei hoher betrieblicher Effizienz leicht auf Veränderungen reagiert werden. *Just in Time* erfordert eine → *geglättete Produktion* als Voraussetzung und basiert auf den drei Grundkonzepten: a) → *ziehende Fertigung*; b) → *durchgängige Verknüpfung von Prozessen*; c) Produktion im → *Kundentakt.*

Kaizen (31) Japanisch für → *Verbessern.*

Hintergrund: Kaizen heißt übersetzt »Verbesserung«. Der Begriff trägt aber die Bedeutung einer Kultur in sich, bei der das kontinuierliche Besser-Machen der Betriebsmittel und Vorgänge am und um den eigenen Arbeitsplatz einen selbstverständlichen Teil des persönlichen Tagesgeschäfts darstellt.

Kanban (48, 75, 124ff.) Werkzeug zum Informationsmanagement, meist in Form von Karten. *Kanban* dienen a) der autonomen Steuerung der Produktion (Anweisung von Transport- und Produktionsvorgängen); b) dem → *visuellen Management* (Verhinderung von Überproduktion und Verdeutlichung der Prozessgeschwindigkeit); c) der Verbesserung von Prozessen und Arbeitsabläufen. Sie fließen immer zusammen mit dem Material, auf das sie sich beziehen: Material- und Informationsfluss sind zusammengefasst. Sie entfalten ihre volle Funktion nur bei → *geglätteter Produktion.* Über die Anzahl der im Umlauf befindlichen *Kanban* kann der Bestand effizient kontrolliert und reduziert werden. Es sind Logistik- und Produktionssteuerungskanban zu unterscheiden. (Kanban: Japanisch für: »Schild«.)

Logistik:	→ Heranzieh-Kanban	→ Teileheranzieh-Kanban
		→ Zukaufteil-Kanban
Prod.:	→ Auslöse-Kanban	→ prozessinterne Kanban
		→ Signal-Kanban

Kanban-Briefkasten (124ff.) Sammelort für → *Kanban*-Karten. Wenn ein Mitarbeiter in der Linie das erste Teil aus einer Kiste entnimmt, nimmt er die an der Kiste befindliche *Kanban-Karte* ab und legt sie in den nächsten *Kanban-Briefkasten*. Die Briefkästen werden regelmäßig geleert. Anhand der eingesammelten Karten sieht der → *Linienversorger*, welches Material an den Linien verbraucht wurde.

Kanban-Steuertafel (123, 125f., 128) Werkzeug zur autonomen Produktionsplanung. Die *Kanban-Steuertafel* gibt Auskunft darüber, zu welchem Zeitpunkt welche Variante in welcher Menge in der zugehörigen Linie gefertigt werden muss. Dazu werden die aus dem → *Supermarkt* der Linie aufgelaufenen → *prozessinternen Kanban* in die Steuertafel am Eingang der Linie einsortiert. Die *prozessinternen Kanban* dienen als Fertigungsanweisungen. Gleichzeitig erkennt der → *Linienversorger* daraus, welches Material als Nächstes an der Linie benötigt wird. Mit dem Einsortieren in die Steuertafel findet gleichzeitig ein → *Glätten der Produktion* statt.

Kanji-Muda Verschwendungsart bezogen auf die Anlagen in einer Linie, zum Beispiel: langer Vorschub vor der eigentlichen Werkstückbearbeitung, überdimensionierte Maschinen. (→ Hiragana-Muda und → Katakana-Muda; Kanji: das komplexe System der ursprünglich chinesischen Schriftzeichen im Japanischen; Muda: Japanisch für: »Vergeblichkeit; Fruchtlosigkeit; Verschwendung«.)

Katakana-Muda (44) Verschwendungsart bezogen auf die Körperbewegungen der Mitarbeiter. Unnötige Tätigkeiten, die sofort eliminiert werden können, zum Beispiel: Warten, Suchen, Umgreifen. (→ Kanji-Muda und → Hiragana-Muda; Katakana: eine der beiden japanischen Silbenschrift-Systeme – wird für Fremdwörter verwendet; Muda: Japanisch für: »Vergeblichkeit; Fruchtlosigkeit; Verschwendung«.)

Kaufen »nackter« Maschinen (53, 70, 146) → »nackte« Maschine.

Kernteam (182, 185f., 189)

Kombinationsblatt für standardisierte Arbeit Andere Bezeichnung für → *Arbeitsverteilungsblatt*.

KTZ Abkürzung für → *Kundentaktzeit*.

Kundentakt → *Kundentaktzeit*.

Kundentaktzeit (45, 47, 63, 65) Eines der drei Grundprinzipien zur Realisierung von → *Just in Time*. Zeitwert, der angibt, alle wie viel Minuten und Sekunden ein Produkt fertiggestellt werden muss, um die gegenwärtige Nachfrage zu befriedigen. Bei der Berechnung wird eine Maschinenverfügbarkeit von 100 % veranschlagt.

$$\text{KTZ} = \frac{\text{reguläre Arbeitszeit}}{\text{benötigte Stückzahl}}$$

Die *Kundentaktzeit* ist außerdem eines der drei Elemente des → *standardisierten Arbeitsablaufs*: In einer Montagelinie mit → *Einzelstückfluss* wird anhand der Kundentaktzeit festgelegt, wie viele Mitarbeiter in der Linie aktuell arbeiten müssen und wie groß der Arbeitsumfang jedes Mitarbeiters ausfällt.

Layout in U-Form (60, 62, 86, 89) Kompakte Form der Betriebsmittelanordnung. Alle Arbeitsstationen werden auf einer zusammenhängenden Fläche konzentriert und in Reihenfolge der Bearbeitungsschritte U-förmig angeordnet. Diese Form der Anordnung begünstigt den → *sparsamen Personaleinsatz*. Ziel ist die produktspezifische → *durchgängige Verknüpfung*.

LCA (66) Abkürzung für → *Low Cost Automation*.

LCIA (99) Abkürzung für Low Cost Intelligent Automation. → *Einfachautomatisierung*.

LCIA-Konzepte (99ff.) Sammlung von 36 Konzepten für die → *Einfachautomatisierung*, aufgeteilt in mechanische Fertigung, Montage und Logistik.

leere Arbeitszeit (112) Wenn die → *Zykluszeit* eines Mitarbeiters kürzer als die zur Verfügung stehende → *Kundentaktzeit* ist, gilt die Zeitdifferenz als *leere Arbeitszeit*. Der Mitarbeiter wartet in dieser Zeit.

Anmerkung: Diese Zeit wird auch als »Taktausgleichszeit« bezeichnet. Der Übersetzer hat sich gegen die Verwendung dieses Begriffs entschieden, da damit i.d.R. assoziiert wird, den Mitarbeiter entweder über Nebentätigkeiten voll auszulasten oder ihn in einem Puffer »vorarbeiten« zu lassen. Beides ist mit dem synchronen Produktionssystem unvereinbar – Ersteres verstößt gegen das Gebot der Trennung von wertschöpfender und nicht wertschöpfender Arbeit, Letzteres gegen das Gebot des Einzelstückflusses. Im synchronen Produktionssystems macht man Wartezeit absichtlich sichtbar, um Verbesserungsbedarf aufzuzeigen.

Linienversorger (120, 122) Die Aufgabe eines *Linienversorgers* besteht darin, Prozesse mit dem benötigten Material und den benötigten Informationen zu versorgen. Er zieht das Material für eine Linie in regelmäßigen, kurzen Intervallen von den vorgelagerten Linien nach einem festen Fahrplan jeweils nur in der benötigten Stückzahl heran und liefert es in der richtigen Reihenfolge satzweise an. Darüber hinaus unterstützt er das Linienpersonal bei nichtzyklischen Nebentätigkeiten. Da die Tätigkeit des *Linienversorgers* einen deutlich koordinativen Charakter hat, sollte ein besonders fähiger Mitarbeiter dafür ausgesucht werden. (Japanisch: → *Mizusumashi*; auch: Taumelkäfer, Water-Spider, Wasserläufer, Bandlogistiker.)

Low Cost Automation (66) (LCA) Ansatz von → *TPM*. Form der Automatisierung mit einfachsten Mitteln im Eigenbau. Anders als bei der → *Einfachautomatisierung* (LCIA) wird hierbei keine Umstellung des Produktionssystems angestrebt, sodass die Aspekte → *Autonomatisierung* und → *Just in Time* weitgehend unberücksichtigt bleiben.

Low Cost Intelligent Automation (99) (LCIA) Englische Bezeichnung für → *Einfachautomatisierung*.

Management der Prozessbedingungen (72, 162) Werkzeug von → *TPM*. Form des Anlagenmanagements, bei dem für alle relevanten Prozessparameter ermittelt wird, welche Werte eingehalten werden müssen, damit störungsfrei 100 % IO-Ware entsteht. Der Prozess wird so verbessert, dass die Ist-Werte für alle Parameter leicht abgelesen werden können (→ *visuelles Management*). Die Werte werden kontinuierlich überwacht – man greift ein, bevor es zu einem Problem kommt.

Mehrfachqualifizierung (91, 95) Die Fähigkeit eines Mitarbeiters, mehrere unterschiedliche Arbeiten zu verrichten, das heißt an verschiedenen Arbeitsplätzen zu arbeiten oder zusätzlich Instandhaltungs- oder Verbesserungstätigkeiten durchzuführen.

Mehrfachqualifizierungsrate (95) Kennzahl zur Erfassung des Fortschritts bei der → *Mehrfachqualifizierung* pro Linie.

Mehrprozessbedienung Eine Arbeitskraft arbeitet an mehreren verschiedenen Produktionsarbeitsplätzen. Diese Fähigkeit ist Voraussetzung für den → *sparsamen Personaleinsatz*, bei dem sich der Arbeitsumfang pro Mitarbeiter je nach geforderter Stückzahl immer wieder ändert.

mittlere Führungsebene (184, 186)

Mizusumashi Japanische Bezeichnung für → *Linienversorger*. (Mizusumashi: sprich »Midsu-Ssumaschi«, Japanisch für »Taumelkäfer«).

> **Mizusumashi:** Japanischer Taumelkäfer *(Gyrinus japonicus)*. Taumelkäfer sind die einzigen Käfer, die die Wasseroberfläche besiedeln. Die Tiere leben oft gesellig an der Oberfläche von stehenden und mäßig fließenden Gewässern, wo sie auf dem Wasser lebende oder verunglückte Insekten erbeuten oder auch nach Nahrung tauchen. Die Käfer bewegen sich, besonders bei Sonnenschein, rasant kreisend mit einer Geschwindigkeit von bis zu 50 cm/sek. und sind gute Flieger.
>
> Der Ruderapparat des Taumelkäfers hat einen höheren Wirkungsgrad als vergleichbare Organsysteme bei jedem anderen bisher bekannten Wasserinsekt. Mehr als 84% der eingesetzten Energie wird in Vorschub umgewandelt, dagegen erreicht beispielsweise das Schaufelrad eines Dampfers lediglich einen Wirkungsgrad von 55%.

Muda (42, 65, 154) Japanisch für → *Verschwendung*. Gemeint sind alle Tätigkeiten, die nicht unmittelbar zu einer Wertschöpfung am momentan benötigten Produkt führen, zum Beispiel Suchen von Werkzeug.
Wo *Muda* vorhanden ist, besteht Verbesserunsgbedarf. Muda bildet zusammen mit den Begriffen → *Mura* und → *Muri* die Gruppe der *3 M*. (Muda: Japansich für: »Vergeblichkeit; Fruchtlosigkeit; Verschwendung«.)

Mura (65, 154) Nichtzyklische Tätigkeiten. Gemeint sind Nebentätigkeiten, die die rhythmische Wiederholung des Arbeitszyklus unterbrechen, zum Beispiel das Verlassen einer Montagelinie, um Material zu holen.
Wo *Mura* vorhanden ist besteht Verbesserungsbedarf. Mura bildet zusammen mit den Begriffen → *Muda* und → *Muri* die Gruppe der *3 M*. (Mura: Japanisch für »Unregelmäßigkeit«.)

Muri (65, 154) Unergonomische Tätigkeiten, zum Beispiel Arbeiten in ungünstiger Körperhaltung oder Tragen schwerer Gegenstände.
Wo *Muri* vorhanden ist besteht Verbesserungsbedarf. Muri bildet zusammen mit den Begriffen → *Muda* und → *Mura* die Gruppe der *3 M*. (Muri: Japanisch für »Unvernunft«, »auf Biegen und Brechen«.)

nachfüllende Produktion (20, 76) Fertigungsweise, bei der ein Prozess nur das nachproduziert, was der nachgelagerte Prozess von ihm abgezogen hat. Der nachgelagerte Prozess bedient sich dabei in der Regel aus dem → *Super-*

markt des Prozesses. Der Prozess fertigt daraufhin nun nur das nach, was entnommen wurde. Die Produktionssteuerung erfolgt in der Regel über → *prozessinterne Kanban.*

»nackte« Maschine (53, 70, 146) Maschine, die vom Anlagenbauer nur mit der benötigten Grundfunktionalität zugekauft wird. Peripherie-Funktionen, Abdeckungen et cetera werden im Eigenbau hinzugefügt. Mittel zur Eindämmung der Fixkosten (Investitionen) (→ *»addierfähige« Maschine*).

NIO Abkürzung für »nicht in Ordnung« (→ *IO*).

Nivellieren der Produktion (129, 131) → *nivellierte Produktion.* (Japanisch: »Heikinka«.)

nivellierte Produktion (129, 131) Methode zur Realisierung einer → *Fertigung in kleinen Losen bei hoher Sortenvarianz.* Prinzip der Produktionssteuerung, bei dem die Fertigungsanweisungen nicht direkt von der Fertigungsplanung, sondern autonom von der Produktion generiert werden.
Der Produktionsplan wird dazu über ein festgelegtes Intervall (zum Beispiel eine Woche) eingefroren. Innerhalb des Intervalls wird an jedem Tag der gleiche → *Produktionszyklus* gefahren: Es wird jeden Tag die gleiche Stückzahl weitestgehend im gleichen Produktmix in der gleichen Reihenfolge gefertigt. Die Produkte werden dazu nach Aufkommen in drei Kategorien unterteilt (→ *PQ-Analyse*): a) Rennertypen; b) weniger nachgefragte Typen; c) Exoten. Für die drei Kategorien werden unterschiedliche Bestand-Strategien gefahren:

Kategorie	Fertigwarenbestand	Rohmaterialbestand
A	ja	ja
B	nein	ja
C	nein	nein

Ziel ist, die Produktion weitgehend von der schwankende Kundennachfrage zu entkoppeln und trotzdem die Bestände gering zu halten. Der Fertigwarenbestand an Rennertypen (A) dient als »Wellenbrecher«.
Die Anzahl der Produktionszyklen pro Tag ist immer weiter zu erhöhen, um die → *Durchlaufzeiten* zu reduzieren. Wenn der Produktionszyklus anstatt einmal mehrmals am Tag wiederholt wird, spricht man von einer → *geglätteten Produktion.* (Japanisch: »Heikinka seisan«.)

Normalzustand Definierter Soll-Zustand, in dem sich ein Prozess befinden muss, um optimal zu funktionieren. Jegliche → *Abweichung* muss Verbesserungstätigkeiten nach sich ziehen (→ *Abweichung*).

One-Piece-Flow (45) Englisch für → *Einzelstückfluss.*

optimaler Greifpunkt (61, 62, 156) Der optimale Ort für die Bauteilbereitstellung. Dieser befindet sich in unmittelbarer Nähe zum Verbauort des Teils. Das Teil wird greiffreundlich und in der Orientierung bereitgestellt, in der es verbaut werden muss.

Zur schrittweisen Verbesserung ist es hilfreich, verschiedene Entfernungszonen vom Werkstück zu etablieren. Zunächst versucht man, alle Bauteile in einer Entfernung von ≤ 30 cm bereitzustellen, dann von ≤ 15 cm, dann von ≤ 5cm. (Japanisch-Englisch: »best point«.)

organisationale Fähigkeit (28) Fähigkeit einer Organisation, geistiges Kapital (unternehmenseigene Fachkompetenz, Know-how, Qualifikationen, Handlungsnormen et cetera) auszubauen, zu nutzen und weiterzugeben. Dies ist die Grundlage für das Unternehmen, seine Produktionsleistung zu erbringen. Eine hohe *organisationale Fähigkeit* bedeutet hohe Wettbewerbsfähigkeit.

Ort des Geschehens (55) Ein wesentliches Wesensmerkmal des → *synchronen Produktionssystems* liegt in seiner extremen Praxisorientierung: → *Abweichungen* werden für jeden Betrachter vor Ort sofort erkennbar gemacht (→ *visuelles Management*); aufgetretene Abweichungen werden immer am Ort ihres Auftretens anhand der real betroffenen Teile analysiert; Verbesserungen werden ebenfalls direkt vor Ort gesucht und gefunden. (Japanisch: → *Genba*.)

Pokayoke (72f.) Maßnahme, um mit einfachsten Mitteln menschliche Flüchtigkeitsfehler physisch auszuschließen. (Sprich »Pohka-Johke«; Poka: Japanisch für »dummer Fehler«; yoke: Japanisch für »Vermeidung«.)

Beispiel: An einer Tankstelle sind die Zapfsäulen mit unterschiedlichen Stutzen ausgestattet. So wird verhindert, dass ein Normal-Benzin-Fahrzeug versehentlich mit Diesel betankt wird.

PQ-Analyse (78, 126, 138, 140) Betriebswirtschaftliches Analyseverfahren, das eine Menge von Objekten in die Klassen A, B und C aufteilt, die nach absteigender Bedeutung geordnet werden. Eine typische PQ-Analyse gibt zum Beispiel an, welche Produkte am stärksten am Umsatz eines Unternehmens beteiligt sind (A) und welche am wenigsten (C). (Abkürzung für Produkt-Quantum-Analyse; auch: ABC-Analyse.)

Produkt-Quantum-Analyse Langform von → *PQ-Analyse.*

Produktion im Kundentakt → *Kundentaktzeit.*

Produktionsgroßraum (109ff., 114) Zusammenfassung mehrerer *U-Linien* zu einem zusammenhängenden Produktionsbereich. Dadurch kann die → *leere Arbeitszeit* an den einzelnen Linien zusammengefasst und zur Personaleinsparung genutzt werden.

Produktionssteuerungstafel (123, 125)

Produktionszyklus (127, 129, 138) Element der → *nivellierten* und → *geglätteten Produktion.* Muster für Fertigungsaufträge, das vorgibt, zu welcher Zeit welche Variante in welcher Stückzahl zu fertigen ist. Das Muster teilt sich in feste und freie Plätze auf: Die festen Plätze sind in jedem Zyklus mit den gleichen Rennervarianten, die freien mit den jeweils benötigten Exotenvarianten belegt (→ *Erhöhung der Anzahl der Produktionszyklen*).

prozessinterne Kanban Unterklasse von → *Auslöse-Kanban. Prozessinterne Kanban* sind das Standardinstrument zur autonomen Produktionssteuerung.

Sie befinden sich meist in Form von Karten an den Kisten mit Fertigmaterial im → *Supermarkt* einer Linie. Wenn der → *Linienversorger* der nachgelagerten Linie Material aus diesem Supermarkt entnimmt, ersetzt er die *prozessinternen Kanban* durch mitgebrachte → *Teileheranzieh-Kanban*. Die *prozessinternen Kanban* wandern (über einen → *Kanban-Briefkasten*) an den Eingang der Linie und werden dort in die → *Kanban-Steuertafel* einsortiert, wo sie als Fertigungsanweisungen dienen. Sie werden dann wieder an die Kisten mit neu produziertem Fertigmaterial gesteckt und wandern so zurück in den Supermarkt. Durch diesen Kreislauf ist die → *nachfüllende Produktion* sichergestellt.

Pull-System (23, 75, 143) Andere Bezeichnung für → *ziehende Fertigung.*

Push-System (23) Andere Bezeichnung für → *schiebende Fertigung.*

QCD Abkürzung für »Quality«, »Cost« und »Delivery«. Siehe → *QKL.*

QKL (27, 30f.) Abkürzung für Qualität, Kosten, Lieferzeit. In der Philosophie des → *synchronen Managementsystems* beschreiben diese drei Größen im Verbund die Produktionsleistung (Output) eines Produktionssystems. Je höher die Qualität und je geringer die Kosten und Lieferzeiten, desto besser ist das betrachtete System. (Auch: QCD.)

Qualifikationsmatrix (94) Andere Bezeichnung für → *Qualifikationstabelle.*

Qualifikationstabelle (94) Werkzeug von → *TPM* zur Mitarbeiterschulung – insbesondere für die → *Mehrfachqualifizierung.* Übersicht über die Qualifikationen der Mitarbeiter eines Bereichs in grafischer Form, anhand deren Schulungsbedarfe und -erfolge visualisiert werden. (Auch: Qualifikationsmatrix.)

Respekt vor der Menschlichkeit (139)

Rüstspezialist (37f., 115f.)

Rüstzeitverkürzung (136ff.) In erster Linie: Verkürzung der Zeit für das → *interne Rüsten.*

Schaffung von Produktionsgroßräumen (109ff.) → *Produktionsgroßraum.*

schiebende Fertigung (45, 73f., 76) Klassische Fertigungsweise mit zentraler Produktionssteuerung. Das Material wird mehr oder weniger termintreu anhand von Fertigungsaufträgen vom jeweils vorgelagerten nach der Bearbeitung zum jeweils nachgelagerten Prozess »geschoben«. Das führt zu hohen Beständen und entsprechend langen → *Durchlaufzeiten.* (Auch: Push-System; → *ziehende Fertigung.*)

Schrittmacher (133) Anzeige, welche die aktuell gefertigte Ist-Stückzahl mit der für diesen Zeitpunkt vorgesehenen Soll-Stückzahl in Beziehung setzt. In der Regel befindet sich diese Anzeige am Ausgang einer Linie.

Seiketsu Das vierte »S« der → *6 S.* Deutsch: »Sauberkeit bewahren!« (Seiketsu: Japanisch für »Reinheit; Reinlichkeit; Sauberkeit«.)

Seiri Das erste »S« der → *6 S.* Deutsch: »Sortiere aus!« (Seiri: Japanisch für »Einordnung; Sortieren; Sanieren«.)

Seiso Das dritte »S« der → *6 S.* Deutsch: »Säubere!« (Seiso: Japanisch für »Reinigung; Saubermachen«.)

Seiton Das zweite »S« der → *6 S.* Deutsch: »Stelle ordentlich hin!« (Seiton: Japanisch für »Ordnung; Arrangement; Aufräumen«.)

Shikumi (Japanisch für »Regelwerk; Abläufe; Vorkehrungen«.)

Shitsuke Das fünfte »S« der → *6 S.* Deutsch: »Selbstdisziplin üben!« (Shitsuke: Japanisch für »Erziehung; Disziplin; Training«.)

Shojinka Japanisch für → *sparsamer Personaleinsatz.*

Shukan Das sechste »S« der → *6 S.* Deutsch: »Sich daran gewöhnen!« (Shukan: Japanisch für »Brauch; Sitte; Gewohnheit«.)

Sieben Arten der Verschwendung (42f.) Einteilung der in der Produktion auftretenden → *Verschwendung* in 7 Verschwendungsarten:

1. → *Verschwendung durch Überproduktion*
2. → *Verschwendung durch Lagerhaltung*
3. → *Verschwendung durch Wartezeiten*
4. → *Verschwendung durch Transport*
5. → *Verschwendung durch Bewegung*
6. → *Verschwendung durch Produktion von Schlecht-Teilen*
7. → *Verschwendung bei der Bearbeitung selbst*

Signal-Kanban Sonderform von → *Auslöse-Kanban. Signal-Kanban* dienen zur Steuerung von Prozessen der mechanischen Bearbeitung, die viele Varianten fertigen und etwas längere Rüstzeiten aufweisen, zum Beispiel Press-, Gieß- oder Spritzgussprozesse. Sie zeigen den Auslösebestand an, ab dem die betreffende Variante nachzuproduzieren ist. Durch ihre dreieckige Form unterscheiden sie sich deutlich von allen übrigen *Kanban.*

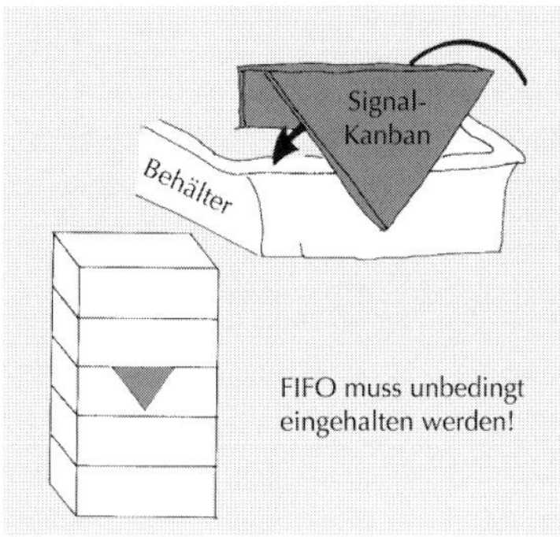

SMS Abkürzung für → *Synchrones Managementsystem.*

SOCS Abkürzung für »Standard Operation Combination Sheet«. → *Arbeitsverteilungsblatt.*

sparsamer Personaleinsatz (50f., 125f., 136) Variable Mitarbeiteranzahl an einer Linie. Bei geänderter Produktionsmenge (→ *Kundentaktzeit*) kann die Mitarbeiteranzahl proportional angepasst werden, ohne dass die Produktivität sinkt. (Japanisch: Shojinka; auch: flexibler Personaleinsatz; → *fester Personalstand.*)

SPE Abkürzung für »synchrone Produktentwicklung«. Siehe → *Concurrent Engineering.*

Springer (115f., 125, 136) Hier gleichbedeutend mit → *Zellenspringer.*

SPS Abkürzung für → *synchrones Produktionssystem.*

Standard Operation Combination Sheet Englische Bezeichnung für → *Arbeitsverteilungsblatt.*

Standardpuffer Andere Bezeichnung für → *standardisierter Puffer.*

Standardarbeitsblatt (91) Drittes der drei notwendigen Dokumente zur Definition → *standardisierter Arbeitsabläufe.* Es zeigt den Arbeitsumfang für einen Mitarbeiter bei der momentan gültigen → *Kundentaktzeit* als Bewegungsdiagramm. Grundlage ist das → *Arbeitsverteilungsblatt.* Zwecks → *visuellen Managements* werden beide Blätter öffentlich an der Linie ausgehängt.

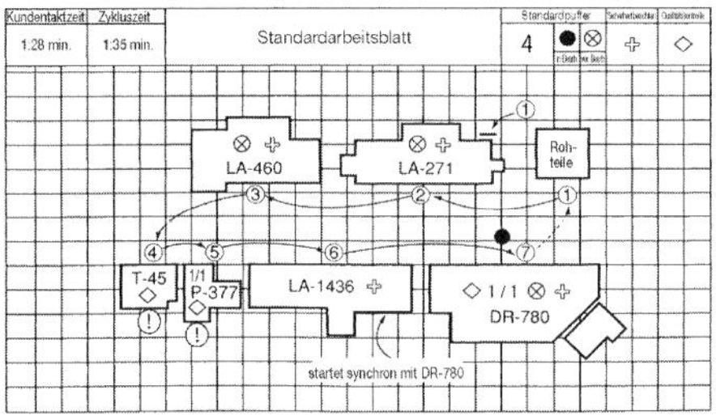

standardisierte Arbeitsabläufe (63ff., 90) Eindeutige und leicht nachvollziehbare Definition manueller Arbeit mit dem Ziel, dass jeder beliebige Mitarbeiter diese Arbeit gleich gut durchführen kann. Die Tätigkeit soll sich zyklisch wiederholen und nicht von Nebentätigkeiten unterbrochen werden. *Standardisierte Arbeitsabläufe* sind wichtig für den → *sparsamen Personaleinsatz* und Voraussetzung für eine spätere → *Autonomatisierung.* Zur Definition werden drei Dokumente benötigt:

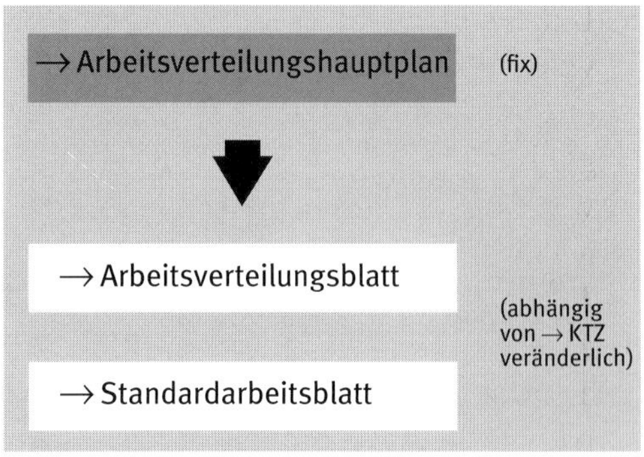

standardisierter Puffer (64, 111, 176) Instrument, um → *Einzelstückfluss* zu erzwingen. Definierter Stellplatz am → *optimalen Greifpunkt.* Hier steht der Werkstückbestand, der absolut notwendig ist, damit ein Mitarbeiter seinen Ablauf kontinuierlich zyklisch wiederholen kann. In der Regel ein Stück. Der definierte Bestand darf nie überschritten werden. (Auch: Standardpuffer).

starke Prozesse schaffen (48) Prozesse so auslegen, dass sie a) hoch zuverlässig (keine → *Abweichungen*), b) hoch effizient (keine → *Verschwendung*) und c) hoch flexibel (→ *sparsamer Personaleinsatz*) sind.

Startanweisung (123, 130f.) Besondere Form des »Fertigungsauftrags« bei → *nivellierter* beziehungsweise → *geglätteter* Produktion. Anders als bei der herkömmlichen Produktionsweise wird der tatsächliche Start der Fertigung hier vor Ort ausgelöst: *Startanweisungen* werden von der → *unteren Führungsebene* oder vom Linienpersonal unter Beachtung der Bestandssituation im → *Supermarkt* der Linie autonom generiert. Sie liegen in der Regel als → *prozessinterne Kanban* vor, die in eine → *Kanban-Steuertafel* einsortiert werden.

Störungsmanagement (61, 118) Form des Managements, bei dem ein klar definierter Betriebszustand einer

Linie/Anlage stets aufrechterhalten werden soll. Dazu werden → *Abweichungen* auf einen Blick erkennbar gemacht. Zusätzlich wird ein Regelwerk implementiert, mit dem sichergestellt wird, dass: a) die → *untere Führungsebene* sofort auf Abweichungen reagiert und b) ein Wiederauftreten der gleichen Abweichung nachhaltig verhindert.
Prozessimmanente Probleme werden also nicht versteckt, sondern gewollt sichtbar gemacht, um Verbesserungsdruck zu erzeugen. Die Verbesserungsmaßnahmen werden so weit wie nur eben möglich von Mitarbeitern und der unteren Führungsebene am → *Ort des Geschehens* entwickelt. *(visuelles Management).*

Beispiel: Die Mitarbeiter am Endmontage-Band in der PKW-Fertigung ziehen an einer Reißleine, wenn sie mit der Arbeit nicht nachkommen bzw. sie ein Qualitätsproblem behindert. Die Reißleine löst ein → *Andon* aus, über das der Vorarbeiter gerufen wird. Dieser hilft dabei, das Problem zu lösen. Spielregel für die Mitarbeiter am Band ist, jede Abweichung mittels Reißleine sichtbar zu machen. Die Aufgabe der Führungsebene besteht darin, zu verhindern, dass die Reißleine gezogen werden muss.

Stückzahlenmanagement (62, 98) Form des → *visuellen Managements.* Regelmäßige (in der Regel stündliche) Erfassung der ausgebrachten Ist-Stückzahl und Vergleich mit der Soll-Stückzahl für diesen Zeitraum. So werden → *Abweichungen* bei der Fertigungsgeschwindigkeit im Vergleich zur → *Kundentaktzeit* sichtbar gemacht. Klassische Werkzeuge: → *Stückzahlenmanagementtabelle* und → *Schrittmacher.*

Stückzahlenmanagementtabelle (133)

Supermarkt (73, 76, 126, 128) Instrument der autonomen Produktionssteuerung: Eine Linie stellt die von ihr produzierten Teile in einem → *Supermarkt* für die nachgelagerten Linien bereit. Zunächst wird für jedes Teil ein Maximalbestand definiert und der Supermarkt entsprechend gefüllt. Ab diesem Zeitpunkt produziert die Linie nur noch die Teile, die von den → *Linienversorgern* der nachgelagerten Linien abgezogen wurden, in der entsprechenden Stückzahl nach. Durch kontinuierliche Verbesserung wird der Bestand im Supermarkt immer weiter reduziert, was zur Verkürzung der → *Durchlaufzeit* führt. (Auch: Warenhaus.)

synchrone Fertigungszelle (60, 68, 70, 80) Werkzeug zur Einführung des → *synchronen Managementsystems.* Produktspezifische, → *durchgängig verknüpfte* Linie mit geringer Anzahl von Mitarbeitern und → *Layout in U-Form.* Die Bildung *synchroner Fertigungszellen* ist die Grundlage für eine spätere → *Einfachautomatisierung* und den Ausbau einer Linie zur → *Chaku-Chaku-Linie.*

synchrone Produktentwicklung (143f.) Deutsche Bezeichnung für → *Concurrent Engineering.*

synchrone Zellenfertigung (77) Teil des → *synchronen Managementsystems.* Systematische Vorgehensweise zum Aufbau eines → *synchronen Produktionssystems* über → *synchrone Fertigungszellen.*

synchrones Managementsystem (24f., 29, 39ff.) Systematische Vorgehensweise zur Reform des Unternehmensmanagements mit dem Ziel, die Wettbewerbsfähigkeit zu steigern. Sämtliche geschäftlichen Vorgänge sollen synchronisiert und abgestimmt auf den Kunden ablaufen. Dazu wird eine Stärkung der vorhandenen Produktionsabteilung angestrebt. Die Reform wird über den Aufbau einer → *synchronen Zellenfertigung* eingeführt. (Abkürzung: SMS.)

synchrones Produktionssystem (39, 41, 51) Produktionssystem, bei dem die gesamte Tätigkeitskette von Auftragsannahme bis Auslieferung als ein einziges zusammenhängendes System verstanden wird. Ziel ist die wirtschaftliche → *Fertigung in kleinen Losen bei hoher Sortenvarianz*. Das ermöglicht es dem Unternehmen, flexibel und kosteneffizient auf Marktveränderungen zu reagieren und auch mit kleinvolumigen Aufträgen Profite zu erwirtschaften. Die Basis dazu bildet die → *geglättete Produktion*. Darauf bauen die beiden Säulen → Just in Time und → *Autonomatisierung* auf. (Abkürzung SPS.)

Das *synchrone Produktionssystem* basiert auf dem Toyota-Produktionssystem (TPS).

Taktzeit → *Kundentaktzeit*. (→ *Zykluszeit*).

ACHTUNG: Um den Begriff »Taktzeit« entsteht im Zusammenhang mit dem → *synchronen Produktionssystem* immer wieder Verwirrung.

Im Deutschen bezeichnet der Begriff »Taktzeit« heute in der Regel die Vorgabezeit, die einem Mitarbeiter für einen Arbeitszyklus zur Verfügung steht.

In dieser Bedeutung entspricht »Taktzeit" am ehesten dem Begriff »Zykluszeit«, wobei »Zykluszeit« im Sinne des *synchronen Produktionssystems* jedoch keine theoretischen REFA-Vorgabezeiten, sondern die tatsächlich vor Ort gelebte Zeit bezeichnet, die ein Mitarbeiter für seinen Arbeitszyklus benötigt. Im *synchronen Produktionssystem* bezeichnet der ursprünglich halb deutsche Begriff »Takt-time« einen je nach aktueller Nachfrage veränderlichen Zeitwert, der angibt, in welcher Zeit ein Produkt fertiggestellt werden muss, um die Nachfrage → *just in time* zu befriedigen.

Um sprachlicher Verwirrung zu entgehen, wird »Takt-time« im Sinne des *synchronen Produktionssystems* hier durchgängig als **»Kundentaktzeit«** übersetzt.

Teileheranzieh-Kanban Unterklasse von → *Heranzieh-Kanban*. *Teileheranzieh-Kanban* werden für den Transport von Teilen aus der werksinternen Fertigung verwendet.
Sie befinden sich meist in Form von Karten an den Bauteilkisten, aus denen sich die Mitarbeiter einer Linie bedienen. Wenn ein Mitarbeiter eine neue Kiste anbricht, nimmt er die *Teileheranzieh-Kanban*-Karte von der Kiste und gibt sie in einen → *Kanban-Briefkasten*, der regelmäßig geleert wird. Die Karten werden mit der Produktionsplanung für die Linie abgeglichen und informieren den → *Linienversorger* darüber, welches Material er als Nächstes an die Linie bringen muss. Dabei dienen die Karten als Kommissionieranweisungen. Der Linienversorger holt das benötigte Material aus den → *Supermärkten* der vorgelagerten Linien. Im jeweiligen Supermarkt ersetzt er die → *Auslöse-Kanban*-Karten, die dort an den Kisten stecken, durch die mitgebrachten *Heranzieh-Kanban*, bevor er die Kisten an den nachgelagerten Prozess bringt. Durch diesen Kreislauf ist sichergestellt, dass nur das an die Linie gebracht wird, was dort benötigt wird.

Total Productive Maintenance Langform von → *TPM.*

TPM Managementsystem zur systematischen, kontinuierlichen Verbesserung in allen Bereichen eines Unternehmens unter Beteiligung aller Mitarbeiter. Dabei geht es in erster Linie um die Beseitigung von sogenannten »Verlusten« mit den Zielen null Defekte, null Ausfälle, null Qualitätsverluste, null Unfälle et cetera. Es geht weniger um eine grundlegende Umstellung des Produktionssystems auf eine → *Fertigung in kleinen Losen bei hoher Sortenvarianz.*
Die entscheidenden Stärken von *TPM* liegen in a) der systematischen Kennzahlenerfassung, anhand deren die Effekte von Verbesserungen nachgewiesen werden können; b) den zahlreichen standardisierten Analysewerkzeugen; c) den logischen und standardisierten Verbesserungsmethoden; d) der Beteiligung wirklich aller Mitarbeiter an den Verbesserungsaktivitäten im Rahmen ihres Tagesgeschäfts.
Aufgrund seines technisch-analytischen Ansatzes hilft *TPM* in der Produktion besonders bei der Beseitigung anlagenbedingter Probleme, was für die Umsetzung des → *Just-in-Time*-Gedankens unerlässlich ist. (Abkürzung für »Total Productive Maintenance«.)

TT Abkürzung für »Takt-Time«. → *Kundentaktzeit.*

U-Linie (60) → *Layout in U-Form.* Grundform der → *Fertigungszelle.*

untere Führungsebene (117, 119, 185) Ein entscheidender Aspekt der synchronen Fertigungsweise ist die autonome Steuerung der Produktion. Dabei spielt die *untere Führungsebene* eine Schlüsselrolle: Sie erstellt a) gemeinsam mit den Mitarbeitern → *standardisierte Arbeitsabläufe*; schult b) die Mitarbeiter; steuert c) die Fertigung mittels → *Auslöse-Kanban*; betreibt d) → *aufrechterhaltendes Management* über Kennzahlenverfolgung et cetera. Ihre wichtigstes Tagesgeschäft sind → *Störungsmanagement* und Verbessern.

VbE Abkürzung für → *Vollbeschäftigungseinheit.*

Verbessern *Verbessern* im Sinne der synchronen Produktion bezeichnet eine systematische und konsequente Vorgehensweise, bei der → *Abweichungen* und → *Verschwendung* identifiziert und diese möglichst intelligent, ohne finanziellen Aufwand und rasch beseitigt werden. Das Verbessern ist nicht die Aufgabe von speziellem Fachpersonal. Jeder Mitarbeiter des Unternehmens muss an seinem Arbeitsplatz das verbessern, was er kann. Der Erfolg der Verbesserungsmaßnahmen ist anhand geeigneter Kennzahlen zu visualisieren. (Japanisch: Kaizen.)

Verbesserungspaket zur Rüstzeitverkürzung (138)

Verkleinerung der Losgröße (129, 136 ff.)

Verschwendung (42 f.) Alles, was nicht zur Wertschöpfung beiträgt. *Verschwendung* findet sich überall – egal ob bei Mensch, Material, Maschinen oder innerhalb der Organisation. Gegenstand der Betrachtung sind alle eingesetzten Betriebsressourcen, die nicht unmittelbar zu einer Wertschöpfung am momentan benötigten Produkt führen. In der Produktion werden im Allgemeinen → *sieben Arten der Verschwendung* unterschieden. (Japanisch: *Muda*).

Verschwendung bei der Bearbeitung selbst (44) Siebte der → *sieben Arten der Verschwendung*. Eine Bearbeitung am Produkt, die aber aus Kundensicht keinen Mehrwert bringt. Meist sind konstruktive Unzulänglichkeiten dafür verantwortlich.

Beispiel: Das Navigationssystem kann nur höchst umständlich und zeitraubend im Kofferaum-Bereich eines PKW montiert werden.

Verschwendung durch Bewegung (97) Fünfte der → *Arten der Verschwendung*. Der Mitarbeiter muss Bewegungen ausführen, die zu keiner Wertschöpfung führen.

Beispiel: Der Mitarbeiter muss bei jedem Zyklus zu einem Teilebehälter laufen, der aufgrund seiner Größe nur in einiger Entfernung vom Arbeitsort aufgestellt werden kann.

Verschwendung durch Lagerhaltung (42) Zweite der → *sieben Arten der Verschwendung*. Hohe Bestände, die durch → *Verschwendung durch Überproduktion* entstehen, erfordern Lagerhaltung. Das bringt weitere Verschwendung mit sich, zum Beispiel in Form von aufwendiger Lagertechnik, Mehrfach-Handling, auslaufendem Mindesthaltbarkeitsdatum, Kapitalbindung.

Verschwendung durch Produktion von Schlecht-Teilen Sechste der → *sieben Arten der Verschwendung*. Jede bisher am Produkt erfolgte Wertschöpfung wird entwertet, wenn das Produkt zum NIO-Fall wird. Nacharbeit oder Entsorgung sind Verschwendung durch Produktion von Schlecht-Teilen. Nacharbeits- oder Korrekturprozesse als reguläre Prozessschritte anzusehen trübt den Blick für tatsächlich auftretende Verschwendung und behindert den Verbesserungsprozess.

Verschwendung durch Transport Vierte der → *sieben Arten der Verschwendung*. Da beim Transport keine Wertschöpfung stattfindet, bedeutet Transport eigentlich Verschwendung. Auf der anderen Seite kann an einem Werkstück keine Wertschöpfung stattfinden, wenn es nicht zuvor zu dem betreffenden Prozess transportiert wurde. Die → *Just-in-Time*-Produktion erfordert aufgrund der deutlich kleineren Lose im Vergleich zur konventionellen Fertigungsweise sogar eine deutlich höhere Transportfrequenz. Als *Verschwendung durch Transport* bezeichnet man daher alle Tätigkeiten, die über das erforderliche Minimum an Transporttätigkeiten hinausgehen, wie Zwischenlagerung, Umpacken, Ausgabe von Teilmengen, Umlagern von Material.

Verschwendung durch Überproduktion (42) Erste der → *sieben Arten der Verschwendung*. Diese Verschwendungsart entsteht, wenn nicht → *just in time* produziert wird – also früher als zum benötigten Zeitpunkt oder mehr als die benötigte Menge. Damit werden Betriebsressourcen (Mensch,

Material, Maschine) verfrüht genutzt beziehungsweise verschwendet. Gleichzeitig wird → *Verschwendung durch Lagerhaltung* verursacht.

Verschwendung durch Wartezeiten (112) Dritte der → *sieben Arten der Verschwendung*. Wartezeit des Mitarbeiters.

vertikale Anlaufkurve (34, 141, 143) Konzept zur Erfolgskontrolle für die Aktivitäten der »Anlaufüberwachung« von → *TPM*. Wenn bei Beginn der Serienfertigung von einem neuen Produkt beziehungsweise mit einer neuen Anlage die Zielvorgaben für Anlageneffizienz, Qualität, Produktivität et cetera sehr schnell erreicht werden, spricht man von einer *vertikalen Anlaufkurve*.

vertikale Integration (45, 47) Layout-Ansatz der synchronen Produktion. Anordnung der Prozessschritte für ein Produkt in der Reihenfolge der Bearbeitungsschritte, ohne sie funktional zu trennen. Ziel ist die → *durchgängige Verknüpfung von Prozessen* (→ *horizontale Integration*).

Verwirbelung von Flüssen (45)

visuelles Management (132 ff.) Schaffung von genereller Übersichtlichkeit und Nachvollziehbarkeit in einer Abteilung. Hauptziel ist, → *Normalzustand* und → *Abweichung* für jeden Betrachter klar unterscheidbar zu machen. Das ermöglicht zum Beispiel, Linienmitarbeiter mit einem Teil der Managementaufgaben der → *unteren Führungsebene* zu betrauen. Zusätzlich erleichtert es allen Beteiligten, Verbesserungsansätze zu finden. Auf jede Abweichung muss zügig reagiert werden: Ein Wiederauftreten der gleichen Abweichung muss durch geeignete Verbesserungen nachhaltig verhindert werden. (→ *Störungsmanagement*).

Beispiel: für visuelles Management:
- die eindeutige Kennzeichnung und Beschriftung von Stellflächen und Behältern
- die Visualisierung von Standardarbeitsabläufen
- die grafische Ausweisung von Kennzahlen auf einer Übersichtstafel an einer Linie et cetera.

Vollbeschäftigungseinheit Maßeinheit dafür, wie stark ein Arbeitsumfang einen Mitarbeiter auslastet. Der Wert »1« entspricht der Auslastung eines Mitarbeiters zu 100 % (Abkürzung: VbE).

vor Ort → *Ort des Geschehens.*

vorbeugende Instandhaltung (52) Werkzeug von → *TPM*. Form der Instandhaltung, bei der Maschinenausfällen vorgebeugt wird, indem die Maschinen regelmäßig inspiziert und Bauteile gewechselt werden, bevor diese ausfallen. Der Wechsel eines Bauteils kann nach einem festen Zeitplan (zeitbasierte Instandhaltung) oder in Abhängigkeit vom Verschleißzustand (zustandsbasierte Instandhaltung) erfolgen.

Vorrichtung zum Einwerfen (163, 167) Vorrichtung, in die ein Werkstück auch mit groben Handbewegungen immer zuverlässig eingelegt werden kann. Ein solcher »Einwerfvorgang« soll nicht länger als zwei Sekunden dauern.

wahre Ursache (72, 162) Ansatz von → *TPM*, der besagt, dass sich eine nachhaltig wirksame Verbesserung gegen das Wiederauftreten einer bestimmten → *Abweichung* nur finden lässt, wenn man zunächst die *wahre Ursache* dafür ermittelt. *TPM* bietet verschiedene standardisierte Analysewerkzeuge unterschiedlichen Schwierigkeitsgrads zu diesem Zweck.

Hintergrund: Gerade bei chronisch auftretenden Abweichungen (z.B. Qualitätsproblemen) werden in der Praxis häufig Verbesserungsmaßnahmen »aus dem Bauch heraus« vorgenommen, die sich im Nachhinein als unwirksam erweisen. Das Problem wird dann irgendwann als »nicht lösbar« eingestuft.

Während-Schalter (158, 160f.) Schalter, der ausgelöst werden kann, während der Mitarbeiter eine andere Tätigkeit ausführt – zum Beispiel ein Schalter, den der Mitarbeiter auf dem Weg von einer Station zur nächsten im Vorbeigehen betätigt. Die Wahrung der Arbeitssicherheit hat dabei oberste Priorität.

Warenhaus Andere Bezeichnung für → *Supermarkt.*

Wasserläufer Andere Bezeichnung für → *Linienversorger.*

Water-Spider Andere Bezeichnung für → *Linienversorger.*

Zellenbelegungszyklus (112, 114)

Zellenfertigung (77) Hier gleichbedeutend mit → *synchrone Zellenfertigung.*

Zellenspringer (115f., 125, 136)

ziehende Fertigung (45, 73, 76) Eines der drei Grundprinzipien zur Realisierung von → *Just In Time.* Fertigungsweise, die so organisiert ist, dass sich die nachgelagerte Linie ihr benötigtes Material zum benötigten Zeitpunkt in der benötigten Menge von der vorgelagerten abholt. Das Abholen dient der vorgelagerten Linie als Fertigungssignal: Sie produziert nur das Material, das abgezogen wurde, in der entsprechenden Menge nach. Der Transport wird in der Regel über → *Teileheranzieh-Kanban*, die Produktion über → *Auslöse-Kanban* gesteuert. (Auch: Pull-System; → *schiebende Fertigung.*)

Zukaufteil-Kanban Unterklasse von → *Heranzieh-Kanban. Zukaufteil-Kanban* werden zum Auslösen des Bestellvorgangs sowie für den Transport von Zukaufteilen vom Zulieferer bis ins Werk verwendet.
Sie befinden sich meist in Form von Karten an den Bauteilkisten, aus denen sich die Mitarbeiter einer Linie bedienen. Wenn ein Mitarbeiter eine neue Kiste anbricht, nimmt dieser die *Zukaufteil-Kanban* von der Kiste und gibt sie in einen → *Kanban-Briefkasten.* Von dort wandern sie in ein »Kanban-Postamt«. Aus dem Abgleich mit der Produktionsplanung ergibt sich, welches Material als Nächstes benötigt wird. Von hier laufen die *Zukaufteil-Kanban* weiter an den betreffenden Zulieferer. Dieser liefert das so bestellte Material. Anhand der Informationen auf den *Zukaufteil-Kanban* wird das Material schließlich zur betreffenden Linie gebracht. Durch diesen Kreislauf ist sichergestellt, dass nur bestellt und an die Linie gebracht wird, was dort benötigt wird.

Zusammenfassung von Zellen mit unterschiedlichen Kundentaktzeiten (111f., 114, 136f.) Methode zur Schaffung eines → *Produktionsgroßraums* aus

Linien mit unterschiedlichen → *Kundentaktzeiten*. Dadurch kann die → *leere Arbeitszeit* an den einzelnen Linien zusammengefasst und zur Personaleinsparung genutzt werden.

Zykluszeit Zeit, die ein Mitarbeiter in der Praxis benötigt, um seinen Arbeitszyklus (→ *standardisierter Arbeitsablauf*) zu absolvieren.

Autoreninformation

Nach seinem ingenieurwissenschaftlichen Studium an der Universität Osaka, Vertiefungsrichtung Metallurgie, trat Shunji Yagyu im Jahr 1972 in ein Unternehmen der Automobilindustrie ein. Er war dort in der Abteilung für Fertigungstechnik mit der Arbeitvorbereitung, der Organisation von Neuanläufen sowie der Durchführung von Rationalisierungsmaßnahmen in der Serienproduktion beschäftigt.

Im Zuge der 1985 beginnenden Umgestaltung des Produktions- und Managementsystems auf der Grundlage der Just-in-Time-Prinzipien wurde er Mitarbeiter der speziell dafür geschaffenen Förderorganisation. Sein Tätigkeitsbereich erstreckte sich vom klassischen Genba Kaizen über Personalentwicklung bis hin zur Neugestaltung der Zusammenarbeit zwischen Produktion, Entwicklung, Vertrieb und Einkauf. Die Anleitung von Schwesterwerken in den USA und England bei der Reform ihres Produktionssystems kamen später als weitere Aufgaben hinzu. Seit 1996 ist der Autor bei der SPS Management Consultants tätig.

Shunji Yagyu verfügt über zwei Fähigkeiten, die nur selten in einer Person vereint sind: herausragende praktische Kompetenz bei der konkreten Arbeit vor Ort (am Genba) sowie ein profundes theoretisches Verständnis des herkömmlichen durch Ford geprägten Managementsystems und des an Toyota orientierten synchronen Managementsystems. Dies qualifiziert ihn in besonderer Weise für das Veränderungsmanagement (Change-Management) auch in europäischen Unternehmen.

Bevorzugte Freizeitbeschäftigungen sind der Besuch heißer Quellen, Bergwandern und Literatur.